本书为上海师范大学课题"生死学学科构建与生命文化教育"结项成果

上海高校高峰高原学科建设计划资助

中国当代生死学研究

第一辑

生死学学科构建与生命文化教育实践

主编　胡宜安　雷爱民　张永超

上海三联书店

敬天爱人，慎终追远

——在第四届中国当代生死学研讨会上的致辞

陈泽环

（上海师范大学哲学与法政学院）

首先谨代表上海师范大学哲学高原学科欢迎参会的各方面朋友！祝贺会议的成功举办！

在中华文明 5000 多年的悠久历史中，形成了丰富多彩的优秀传统，至今仍然滋养着我们的生老病死。生命文化作为整个中华文化的有机组成部分，其优秀传统可以用"敬畏生命"来予以表达。"敬畏生命"这一范畴虽然译自 20 世纪西方世界的伟大人道主义者阿尔贝特·施韦泽（Albert Schweitzer），[①]但实际上有着极为深刻的中国文化根源："中国伦理是人类思想的伟大成就。较之其他任何一种思想，中国思想都走在了前面，……作为一种高度发达的伦理思想，中国伦理对人与人之间的行为提出了很高的要求，并且赋予了爱还要涉及生灵及万物的内涵。"[②]

关于"敬畏生命"（Die Ehrfurcht vor dem Leben）这一德语范畴，有各种中文的译法，新儒家徐复观先生把它译为："生的敬畏"，这种译法更具哲学意味，彰显了中国哲学"天地之大德曰生"的含义，强调"对于一切生命，均承认其有平等而崇高的价值，因而发生一种敬畏之心。由此种敬畏之心而发出与人类，乃至与万物，同为一体之感。"[③]我则把它译为"敬畏生命"[④]或"对生命的敬畏"，[⑤]其基本涵义与"生的

① 陈泽环：《敬畏生命——阿尔贝特·施韦泽的哲学和伦理思想研究》，上海人民出版社，2017 年第 2 版，第 1 页。
② 史怀哲（施韦泽）：《中国思想史》，社会科学文献出版社，2009 年版，第 186 页。
③ 徐复观：《徐复观全集·论文化（二）》，九州出版社，2018 年版，第 629 页。
④ 阿尔贝特·施韦泽（史怀哲）：《敬畏生命——五十年来的基本论述》，陈泽环译，上海社会科学院出版社，1992 年、2003 年；上海人民出版社，2017 年。
⑤ 阿尔贝特·施韦泽：《对生命的敬畏——阿尔贝特·施韦泽自述》，陈泽环译，上海人民出版社，2006、2007、2015、2019 年。

敬畏"相同,表达方式可能更符合现代人的思维和理解习惯。现在,"敬畏生命"的理念已经成为中国社会各界的广泛共识。甚至中国卫生健康事业的核心要求:"敬佑生命,救死扶伤,甘于奉献,大爱无疆",也包含着对"敬畏生命"含义的采纳。

有鉴于此,应该说"敬畏生命"对于构建当代生死学学科和展开生命文化教育具有根基性意义。这种根基性意义首先启示我们:敬天爱人,给个体最终尊严。虽然有人说中华文明在农本主义的"基础上形成了一种关注抽象化和群体的人的价值却忽视个人价值的国家主义的人文精神",[①]但不能否认中华文化的根本精神是要求尊重每个人的尊严和价值的。特别是在21世纪尊重人权普遍性的时代,即基于对人的基本价值——作为区别于禽兽之人的人格尊严和基本生存需要之共性——的尊重,敬畏生命要求尊重每个人的生命及其尊严和价值,尽可能为每个人创造得以自由而全面发展的条件,使每个人都能够既尊严地来到人间,又尊严地告别世界。

其次,"敬畏生命"对于构建当代生死学学科和展开生命文化教育的根基性意义启示我们:慎终追远,为民族可大可久。钱穆先生指出:"人生之礼最大者有二,一曰婚礼,二曰丧礼。……婚礼最为人文之大礼。而……合死生为一体,故丧礼更大于婚礼。"[②]"葬祭之礼,乃孝道之最后表现。"[③]如"能尽其哀与诚,可以激发人心,使人道民德日趋于敦厚,"[④]不仅有助于实现个人与家庭的和谐,而且由此更有助于追求中华民族的最高价值:可大可久。因此,在中国新文化运动百年之后,如何形成包括殡葬文化在内的新世纪生命文化,有待我们的探索和努力。

我个人认为,仅以上两点就可见努力构建当代生死学学科和展开生命文化教育的重大理论和实践意义,让我们共同为此而努力! 再次祝贺会议成功!

---

① 赵毅、赵轶峰主编:《中国古代史》(第二版),高等教育出版社,2019年版上册,第2页。
② 钱穆:《晚学盲言》上,三联书店,2010年版,第418页。
③ 钱穆:《论语新解》(新校本),九州出版社,2011年版,第11页。
④ 钱穆:《论语新解》(新校本),九州出版社,2011年版,第11页。

学科建构与生命文化教育：
中国当代生死学发展的两个基本路向

胡宜安（广州大学）

中国当代生死学的发展尚处在起步阶段，客观上都有待我们从两个路向上做进一步提升与普及：一是学科路向。将生死相关议题纳入到生死学学科体系研究，以建构体系化的知识框架，此为学理提升；二是文化路向。将生死问题拓展到生命文化层面，以推动大众化的生命实践，此为文化涵育。为此，掘进理论研究，拓展教育培训，从而为死亡问题开辟学术和学科营地，并奠定生死教育的牢固根基，便是我们的当务之需，这也正是本次研讨会的宗旨所在。

生死学学科是"生死问题"的知识化形态，涉及概念、范畴与理论体系；而生命文化则是"生死问题"的现实形态，涉及态度、行为与价值取向，两者内在统一、不可分割：离开生死学学科建构，则生命文化教育实践失去理论支撑，很难持续深入下去；反之，如果失去生命文化教育，则生死学学科失去土壤与现实基础，失去存在的合法性。当代生死学的发展，必须坚持生死学学科建构与生命文化教育同步推进。

第四届中国当代生死学研讨会论文成果涉及生死学学科建构之可能性、生死问题之哲学思考、生命文化教育及学校生死教育四个方面。这四个方面又可归纳为学科建构与生命文化教育两个内容：对生死问题的多角度哲学思考最终指向生死学学科发展之动力建构；殡葬行业生命文化教育与学校生死教育都同属于生命文化教育范畴。

一、生死学学科建构之可能性

一是学科建构何以可能？这是要明确生死学作为学科的内在规定性。

1. 明确学科主体。自台湾地区首倡生死学，至今经历了 26 年的发展，但我们都忽略了一个最重要的问题,就是学科主体性的问题,即确立生死学的核心范畴。就我们的研究来看,生死本身就是一个范畴,对它的探讨是从生死出发,最终又回归生死,它既不是"生死两端",也不简单就是"生死互渗"。从哲学的角度来说,那就是用生死论生死,而不是其他。从学科主体性看,我们关注生死问题,不重在生死"问题",而重在"生死"问题。

2. 找准学科方位。生死学具有"精神-实践"的内在二重性,因此,就学科属性看,生死学可视为一门立足于人文领域的跨领域中游学科,以哲学及部分社会领域基本学科为上游,向下游开发出各种专业实践。用通俗的话语表达,即是"接天连地"。

3. 设定学科风格。生死学当初正是脱胎于"死亡学",这一西学源头赋予死亡学知识以深厚的科学背景,与此相区别的是,华人大多倾向人文关怀,傅伟勋教授首倡"生死学"也正是基于这一背景考量。不过,人们注意了两者的差异面,即科学重于事实认定,而人文则产生价值判断,却忽略了两者的互补面,于是,长期以来形成了事实与价值二分的知识观点,乃至形成常识之偏见。如若有助于人们了生脱死,就必须关注坚持"文理并重,东西兼治",打破事实与价值之间的壁垒,彼此有机结合,相辅相成,避免知识与价值二分局面。

二是生死学学科建构如何可能? 这是要明确生死学的现实担当与登场路径。

1. 立足于生死问题,明确生死学的学科担当。生死学是为了面对和解决生死问题而产生的智慧和思想,我们之所以提出建构中国当代生死学,源于当今社会的生死问题更加凸显,而传统社会解决生死、安顿生命的智慧资粮遭到极大破坏,不足以安顿当代人的身心。因此,生死学不仅应当给人一种超越生死的智慧,也应当借由对生死问题的关注,而形成一种观察而分析社会问题的独特方法,开启一个崭新的观察和分析社会问题的独特视域,从而表现出生死学的现实担当,以形成生死学的对外影响力。

2. 反思生死困境,开启生死学的自我重建。不可否认,人们的生死问题严重受到"生物科技""主体哲学""意义迷失"等因素深度介入,这不但改变了人们的生死观,而且给人们带来了前所未有的生死困顿,这为学界对"生死问题"的研究带来了新的挑战,同时也为华人生死学的重建提供了新的可能。它们一方面不断建构着人们对生死问题的新看法;另一方面,"生死学"的进一步思考重建有待于吸纳这些新的学科因素;生死问题本来就是跨学科的,所以这也预示着"华人生死学"将处于不断的自我建构中。

3. 直面学科处境，探寻生死学的出场路径。在分科治学背景与学术建制已经确立的当代中国，生死学作为学科能否在中国大陆学术舞台正式登场，面临着来自生死学内部与外部的双重制约，也正是在克服这双重制约中寻求出场路径。首先以深刻的学术研究获得大众认同，以扎根大陆内地的生存现实建构学术认同，从而克服自身内部制约；其次是在当前学术建制没有改变之前，生死学寻求从"借壳求生"到另起炉灶，从大而化之到具体而微的出场路径，从而克服外部制约。

二、基于生死问题的哲学探讨对生死学发展之动力建构

生死学学科建构既非无源之水，也非无本之木。它的本与源正在于"生死问题"，对死亡价值"三重意蕴"的研究表明了生死问题是人类普遍面对的问题，也是人类恒久面对的问题。如果离开对这一问题的关注，生死学学科建构便会失去自我主体性与基础，而那些能够为人们提供对生死问题以理性指导和智慧启示的思想资源也正是我们建构当代生死学的动力支撑。

1. 传承中国传统思想资源，建构生死学的内源发展。如何看待中国传统文化与生死观的地位与作用，是摆在每一位当代中国生死学研究工作者面前的重要课题。建构中国特色的生死学，当然是要体现中国文化特色，自然与中国文化传统内在关联。研究生死问题，必须从本民族文化传统出发，以传统资源为内源性发展的依据。内源性发展倡导必须恢复每个民族的文化特性，借以作为价值上求本溯源的手段，作为发挥创造力和活力的催化剂，实现内源的真正人类发展。中国传统文化中的儒、释、道死亡文化与生死观有其丰富的内容和灿烂的历史，值得我们认真挖掘传承。

2. 借鉴西方思想资源，建构生死学的外源发展。生死问题是特殊性与普遍性的统一，生死问题的民族性表明我们必须坚持本民族文化为内源发展源头；而人类对生死问题的思考还存在共同性的方面，人类对生死问题的思考必有其超越性，能克服特定时空局限而成为人类所共有的精神财富，这就为建构生死学的外源发展提供了可能。通过对中国传统追求"不朽"与西方宗教诉求"永生"的比较研究，我们不难发现东西方对"死亡"自有不同看法与大异其趣的死亡超越路向，但又形成某种互补关系。在当代生死学建构中，引进西方思想资源与方法论，特别是科学哲学的生死观念无疑是提供给现代人应对生死的有效选择。

3. 融于当下生死实践，建构生死学的现实根基。生死学的基本立场是立足于

生命现实来谈生死,决不是形而上学束之高阁的坐而论道。立足于现实,就是把现实的生死优化放在首要位置,这一立场必然要求对现实生死命运的关注、思考、干预与指导。而对于中国当代生死现实而言,安宁疗护无疑是最突出的主题,关注这一话题,为癌症末期病人提供必要的生死关怀,自然是生死学学科现实生命力的体现。

三、最后一程的生命文化教育实践

基于殡葬视角的生命文化教育即是对个体生命最后一程的人文关照。

1. 生死学是生命文化学科的重要基础理论。殡葬视野的生命文化是人们长期以来形成的关于认识死亡,处理死亡的思想模式、行为方式及价值取向等,它构成特定的文化形态。生命文化本质属性就是"尊重生命,止于至善",以生死为核心概念,以当下生命为立足点,通过解除生死问题的神秘性,赋予生死问题以神圣性,旨在以死观生,优化自我生命。

2. 生命文化的制度化建构。殡葬行业的生命文化,主要是死亡文化和殡葬文化。死亡文化讲的是人们对于死亡的认识,而殡葬文化是在一定的死亡文化指引下,实行的殡葬行为及对行为附加的社会意义。研究与死亡和殡葬有关的生命文化,让死者有尊严地告别人生和安葬,使丧亲者的哀伤得到慰藉,应该是殡葬制度的主要指向。时代的发展提出了通过制度创新推进殡葬生命文化教育之客观必要性。

3. 生命文化教育之上海模式与上海经验。从殡葬行业文化到殡仪馆生命文化再到墓园文化,形成生命文化教育可持续动态体系,从服务、文化、创新、教育四个维度全方位推进上海殡葬业生命文化教育,这是上海模式的基本内涵。而上海经验则包括:殡葬单位以死亡为切入点的开展工作生命文化教育。建设新时代殡仪馆生命文化教育基地,探索文化教育的"三个融入"新模式,充分发挥文化教育、文化传承、资源整合、人才培养四项功能。将"生命文化教育"主题思想融入园区建设,将生命文化教育坚持到最后一程。

四、学校生死教育的推进与拓展

学校生死教育与生死学发展是有机不可分的关系:一方面,生死学需要教育的推广与普及且以教育为指向,并从中积累研究人才;另一方面,生死教育需要生死学提供知识支持与理论指引，没有生死学学科发展，生死教育便不可能系统可持续地发展。

1. 生死学的自身发展与完善必须通过生死教育来展开。以生死学为知识依据建构生死学教学计划：教学目标、内容与方法，这是学校生死教育的核心内容。由于生死教育的特殊性，故形成独特规律、方式、方法等的生死教育学，这既是推进生死学发展的途径，也是生死学学科的组成部分。

2. 关注生死教育师资培训。生死困境伴随生死教育困境，台湾社会已经普遍意识到生死教育之重要，对大陆民众来说，问题更加突出，其中师资培训最为迫切。师资培育目前主力对象为礼仪师、辅导教师、社工、心理师、精神科医生等生死学相关领域。

3. 儿童死亡教育之推展。儿童死亡教育的范围，包括家庭教育及学校教育；父母亲是孩子第一位老师，所以父母亲宜学习如何教导孩子认识及面对死亡。当孩子入学后，老师是教学中很重要的灵魂人物。在儿童死亡教育实践中，教育教学资源开发应以讲故事及绘本为主要形式开展。

4. 关注自杀问题是生死教育的重要课题。生命经验与社会文化因素有关等影响儿童死亡概念的发展，会造成很大的个别差异。至于青少年则可能除了仍然有不成熟的死亡概念外，其死亡态度也可能会影响自杀意念与企图，中国转型期自杀行为及其非理性因素更值得教育关注。对此，死亡教育有三个核心的目标，包括：(1)接受死亡相关的讯息；(2)发展与增进处理对死亡相关事件的能力与技能；(3)澄清与培养个人的生死价值观。

5. 开展医疗生死教育。首先是对职业人群开展死亡教育。相关调查结果显示护生对死亡教育的需求较高，护理教育者应注重渗透式死亡教育，根据不同学历层次护生特点，有针对性开展死亡教育。其次是对其他人群进行相关教育。对台湾大学生对于医疗善终之认知、态度与行为意向研究表明，如何提高大学生群体对相关医疗中的生死认知，同样是生死教育的重要实践层面。

6. 灾难与集体创伤的生死教育。灾难体现生命无常，尤其是集体性的大灾难，面对集体创伤处置与重建的生死教育非常重要，这一话题涉及两个方面：一是灾难后的生死教育包括灾后重建中的生死教育，这是一个地区、一个族群甚至一个社会良性发展的重要前提；二是如何将灾难体验成长为个体的生存智慧，使之在日常生活中面对人生困境应对付自如，这是一个值得关注的话题。

已经取得的研究成果只不过是对先前生死问题的回应，而现实生命的运动又总是呈现出新的生死问题，如何回应新的问题乃是生死学进一步发展的契机。显然，这是下届生死学研讨会的新的议题。

目录

专题四：　中国当代生死教育之问题与方法

附录

专题一

中国当代生死学学科
构建之可能性

元生死学： 回顾、前瞻与构建

钮则诚(铭传大学教育研究所)

摘要 本论文尝试对生死学进行元勘考察,以利此一新兴学科立足于学界并得以可持续发展,全文分为对生死学的回顾、前瞻以及学科构建三部分铺陈。在回顾部分就形式面与内容面而探讨:形式面处理名相、概念、心态、文化等问题;内容面则讨论常识、知识、智慧、多元等问题。在前瞻部分就理念面与实务面分论:理念面针对身形、心灵、群己诸面向加以融汇贯通;实务面则处理有关生死议题的教育、辅导、医护、殡葬等专业活动之运作。基于论文的元勘旨趣,在学科构建部分遂从参照模式、实际应用、知识范式以及可持续发展等观点多所构建,以期为生死学奠定坚实的基础。

引 言

生死学系中国哲学学者傅伟勋于 1993 年在台湾地区首创,以其代表作《死亡的尊严与生命的尊严——从临终精神医学到现代生死学》的出版为标杆,至今已历二十六年。大凡一门新兴学科要能够立足,至少必须拥有学者、学系、学会、学刊等条件,且要为整个学术共同体所接纳。这些在台湾地区虽已不成问题,但于华人世界甚至全球都不到位,有待相关学者齐心协力共同护持并予深化。本论文的写作正是希望为生死学的扎根作出贡献,同时造福世人"安身立命、了生脱死"。学科扎根需要从事元勘研究,以改善各自为政的现况;但于后现代大可不必定于一尊,能够异中求同、同中存异便好。

壹、回顾：形式面

一、名相

　　根据傅伟勋的表述，"生死学"乃脱胎于有百年历史的西方"死亡学"，并纳入中国"生命学"元素，共同构成一门"心性体认本位"的新兴学科。必须强调的是，傅伟勋所创实为"现代生死学"，他同时推崇庄子为"中国生死学的开创者"，由此可见较广义的生死学之道家根源。傅伟勋为当代哲学学者，庄子则属古代智者哲人，将"生死学"一词附加于二人的思想语境上，只能视为较通俗的用法，并非严谨界定。尤有甚者，生死学问世近三十载，名相的含糊始终存在，一如哲学之莫衷一是。为有助于生死学正本清源、推陈出新、更上层楼、臻于成熟，首先必须就其名相予以厘清。

　　"生""死"二字连用，在华人社会往往习惯成自然，以至于傅伟勋很自然地将"死亡学"扩充为"生死学"。值得一提的是，同为汉字圈的日本，则使用"死生学"一辞去翻译西方的"死亡学"，此处并不带有扩充义；扩充后的"生死学"乃系"生命学"与"死亡学"的结合。在名相上用英文对照呈现，或许有助于如实掌握理解："死亡学"为"thanatology"或"death studies"，其中"thanatos"系指死神；"生死学"及"生命学"在傅伟勋则为"life and death studies"和"life studies"。生与死在此被判成两橛，南华及佛光两所大学根据傅伟勋的理念，分别成立"生死学研究所"及"生命学研究所"，以从事不同性质的教学与研究。

二、概念

　　名相的不同多少反映出概念的歧异，虽然佛陀所言"生老病死"体现出人的一生之历程，但生、死甚至包括老、病，在概念上毕竟不是同一回事。"死亡学"系1903年由俄国生物学家麦辛尼考夫所创，这位1908年诺贝尔医学奖得主同时还创立了"老年学"，至今已成显学。由此一西学源头可以看出死亡学知识的深厚科学背景，此与生死学紧扣哲学人文的初衷大异其趣；即使傅伟勋在其代表作标帜出"临终精神医学"，其内容亦非生物医学取向。尤其当他强调以道家和禅宗思想为主的"心性体认本位"治学方向，生死学与死亡学的分野便明显可见。也因此二者实不宜等同视之，顶多如傅伟勋将死亡学视为狭义生死学而已。

从生死学的发展缘起和概念分析中可以发现，傅伟勋其实在借题发挥，有意将华人的"生命学问"衔接上西方的科学知识；这点由他在去世前所出版的自传题为《学问的生命与生命的学问》，以及他为文反思创立生死学的心路历程可以看出。当代新儒家学者牟宗三曾分判东西方思想的差异，在于西方主要为"知识中心"，而中土则重于"生命中心"。另一位新儒家学者唐君毅则指出，哲学研究的对象不外宇宙与人生，亦即科学与人文；由宇宙看人生属于"最弯曲的路"，必须由人生看宇宙方能"直透本原"。若通过二人观点考察生死学，首要问题便是其进路究竟要从科学抑或人文角度契入。

三、心态

西方死亡学由科学家于二十世纪之初在欧洲所创，虽然不久被引进美国，却沉寂了半个世纪，到了六七十年代始浮上台面，逐渐纳入教育和学术体制。考其原因，是因为欧美人士在心态上多少将死亡学联想于基督宗教，如此一来便影响及其科学知识旨趣，从而不易为学术界所接纳。至于后来逐渐被正视与重视并纳入教育体制而传授，则是因为医药令人苟延残喘，以及战争造成大量死亡等现实因素，遂希望通过死亡教育从头教起，以匡正现代人"否认死亡"的弊病。法国史学家艾瑞士曾撰有《面对死亡的人》一书，对西方人面临死亡的态度进行历史考察，发现否认死亡乃是二十世纪的特征之一。

无独有偶地，讳言死亡其实也是华人社会及文化的显著特征，甚至连言谈之间都尽量避免触及"死"字，而以"走了""大去""往生"等词汇带过。其中"往生"乃佛教用语，意指轮回转世，不宜用于不信此道的人身上，但其中因具有"生"字，却令人心向往之。这种心态上自我调适的潜移默化在台湾有迹可循，像死亡学和死亡教育于1979年即被引入，但直至1993年方以生死学及生死教育受人瞩目，却仍要等2000年教育主管部门推动生命教育中程计划将之收编始正式进入学校。"生命教育"之说较"生死教育"甚至"死亡教育"正向光明许多，难怪较后二者具有更广大的市场。

四、文化

仔细观之,死亡教育、生死教育、生命教育三者的性质毕竟仍有差异;前者对焦死亡、中者生死兼顾、后者大而化之。而单就字面看,生死学与生死教育其实是执中道而行,无过与不及,理当合于所需;但事实并不然,因此只能从心态上的避重就轻解释之。这点其实有其深厚的文化根源,尤其当孔子所言"未知生,焉知死"经常被人们挂在口中,情况便难以获得有效改善。既然如此,就不妨学习傅伟勋借题发挥,先将生与死的问题分别处理,再伺机融汇贯通,多元发挥。基于生命教育目前在两岸四地皆列为重要政策在施行,"生命学"或许可以从善如流地为生命教育提供相关学理基础。

"生命学"并非中国人原创,早在1988年日本生命伦理学者森冈正博即已推广此说,尤其纳入性别话语是其特色。日本文化属于东方文化的一环,其"死生学"与"生命学"的提法值得华人学界参考。东方古老国度日本和中国,于十九世纪先后受到西学冲击,而于学术与教育大方向上改弦更张,中国从"经史子集"四部过渡到"文法商理工医农"七学便是明证,后者甚至发展为现代大学的学院基本体制。此一学制改革创新如今已超过百年,将之对照于生死学元勘考察的形式和内容面回顾,首先面对的便是"生"与"死"的名相之厘清,接下去就必须涉及此一新兴学科"文"与"理"的内涵之探讨。

贰、回顾: 内容面

一、常识

傅伟勋的生死学代表作问世两年后,我便以之为教科书在大学开授通识课程,至今犹然。只不过在漫长的二十四载教研实践中,我已发展出自家本事,不断著书立说,为的就是希望正本清源、推陈出新、渐入佳境、止于至善。目前在台湾地区只有两处大学系所直接以"生死"为名,加上一些相关科系以此为主题开课,可视为专门课程,具有较多知识内容;其余最常见的便是列为通识选修课,让大学及专科生具备基本修养,大抵可归于常识性质。常识并不见得比知识肤浅,但肯定较其宽广。回想小学"常识"或"生活"课,向上发展为"自然"与"社会"课,再分化为"理化生物"及"史地公民"等学科,可见其用于扎根的基础地位。

常识便是一般见识,人人必备,越多越好,但不一定都对,有待接受知识洗礼加以深化。常识为日常生活所必需,缺乏常识的人所见日小,久之容易成为"一曲之士"。庄子尝言"曲人不可以语道",而这正是大专院校实施通识教育希望加以改善的最终目的。生死问题人人绕不过,但在这方面缺乏基本修养和见识的人却比比皆是。他们往往人云亦云、随波逐流,一旦面对别人或自己的生死抉择便手足无措,有待生死教育助其安身立命、了生脱死。生死学在这方面理当从常识入手,向知识求缘,最终达于大智大慧之境。美国最普及的死亡学教科书即以《死亡与临终·生命与生活》为名,可谓无所偏废且切中议题。

二、知识

傅伟勋推崇庄子是"中国生死学的开创者",而他自己则于上世纪九零年代开创"现代生死学",并倒转孔子"未知生,焉知死"之说为"未知死,焉知生",以示此一新兴学科的知识发展途径。现代生死学奠基于人文领域的基本学科哲学,哲学具有"本体论、认识论、价值论"三部分,用以对照呈现生死学的知识内容则为"向死而生、由死观生、轻死重生"。但这种哲理性的人文观解并非浅显易懂,有待通过科学知识的考察以彰显其多元视角。科学包含自然与人文两大领域,跟人文思想学问共同构成人类知识的全部,而当生死学关注于作为一个整体的人之生命,理当在知识探究上无所偏废。

不同于西方死亡学奠基于科学知识,华人大多倾向人文关怀,同时包括宗教性的终极关注。依常识观之,科学知识重于事实认定,而人文学问则产生价值判断;事实在于真假,价值则分判是非、善恶、好坏、美丑。长期以来,这种事实与价值二分的知识观点,始终影响着人们的看法,甚至已形成常识之见,但于后现代时期,它却受到质疑并有待商榷。"后现代"作为一股时代精神,流行于上世纪后期,至今仍方兴未艾。它被视之为"晚近资本主义的文化逻辑",具有"质疑主流、正视另类、肯定多元、尊重差异"的特质,足以打破事实与价值之间的壁垒,有助于人们了生脱死。

三、智慧

求知让我们有系统地"知道",包括"人终不免一死"的事实,但死有"轻如鸿毛"

或"重如泰山"的价值,却不一定学得来。依傅伟勋之见,生死学作为"生与死之学"(life and death studies),至少涵盖科学知识取向的西方死亡学(death studies),以及人文价值取向的中国生命学(life studies)。后者无疑属于人生哲理,是一套"向古人借智慧"的"儒道融通"生命学问。若要将知识与价值融汇贯通,就必须把"常识—知识—智慧"视为三位一体的连续统。三者关系最巧妙的譬喻,可见于青原惟信禅师的"看见山水"三部曲公案;其中"亲见知识"一句,象征"师父引进门,修行在个人",理当作为生死教育的知行标杆。

古今中外圣贤才智面对生死问题,大多不免觉得是大哉问,连孔老夫子都不愿正面响应。但是如今我们有了"生死学",且已具备二十六年历史,其学科属性和教学实践,遂成为一项元勘问题,本论文即针对此点而作。然而一旦从元勘问题溯源至生死问题,便出现太多"不可说、不可思、不可议"的弦外之音,必须让知识学习的"渐修"工夫产生智慧开显的"顿悟"效果方能一闻。这正是分析及语言哲学家维特根斯坦受到禅宗影响,对自家本事所作的智慧诠释:"我说的固然重要,但真正重要的是我没说的那部分。"生死学与生死教育在教学研究之余,还是需要一定的心领神会方能尽其功。

四、多元

此种心领神会的治学工夫,在科学哲学家波兰尼看来便属于"默会知识",具有一定程度的主观成分。科学知识要求尽量客观,这点在处理物质能量的自然科学尚称合理,然而一旦涉及人的行为和心性的社会科学便可能大打折扣,只能退一步要求"相互主观性"。此一相互主观性正可作为衔接生死学科学知识与人文学问的沟通桥梁,而回顾二十六年来的发展,仍必须顾及学科内部知识成分的主从关系,以免流于实际应用上的不相应。简单地说,就是依傅伟勋所构想的以中国生命学的人文关怀和终极关注为核心,向外渐次扩充至西方死亡学的社会与自然知识内容,彼此有机结合,相辅相成,就不会陷入知识与价值二分局面。

生死学在台湾创始至今盛况不减,受到许多学者专家及社会大众的关切,多少拜生死学以"生死关怀"之名,自 2010 年被台湾教育主管部门列为高中生命教育类正式课程之赐。由于有课可授,生命教育在岛内分北中南三区进行相关师资培养,至今已训练出千人以上的师资阵容。因为授课与受教人员的数量皆大,不可能完全围绕着哲学发挥,必须涉及心理学、社会学、宗教学、生命科学、健康科学等相关领域学科，遂出现"各自表述、各取所需"的多元胜景。这点对生死学的发展非但不是阻力，更可能是助力。毕竟生死议题攸关人生处境，而在现今的后现代情境中，多元对话已属常态，不能再定于一尊。

叁、前瞻：理念面

一、身形

生死学在台湾创立至今已超过四分之一世纪，近年为大陆学界所重视，有意通过筹组学会及设计课程以落实扎根，前景相当可期。今后两岸可以有效合作，将生死学打造成一门至少能充分为中国人所用的中游学科，一如教育学和管理学。中游学科的特色是着重应用，且以相关的上游学科为基础，像教育学至少涉及史学、哲学、心理学、社会学，而生死学更要融汇生物学、心理学、社会学、哲学及宗教学相关知识。其中宗教学亦属中游学科，它不免会从宗教现象论及教义。台湾的宗教团体护持生命教育甚力，在大陆却相对敏感不宜多碰，此乃两岸在推动生死学之际的重大差异。

就一般人的常识之见，生与死肯定不是一回事，此外大家还会联想到"生、老、病、死"的人生处境，且多少呈现苦大于乐。这种受苦的感受基本来自身形的变化衰退，具体而言，个人的生路历程不外体现于衰老、受病以及死亡上。身体的变化为生命科学及健康科学所研究，后者即形成医疗与照护的社会制度和家庭功能。其实现代人对死生大事的关注，大多来自对本身及亲人面临老病死的经验；生死学若无法对此提出令人信服的理念与实务，则它的存在价值便会受到质疑。许多基本学科都在探讨生死议题，生死学若不能创造自己的核心价值与竞争力，就难以立足于学术及教育界。

二、心灵

要打造一门具有坚实基础的中游学科，其中的核心分支学科不可或缺，像教育学即以课程论和教学论独树一帜，生死学究竟有何特出之处，值得大家集思广益？在我看来，于理念面扩充并深化生命学，从而构建"生命与生活学"（life and living studies）不失可行途径，而在实务面则尝试将相关专业的"关怀"内涵予以归纳，进而新创"关心与照顾学"(care and caring studies)。"关怀"分为"关心"(care about)与"照顾"(care for)两层次,在人与人之间形成有心为之的关照活动;这在孟子看来便属"四端",是"人之异于禽兽"的基本条件。生死学除了探讨人的生物性质外,更需要进一步了解其内在的心理与精神状态。

人的心灵面包括心理和精神等作用,心理学在西方自古便列为哲学分支,直到十九世纪后期才独立为一门科学学科。它的原意与初衷乃是"研究灵魂的学问","灵魂"在古希腊时期只有民俗及哲学而无宗教意涵,直到中世纪古典哲学成为基督宗教的"婢女"后,才逐渐体现出深厚的宗教旨趣。到如今西方人一提及"灵性"便与宗教信仰密不可分,但于中土则始终反映为儒道佛"三家会通"的人文自然信念;佛家在此与其视为宗教信仰,不如看作人生哲理。生死学处理内在心灵层面的问题,主要是为了助人了生脱死,这便涉及个人对死亡的看法。傅伟勋认为儒道二家皆属现世主义,而与佛家主张三世因果大异其趣。

三、群己

道家庄子被推崇为"中国生死学的开创者",其最大贡献便是教人以了生脱死之道,但广大华人受到儒家影响,对于如何安身立命的关注始终很积极。倘若了生脱死是个体心理与精神层面的内在自我安顿,则安身立命便指向群体社会和伦理层面的外在人际关系。人是社会动物自无疑义,至于研究人之社会活动的社会学,则于十九世纪上半叶为法国哲学家孔德所创立。其于该世纪末传入中国,最初的译名为"群学",多少反映出这门新兴学科所处理的乃是群己关系。不过孔德以提倡实证主义闻名,其思想的自然科学性质浓厚,甚至影响及社会科学发展。相形之下,华人认同的儒家伦理,则具有高度人文性质。

群己关系涉及个体在群体之间的位置,西方人通过基督信仰为法治社会铺路,中国人则秉持儒家思想为人伦关系贞定。值得一提的是,儒家伦理在中土的地位,相当于基督宗教作为西方文明与文化的基础,它们对于生死学的影响,尤其是在社会与伦理方面,最重要者包括亡者角色定位和丧葬殡仪活动等项。像亡者已非活人而为"遗体",必须加以"处理";至于殡葬措施也足以将"鬼魂"转化为"祖先"受后人祭拜悼念,以示慎终追远。更现实的问题出现在临终之前的生死决策,倘若病人罹患不治之症,究竟要治到哪一步就该放手。这不但要面对家属的沟通,更有配套的法令及文件足以参照运用。

四、融汇

为构建生死学为一门更坚实、更成熟的跨领域科际学科，本论文于前瞻性的理念面提出身形、心灵、群己三层问题的考虑，这反映出我于十六年前出版《医护生死学》一书中所列"生物—心理—社会—伦理—灵性一体五面向人学模式"。此一模式系统整医疗的"生物—心理—社会模式"，以及护理的"身、心、灵模式"，再加上二者都注重的"专业伦理"实践而成。不过这些面向虽然整合了生死攸关的医疗照护观点，却始终不脱西方的科学认知模式，不见得能够充分适用于中华本土的文化需求，有必要进行转化工夫，将西方科学知识融汇于东方人文智慧，用以彰显生命之奥义。

在傅伟勋的心目中，生命学指向一套"心性体认本位"的生命学问，其代表思想乃是古典道家以及受其影响而生的中土禅宗。我对此十分认同，更有意将之扩充深化。对于生死学的学科构建，我主张"文理并重、东西兼治、物我齐观、天人合一"，因此在本土的"心性体认"之余，同时强调西方的"情意开显"。情意属于"知、情、意、行"生活实践的重要成分，必须予以正视与重视。生死学理念面的核心价值生命学，在此遂扩充为"生命与生活学"，以与实务面的核心竞争力"关心与照顾学"相提并论、相辅相成、相得益彰。过去生死学始终予人"虚学"之感，今后当努力朝向"实学"发展。

肆、前瞻：实务面

一、教育

作为中游学科的生死学可以探讨理念，但是不宜挂空，终究还是必须扣紧相关实务而发。跟生死学相关的实务至少包括教育、辅导、医疗、护理、殡葬五大专业，各从业人员皆须领授证照，其中医护工作场所重迭，其余多独立作业。认真考察，这些专业实务都跟国人的生命、生活与生存息息相关，像教育及部分辅导活动用于学校、医疗和护理用于医院、殡葬用于殡仪馆，几乎涵盖了生老病死方方面面。就教育而言，包含生死议题的生命教育在两岸暨港澳大多归于德育，但它其实可以扩充至群育、美育甚至体育、劳育，以期与智育相辅相成、互利共荣。教育既有受教者亦有传授者，生死教育的师资培养遂必须先行。

以台湾地区为例,因为生命教育被列入重大教育政策,并已落实为高中必修课程,且长期以来师资培养都在持续进行;而当生死议题皆纳入生命课之内,生死学师资培养遂有一定挥洒空间。必须认清一项现实,那便是"生命教育"的影响力和正当性在华人社会始终较"生死教育"为大,要想通过教育渠道推广生死学,借题发挥或许较名正言顺来得事半功倍。事实上这并非空穴来风,早在上世纪末生命教育尚未成为台湾官方政策之前,就已出现"生死教育取向的生命教育"之提法,而与生活教育、生涯教育、健康教育、宗教教育等取向相提并论,它们也的确得到"各自表述、各取所需"的效果。

二、辅导

将生死学融入辅导咨询专业之中,可以做的事情很多,至少包括自杀防治、临终关怀、哀伤抚慰等项。辅导咨询专业人员在台湾必须考授咨商心理师或临床心理师证书方能执业,但是没有心理师证的其他专业人员,并非完全不能从事相关活动。像我在大学任教三十余年,聘书上一贯载明必须善尽辅导学生的责任,其中包括课业以外的生活辅导,亦即当经师更要为人师,言教之外尚需身教。至于其他各行各业,多少也存在有职场咨询人员。近年甚至在心理咨询之外,还发展出哲学咨询的新兴途径;执业者不处理心理偏差的矫正,而对当事人从事世界观及人生观的厘清,等于是开发一套自我贞定的工夫。

不像教育活动在全球各地自古有之,辅导咨询的出现相当晚近,大约在十八九世纪才问世,而且一开始只属于基督宗教的牧灵活动,是神职人员对信众所提供的无偿活动。至于它结合精神分析发展成为一套收费的心理咨询技能,乃是二十世纪初期的事情;更广泛的应用出现在美国,要到二战后大量退伍军人重返社会时始派上用场。由此观之,辅导咨询不像教育活动具有深厚的历史文化根源,它属于地道的舶来品,一旦用于华人社会必须经过转化过程,否则便会不相应。国人心理有纠结,会找亲友倾诉,不易主动跟非亲非故的咨询人员告白,这其中所存在的文化差异不可不识。

三、疗护

根据学者观察,心理咨询的文化差异曾出现于世纪初台湾的"九二一"大地震现场,当咨询人员进驻从事心灵重建却乏人问津,而在地的收惊婆则生意兴隆,只能视之为"民俗疗法"而予接纳。同样的情形也曾出现在医疗活动上,中西医之争从民国初年便已出现,百余年之后因为西医挟着科技和政策的强势而将中医大幅整合收编,民间只相信中医疗效的人也就寥寥无几了。生死学通过辅导咨询和医疗照护及于个人,主要用于把握"尽人事,听天命"的了生脱死之道。现今医疗科技虽然发达,但并未能解决各种疑难杂症,有时甚至弄巧成拙,导致患者陷入求生不得、求死不能的苟延残喘困境,有待生死学助其解套。

生死学在此所要处理的正是事实与价值的廓清,可以从德、群、美育的多元视角,提供医病双方共赢的医护决策。人死不可怕,不死才可怕,歹活受罪不如好死善终,安宁疗护和安乐死都是病入膏肓时的可能选项。其中安宁疗护涉及医疗和护理两种专业,彼此旨趣不尽相同,却足以互补互利、相辅相成。简言之,医学重于疗愈(cure/curing),护理则主关怀(care/caring);生死学教人以"应尽便须尽,无复独多虑"的大智大慧,在"不治"之际以"放下、舍得"之心选择安宁疗护。安宁疗程虽主张"自然死",但仍有人为处置成分在内;真正"人为死"乃是安乐死,在临床上属于绕不过去的重大生死议题。

四、殡葬

如今安乐死在台湾正在以联署公投的形式争取合法化,但其争议仍高,恐怕还有很长的路要走。不过事在人为,台湾另有一件通过立法加以提倡的政策也走了很长的路,那便是"环保自然葬"。自然葬要落实必须先推广改土葬的传统习俗为火化,更进一步摆脱掉骨灰入土或晋塔的窠臼,改以树葬、花葬、海葬或洒葬等不着痕迹的处理方式,令其回归大自然,与天地合其道。没有错,生死学将追随庄子的脚步,于现今在殡葬方面逐渐把儒家"慎终追远"的传统,向道家"返璞归真"理想调整。而其最具体的表现,正是以"轻死重生"之姿,将繁文缛节下的厚葬,转化为一切从简的自然葬。

本论文有意秉持"文理并重、东西兼治、物我齐观、天人合一"原则,将生死学打造成一门适用于华人社会的后现代生命学问;它在知识系统中归于应用性中游学科,因此势必要切实掌握并强化相关专业实务的核心竞争力。基于"向死而生本体论、由死观生认识论、轻死重生价值论"的生死哲理,在华人文化传统中凸显道家思想的影响力,乃是与时俱进、推陈出新的方便法门。从丧葬习俗的简化与净化着手改善现况,无疑是一条最佳进路。由一个人对于后事料理的交代,可以大致看出他的生死态度。这种由死观生的认知与情意考察,乃是构建新生死学的必经途径。

伍、学科构建

一、模式

本论文写作的主要目的,是通过对既有生死学话语进行元勘考察,从而去芜存菁、推陈出新,以构建一套更适用于广大华人社会的新生死学。新生死学可视为对既有观点的扩充版与升级版,希望尽可能教人以"安身立命、了生脱死"之道。对此吾道一以贯之,历经四分之一个世纪的生命学问之探索,终于开出"后科学人文自然主义"的大纛,具体成果撰成十五万字《新生命教育——华人应用哲学取向》一书于今秋出版。因为生命教育已形成为两岸教育政策,我乃借题发挥,将生死学与生死教育加以包装融入其中,以期产生事半功倍的效果,此即生死教育取向的生命教育之真谛。

1997 年我传承傅伟勋的遗愿,于南华大学创办全球第一间也是唯一的生死学研究所,在他所设计蓝图基础上,继续构思如何完善新兴的生死学。2001 年我于台湾的广播电视大学开授"生死学"选修课,首度自撰同名教科书;两年后为提供护理学生学习教材,又另撰《医护生死学》。在后者中我首度发展出一套"生物—心理—社会—伦理—灵性一体五面向人学模式",用于面面俱顾以观照生死学,并于2005 年纳入电大教科书扩充版之中。人学在西方相对于神学,于中土则指向非宗教的人生哲学;尤其是"儒道融通"下的现世主义观点,可以跟傅伟勋晚年所倡议的生命学相辉映。

二、应用

生死学在台湾一创生便蔚为流行,傅伟勋的代表作立即成为畅销书,其后坊间便不断涌出各式各样谈生论死的著作。最具指标意义的事情,可见于我首度为电大开授"生死学",竟名列选修课程人数之首,次名则为"人生与理财",足见人们心之所向的二端。大众关注生死议题多半怀抱实用目的,例如针对养生之道或临终关怀等需求,因此我在为生死学研究所设计课程时,首先认定其属应用性中游学科，最值得参照对象即为同性质的教育学和管理学。设所之初走的正是生命教育途径，四年后增设大学部，另以"生死管理学系"为名申请；我曾建议进一步将归属学门由人文学院转为管理学院，让大学生修得社科一技之长。

虽然日后生死系仍系于人文领域，并删除"管理"之名，但因缘际会碰上殡葬改革的浪潮，而使得系上毕业生有不少选择以礼仪师为终身职业，不啻为以殡葬管理为核心内容的生死管理树立起明显标帜。当然生死学的实务应用绝非只有殡葬管理一端，死亡教育、悲伤辅导、临终关怀等，皆可联系上生死学而产生相辅相成的用武之地。事实上，当初我在电大教科书内，正是以"生死教育、生死辅导、生死关怀、生死管理"四者为主题分别议论之，未料台北护理健康大学竟不约而同创设"生死教育与辅导研究所"，而高中生命教育选修课则列有"生死关怀"一科，加上南华的"生死管理学系"，总算反映出生死学实用面的一应俱全。

三、范式

元生死学通过对生死学的回顾与前瞻，予以突破创新、扩充升级；这可视为对生死学不断构建的历程，但不必然要树立学科范式定于一尊。知识学科的"范式"说来自科学史学家库恩，他以物理学为例，通过科学史的考察，发现物理学乃是循着一条旧范式不断被新范式取代的过程而精益求精；"范式"在此代表该学科一整套知识信念系统，像"地心说"被"日心说"取代、牛顿"绝对时空"被爱因斯坦"相对时空"取代等便是例证。库恩原本就是物理学家，在他心目中人类知识的最佳典型正是物理学，范式说因此最适用于自然科学学科，不料日后对其发扬光大的反而是社会科学领域。

平心而论，自然科学家的主要兴趣集中在实验以验实，不太关注自身学科的属性，而不同学科的学术共同体，则倾向于认同各学科范式尽量定于一尊的共识。相较之下，以模仿自然科学而生的社会科学，要想在自身学科内确立单一范式，可谓难上加难。以心理学为例，行为主义、精神分析、人本学派、超个人学派即被标签为"四大势力"。而实务应用的辅导或管理学门，更出现"理论丛林"的境况，彼此各自为政，顶多和平共存。曾有一辅导实务教科书，针对同一个案，列出十种咨询治疗方法，其间理论甚至彼此冲突，如此根本谈不上有所谓学科范式。类似情况的生死学构建大可不必树立范式，"各自表述、各取所需"便是。

四、发展

话说回来,新兴学科的大范式树立虽然不切实际,但是较小范围的局部性共识,以及彼此间的交流沟通,还是可以运行无碍。生死学在台湾地区发展至今二十六载,最初是由哲学学者所创立,后来经由一群群对生死议题感兴趣的心理学者、社会学者、辅导学者、社工学者、宗教学者、殡葬学者等共同护持和夯实,终于呈现出如今的面貌。但仍以台湾地区为主,港澳地区涉及者不多,大陆则正在起步。放大来看,现今两岸暨港澳对焦于生死学的学者有限,关注生命教育的人数较多,但终究仍停留在华人圈。间或有学者出席国际的死亡教育与辅导以及殡葬学术会议,终究还是不成气候。

前面曾提及,西方死亡学和死亡教育主要就死言死,像临终关怀、悲伤辅导、自杀防治、安乐死等议题皆予以关注,即使讨论人生也仅属附带;相形之下,华人的生死学及生死教育至少有一半课题可列入生命学。本论文将生命学扩充为生命与生活学,视为生死学在理念方面的核心价值,有待进一步发展。至于实务面的核心价值与竞争力则另创关心与照顾学,简称关怀学,至少可提供教育、辅导、医疗、护理、殡葬等专业执行时的参考依据。生死学不但要坐而言更要起而行,在言诠和行动两方面如果提不出较其他成熟学科更有利的成果,则难以立足于学界。生死学要成为真正的生命学问,就必须有效引领个人生死观不断臻于完善。

结　语

本论文是我在涉足生死学四分之一世纪后的反身而诚之作,更是对自己择善固执投身其间并期许更上层楼的努力尝试。我长期自视为传统文人且因为禀性气质使然,对独善的兴趣来得比兼济大,走向学者之途正是人格特质的体现。唯在生命学问道路上受到古今中外圣贤才智大智大慧的启示,乃拈出“西用中体”原则不断著书立说,而于近年贞定“大智教化”的知行合一康庄大道。大智教化是生命教育的民间版、成人版、扩充版与升级版,目的为自度度人安身立命和了生脱死之道。被官方生命教育列为“生死关怀”一科的生死学,遂成为我心目中生命学问真正核心,本论文乃尝试以元勘观点对此一核心价值说清楚讲明白。

参考文献

余德慧：《生死学十四讲》，台北：心灵工坊，2003。

李开复：《我修的死亡学分》，台北：天下，2015。

徐敏雄：《台湾生命教育的发展历程：Mannheim 知识社会学的分析》，台北：师大书苑，2007。

陈信宏译：《令人着迷的生与死：耶鲁大学最受欢迎的哲学课》（S. Kagan 著），台北：先觉，2015。

傅伟勋：《死亡的尊严与生命的尊严——从临终精神医学到现代生死学》，台北：正中，1993。

傅伟勋：《学问的生命与生命的学问》，台北：正中，1994。

傅伟勋：《论人文社会科学的科际整合探索理念暨理路》。《佛光学刊》，1996，1，117-129。

钮则诚：《医护生死学》，台北：华杏，2003。

钮则诚：《生命教育概论——华人应用哲学取向》，台北：扬智，2004。

钮则诚：《殡葬与生死》，台北：空中大学，2007。

钮则诚：《生命教育——人生启思录》，台北：洪叶，2010。

钮则诚：《大智教化——生命教育新诠》，新北：扬智，2015。

钮则诚：《学死生——自我大智教化》，新北：扬智，2016。

钮则诚：《新生命教育——华人应用哲学取向》，新北：扬智，2019。

钮则诚等：《医学伦理学——华人应用哲学取向》，台北：华杏，2004。

郑晓江：《生死学》，台北：扬智，2006。

我们为什么要建构当代生死学

王治军（廊坊师范学院）

　　面对当今时代日益凸显的生死问题，我们倡导建立一门当代生死学，就是要揭开死亡的神秘面纱，克服人们对死亡的无知与恐惧心理，唤起民众对于生死问题的足够认识，关怀与改善民众的生存状况与死亡状况。简言之，我们要建构一套当代生死学的理论与实践，是因应当代生死问题，而以生死关怀和生死教育为宗旨和目的。

一、生死问题

　　任何一门学问和学科，都是人类面对特定的问题，为了解决困惑疑难发挥聪明才智而形成的。生死学也不例外，它是为了面对和解决生死问题而产生的智慧和思想。所以，我们先谈谈生死问题。

　　不仅仅是人类有生死，任何有生命的植物、动物、微生物都有生死，人类所建构的政党、国家、社会制度、民族和文化也都有生死。虽然人同动物一样都有降生、青春、性成熟、疾病、暮年和死亡，虽然动物也有面临死亡的恐惧，但是唯有人知道他会死；唯有他能预见自身的完结，意识到死亡随时可能发生，因而（个人和群体）要采取措施，以免遭灭顶之灾，这是几千年来人们在社会上共同生活的主要职能，并且一直保留至今。① 所以，海德格尔说人是"向死而生"的存在。虽然人的生命是有限的，但是人又有追求无限的一种超越性。"人生不满百，常怀千岁忧"，生命是现实的，但是人却不满足于现实，要在对未来的追求中否定现实。正是在这种自我

---

① 贝克勒等：《哲言集：向死而生》，张念东等译，生活·读书·新知三联书店，1993 年版，第 401 页。

的否定中,人实现了生命的超越,超越了肉体生命的有限性,超越了现实的存在,生命境界可以不断飞跃与提升,不断走向新的解放,生成新的自我。就人类而言,则是实现了文化的传承和文明的不断进步。

钱穆先生曾经说:"禽兽的心,永远封闭在它的躯壳里,心不能脱离身,于是心常为形之役,形常为心之牢,那是动物境界。人依然还是一动物,人的心依然离不了身,而身已不是心之牢狱了。因为人之心可以走向别人的心里去,它可寄寓在别人心里,它会变成另一躯壳内之心,它可以游行自在,到处为家。但它绝不是一浪子,也不是一羁客。它富有大业,它已和宇宙和合为一了。宇宙已成为我心之腔子,我心即可安放在宇宙之任一处,只有人类的心,在其文化历史的演进中,经历相当时期,才能到达此境界,惟中国人则能认为宇宙即我心,我心即宇宙。"①钱穆先生的这段话,是对人的精神具有超越性的最好解读。

我们探讨生命和死亡问题只是局限于人的生死问题,或者说我们是从不同的侧面和维度来考察人的生死问题,利用古今中外的生命智慧,来关怀人的生命,化解人的死亡恐惧,探讨在生与死之间如何安顿人的生命。通过生死亡教育与生死关怀,唤起整个社会对于死亡问题的关注,引发人们对于癌症和临终病人的关注,引发人们对于处理死亡的丧葬祭祀的作用的思考等等。

二、生死智慧与当代生死学

任何一个国家和民族,任何一种文化,都有生死智慧,都有超越生死的精神资粮。古代社会虽然没有叫做生死学的这样一门独立学科,但是,哲学、宗教、民间信仰、医学、养生和保健等等,都关怀人的生死,都是为了维护人的生命健康、为了实现人的生活幸福,为了解决人生的生老病死而存在的。

以祛除疾病维护人身体健康的医学和养生保健,任何时代任何地区都普遍存在,自然无需多说。下面我们说说宗教与哲学思想当中饱含着的超越生死智慧,以及饱含着提升人生命精神的资源。就西方哲学而言,苏格拉底把哲学定义为死亡的练习,叔本华说死亡是给予哲学灵感的守护神,费尔巴哈则断言,世上若没有死亡这回事也就没有宗教。既然死是人生的必然结局,对人生图景和生命意义的总

---

① 钱穆:《人生十论》,生活·读书·新知三联书店,2012年版,第103页。

体解释在很大程度上便取决于对这个结局的意义破解。① 叔本华更为清晰的看到,人们对死亡的认识所带来的反省致使人类可以获得形而上的见解,并由此得到一种慰藉。所有的宗教和哲学体系,主要是为针对这种目的而产生,以帮助人们培养反省的理性,作为对死亡观念的解毒剂。②

德国哲学家马克斯·舍勒指出,"人,只有人……倘使他是人本身的话……能够自己作为生物……超越自己。"③因此他给人的定义是:人是超越的意向和姿态。我们可以说,正是因为人可以从意念中超越现实,他才能幻想出一个没有剥削没有压迫,没有痛苦,只有永恒的快乐,永远没有死亡的威胁的不生不死的永恒世界。这就是宗教。也只有人才能创造出宗教,宗教是人具有精神超越性的集中体现。所以有人说,人是一种宗教性的动物。

基督教用天堂和永生化解了生命的有限性和人们对死亡的恐惧。佛教用六道轮回、极乐世界和缘起性空等理论针对不同人群,从不同角度克服了生命的一维性和死亡的不可逆性。不愧其"了生脱死"的宗教之称。道教则直接追求此世的长生不老。宗教从人们内心深处的死亡恐惧、焦虑出发,以对生死之谜的解答为支柱,或宣扬人死后灵魂永存,或宣扬轮回再生,更通过天堂地狱来达到提升人生命境界,发挥劝善止恶的社会教化功能。正如当代著名存在主义神学家蒂利希在《文化神学》中给宗教下的定义:"宗教,就该词最广泛、最基本的意义而论,就是终极的关切。"④费尔巴哈说"神学之秘密是人本学"⑤。就宗教发挥作用的机制而言,梁漱溟先生指出:"以超绝于知识的事物,谋情志方面之安慰勖勉的"无论高低级宗教,都在于通过礼拜供奉等各种仪式来使人内心安宁舒坦,"使人的生活得以维持下去而不致溃裂横绝",⑥这是一切宗教相同之点。

比之于宗教应许的来世永恒,儒道两家则直面生死的自然属性,老庄主张"无可奈何而安之若命",孔孟则主张以追求道德生命来超越生理生命的有限性。孔子说"朝闻道,夕死可矣",孟子说"夭寿不二,修身以俟之,所以立命也。"孔孟老庄给予人的是现世超越智慧,是生活与生命的智慧。尤其是儒家,教给人在人伦日用之

---

① 靳凤林:《死,而后生:死亡现象学视域中的生存伦理》,北京:人民出版社,2005年版,第3页。
② [德]叔本华:《叔本华的人生哲学》,刘烨编译,北京:中国戏剧出版社,2008年版,第204页。
③ 马克斯·舍勒:《人在宇宙中的地位》,李伯杰译,贵州人民出版社,1989年版,第34页。
④ 转引自段德智:《宗教学》,北京:人民出版社,2010年版,第234页。
⑤ [德]费尔巴哈:《基督教的本质》,荣震华译,北京:商务印书馆,1984年版,第5页。
⑥ 梁漱溟:《中西文化及其哲学》,北京:商务印书馆,2012年版,第105—107页。

间安顿生命,在生活实践中提升生命境界,这种生命智慧"致广大而尽精微,极高明而道中庸",对中国文化影响深远,成为了中国人安顿生命的主要精神资粮。

我们之所以提出建构中国当代生死学,源于以下几个方面的原因。第一,是当今社会的生死问题更加凸显。在日趋老龄化的今天,不仅死亡率越来越高,死亡绝对数量不断增多。而且,非自然死亡的比例不断升高,死亡方式、死亡年龄、死亡地点都发生了根本性的变化。造成的原因不仅有地震、火山爆发、泥石流、海啸等自然原因,也有交通事故、地区性的武装冲突、恐怖主义杀戮等社会原因,更有各种流行性传染病和不可治愈的癌症。当代的死亡问题越来越具有突发性、偶然性、不可预测性。死亡从家庭进入了医院,从公开走向遮蔽与隔离,从温情脉脉走向了机械化与非人性化。在这种新情况下,传统的思想资源不够用了。

第二,传统社会解决生死、安顿生命的智慧资粮遭到极大破坏,不足以安顿当代人的身心。近半个多世纪以来,宗教被破坏掉了,民间信仰被破坏掉了,传统殡葬礼俗安顿生死的功能也被消解了,如今只剩下了科学思维。沟通生死的渠道和桥梁没有了,生死互渗、生死一体的观念被消解了。在中国传统社会,殡葬祭祀发挥着安顿生死的重要功能,可是在当今时代,也已经几乎被消灭殆尽了。在广大的农村,残存的一些传统殡葬礼俗,仍然在被当作封建迷信,遭受着被改革的命运。传统祭祀中的奠酒祭肉等,营造了一个超越的世界,人神既相互隔绝又可以相互沟通。通过祭祀,我们与天地鬼神相沟通;通过祭祀,我们寻求到了灵魂的皈依之所。这种类似于西方宗教信仰的功能,它既神圣而有世俗的特征,还没有被广为人知。令我们非常遗憾的是,在科学的思维中,人们看到的只是生与死的对立,人们所渴望的仍然是不死和永生。冷冻基因乃至冷冻死后遗体就是一个很好的例子。

基于以上两点,在当今社会,亟需哲学、宗教、教育、心理和医学等各个学科联手加强生死学研究,尤其是在哲学宗教和医学层面,提供人们克服与超越死亡的生命智慧,为民众提供健康的心态去面对人生不测,面对和接受发生在自己身边的死亡现象,并从中积累生命智慧坚定生存信念。

三、生死关怀与生死辅导

我们建构当代生死学的一种重要目的,也是最为切近的目的,就是对民众进行生死辅导与生死关怀。生死辅导,侧重于微观具体层面,包括在诊治医疗、安宁护理、临终关怀、悲伤抚慰等方面,为重病患者、面临生死关头的人提供护理知识、医疗技术、生活经验,为亲人们提供各种帮助,使他们能够渡过难关。从更为广阔的意义上来讲,就是关怀人生,在人生的整个过程中,给人提供各种经验和指导,教给人如何面对生命中的各种疑难困顿。

就生死关怀而言,作为生死学的研究者,还应当将眼光投向整个社会,关注广大民众的生死存亡状况。比如考察社会的出生率、死亡率、死亡原因、平均年龄乃至社会的老龄化等问题,还要考察不同地域不同阶层人们在这些数据参数上的差异,进而为增进民众的福祉,为社会的良性发展提供参照,让生死问题成为我们观察和分析社会问题的一个独特视角。

首先,我们看出生问题。近三十年的计划生育极大地降低了人口的出生率。在整个社会中婴幼儿和年轻人比例的缩小,直接造成了老年人比例的增大,这是社会走向老龄化的一个重要因素。再如,在计划生育中,基层医务人员 B 超过程中对婴儿性别的非法鉴定,致使导致几十年来,造成青年男女比例严重失调,产生了极大的社会问题和潜在隐患。有社会学者认为,不同民族在计划生育中的不同对待,产生了民族间人口出生率的很大变化,并且预测到在未来的几十年乃至一百年,不同民族的人口比例会发生巨大变化,这些都值得我们关注。

其次,在死亡的问题上,同样存在诸多的问题和隐患。近些年热议的安乐死就是一个典型的例子。清华长庚医院的路桂军主任撰文提出:安乐死不是理性的最佳选择,安乐死是既不安也不乐,而是无奈的选择。实施安乐死是因为不能安乐的活着,安乐死是以家属的遗憾、无奈、无法释怀为代价的,它违背我国的传统文化。中国传统的死亡文化是善终文化,中国人的死,不光要逝者安详,还要生者安宁。这个观点我非常赞赏。

中国人传统的五福观念是《尚书·洪范》中记载的"寿、富、康宁、攸好德、考终命。"在这个次序中,长寿是第一位的,生活富足是第二位的,而有尊严的死是排在最后一位。此中的道理值得我们深思。仅就第一点而言,不能长寿而中年猝死,是不幸福的。每个人都有美好的想象与期待,纵然他活的非常精彩,他也不希望英年早逝,他也希望能够尽其天年。活到了七八十岁的人,他可以说活得长不是他的追求,但是对于短寿而夭折的人来说,他们是追求活的更长一些的,对于早来的死亡,必定是无可奈何心有不甘,必定是心存遗憾的。所以,真正的善终优逝是一种社会追求,也是一种个人所追求的极高的境界。中国人更推崇尽天年的无疾而终,因为这是生命自然而然的结束。这种生命的终结方式,不仅对于当事人是善的,对于家庭亲友和社会都是善的。

更为重要的是,生死关怀的着眼点不能局限在出生和死亡这两个端点,我们更应该关注人们在生死之间的生存状态。生存依旧在苟且,死亡怎么能任性？活着还没有活好,如何能实现善终？安乐活永远优先于安乐死。活得有尊严是死亡有尊严的必要前提。所谓死亡的尊严,就是把生命的尊严贯彻到底。在当今的中国,生死学研究在关注无痛苦的死亡,在关注死亡尊严的同时,应当更加关注生命的尊严,关注临终者的痛苦,关注家人的痛苦。关注如何让人安乐活,这比关注安乐死更为切近。在当今的中国,天天宣传安乐死的人,他根本就没有读懂生死学。

四、生死教育

我们建构当代生死学,目的还在于大力推广生死教育,让生死教育成为面向全体国民的终身教育,其内容包括如下几个方面:

第一,加深人们对于生命与死亡的了解,改善人们的生活。如希腊著名哲学家苏格拉底所说"人类面临的最重要的问题不是如何生存,而是如何好好生活。"直面死亡和透彻的理解死亡,有助于帮助人们更好地理解生命的强大与脆弱,理解肉体生命的有限性与精神生命的超越性,理解爱在人际关系当中的重要性。

第二,利用生死教育指导人们与社会进行有效的交流,让他们知道社会上有安宁疗护、临终关怀、悲伤抚慰、丧葬礼仪等服务,可以帮助人们渡过难关。

第三,利用生死教育为医护、养老、心理咨询师、心理辅导师、社会工作师等人员提供专业知识,为殡葬从业人员提供死亡学和殡葬文化相关知识,帮助人们了解死亡与哀伤的正向价值,帮助人们正确看待殡葬礼俗,让人们知道在人生旅途中,临终、死亡、哀伤和殡葬这些常常讳莫如深的话题其实有助于我们精神的成长。

五、小结

斯宾格勒在其《西方的没落》一书中指出:"在对死亡的认知中,乃产生了一种文化的世界景观,由于我们具有这种景观,便使我们成为人类,而有别于禽兽。""人类所有高级的思想,正是起源于对死亡所做的沉思冥索,每一种宗教,每一种哲学与每一种科学都是从此处出发的。"①靳凤林教授指出:"人是基于死亡意识而建构生存信念,并使之外化为文化创造活动的综合的历史性此在。"而"文化是人性的主要表征和人类所独有的生存方式,是人类赋予自己的生命行为以尊严、价值和意义,从而超越死亡的基本手段。"②

郑晓江教授曾经指出,生死哲学就是要研究人这一必死的结局"会对人之生命、生活与人生产生诸种影响,在此基础上探讨如何消除其负面的影响而光大其正面的影响,最终使死亡这种实存转化为促进人们生活幸福,显现生命意义,提升人生境界的机制。生死哲学说讲的死,不是指病理学上的死,而是指死的观念与意识,它的社会学、人类学、哲学、宗教学意义所在。所以,它关心的不是死亡本身,而是死亡对临终者及生者的影响。因此,生死哲学就是要发展为一种生死智慧,既对临终者提供精神性抚慰,也对遗族们给予消除悲哀的观念性指导。"③上述的几个观点,解释了我们建构当代生死学和进行生死教育重要性和必要性,也为我们的学科构建提供了方向性的指引。

我们建构当代生死学进行生死教育,就是要大力提倡把生命的尊严贯彻到底。既不人为的延长生命,也不人为的缩短生命。具体而言,就是让死亡回归自然回归家庭,让濒死之人享有最后的安宁与尊严。我们奉行的观念是,死亡不应该进行抢救。因为死亡并不是一种失败,既不是医生的失败,也不是病人的失败。而是自然而然的一种生理过程。让病人安详舒适的死去,正是医生神圣的职责所在。人是怎样的洁净的来到这个世界,他也应当怎样洁净的离开这个世界。在死者身上,不要遗留有人工的化学的放射的等等强加给他的痕迹。此时更为重要的是有家人、朋友能给予陪伴,可以走得比较心安,有人能在此刻提供一些宗教或其他灵性上的安抚慰藉。

我们建构当代生死学进行生死教育,目的和意义还在于扭转当今社会对于死亡的一种态度,一种科学主义的隔断生死的态度,还原自然主义的生死观。从形而上的层面来讲,死亡对于人而言,也不仅仅是意味着生命的终点,它还提醒我们生命是有限度的,它划定了生命的界限,能够使我们窥测到生命的全貌。死亡更是一面镜子,让我们可以反观生命,可以更通透地理解生命的本真意义和价值。

生死学不仅应当给人一种超越生死的智慧,也应当借由对生死问题的关注,而

---

① [德]斯宾格勒:《西方的没落》,陈晓林译,台北:华新出版有限公司,1976年版,第113页。
② 靳凤林:《死,而后生》,人民出版社,2005年版,第169—170页、第326页。
③ 郑晓江:《寻求人生的真谛——生死问题的探索》,南昌:百花洲文艺出版社,2002年版,第227—228页。

形成一种观察和分析社会问题的独特方法。生死问题是社会问题的一个缩影,我们可以借由对这一问题的关注,而开启一个崭新的观察和分析社会问题的独特视域,将生死问题视为关照现实的一个重要视角,通过对于社会生存状况和死亡状况的反思,来发现我们这个时代的某种弊端,以此来为社会的良性发展提供指引和借鉴。

生死问题不是一个静态的问题,当代生死学不是要瞄着死亡这件事,而是要关注生死之间。死,不是别的,而是生命的结束,是生命的限度。生存权利的保障是第一位,生命的尊严优先于死亡的尊严。我们既要关注社会的死亡状况,更要关注社会的生存状况,尤其是要关注导致弱势群体死亡的诸多社会和个人因素。死亡的不正常,映射出来的是生活的不正常和生命存在样态的不正常。所有的生死学研究学者,都应当有这样的共识,都应当有这样的视野。

以"生死问题"的当代面向为视角 探究"华人生死学"重建之可能

张永超（上海师范大学哲学与法政学院）

摘要 "生死"问题是人类的永恒主题，伴随着现代自我主体意识的强化，"生死问题"备受关注。目前学界对"死亡"问题的研究主要体现在五个方面：第一、以探究"死亡本质""濒死体验"的死亡学（源自西方学者罗斯维尔·帕克等）；第二、以探究"死亡的终极性、形而上学"的死亡哲学（大陆以段德智教授为代表）；第三、以探究"医学生物科技引发的生死伦理问题"的生命伦理学（以邱仁宗教授为代表）；第四、以探究"死亡以及生和爱"的生死学（华人学者傅伟勋开创落实于台湾学界）；第五、以发掘生死智慧并落实到生命教育的生死观探究（以郑晓江教授为代表）。然而，考虑到"生死问题"的时代性与复杂性，我们应在现代性反思的意义上来看待当代人的生死问题。生死问题的当代面向表现在三个方面：第一、生物医学科技新背景下的生死问题的突显，比如说生命维护技术、安乐死、器官移植等所带来的生死困顿；第二、现代性反思背景下的"主体死亡"问题，这带来了对生死问题新的反思；第三、后现代意义下人生意义迷失、人生荒谬感、醉生梦死的问题，这是对传统生死观的颠覆。如上三个面向为学界对"生死问题"的研究带来了新的挑战，同时也为华人生死学的重建提供了新的可能。华人学者傅伟勋教授所开创的"生死学"有待继续发扬，但是由于生死问题的现代三个面向，对生死问题的探究需要遵循以下三个维度予以重建：第一、基于生死伦理学视角重建生物科技面向带来的生死困顿；第二、基于建构实在论对"主体性"的研究，回应"主体死亡"的困境；第三、基于传统儒家道家生死智慧回应后现代意义迷失问题。因为有死，面对理解死亡能让我们更好的发掘"生命"和"仁爱"的意义。因为死亡，我们需要重新回到"生命"的起点，在这个层面讲，我们看到"未知生焉知死"的深刻意义，探究死亡最终是为了更好的回归"生命"。由此，"华人生死学"之重建是可能的，基于此为华人提供新的"安身立命"是可能的,而此也彰显着人类生死智慧的可普性意义。

关键词 生死学 现代性 重建

引论:"华人生死学"之重建何以可能?

"生死学"(Life-and-Death Studies)由傅伟勋教授于 1993 年提出。傅伟勋教授对于台湾学界乃至于整个华人学界的生死学研究有着开创性的影响,一方面他对西方的"死亡学"有着广泛的了解,另一方面他对于现代以来的生命医学伦理问题有着较敏锐的把握,但是他在将原有的"死亡学"称之为"生死学"的时候则是自觉的,他将西方的"死亡学"略加改造,试图加进"爱"和"生"的元素进而变为饱含华人智慧的"生死学"[①]。这可以视为一种"华人生死学"的初创。

然而,二十多年来,伴随着国内外学界对于"生死"问题的多维度展开研究,生死问题也面临新的挑战:第一、生物医学科技新背景下的生死问题的突显,比如说生命维护技术、安乐死、器官移植等所带来的生死困顿;第二、现代性反思背景下的"主体死亡"问题,这带来了对生死问题新的反思;第三、后现代意义下人生意义迷失、人生荒谬感、醉生梦死的问题,这是对传统生死问观的颠覆。如上三个面向为学界对"生死问题"的研究带来了新的挑战,同时也为华人生死学的重建提供了新的可能。它们一方面不断建构着人们对生死问题的新看法;另一方面,"生死学"的进一步思考重建有待于吸纳这些新的学科因素。生死问题本来就是跨学科的,所以这也预示着"华人生死学"将处于不断建构中。

基于上述三重困境,当代"华人生死学"之重建将遵循以下三个维度予以展开:第一、基于生死伦理学视角重建生物科技面向带来的生死困顿;第二、基于建构实在论对"主体性"的研究,回应"主体死亡"的困境;第三、基于传统儒家道家生死智慧回应后现代意义迷失问题。因为有死,面对理解死亡能让我们更好的发掘"生命"和"仁爱"的意义。因为死亡,我们需要重新回到"生命"的起点,在这个层面讲,我们看到"未知生焉知死"的深刻意义,探究死亡最终是为了更好的回归"生命"。因此"华人生死学"之重建是可能的,这是对华人学者傅伟勋教授所开创的"生死学"的进一步发扬,基于此为华人提供新的"安身立命"是可能的,而此种可能性也

[①] 傅伟勋:《死亡的尊严与生命的尊严——从临终精神医学到现代生死学》,台北:正中书局,1993 年版,第 20—21 页。

同时彰显着人类智慧对于生死问题探讨的可普性意义。

一、当前学界对"生死"问题研究所呈现的"多重维度"

(一)学界目前对于生死问题研究的五个维度

目前学界①对"死亡"问题的研究主要体现在五个方面。

1. 以探究"死亡本质""濒死体验"的死亡学

"死亡学"一词最早由出生在俄国的法国动物学及细菌学家爱列梅其尼可夫(Elie Metchnikoff,1845—1916)于 1903 年提出;美国纽约水牛大学外科医学教授罗威·柏克(Roswell Park)于 1912 年在美国医学协会期刊中,开始介绍"死亡学"的概念。Kastenbaum 在他编著的《死亡百科全书》中指出"死亡学"是"研究与死亡相关的行为、思想、情感及现象的学科。"②而对于死亡学具有标志性的专著则要推Herman Feifel 于 1959 年出版的《The Meaning of Death》③,其基本可作为"区别近代死亡与濒死学问的分水岭"④,随后关于死亡学的研究大量出现,比如 1959 年Cicely Saunders 出版的《照护濒死者》(Care of the Dying)、1961 年 C. S. Lewis 出版《关注丧亲悲伤》(A Grief Observed),而 1969 年 Elisabeth Kubler Ross 出版了《死亡和濒死》(On Death and Dying),此书则极为畅销,成为经典之作,随后关于死亡与濒死的书籍风起云涌,而关于这方面的杂志就有数种比如:*Journal of Death and Dying、Death Studies、Journal of Personal and Interpersonal Loss、Mortality Illness* 等⑤。

2. 以探究"死亡的终极性、形而上学"的死亡哲学

以段德智教授为代表,他的《死亡哲学》于 1991 年出版⑥,他自己的定位是"死而上学",据其导师陈修斋先生称段德智教授于 1989—1990 年在武汉大学哲学系

---

① "学界"范围侧重于华人学界(主要涉及大陆和台湾部分),只是对于"死亡学"的论述追溯其源头,这助于对傅伟勋教授所开创的"生死学"背景予以了解。

② Charles A. Corr, Clyde M. Nabe, Donna M. Corr:《当代生死学》,杨淑智译、丁宥允校、吴庶深审定,台北:洪叶文化有限公司,2004 年版,导读第 1 页。

③ Herman Feifel, ed. The Meaning of Death. New York: McGraw-Hill. 1959.

④ Lynne Ann Despelder, Albert Lee Strickland:《死亡教育》,黄雅文等译,台北:五南图书出版公司,2006 年版,第 34 页。

⑤ Lynne Ann Despelder, Albert Lee Strickland:《死亡教育》,黄雅文等译,台北:五南图书出版公司,2006 年版,第 36 页。

⑥ 段德智:《死亡哲学》,武汉:湖北人民出版社,1991 年版。

开"死亡哲学"选修课,他认为"似乎还是破天荒第一遭的事"①,这部书出版后好评如潮,获奖多次,1996年修订再版;台北洪叶版则于1994年出版②。但是,本书的探讨则基本上属于"西方死亡哲学史"的梳理。而且,作者承认对于"死亡"问题可以有宗教学、生物学、医学、心理学、伦理学的讨论,"但是,死亡哲学作为哲学的一个分支,却既明显地有别于这些具体科学或精确科学,也明显地有别于罗斯维尔·帕克所开创的'死亡学'(thanatology)……死亡哲学作为哲学的一个分支,是对于死亡的哲学思考……。它是以理论思维形式表现出来的关于死亡的'形而上学'或曰'死而上学'。"③这一段话比较典型的反映了"死亡哲学"的问题意识,段德智教授沿此思路认为死亡哲学不仅仅"是一种形而上学"而且还是"一种世界观和本体论"④。

3. 以探究"医学生物科技引发的生死伦理问题"的生命伦理学

美国《生命伦理学百科全书》将"生命伦理学"(bioethics)定义为:运用伦理学的方法,在跨学科和跨文化的条件下,对生命科学和医疗保健的伦理学,包括道德见解、决定、行为、政策等进行的系统研究。在邱仁宗先生《生命伦理学》中,他将"生命伦理学"的议题归结为"生殖技术""生育控制""遗传和优生""有缺陷的新生儿""死亡和安乐死""器官移植""行为控制""政策和伦理学"等主题⑤。我们可以看出,"生命伦理学"重点在"生命医学科技"所带来的种种困惑,比如对于死亡的认定,对于临终患者的安宁疗护,当然也包括对于"安乐死"的伦理争议;需要留意的是"生命伦理学"的生物科技背景,如同邱仁宗先生所说:生物医学技术大大增强了专业人员的力量和知识。据沈铭贤教授的分析,"生命伦理学的范围相当广泛,通常分为五个研究领域:理论生命伦理学、临床伦理学、研究伦理学、政策及法制生命伦理学、文化生命伦理学。理论生命伦理学可以理解为生命伦理学概论,侧重于理论层面的阐释。临床伦理学包括临床各科和护理的伦理问题及规范。研究伦理学指生命科学和医学研究中的伦理学,包括药物临床试验规范,同时拓展到生命科学前沿研究的伦理。政策及法制生命伦理学属于管理和制度层面的伦理学,不仅政策和法律要符合和体现伦理,而且伦理的传播和实施要有政策和法律的保障。文化生命伦理学研究文化和生命伦理的关系以及不同的文化和宗教对生命伦理的

① 段德智:《死亡哲学》,台北:洪叶文化有限公司,1994年版,序言。
② 段德智:《西方死亡哲学》,北京:北京大学出版社,2006年版,后记。
③ 段德智:《西方死亡哲学》,北京:北京大学出版社,2006年版,第7—8页。
④ 段德智:《西方死亡哲学》,北京:北京大学出版社,2006年版,第11页。
⑤ 邱仁宗:《生命伦理学》,北京:中国人民大学出版社,2009年版。

不同理解与沟通。"①

4. 以发掘生死智慧并落实到生命教育的生死观探究

在大陆学界,更多依据中国儒释道哲学智慧而慢慢走向一种"生死智慧""善死与善终",由"穿透死亡"而"感悟生死""学会生死"的"生死教育"思路则首推大陆的郑晓江教授②,他对"死亡观"的梳理近似于段德智教授"死亡哲学"的思路。但是,郑晓江教授的着眼点不在哲学,而试图基于传统生死智慧给出现代人一种认识死亡、平静看待死亡从而珍惜人生、善待生命的引导,他通过"生死互渗"原理、"三重生命"原理来化解人们对"死"的恐惧心理试图达到一种"善生优逝"的现代生死智慧。不得不说,数十年来郑晓江先生的此种努力与耕耘对于大陆学界的生死教育与当代中国人的生死观建构功不可没,只是很遗憾的是,郑先生的努力随着他富有争议性的辞世而让人感到不可思议。但是,他对于华人生死智慧的建构以及对于今人树立健康的生死观依然是首屈一指的人物。段德智教授的研究侧重于形而上学,是曲高和寡的,尽管获奖很多;但是,郑晓江先生的努力则是生命教育,有着更多的受众和影响。除此以外,郑晓江教授关于生死问题的研究与台湾学者有着较好的互动,他是比较早就应邀赴台讲生死问题的大陆学者,他的著作与思想在台湾也有着广泛的影响③(虽然说台湾生死学的来源更多依据西学引进),台湾学者钮则诚教授在《生死学》中提到他是说"大陆哲学学者郑晓江,是少数长期有系统探讨中国生死哲学有所成就者。"④

5. 以探究"死亡以及生和爱"的"生死学"

与大陆学界不同,台湾学界的生死问题研究,不是接续西方哲学史和中国传

---

① 沈铭贤:《生命伦理飞入寻常百姓家:解读生命的困惑》,上海:上海科技教育出版社,2011年版,第42页。
② 我们以他的书名为例:郑晓江:《生命与死亡——中国生死智慧》,北京:北京大学出版社,2011年2月版;郑晓江:《中国生死智慧》,南昌:江西人民出版社,2013年5月版;郑晓江:《生命教育演讲录》,南昌:江西人民出版社,2008年12月版;郑晓江:《穿透死亡》,南昌:江西教育出版社,2000年12月版;郑晓江:《学会生死》,郑州:中州古籍出版社,2007年1月版;郑晓江主编:《感悟生死》,郑州:中州古籍出版社,2007年1月版;郑晓江主编:《生命忧思录:青少年生命教育刻不容缓》,福州:福建教育出版社,2011年12月版;郑先生笔耕不辍,书很多,以上只是部分举例。
③ 郑晓江关于生死学的专著在台出版的有:郑晓江:《生死智慧:中国人对人生观及死亡观的看法》,台北:汉欣文化出版,1997年版;郑晓江:《叩问人生:中西方哲人的人生智慧》,台北:汉欣文化出版,1997年版;郑晓江:《祸福之门:中国人的生存智慧与生活艺术》,台北:汉欣文化出版,1997年版;郑晓江:《超越死亡》,台北:正中书局,1999年版;郑晓江:《中国死亡智慧》,台北:三民书局,1994年版;郑晓江:《生命终点的学问》,台北:正中书局,2001年版;郑晓江:《中国生命学——中华贤哲之生死智慧》,台北:杨智文化出版,2005年版;郑晓江:《生死学》,台北:杨智文化出版,2006年版;这些专著难免有重复,但是一个学者于短短几年内出版这么多专著,用功之勤,仍觉不可思议。
④ 钮则诚等编著:《生死学》第二版,台北:国立空中大学出版社,2005年版,第6页。

统,他们是直接从西方新兴的"死亡学"引进的,这不得不首推傅伟勋教授,他将西方的"死亡学"略加改造,试图加进"爱"和"生"的元素进而变为饱含生死智慧的"生死学"(Life-and-Death Studies),而"生死学"由傅伟勋教授于 1993 年提出①。

傅伟勋教授对于台湾的生死学研究有着开创性的影响,他将西方的"死亡学"略加改造,他说"以'爱'的表现贯穿'生'与'死'的生死学探索,即从'死亡学'(亦即狭义的生死学)转到'生命学',面对死的挑战,重新肯定每一单独实存的生命尊严与价值意义,而以'爱'的教育帮助每一单独实存建立健全有益的生死观与生死智慧。"②随后钮则诚教授、尉迟淦教授等则主要沿着"生死教育"这一应用与管理维度展开,③杨国枢教授则认为"死亡教育"或可改为"生死教育"④。简而言之,台湾学界的脉络基本是这样:从西方引进死亡学,进而改为生死学,落实为生死教育与管理⑤;而且无论是从大专院校课程还是安宁疗护机构设立,无论是悲伤辅导还是殡葬礼仪,加之他们与西方学术互动的便捷与频繁,推广之快、努力之多,许多方面都走在了大陆前列。傅伟勋教授对于"生死学"之开创功不可没,而且不限于台湾学界,可视为"华人生死学"之初创。

(二)傅伟勋教授所开创的"华人生死学"之批判与反省

毋庸讳言,固然傅伟勋教授天不假年,虽然在实际学术推动上无力进一步展开他的"生死学"。但是,他的开创性对于台湾生死学界影响深远,后继者以南华生死学所为中心接续遗志使台湾"生死学"独树一帜,既有别于欧美学界过于注重死亡问题的"死亡学",同时也有别于过于侧重生死智慧的大陆生死观研究,而且此种融合了"爱"与"生"因素的"生死学"逐渐为华人社会所认可,不再限于台湾一隅,逐渐成为名副其实的"华人生死学",而且具有生死问题探究领域独特的方向;此种路径影响了台湾的生死实务方面,比如安宁疗护、殡葬管理、临终服务等等。同时也影

---

① 傅伟勋:《死亡的尊严与生命的尊严——从临终精神医学到现代生死学》,台北:正中书局,1993 年版,序言第 20—21 页。

② 傅伟勋:《论人文社会科学的科际整合探索理念及理路》,《佛光学刊》,1996 年第 1 期,第 126 页。

③ 参见钮则诚等编著:《生死学》第二版,台北:国立空中大学出版社,2005 年版;钮则诚编著:《殡葬与生死》,台北:国立空中大学出版社,2007 年版;尉迟淦主编《生死学概论》,台北:五南图书出版公司,2000 年版;

④ 傅伟勋:《死亡的尊严与生命的尊严——从临终精神医学到现代生死学》,台北:正中书局,1993 年版,序言。

⑤ 台湾学界也有关于死亡哲学的讨论,但基本是西方死亡学的思路。比如冯沪祥:《中西生死哲学》,台北:学生书局,2005 年版;这部书更多是对西方"死亡学"专著的讨论。

响了台湾的"死亡教育"①,这逐渐打破了华人社会忌讳言"死",并逐渐形成在学校开设"生死学"与"死亡教育"②等课程的局面。

大陆和台湾学者虽然对于生死问题探索有着不同的线索、起源和进路,但是,殊途同归,都最终指向了"生死智慧",通过对"死亡"的体认逐渐达到理性的看待"死亡",并更加珍惜"生命"的意义。其不足在于,两岸学者对"生死"问题的研究有着较强的实用化倾向,对于"生死"本质的学理性探讨缺乏,没有此种深层次的探讨,过早转入"生命教育"将使实践层面的生死教育缺乏理论支撑。而此种问题随着哲学界对于"现代性"的反思以及后现代问题的彰显让我们看到"华人生死学"在理论方面的捉襟见肘,使过于偏重实务显得没有根基。

考虑到"生死问题"的时代性与复杂性,我们应在现代性反思的意义上来看待当代人的生死问题。生死问题的当代面向表现在三个方面:第一、生物医学科技新背景下的生死问题的突显,比如说生命维护技术、安乐死、器官移植等所带来的生死困顿;第二、现代性反思背景下的"主体死亡"问题,这带来了对生死问题新的反思;第三、后现代意义下人生意义迷失、人生荒谬感、醉生梦死的问题,这是对传统生死问观的颠覆。如上三个面向为学界对"生死问题"的研究带来了新的挑战,同时也为华人生死学的重建提供了新的可能。

二、生死问题当代面向的三重困境

(一) 生死问题当代面向一: 生物科技背景下"生死困顿"问题

生物科技因素在现代人的生死问题上起着越来越重要的作用,生物技术的发达带来的还有生死困顿的问题。学界对这些问题的思考主要归属于"生命伦理学"中。比如邱仁宗先生将"生命伦理学"的议题归结为"生殖技术""生育控制""遗传和优生""有缺陷的新生儿""死亡和安乐死""器官移植""行为控制""政策和伦理学"等主题③;而在程新宇教授所著《生命伦理学前沿问题研究》中,她探讨的"生命

---

① 其实就台湾学界而言关于死亡教育的著作在傅伟勋之前即有出版,比如黄天中:《死亡教育概论 I——死亡态度及临终关怀研究》,台北:业强出版社,1991 年版;黄天中:《死亡教育概论 II——死亡教育课程设计研究》,台北:业强出版社,1992 年版,但是,其影响远远无法与傅伟勋的著作相比。
② 可参考张淑美:《死亡学与死亡教育》,高雄:复文书局,1996 年版。
③ 邱仁宗:《生命伦理学》,北京:中国人民大学出版社,2009 年版。

伦理问题"主题包括：生殖技术、安乐死、基因干预、器官移植、人体试验等①。这些都是以前的生死问题领域所无法设想的，技术重构着人的世界观。

需要留意的是"生命伦理学"的生物科技背景，如同邱仁宗先生所说：生物医学技术大大增强了专业人员的力量和知识。过去人们不能做的事现在能够做了，如使垂死的病人继续存活，在产前检查出胎儿的疾病，移植身体的器官，等等。于是就提出了这样的问题："我们应该干这种事吗?"由于知识的增加，我们可以预测原来不可预测的行动后果，迫使我们做出道德决定。例如，有严重遗传病的夫妇所生育的后代，有身心缺陷的可能性非常之大，是否可作出不允许他们生育的决定? 力量和知识的增加可带来许多好处，如使不能生育的人生儿育女，某一器官衰竭的病人可以获得代替的器官，这又提出资源的公平分配问题。"不许伤害病人"是一条传统的医学伦理学原则。那么，关闭一个脑死病人的呼吸器是不是伤害病人? 不让一个严重缺陷的胎儿出生是不是伤害病人? 不去抢救一个没有存活希望的无脑儿或脊柱裂婴儿是不是伤害病人? 因为得不到供体肾而使肾衰竭病人死去是不是伤害病人?② 另外，比较典型的比如安乐死问题以及器官移植问题。

无论是生死的界定，还是人们通过技术对于生死问题的极大干预，都迫使人们去思考，在生物医学科技背景下，人们到底如何看待自己或亲人的生死? 这些都需要纳入"生死学"领域，若对这些问题视而不见，那么"生死学"将成为一种道具。

(二) 生死问题当代面向二：现代性背景下"主体死亡"问题

现代性的一个核心问题是对"主体性"的反思，比如沈清松教授对现代性的界定为"主体性""表象文化""理性化""宰制性"③。启蒙运动以来"主体性"被极度张扬，与此同时，也慢慢发现就人类群体来讲走向了"人类中心主义"，这走向了原初人类幸福的反面；就个体来讲，个体主体性无论是人权还是人欲都得到了极大发挥与尊重，与此而来的不是预期的幸福实现，而是物欲横流和人心迷失；而且，与此同时产生的现象是对上帝信仰的淡漠，这样"上帝死了"的口号才会出现和流行。然而，问题在于，我们往往看到如同中国先秦时期一样，"天命信仰坠落的同时是人性光辉的黯淡"④，我们以尊重个体、追求幸福、高扬主体性的名义葬送了自我，欲望

---

① 程新宇：《生命伦理学前沿问题研究》，武汉：华中科技大学出版社，2012 年版。
② 邱仁宗：《生命伦理学》，北京：中国人民大学出版社，2009 年版，第 2 页。
③ 沈清松：《探索与展望：从西方现代性到中华现代性》，《南国学术》，2014 年第 1 期，第 105—107 页。
④ 参阅拙作《天人之际：儒道天人观新论》（郑州：郑州大学出版社，2015），自序。

的消费无法填补精神的再度空虚,灵魂的迷失使现代人在物欲横流中显得更加可悲,自我变成了欲望的奴隶……这恰恰走向了启蒙运动的反面,人们过于看重自己而冷漠信仰,最后却背叛了自我,成了欲望的奴隶。

伴随此种"主体性膨胀"问题而来的是"主体死亡","主体"被解构了,比如尼采所提出的"上帝之死"以及由此引发的"人之死",福柯提出的"大写主体之死",海德格尔所说"人类学的主体之死"①。这固然看到了现代化进程的弊端,但是,连现代化的积极成果比如对于"主体性"的建构也抛弃了②。没有主体性的自觉,生死问题将没有着落,当我们关注生死问题时,一定有一个生死主体存在,一旦滑向了"主体死亡",那么生死问题可能将落入"虚无主义",这在我们看来恰恰是对融合了"生"与"爱"因素的"华人生死学"的背叛。李泽厚常说,上帝死了,可人还活着;过把瘾就死,可过把瘾之后往往不死,那么如何活?即便人类获得了真正的物质解放,依然面临着人类的出路选择问题,人毕竟活着,那么当如何活?③

(三) 生死问题当代面向三:后现代背景下"意义迷失"问题

生死学者波伊曼对现代人生有这样一段描述:

星期一早晨,一个男人或女人在六点半起床,上厕所,沐浴,更衣,吃早点。另一个钟头花在没头没脑地通车上班,而他们的工作如果用澄明的眼光看来,也是完全没有意义的。如果不是可怜地只想赚那一点微薄的薪水,没有人会去做这种事。然后,回家:没头没脑地通车回到一个没头没脑的夜晚,坐在一个没头没脑的娱乐盒子前面,然后上床睡觉。这部连续剧重复在星期二、星期三、星期四、星期五上映,总共持续四十年,直到此人退休,老得无法再发掘另一种较好的生活方式。星期六,他或她会设法恢复自己在另外五天耗光的精神,到了星期天,他或她会在亲戚或朋友家里,无聊的要死,而如果此人不太敏感,就可以享受一些没有营养的聊天,闲扯些关于食物、天气或足球比赛的话题。偶尔,此人会喝醉酒,来一场云雨之欢,纾解自己奔张的荷尔蒙。此人的目标,即赚取足够金钱,抚养及教育下一代,让他们能够成长,以重复同样愚蠢的游戏,赚足够的金钱,抚养及教育下一代,让他们

---

① 对"主体死亡"论述的具体评论可参见段德智:《主体生成论——对"主体死亡论"之超越》,北京:人民出版社,2009 年版,第一章第三节"主体性的死亡"。

② 沈清松教授也谈到"毕竟主体的发现与挺立仍是近代哲学与近现代世界最大的遗产,也因此我认为主体仍不可失",引自沈清松:《探索与展望:从西方现代性到中华现代性》,《南国学术》,2014 年第 1 期,第112 页。

③ 李泽厚:《李泽厚哲学文存》(上下编),合肥:安徽文艺出版社,1999 年 1 月第 1 版,第 462 页。

也能够玩同样愚蠢的游戏,以此类推。①

波伊曼对此评论道"卡缪要求我们在这个人的生活里,找出一些恒久的价值。有一天,此人或许在醒来之后,发觉自己一无所有"。"人生有一大部分是为了拨乱反正,让现状维持下去。这就像我们在大海上行船,船上有若干漏洞,因此我们主要的工作就是要将水泼出去,让我们可以留在船上,继续绕圈子航行。有些人或许觉得不想玩了,想干脆跳进这片大海,我们会认为这些人真的愚蠢或不道德吗?他们当然不愚蠢,因为这场游戏实在没什么好玩。"②

或许正是在上述意义上,加缪说"自杀是真正的哲学问题"。就个体来讲,若感觉游戏无聊,完全又放弃的权利。然而问题就在于,人生不是游戏,放弃人生,从来都不是一个人的事;而且,自杀不但无法解决当代人的荒谬问题,反而是一种适得其反的方式予以证成。问题最终又回到,如何生?如何死?这些问题在传统生死学中是难以遇到的挑战,但是,在现代生死学领域却是难以回避的主题。正是此种挑战为"华人生死学"的重建提供了可能。

三、基于生死问题的当代面向试论华人生死学之重建可能

对生死问题的探究是必要的,因此华人学者傅伟勋教授所开创的"生死学"有待于继续发扬,但是由于生死问题的现代三个面向,对生死问题的探究需要遵循以下三个维度予以重建:第一、基于生死伦理学视角重建生物科技面向带来的生死困顿;第二、基于建构实在论对"主体性"的研究回应"主体死亡"的困境;第三、基于传统儒家道家生死智慧回应后现代意义迷失问题。

(一)基于生死伦理学视角重建生物科技面向带来的生死困顿

基于"生死学"的第一个面向关于生物科技因素,我们尝试提出"生死伦理学"③,这可以作为"生死学"的伦理维度。其研究对象为现代社会中基于生物医学

---

① 波伊曼:《生与死——现代道德困境的挑战》,江丽美译,香港:桂冠图书股份有限公司,1997年版,第58页。

② 波伊曼:《生与死——现代道德困境的挑战》,江丽美译,香港:桂冠图书股份有限公司,1997年版,第59页。

③ 详见笔者为中国人民大学教育部重点基地重大项目"日常生活伦理学研究"(11JJD720017,已结项)所撰写"生死伦理"章节。

科技的进步,面对"生"与"死"的种种新现象(比如试管婴儿、代孕母亲、克隆人、安乐死、自杀、遗体捐赠等),审视"生""死"的新的行为方式对传统人际关系的挑战与影响,通过研究讨论形成新的合理的"生死伦理"价值观念与行为规范,并使现代人受其规范与引导,从而以符合现代新伦理的行为方式对待处理人类的生死问题。其处理方式区别于"死亡教育""生命教育""生命伦理学"等,"生死伦理学"定义可尝试界定为:以现代人生活行为中的"出生"(方式)与"死亡"(方式)为研究对象,探究现代人新的人伦关系及其合理性,回应"试管婴儿""代孕母亲""克隆人""自杀""安乐死""遗体捐赠"等现代生物医学所带来的伦理挑战,由此建构一种善生优逝的生死观与彼此敬重的现代人际伦理关系。

(二) 基于建构实在论对"主体性"的研究回应"主体死亡"的困境

关于"主体死亡"的反省与超越,大陆学者段德智教授提出了"主体生成论"①予以回应。但是,更值得留意的是对建构实在论有所创新并基于建构实在论立场反思现代性并提出创造性推进的沈清松教授,他基于前人研究对现代性的经典表述为"主体性""表像文化""理性化""宰制性"②;面对这一现代性现象,可贵的是,沈清松教授并没有像有些西方学者批判现代性走向后现代,没有批判主体性而解构主体,而是努力评判保存现代性的优点并试图克服其缺点。而且,他对于法国哲学家列维纳斯、德勒兹、德里达等提出的"他者"概念有种基于华人思想资源的推进,比如说他在批判前者基础上进一步提出"多元他者""可普性""外推理论"等等,都令人耳目一新③。而且,沈清松教授还在试图建构"中华现代性"的独特表达,由此他提出"开放主体性与多元他者相互丰富""学习表像创新拟象而不忘怀与生活世界联系""注重整全理性而非制物狭隘的理性",他说:"基于上述对于主体、表像和理性的态度,中华文化所发挥的,不但不是宰制,而且要反宰制的王道精神;不但不以科学理论与科技去宰制万物,而且要以尽性的方式待之。"④这在我们看来是"华人生死学"亟待汲取的思想成果,若"生死学"没有这些原创性哲学探究作为思想来源,那么生死学将徒有其名,将成为无源之水无本之木。

---

① 段德智:《主体生成论——对"主体死亡论"之超越》,北京:人民出版社,2009年版。
② 沈清松:《探索与展望:从西方现代性到中华现代性》,《南国学术》,2014年第1期,第105—107页。
③ 沈清松:《从利玛窦到海德格:跨文化脉络下的中西哲学互动》,台北:台湾商务印书馆,2014年9月版,刘千美导读。
④ 沈清松:《探索与展望:从西方现代性到中华现代性》,《南国学术》,2014年第1期,第114页。

（三）基于传统儒家道家①生死智慧回应后现代意义迷失问题

面对现代世界人类的意义碎片化、无聊、烦等意义迷失问题，李泽厚先生曾基于中国思想资源提出"情本体"理论。在谈到"情本体"时，李泽厚说："我的哲学构想，和国内的思潮，好像没有太大的关系，但和世界的思潮有关系。没有海德格尔，没有现在这种世界性的难题，也不会有情本体。就是我前面说过的，人类走到这地步了，个人也走到这地步了，人不能不把握自己的命运了。人的孤单、无聊，人生的荒诞、异化，都达到空前的程度，在这样的时候，面的种种后现代思潮，我提出情本体，也可以说是世界性问题使然吧……这是一种世界的视角，人类的视角，不是一个民族的视角，不只是中国视角。但又是以中国的传统为基础来看世界。所以我说过，是'人类视角，中国眼光'。"②

对于人生意义建构，我们知道中国传统思想资源中儒家道家有着丰富的矿院有待发掘，比如对于逝者之祭礼说："祭者，志意思慕之情也。"（《荀子·礼记》）"志意思慕之情"基本上反映了中国人对亡者的一种缅怀和情感寄托，同时，便是对于生者的一种"民德归厚"式的教化。中国人的礼乐是为了生者而不是为了死者。所以荀子说："君子以为人道也，其在百姓以为鬼事也。"实际上，即便在民俗人伦中，对于丧葬祭礼也基本上遵循此种"慎终追远民德归厚"和"志意思慕之情"的生死智慧。冯友兰先生说，"依上所引，则儒者，至少一部分的儒者，对于人死之意见，不以为人死后尚有灵魂继续存在。然灵魂不死之说，虽为理智所不能承认，而人死之不可不即等于完全断灭，则为事实。盖人所生之子孙，即其身体一部之继续存在生活者。故人若有后，即为不死。"③子孙后代的传承便是一人一家"不死"的象征，由此我们也可以看出传统社会"传宗接代"的超越性含义，不仅仅是子孙肉体的繁衍，更多是一种文化价值意义的传承。基于此种语境，我们也可以看出，为什么中国人那么注重孝悌观念，而且有"百善孝为先"的说法。除了此种"不死"的观念之外，我们知道另外一种"不朽"的说法是在《左传》里提出的"大上有立德，其次有立功，其次有立言。"中国人的文化心理正是通过此种"世间"的尽伦尽职，通过此种德性修养、

---

① 限于篇幅侧重论述儒家思想资源部分，但是道家关于生死智慧融汇其间，比如李泽厚"情本体"理论不限于儒家，而"慢慢走欣赏啊"之说法更多是道家立场的表达。

② 李泽厚、刘绪源：《该中国哲学登场了？——李泽厚2010谈话录》，上海：上海译文出版社，2011年4月第1版，第79—80页。

③ 冯友兰：《中国哲学史》（上），上海：华东师范大学出版社，2011年版，第202页。

功利建构、言语智慧来达到一种精神性的不朽,此种不朽不是通过灵魂不灭或者来世复活,而是通过此世间对他人的正面影响而发生的,对他人的仁爱善待、对这个社会的功业建立以及对任何人的智慧劝诫便是一种"不朽"。

面对有死的事实,因为此种生的价值,因为此种"有生命承载的不朽",让我们看到,死,不再是可怕的离开,而是一种心灵宁静后的休息。如同《荀子·大略》所载子贡言:"大哉!死乎!君子息焉,小人休焉。"所以李泽厚在谈及中国人的死亡意识时说:在中国人的意识里时间首先是与人的生死存亡联系在一起的。孔子和儒家没有去追求超越时间的永恒,正如没有去追求脱去个性的理式(idea)、高于血肉的上帝一样。……与现代存在主义将走向死亡作为生的自觉,将个体对死亡的把握作为对生的意识近似而又相反,这里是将死的意义建筑在生的价值之上,将死的个体自觉作为生的群体勉励。在儒家哲人看了,只有懂得生,才能懂得死,才能在死的自觉中感觉到存在。①

此种强调"生"强调"情"的思想智慧,一方面是承继了传统儒家精神,另一方面与傅伟勋教授开创的注重"生""爱"的"生死学"是一脉融通的,李泽厚说"慢慢走欣赏啊",在品味人生中融化情感充实此在,"只有这样,才能战胜死亡,克服'忧''烦''畏'。"②而且通过"让哲学主题回到世间人际情感中来吧,让哲学形式回到日常生活中来""以眷恋、珍惜、感伤、了悟来替代那空洞而不可解决的'畏'和'烦',来替代由它而激发的后现代的'碎片''当下'。不是一切已成碎片只有当下真实,不是不可言说的存在神秘,不是绝对律令的上帝,而是人类自身实存与宇宙协同共在,才是根本所在。"③或许李先生的某些论证有待细化和明确,但是,此种构想在我们看来对于现代人的生死困顿而来的"意义迷失"不啻为一剂良药。基于此,我认为"华人生死学"当汲取此种基于华人传统思想资源而开创的意义建构理论。

四、结语:"华人生死学"之重建及其可普性意义

现代学术训练承继的是"分科治学"传统,其好处在于对于问题的精细化定位以及实证性研究,其劣处在于画地为牢,把任何问题都看死了;然而,人的问题是动

---

① 李泽厚:《华夏美学》,《李泽厚十年集》第一卷,合肥:安徽文艺出版社,1994年版,第260—261页。
② 李泽厚:《李泽厚哲学文存》(上下编),合肥:安徽文艺出版社,1999年1月第1版,第526页。
③ 李泽厚、刘绪源:《该中国哲学登场了?——李泽厚2010谈话录》,上海:上海译文出版社,2011年4月第1版,第5页。

态的、关联的而且是趋于复杂化,关键在于问题是不分科的,分科只是处理问题的一种权宜之计,若停留并自守于某一隅,以分科自限,那么对于许多问题的研究便会流于窠臼不能自拔。以生死学为例,生死问题固然是人类始终面对的,所以有其确定性一面,但是,具体到某个时段,人类面临的生死问题则是复杂的独特的,比如现代以来,人们的生死问题严重受到"生物科技""主体哲学""意义迷失"等因素深度介入,这不但改变了人们的生死观,而且给人们带来了前所未有的生死困顿,有鉴于此,承继华人前辈学者的开拓性研究,基于生死问题的现代三个面向,本文认为对生死问题的探究需要遵循以下三个维度予以重建:第一、基于生死伦理学视角重建生物科技面向带来的生死困顿;第二、基于建构实在论对"主体性"的研究回应"主体死亡"的困境;第三、基于传统儒家道家生死智慧回应后现代意义迷失问题。

这让我们看到,因为有死,面对理解死亡能让我们更好的发掘"生命"和"仁爱"的意义。因为死亡,我们需要重新回到"生命"的起点,在这个层面讲,我们看到"未知生焉知死"的深刻意义,探究死亡最终是为了更好的回归"生命"。由此,"华人生死学"之重建是可能的,基于此为华人提供新的"安身立命"是可能的。其针对的问题是世界性的,其理论诉求是"人类自身实存与宇宙协同共在",因此"华人生死学"之探讨具有普适性意义。由此也可以看出,基于傅伟勋教授所开创的"生死学",通过发掘传统华人思想资源,承继华人思想家的理论原创,"华人生死学"之重建将在世界人类精神重建事业中居于重要地位。

参考文献

傅伟勋:《死亡的尊严与生命的尊严——从临终精神医学到现代生死学》,台北:正中书局,1993年版。

傅伟勋:《论人文社会科学的科际整合探索理念及理路》,《佛光学刊》,1996年第1期。

Charles A. Corr, Clyde M. Nabe, Donna M. Corr:《当代生死学》,杨淑智译、丁宥允校、吴庶深审定,台北:洪叶文化有限公司,2004年版。

Herman Feifel, ed. The Meaning of Death. New York: McGraw-Hill. 1959.

Lynne Ann Despelder, Albert Lee Strickland:《死亡教育》,黄雅文等译,台北:五南图书出版公司,2006年版。

段德智:《死亡哲学》,武汉:湖北人民出版社,1991年版。

段德智:《西方死亡哲学》,北京:北京大学出版社,2006年版。

段德智:《主体生成论——对"主体死亡论"之超越》,北京:人民出版社,2009年版。

邱仁宗:《生命伦理学》,北京:中国人民大学出版社,2009年版。

郑晓江:《生命与死亡——中国生死智慧》,北京:北京大学出版社,2011 年 2 月版。

郑晓江:《中国生死智慧》,南昌:江西人民出版社,2013 年 5 月版。

郑晓江:《生命教育演讲录》,南昌:江西人民出版社,2008 年 12 月版。

郑晓江:《穿透死亡》,南昌:江西教育出版社,2000 年 12 月版。

郑晓江:《学会生死》,郑州:中州古籍出版社,2007 年 1 月版。

钮则诚等编著:《生死学》第二版,台北:国立空中大学出版社,2005 年版。

钮则诚编著:《殡葬与生死》,台北:国立空中大学出版社,2007 年版。

尉迟淦主编《生死学概论》,台北:五南图书出版公司,2000 年版。

沈清松:《探索与展望:从西方现代性到中华现代性》,《南国学术》,2014 年第 1 期。

沈清松:《从利玛窦到海德格:跨文化脉络下的中西哲学互动》,台北:台湾商务印书馆,2014 年 9 月版。

波伊曼:《生与死——现代道德困境的挑战》,江丽美译,香港:桂冠图书股份有限公司,1997 年版。

程新宇:《生命伦理学前沿问题研究》,武汉:华中科技大学出版社,2012 年版。

李泽厚:《李泽厚哲学文存》(上下编),合肥:安徽文艺出版社,1999 年 1 月第 1 版。

李泽厚、刘绪源:《该中国哲学登场了?——李泽厚 2010 谈话录》,上海:上海译文出版社,2011 年 4 月第 1 版。

生死学学科建构的初步尝试

尉迟淦(尼加拉瓜太平洋大学殡葬事业管理研究所所长)

摘要 对生死学而言,从它诞生到现在已经经历了 26 个年头。到了现在,我们再来谈论生死学学科建构的问题似乎有点奇怪。但是,仔细回想起来,生死学是否是一个独立的学科,过去似乎没有做到完整的讨论。既然没有做过讨论,那就表示这样的问题只是潜在地认为已经解决,实际上是否解决并不清楚。虽然在傅伟勋教授提出生死学的学科尚未建构完成的说法以后,后续有了钮则诚教授和郑晓江教授提出相关的解决构想,但是这样的解决构想是否已经解决问题,说真的,我们并不清楚。既然不清楚,那么为了学科存在的合理性,我们需要重新反思这样学科建构的问题。

经过我们的探讨,我们发现无论是傅伟勋教授的尝试,或是钮则诚教授的尝试,甚至于是郑晓江教授的尝试,其实他们虽有各自的贡献,让我们清楚生死学的相关课题,也了解生死学学科的建构要注意什么,但是他们都忽略了一个最重要的问题,就是学科主体性的问题。如果一个学科失去了它的主体性,那么它就不再是一个独立的学科,自然也就失去了存在的价值。所以,如何找出生死学的独立观点,就是事关生死学学科建构是否成功的关键所在。就我们的研究来看,生死本身就是一个观点,它的探讨是从生死出发,最终又回归生死。如果要从哲学的角度来说,那就是用生死论生死,而不是其他。

关键词 生死学 学科建构 生死观点 生死问题

一、前言

对于一个已经发展了 26 年的学科,我们今天还在谈论学科建构的问题,说真的,感觉的确有点怪怪的。一般而言,一个学科的提出不是应该经过事先构想之后才提出的吗? 既然是经过事先的构想,那么怎么还会在提出之后仍然有学科建构的问题呢? 如果在古代,由于对学科的概念还不成熟,所以在提出之后再问及学科建构的问题,其实是情有可原的。但是,到了今天,学科建构的问题已然成熟,这时在提出之后还要问及学科建构的问题,就令人难以接受。

更何况,这样学科的提出还不是原始的提出,而是依附在另外一个学科之上,就教人更加难以置信。现在所提的学科就是生死学这个学科,它的提出不是原始的提出,而是依附在死亡学这个学科之上。既然是依附在死亡学的学科之上,那么只要死亡学这个学科的学科建构没有问题,那么生死学这个学科的建构就没有问题。除非死亡学这个学科的建构是有问题的,这时依附在其上的生死学学科建构才会有问题。不过,一般而言,对于死亡学的学科建构问题似乎没有人会提出负面的质疑[1]。既然如此,那么生死学学科的建构为什么又会提出负面的质疑呢? 从这一点来看,难怪人们会觉得怪怪的!

那么,为什么会这样? 其实,这个问题不是始于今天,而是来自于最早提出生死学的人,也就是傅伟勋教授自己。在 1993 年出版的《死亡的尊严与生命的尊严——从临终精神医学到现代生死学》一书中,他就说过生死学还在建构之中的话,所以在该书第四章"现代生死学建立课题"中的最后一节,他就提出"心性体认本位的现代生死学试探",表示生死学的建构尚未完成[2]。

照理来讲,傅伟勋教授既然已经知道生死学学科的建构尚未完成,那么作为一个提出这个学科的人,他就应该有责任完成这个建构的任务。可惜的是,终其一生,其实也没有太久,也就是三年后的十月,他就因为癌症骤然离世,自然也就没时间完成他一手提出的生死学学科建构任务。对于这样的任务,在他去世之后,最初南华管理学院生死学研究所曾经有过举办学术研讨会的构想,希望藉由这样研讨会的举办来完成生死学学科建构的任务。可惜的是,构想虽然不错,却也没办法具体落实。于是,后来又有许多学者试图完成这个任务,提出许多解决的构想。其中,台湾的主要代表是钮则诚教授,而大陆的主要代表则是郑晓江教授。以下,我们先回顾生死学为什么要以这样的面目出现,之后,再进一步叙述他们两位的构想,最后再来反省他们的构想到底成功没有。

---

① 钮则诚著,《生命教育——伦理与科学》,台北市:扬智文化事业股份有限公司,2004 年,第 67、85 页。
② 傅伟勋著,《死亡的尊严与生命的尊严——从临终精神医学到现代生死学》,台北市:正中书局股份有限公司,2002 年,第 228—229 页。

二、生死学的提出

那么,为什么我们的反省要从生死学的提出开始回顾？其实,理由很清楚。这是因为生死学的提出和死亡学的不足有关。如果不是死亡学的不足,那么生死学是不会提出的。因此,现在会有生死学学科的建构问题,说真的,是受到死亡学不足影响的结果。所以,如果死亡学没有不足的问题,那么当然就没有生死学提出的问题,自然也就不会出现生死学学科建构的问题。由此可知,生死学学科建构的问题是和死亡学的不足有关。

既然如此,那么在探讨生死学学科建构的问题之前,我们自然要先了解死亡学不足的问题。唯有在了解死亡学不足的问题之后,我们探讨生死学学科建构的问题才会清楚。否则,在不解死亡学不足的问题的情况下,就算我们探讨了生死学学科建构的问题,这样的探讨也不会获得相应的结论。因为,在不了解死亡学不足的问题的情况下,我们就不知道生死学出现的关键,自然也就没有办法针对关键的部分回答。

这么说来,了解死亡学不足的问题就变得很重要。那么,死亡学的不足是什么？对生死学而言,死亡学的出现是为了解决死亡面对的问题。如果不是为了唤醒社会大众对于死亡的面对,那么死亡学也不会出现①。既然是为了唤醒社会大众对于死亡的面对,那么这样的死亡学自然就要解决死亡面对的问题。可是,就我们所知,死亡学的出现现实的动机固然是死亡的面对,但是在建构上却又往理论的方向走。因此,当死亡学出现以后,死亡学的重心不在死亡的面对上,而转向死亡教育上,由死亡教育来唤醒社会大众对于死亡的面对。

然而,这种理论与实务分家的结果,使得死亡学成为死亡问题的客观研究,与原先设定要解决死亡面对的问题不合。之所以如此,是受到西方学术分工影响的结果。对西方而言,理论归理论,实务归实务,各有各的领域,不容侵犯。当死亡学从死亡面对的问题出发后,它的重心不再是死亡的面对,而转成死亡现象的了解。对于死亡现象的了解,使得死亡学不再是死亡面对问题的解决,而变成死亡现象问题的解决。如此一来,死亡学的出现背离了它原先的设定。对傅伟勋教授而言,这样的背离是有问题的。

---

① 钮则诚著,《生命教育——伦理与科学》,台北市:扬智文化事业股份有限公司,2004年,第65—66页。

当然,如果我们从西方固有的传统来看,这样的背离其实也没有问题。因为,从西方的角度来看,来自于实用目的的死亡学,在找到自身应有的对象之后背离原有的实用目的,其实也是很正常的。当它完成它的理论建构之后,再把这样的实用目的交由死亡教育来完成,说真的,也是理所当然的事情。既然如此,那么傅伟勋教授为什么又要质疑这样的学术分工呢?对他而言,他身处西方的学术背景下,这样的接受不是才是正常的吗?

本来,如果他只有西方的学术背景,那么这样的背景的确会让他接受这种学术分工的合理性。但是,他的学术背景不只是西方的背景,还有中国的背景。对中国人而言,理论与实务的学术分工并不是理所当然的,它有它的局限性。尤其是,面对主体的问题时,这样的局限性更加清楚。例如一个生命的存在状态是否没有问题,重点不在这个生命如何被理解,而在于这个生命是否得到安顿。如果它得到安顿,那么这个生命的存在就没有问题;如果没有得到安顿,那么这个生命的存在就有问题。这时,就算这个生命获得很好的理解,那么这样的理解也无济于事。因为,这样的理解对于这个生命的存在状态一点帮助都没有。如果要有,那么也必须等到这样的理解被认可与接纳。否则,这样的理解一点意义也没有。对中国人而言,要完成这样的目的,就不能把理论与实务做切割,而只能从理论与实务一体的角度来理解。所以,对他而言,死亡学的不足之处就在于把理论与实务做切割,使得死亡学失去安顿人心的作用。

那么,要怎么做才能使死亡学得以产生安顿人心的效用?对他而言,就是要把死亡学的死亡研究与生命连结起来[①]。当死亡学的研究与生命连结起来时,这时死亡学的研究就不只是客观的研究,也和研究者的生命产生关联。一旦死亡学的研究与研究者的生命产生关联,那么研究的结果就会对研究者的生命产生影响。这么一来,死亡学的研究就不再是客观的研究,而是一种主体的体验。如果这样的体验是正面的,那么对于研究者的生命就会产生正面的影响。如果这样的体验是负面的,那么对于研究者的生命就会产生负面的影响。也就是说,无论这样的体验是什么,对于研究者的生命都会出现相应的影响。

从这一点来看,死亡学的提出已经不足以说明死亡学所要解决的死亡面对问题。如果我们希望能够解决死亡面对的问题,那么只能在死亡学之外寻找新的学

---

① 傅伟勋著,《死亡的尊严与生命的尊严——从临终精神医学到现代生死学》,台北市:正中书局股份有限公司,2002年,第177—178页。

科来解决死亡面对的问题。于是,在解决死亡面对问题的要求下,傅伟勋教授提出了新的学科,也就是生死学的学科,希望藉由这样学科的提出,能够顺利解决死亡面对的问题。至此,我们终于看到生死学的提出在于解决死亡学只管死不管生的缺点。对傅伟勋教授而言,要解决死亡面对的问题,就必须在死亡的研究之外再加上生命的体会。如果没有加上生命的体会,那么这样的死亡研究再怎么正确,也无济于死亡面对问题的解决。依此,我们就可以很清楚了解傅伟勋教授为什么会如此强调心性体认本位的重要性的理由了!

经由这样的过程,傅伟勋教授提出了生死一体的观点,认为生死学要研究的就是生死相关的问题[①]。但是,在研究时可以牵扯不同的层面。其中,死亡学的研究就是层面之一。不过,只有这个层面尚不足以说明生死学的全貌。如果要说明生死学的全貌,还必须把研究者的生命牵扯进来,也就是有关主体生死安顿的层面。此外,除了个体生死的安顿外,受到当代资本主义重利与科技的影响,对于与社会大众有关的生命伦理问题也必须纳入讨论的范围。如此一来,在个体与群体生死问题完整的考虑下,生死学才能以完整的面貌出现。

三、钮则诚教授的构想

照理来讲,傅伟勋教授在生死学的建构上似乎已经很清楚地交代了生死学提出的理由,也指出了生死学要研究的对象与范围。那么,为什么他还要提出生死学学科尚未建构完成的问题?是否这只是他站在一个学科创立者的身份上所提出来的谦虚之词?实际上,这个学科该有的都有了,并没有欠缺什么。在此,让我们不得不进入学科建立的标准问题。就外部条件而言,一个学科的建立不只要有这个学科的知识,还要有研究这个学科的学术团体以及教育单位。此外,相关的学术活动和学术刊物也是很重要的[②]。如果欠缺这一些,那么这样的学科建构就不算得到真正的完成。就这一点来看,在傅伟勋教授提出生死学的那个年代,生死学的学科建构确实尚未完成。

但是,到了今天,在台湾不但有了中华生死学会的学术团体,还有南华大学生死学系的教育单位。此外,这些团体每一年都会举办相关学术研讨会探讨生死学

---

① 傅伟勋著,《死亡的尊严与生命的尊严——从临终精神医学到现代生死学》,台北市: 正中书局股份有限公司,2002 年,第 227—228 页。

② 钮则诚著,《生命教育——伦理与科学》,台北市: 扬智文化事业股份有限公司,2004 年,第 66—67 页。

的课题。不仅如此,它们还会出版相关学术刊物与电子论文集。如果从这一点来看,在一切都符合条件的情况下,我们应该承认生死学的学科建构已经完成,而不应该认为它的学科建构尚处于未完成的状态。倘若情况真如上述所言,那么我们要继续建构,完成上述建构任务的重点,就不能放在外部条件的满足上,而要转向内部的条件,看这样的条件是否已经得到如实满足。

如果已经得到如实满足,那么我们就可以说傅伟勋教授的说法只是一种谦虚之词。如果没有,那就表示在傅伟勋教授之后,我们确实有我们自己的任务需要完成。那么,从内部条件来看,傅伟勋教授是否已经完成生死学学科的建构任务呢?从上述的理解来看,他似乎没有完成生死学学科的建构任务。因为,他虽然提出心性体认本位的说法①,但是这样的说法并没有专属于生死学本身,也可以隶属于所有的生命的学问。尤其是,对整个中国哲学的主流而言,这样的说法更是普遍的共法。倘若以上的讨论没有问题,那么我们自然可以判断傅伟勋教授对于生死学学科的建构任务确实没有完成。理由很清楚,就是他没有建构出学科的主体性。对一个欠缺学科主体性的学科,我们很难说它是一个独立的学科,自然就不能说这样的建构已经完成。

面对这样的问题,后来的学者如果要让生死学这个学科能够以一个独立学科的身份被探讨,那么他们就必须建构出这个学科的主体性,让这个学科能以独立的身份出现。如果不是这样,那么这样的探讨就不一定是生死学的探讨,也可以是其他学科领域的探讨,如宗教的探讨、心理的探讨、社会的探讨等等。一旦探讨变成这样,那么生死学的学科就会在这样的探讨中消失无踪影。表面看来,探讨的是生死学的课题,实际上却是其他的学科。对我们而言,这表示生死学不是一个独立的学科,它没有它自身应有的学科主体性。所以,如何建构出学科的主体性,对生死学的存在而言,是一个很关键性的任务。

那么,后来的学者是怎么面对这个问题的? 在此,我们先探讨钮则诚教授的构想。之后,再探讨郑晓江教授的构想。正如傅伟勋教授的认知,钮则诚教授认为生死学是死亡学的扩充②。既然是扩充,如果单纯从量来看,那么这样的扩充只是范围的扩大。在本质不变的情况下,把单纯探讨死亡现象的死亡学变成也一并探讨生命现象的生命学。也就是说,生死学不只包括死亡学的部分,也包括生命学的部

---

① 傅伟勋著,《死亡的尊严与生命的尊严——从临终精神医学到现代生死学》,台北市:正中书局股份有限公司,2002年,第228页。
② 钮则诚著,《生死学》,新北市(原台北县):"国立"空中大学,2005年,第4页。

分,它是死亡学加上生命学的结果①。基于这样的认知,他才会说生死学所探讨的只不过是生和死这两件事情②。

表面看来,这样的表述似乎很清楚。生死学的确是要探讨生死的,如果不是生死,那么还有什么可以探讨的? 可是,只要我们再深入了解,就会发现这样的表述是不清楚的。因为,这样的表述其实只是告诉我们生死学探讨的是生死,但是这样的生死是什么样的生死,实际上并不清楚。如果我们希望清楚这样的生死是怎么样的生死,就必须做进一步的说明。

那么,这样的生死是一种怎么样的生死呢? 对于这个问题,钮则诚教授从常识的角度做进一步的说明。对他而言,生指的不只是活着的生活,也包括生命本身。如果没有生命,那么要活着就不可能。如果没有生活,那么生命就没有办法开展,也就等于不存在。所以,从动态的角度来看,生不只是指着生命,也一样指着生活,两者缺一不可。

同样地,死也是一样。死不只是指着死亡,也指着临终。如果没有死亡,那么临终就没有尽头,自然也就不能成就所谓的临终。如果没有临终,那么死亡的存在就会显得很突兀,成为无法理解的死亡。所以,为了了解死亡,我们需要先肯定临终的存在;为了了解临终,我们需要先肯定死亡的存在。从这一点来看,死亡与临终的存在是互相需要的,缺一不可,也表示这样的存在,是一种动态的存在。由此可知,无论是生或者死,钮则诚教授都从动态的角度来理解,认为生和死是同一存在的两端。

但是,只从动态的角度来理解生与死还不够。因为,生与死不只是客观的知识。如果只是客观的知识,那么这样的知识未必会和身为主体的人有关。如果这样的知识要和身为主体的人有关,那么就必须成为主体的知识,也就是存在的知识。唯有当知识存在化以后,这样的知识才能为人所用,也才会对人产生作用。否则,在与人无关的情况下,就算这样的知识理解的再客观真实,对人也没有意义。所以,站在生死学出现的立场来看,成为存在知识的生与死,对人才能产生应有的意义。也就是说,这样的生与死的知识才能协助人们解决死亡的问题③。

---

① 就是对于扩充意义的这种理解,使得郑晓江教授认为生死学也只是一种客观知识的探讨,属于科学的层面。相关说法请参见郑晓江著,《生死学》,新北市(原台北县):扬智文化事业股份有限公司,2006年,第39页。

② 钮则诚著,《生死学》,新北市(原台北县):"国立"空中大学,2005年,第4页。

③ 钮则诚著,《生死学》,新北市(原台北县):"国立"空中大学,2005年,第5页。

这么说来,有关生与死的意义探讨到这里就该告一段落。因为,到此,我们已经确知生与死的知识是和人的生死问题的解决有关。不过,这是站在客观谈论生死的角度来说的。如果要从主体的角度来说,那么此处的论述就必须更进一步,让这样的知识能够和我们身处的文化背景相结合。为了达到这个目的,傅伟勋教授才会从死亡学翻转出生死学。同样地,钮则诚教授也才会从生死学的建构中点出中华文化的背景,认为今天我们要建构出所谓的生死学,就必须结合中华文化的本土特色。否则,在没有中华文化特色之下的生死学,是没有能力为现代的华人安生死的①。

既然我们的生死学必须具有中华文化的特色,而中华文化的内涵又是这么的丰富,那么到底怎么样的中华文化才能具有代表性的特色? 对钮则诚教授而言,要找出具有这样特色的代表不能人云亦云地去找,而要找出能与西方文化、印度文化相互区隔的特色。唯有找到具有这样特色的代表,那么这样的生死学才能成为安华人生死的生死学。那么,这种具有代表特色的文化是什么? 对他而言,就是儒家与道家的文化。因为,除了儒家和道家的文化之外,其他的文化不是受到西方文化的影响,就是受到印度佛教的影响。真要说是纯粹华人自创的文化,而能持续不断地影响华人到今天,也只有儒家和道家的文化。

可是,儒家和道家的文化向来不是有不同的理解吗? 那么,我们要怎么理解才恰当? 对钮则诚教授而言,他从现世的强调着手,认为儒家和道家文化都是重视现世的,对于超越的问题一向都是存而不论的②。既然对于超越的问题存而不论,那么对华人而言,要能安生死就必须活在当下,对于生前与死后的问题就不需要多做讨论。如果有人想要讨论,那么他就抱持尊重的态度。所以,从这一点来看,他对于儒家和道家的文化其实不见得在理解上和传统一样,而是一种属于后现代的理解。

那么,在这种重视现世精神的理解下,他对于儒家和道家的关系又是如何安排的? 在此,它们的关系可以是复杂的。例如,以儒家为主、道家为辅;或以道家为主、儒家为辅。对他而言,这样的安排都是不恰当的。因为,在他的认知当中,这两者是等量齐观的。既然如此,那么在安排上就不能采取一主一辅的方式,而只能采取二主的方式。但是,如果是二主,那么对于这样的关系又如何说明才不会陷于分

---

① 钮则诚著,《生死学》,新北市(原台北县):"国立"空中大学,2005年,第6—7页。
② 钮则诚著,《生死学》,新北市(原台北县):"国立"空中大学,2005年,第8—11页。

裂的状态？对他而言,他采取魏晋南北朝以来有关自然与名教冲突的处理方式中的一种,也就是儒为阳、道为阴的方式①。在这样的方式下,儒家和道家就成为一体的两面,相互补充,表现在外的是儒家,隐藏在内的是道家②。

四、郑晓江教授的构想

正如上述傅伟勋教授与钮则诚教授的看法那样,郑晓江教授一样把死亡学看成是一种追求死亡客观知识的学问。在这种认知下,他认为这样的认知在生死问题的解决上是不足的。如果我们要进一步解决生死的问题,那么不仅要从死亡学进到生死学的层次,更要从生死学的层次进到生死哲学的层次。唯有进到生死哲学的层次,那么我们在解决生死的问题时才有能力找出相应的解答③。否则,无论是停留在死亡学的层次或是生死学的层次,在解决生死的问题时都没有办法找出相应的解答。

那么,为什么郑晓江教授会有这样的看法？他和钮则诚教授不一样,他并不是受到傅伟勋教授生死学的启发之后才提出这样的看法。在傅伟勋教授提出生死学之前,他本身就是个研究死亡学的哲学学者。也就是说,他对生死学的看法与其说是受到傅伟勋教授影响的结果,倒不如说是受到他自己之前对于死亡学研究影响的结果。从这一点来看,在形成看法的因缘上,他和钮则诚教授是各有各自的由来。

对郑晓江教授而言,他之所以会研究死亡学,是因为他对于哲学的研究是从人生哲学出发的④。在研究过程当中,他发现无论人生哲学的研究有多么精细,这样的精细都少掉一个很重要的环节,就是对于死亡的研究。在缺乏死亡研究的情况下,这样的人生哲学在解决人生问题上是不完整的。既然不完整,那么在面对人生的整体问题时就会显得无能为力,自然也就没有办法给予一个完整的解答⑤。对人们而言,这样的人生哲学是不能满足大家对人生寻求解答的需求。

倘若过往人生哲学的探讨是不足以解决人生的问题,那么要怎么调整才能解

① 牟宗三著,《中国哲学十九讲——中国哲学之简述及其所涵蕴之问题》,台北市:台湾学生书局,1983 年,第 230—234 页。
② 钮则诚著,《生死学》,新北市(原台北县):"国立"空中大学,2005 年,第 6 页。
③ 郑晓江著,《生死学》,新北市(原台北县):扬智文化事业股份有限公司,2006 年,第 39 页。
④ 郑晓江著,《生命终点的学问》,新北市(原台北县):正中书局股份有限公司,2001 年,第 96 页。
⑤ 郑晓江著,《生命终点的学问》,新北市(原台北县):正中书局股份有限公司,2001 年,第 101 页。

决这个问题，使人生哲学有能力提供解决人生问题的答案？对于这个问题，郑晓江教授认为有两个步骤需要做：第一个就是把死亡的问题纳入探讨的范围；第二个就是把探讨的角度从科学的角度提升到人文的角度。只有通过这两个步骤，我们才有能力解决人生的问题。否则，在缺乏死亡问题的探讨以及人文角度的提升，要对人生问题提出相应的解答是不可能的。

以下，我们先探讨第一个步骤。就第一个步骤而言，人生问题的探讨是以生命作为探讨的核心。在这种情况下，我们所了解的答案当然是有关生命部分的答案。但是，无论我们怎么去理解生命，这样的理解都局限在生命的范围。对于超出生命范围之外的部分，我们通通都没有触及到。可是，对生命的了解而言，这样的了解不是没有范围的，它有它的范围。既然它有它的范围，那么在探讨时就必须触及这样的范围。唯有如此，那么这样的探讨才叫完整。所以，在探讨生命的问题时，我们不能只谈及生命，而要谈及生命以外的范围。这样，在探讨生命的问题时才能完整。

那么，这个限制生命的范围是什么？对我们而言，这个范围就是死亡。也就是说，生命要清楚地表现出生命，就必须透过死亡的限制，这样生命才能清楚表现出生命。因此，在探讨生命的时候，我们如果要完整探讨，那么就必须把死亡也概括进来，这样的探讨才算完整。如果没有，只是单纯地就生命论生命，那么无论再怎么探讨，这样的探讨都是不完整的。由此可知，要完整探讨生命，就必须把死亡也概括进来①。

不过，只有把死亡概括进来还不够。因为，无论是人生哲学对生命的探讨，还是死亡学对死亡的探讨，这两者都各有所偏。前者的探讨纯从哲学的角度，认为可以找到唯一的真理；后者的探讨纯从科学的角度，认为可以找到正确的真理。可是，就我们所知，从需要人生哲学的人而言，他有他自身的需求，这样的需求各不相同，因而不可能有唯一的答案。既然没有唯一的答案，那么这样的探讨就是有问题的。如果我们不希望这样的探讨出问题，那么在探讨时就要考虑探讨者的个别需求，不要妄求一个唯一的答案，而要允许多元答案的可能。

同样地，在死亡学的探讨上，我们一样不能只停留在科学的层面上。因为，如果只停留在科学的层面上，那么在答案的追求上我们就会要求客观正确。可是，这样的答案重点不在于是否客观正确，而在于解决个人的生死问题。因此，在解决问

---

① 郑晓江著，《生命终点的学问》，新北市（原台北县）：正中书局股份有限公司，2001年，第102—103页。

题时必须符合每一个人的各自需求。既然如此,那么我们当然就不能停留在科学层面的探讨,而要进入到人文的层面。

不仅如此,在生死学上亦同。对郑晓江教授而言,生死学虽然比死亡学更进一步,不只探讨死,也探讨生。但是,无论是探讨死或生,这样的探讨基本上都是科学层面的探讨。既然是科学层面的探讨,那么这样的探讨都在追求一个客观正确的答案。问题是,有关生死问题的解决,重点不在有没有一个客观正确的答案,而在能不能找到一个适合个人的答案?所以,在探讨生死学时,我们一样不能停留在科学的层面,而要进入到人文的层面。

那么,对郑晓江教授而言,这样的人文层面是一种怎么样的层面?他要如何避开哲学层面的限制?对于这个问题,他回到哲学的原始意思,就是智慧的意思。也就是说,生死哲学所要提供的答案既不是像科学那样的客观正确的答案,也不像是哲学那样的唯一的答案,而是相应于个人需求的合宜的答案①。在这种答案的获得上,每一个人在面对他自己的生死问题时,他就能找到能安顿他自己生死的答案。这么一来,这样的答案就变成专属于个人的生死智慧。

不过,在此,他对于这样生死智慧的获得设定了一个限制,就是要获得这样的生死智慧,就不能以生死二分作为追求的前提。如果要以生死二分作为追求的前提,那么这样追求的结果,最终将无法真正安顿个人的生死。如果我们不希望如此,而希望真能找到一个足以安顿个人生死的智慧,那么在追求时就必须以生死互渗作为前提。唯有如此,在生死互渗的前提下所追求到的生死智慧才是真能安顿个人生死的智慧②。

五、对于学科建构的一些反思

在了解钮则诚教授与郑晓江教授对于生死学学科建构的一些构想之后,我们现在进一步省思这些构想,看这些构想是否足以完成生死学学科建构的任务。如果可以,那就表示这样的学科建构构想是正确的。如果不可以,那就表示这样的学科建构构想是有问题的。既然有问题,那么我们就有责任找出问题在哪里,看这样的问题要如何解决。由此可见,要判断上述构想是否能够解决问题,是需要进一步

① 郑晓江著,《生死学》,新北市(原台北县):扬智文化事业股份有限公司,2006年,第39页。
② 郑晓江著,《生死学》,新北市(原台北县):扬智文化事业股份有限公司,2006年,第40—41页。

反思的。

那么，对于这样的反思我们要如何进行？首先，我们要澄清一些误解。关于这些误解的由来，是与郑晓江教授对于生死学的误解有关。表面上，郑晓江教授与傅伟勋教授用的都是生死学的名称，但是对于这个名称两者却赋予不太一样的意义。对郑晓江教授而言，生死学是一种从死亡学扩充而来的新学科。虽然是新学科，但在本质上和死亡学一样，都是一种科学的探讨。既然是科学的探讨，当然就不足以安顿生死。如果要真能安顿生死，那么就只能诉诸生死智慧，也就是探讨生死智慧的生死哲学。

可是，这样的理解有没有问题？如果我们回归傅伟勋教授的观点，那么就会发现这样的理解是有问题的。因为，对傅伟勋教授而言，他清楚表示死亡学的探讨是一种科学的探讨。但是，他也清楚表示生死学的探讨不只是一种科学探讨，也是一种哲学探讨。不只如此，在哲学探讨中，他认为这样的探讨不是要追求一种客观正确或唯一的真理，而是要追求与个人生命有关的生死哲理①。就这一点而言，傅伟勋教授的看法其实是和郑晓江教授的看法大致相同，并没有太大的差异。如果勉强要说有，那么这样的有，也只是对于名称内涵赋予的不同。

在澄清误解之后，我们进一步反思上述的构想是否足以完成生死学学科建构的任务。从外部条件来看，过去或许在相关条件的满足上有过一些问题。但是，在经过这26年的发展，这些问题已经获得相当程度的解决。到目前为止，几乎已经不再成为问题。然而，如果从内部条件来看，那么原来没有解决的学科主体性问题似乎依旧没有解决。因此，我们要判断他们二位的构想是否成功，就要从学科的主体性着手。

对一个学科而言，学科的主体性代表这门学科的独立性。如果一门学科找不出它的主体性，那就表示它不具有学科的独立性，自然也就不成为一个学科。在这种情况下，一个人在探讨相关问题时，它探讨的是某个学科的问题，而不是这个学科的问题，因为，这个学科根本就不存在。现在，我们举一个例子说明。如果生死学不具学科的主体性，那么生死学就不是一个独立的学科。在学科不独立的情况下，当我们在探讨生死的问题时，就算我们探讨的真是生死的问题，也不能归属于生死学的名称下，而只能归属于该学科的名称下，如宗教学、社会学、心理学、人类

---

① 傅伟勋著，《死亡的尊严与生命的尊严——从临终精神医学到现代生死学》，台北市：正中书局股份有限公司，2002年，第230—234页。

学等等。由此可见，如果我们要把生死问题归诸于生死学的名称下，就必须指出生死学具有学科的独立性，也就是学科的主体性。

那么，傅伟勋教授、钮则诚教授和郑晓江教授他们对于这个问题有没有做过处理？如果有，那么他们做了什么样的处理？在此，我们发现傅伟勋教授所做的处理是提出与生死有关的课题。表面看来，相关课题的提出就表示这样的学科和其他的学科不一样，否则就提不出相关的课题。也就是说，相关课题的提出就表示这个学科的独立性，自然也就不同于其他的学科。可是，只要我们再更深入思考，就会发现这样的判断是有问题的。因为，这样的课题是否相关，不是由这些课题自行决定的，而是由背后的学科决定的。如果这个学科根本就不成为一个学科，那么此处所谓的相关课题也只是一种误以为是的表述。实际上，它们仍然只是其他学科的课题。

同样地，就钮则诚教授的构想来看，他虽然明确指出生死学的对象是生与死的问题，但是这样的问题之所以成为生死学的问题，并不只是因为它们探讨的问题与生死有关，而是因为它们本来就是生死学的问题，所以它们才与生死有关。也就是说，如果没有先确立生死学的学科独立性，那么这些与生死相关的问题，可能就不是生死学的问题，而是其他学科的问题。

此外，正如傅伟勋教授的心性体认本位的看法那样，在儒家与道家文化观点的提出上，钮则诚教授看到了安顿生死与个人文化背景的关联。可是，对于这样的了解，他加上现世主义的限制。对我们而言，这样的限制在无形中就让这样的构想从学科的建构中逸出，成为学科里面的一种特定观点。可是，就学科本身而言，这样的特定观点是立基于学科之上。所以，从上述这两点来看，要使这些与生死有关的问题成为生死学的问题，就必须先建构生死学学科的主体性。在学科主体性得到建立之后，生死学的学科独立性才能得到确立。

至于郑晓江教授的构想，虽然和钮则诚教授构想大同小异，但是其中最大的不同，在于他提出生死互渗的观念，表示生死学要成为生死学，就必须奠基于生死互渗的观念上。如果不是这样，而是立足于生死二分的观念上，那么这样的立足都是不正确的。表面看来，这样的观点似乎已经点出生死学学科的主体性问题。因为，有关生死的探讨，一般都不会涉及生死观点的部分，而只会谈及问题的部分。如果只是问题的部分，说真的，我们很难判断这样的探讨是否是生死学的探讨。如果要作生死学的探讨，那么就必须从问题的探讨进入观点的探讨，这样我们才能说这样的探讨是属于生死学的。由此可见，如果我们要从事生死学的探讨，那么就必须找出生死学的观点。唯有如此,我们才能说这样的学科建构确实是成功的。

这么说来,郑晓江教授的构想是否就没有问题?其实,在此还是有一些问题的。这些问题就是,他与其说是提出一个学科的观点,倒不如说是提出这个学科内部的特定观点。就我们的了解,生死互渗是相对于生死二分。严格来说,这两者都是生死学里面的特定观点。实际上,生死学里面的特定观点不只这两种,还有生死一体的第三种。既然如此,那么我们就不能说这样的观点是属于学科本身的观点,而只能说是学科里面的特定观点。

在澄清这个问题以后,我们要进一步说明生死的观点。对一般人而言,什么是生死的观点?所谓的生死观点就是把生死当成思考的核心,从生死出发又回归生死。简单来说,就是为了生死而生死,而不是为了别的而生死。例如,那一些只从生死出发,而为了其他的目的而做的探讨,严格来说,都不能算是生死学的探讨。如果从生死出发,而最终又回归生死,那么这样的探讨才能算是生死学的探讨。例如,有关死亡意义的探讨,如果探讨的重点不放在死亡本身,而是为了在生理层面上进行认定,方便医学做判断,那么这样的探讨就不能说是生死学的探讨。相反地,如果这样的探讨不是为了医学的需要,而是为了对死亡本身有所了解,那么这样的探讨就是生死学的探讨。所以,一个探讨是否是生死学的探讨,不是由它的问题来决定,而是由它的目的来决定。

六、结语

经过上述的探讨,我们知道生死学学科的建构如果要成功,不能仅由外在的条件是否满足来决定。因为,就算外在的条件都满足了,也只是告诉我们这个学科的重要性,表示这个学科值得我们探讨。但是,对于这个学科是否足以成为一个学科的本质就没有告诉我们了。如果我们希望知道这个学科是否真是一个独立的学科,那么就必须从外在条件的满足进入内在条件的满足。只有在内在条件获得满足之后,我们才能说这个学科是一个独立的学科。

不过,有关内在条件的满足还有许多问题需要探讨。例如,有关问题部分的满足算不算是内在条件的满足?一般而言,我们会认为这就是内在条件的满足。如果不能算是内在条件的满足,那么我们怎能说这样的问题是什么问题?可是,只要我们再深入思考,就会发现这样的判断是有问题的。因为一个问题是否是生死学的问题,不是由问题本身决定,而是由这个学科本身决定。只有在这个学科具有自已的观点以后，我们才能说这个问题是属于生死学的问题。否则，在学科观点尚未能决定的情况下，我们是不能说这个问题是属于生死学的问题。

在确定生死学学科的观点以后，我们是否就能说这样的学科建构已然完全成功？实际上，这样的判断还是下了快一点。因为，一个学科是否具有主体性是一回事，这个学科的建构是否完整则是另外一回事。对生死学而言，这样的学科建构固然需要学科的主体性来保证它的学科独立性，也需要其他的条件满足来保证它的学科完整性。对我们而言，要做到这一点：那么除了需要满足学科的观点之外，还需要满足学科的整体性和系统性。如果学科没有整体性，那么学科就会四分五裂，不足以显示它是一个单一的学科。同样地，如果学科没有系统性，那么学科就会失去它的合理性，无法统合内部的各种说法。所以，对我们而言，有关生死学学科的建构问题尚未全部解决，未来还有整体性与系统性的问题需要进一步的处理。

生死学作为学科如何在中国正式登场？

雷爱民①（北京物资学院）

摘要 在分科治学背景与学术建制已经确立的当代中国，生死学作为一门新兴的独立学科如何被中国人接受，成为阐释和指导人们生死事务的现代科学，并且跻身于国内现有的学科体系，这事关生死学是否能够真正在当代中国社会生根发芽、正式登场。生死学作为学科能否在国内学术舞台正式登场，面临着来自生死学内部与外部的双重制约。生死学内部的研究对象、核心范畴、研究方法等方面的争论与模糊不清之处是生死学作为独立学术研究面临的最大问题。死亡研究或说生死问题研究分散在国内学界各大学科之中而被分别研究并依附于特定话语与学科体系的局面，以及作为独立学科的生死学在现代学科建制中无处安放的局面是国内生死学发展面临的直接制约因素。因此，生死学要登上国内的学术舞台，必须突破生死学内部与外部的双重制约。

关键词 认同 现代学科 学术建制 路径

在现代学术分科治学的大背景下，生死学如何成为一门以生死，尤其是死亡为研究对象的现代学科，这仍然是当前生死学面临的最紧要问题。生死学对于台湾地区的人们来说已经比较熟悉，但是对于中国大陆的民众甚至学者来说，生死学仍然是个相对陌生的事物，因此，生死学在中国社会被人们接受并成为国内学术建制的一部分，事关生死学在中国当代如何登场的问题。生死学要真正意义上成为中国当前学术体系的一员，目前仍然面临来自生死学内部与生死学外部的两重制约

---

① 雷爱民：（1984.3—），男，汉族，湖南衡阳人，北京物资学院讲师。北京大学哲学博士，清华大学人文学院哲学系博士后，个人研究兴趣有：中国哲学，伦理学，生死学，死亡学，生命哲学等。

因素。生死学内部面临的问题是生死学如何在狭义和广义两个层面建构起真正意义上的学术话语体系与实务操作系统，简言之，生死学的理论建构与实践关照必须得到详细而清楚的阐释。生死学外部面临的问题是在当前中国大陆学术体制乃至世界学术体系中，生死学作为一个独立学科，是否能像数学、物理学或者历史学、哲学一样，只要有学术研究和学术机构的地方就能被认可，这是生死学在当今中国甚至更大范围内登上学术舞台必须面对的问题，换句话说，生死学是否是区别于其它研究对象的、真正的、严肃的学术研究，这一点仍然需要进一步阐明。

一、作为学术研究的生死学认同问题

生死学概念被傅伟勋先生提出来已经是 20 世纪末的事情了，而在生死学出现之前的死亡学则可以追溯到 20 世纪初俄国生物学家艾列梅契尼考夫（Eli Metchnikoff）出版的《The Nature of Man（人类的本质）》一书。尽管从死亡学到生死学，人们都试图把死亡问题或者广义的生死问题当成独立的学术研究对象，进而上升为一门具有现代意义的学科，但是这个工作还远远没有完成。广大民众和学术研究者对生死问题的不同看法以及学术界对死亡研究的忽略、争议等影响了人们对生死学的认同问题。无论是广义还是狭义，生死学内部的争议和问题是目前亟需解决的首要问题。

（一）生死问题与广义生死学

生死问题人人都会遇到，人们理所当然地认为凡是关于生死问题的看法都可以归入生死学的范畴，这是人们最常持有的观点之一。从广义上来说，生死学的创始人傅伟勋先生曾明确指出：生死学必须建立在科际整合的现代学科理论基础之上，系统地综合哲学、宗教学、精神医学、精神治疗、死亡学、心理学、文化人类学以及其它一般科学，乃至文化艺术等领域的死亡探索成果，它是一项跨学科研究课题。[①] 也就是说，生死学是一个综合性的跨学科研究领域，它涉及的学科非常多，而这些学科都可以是某种意义上的生死学。因此，与具体学科结合，就有所谓宗教生死学、哲学生死学、民俗生死学等从某个具体学科出发形成的关于特定对象的生死学，这是生死学在早期发展中的基本思路，也出现了一系列研究成果。广大生死

---

① 傅伟勋著，《死亡的尊严与生命的尊严——从临终精神医学到现代生死学》。

学虽然可以涵盖各种学科关于生死问题的探讨,但是由此也引发了巨大争议:如果从不同学科出发、关于特定对象进行研究都可以叫做生死学,那么到底谁才是真正的生死学? 这样的研究是否意味着生死学只能依附于特定学科而不能独立出来? 如果什么都叫生死学,那么生死学还有必要作为学科单独提出来吗? 当我们在谈论生死学的时候,就像人们一般性地谈论生死问题一样,如果没有相对一致而明确的谈论对象,那么,我们到底在谈论什么? 广义上人们对生死问题的泛泛而谈与生死学的无所不包可能意味着生死学仍然没有获得清晰的认知以及人们相对一致的看法。

(二) 现代学科与狭义生死学

广义生死学的问题是太过宽泛,以至于几乎没有明确边界,这对于研究者和普通大众来说都是难以接受的事情,毕竟,什么都是的东西,就可能什么都无法确定。如果我们对这些问题一进步考察就发现:从狭义上来看,生死学还存在着研究对象、核心范畴与研究方法等方面的争议,似乎不同生死学家对生死学的界定不太一样。这样一来,生死学在本领域内依然存在不同看法。这些观点从不同角度来看有其合理之处,但是总体来说,何为生死学、生死学究竟研究什么,仍然需要进一步澄清。关于生死学到底研究什么,傅伟勋先生认为:狭义的"现代生死学"是就每个个体所面临的个别生死问题进行启发与引导,帮助个体培养更为健全成熟的生死智慧,从而建立积极正面的人生态度,以展现人的生命尊严。当个体到了生命的最后阶段,能够自在安然地面对与接受死亡,维持死亡的尊严,为生命画下完美句号①。不仅如此,傅伟勋教授提出结合儒、释、道三家"心性体认本位"的生死智慧,以开展本土生死探索相关理论的建构课题,简言之,他要从中国传统的心性之学出发来安顿和应对个体的生死问题。按傅先生的理解,生死学作为中国传统学术的延续,一方面它要帮助个体确立或提供成熟的生死智慧,应对生死问题,另一方面它帮助个体应对生死问题的方式具有中国特色,具有传统心性学特点。我们知道,个体应对生死问题的方式多种多样,人们对于死亡的信念和态度也千差万别,不同宗教与生死哲学理论更是各不相同,如何帮助个体确立生死智慧以及确立什么样的生死智慧,这是首先要面对的问题。所谓生死智慧指的是什么以及怎样帮助人们树立这样的生死智慧等一系列问题,都涉及生死学的研究对象是否确定的问题。

---

① 傅伟勋著,《死亡的尊严与生命的尊严——从临终精神医学到现代生死学》。

更加麻烦的是：在中国大陆社会,对于传统的心性之学,恐怕只有少数专门研究中国哲学的人才能够理解傅先生所说的传统心性之学说的是什么,而对于广大没有这个知识背景的人们来说,何谓"体认本位"的心性之学都不清楚,更不用说用它来帮助人们应对生死问题了。因此,傅先生狭义生死学提出的解决问题的方式具有中国传统学术特点,可是,在当代中国社会,它却是狭义生死学遇到的最大难题:因为传统心性之学对于许多当代中国人来说是陌生的。如此一来,我们只能设想:狭义生死学在当代中国的发展,似乎依赖传统心性之学的复兴以及当代中国社会生死智慧重新构建。但是,这两个提前的形成似乎不比生死学的探索更容易。因此,当代中国社会生死学的发展可能不会完全按照傅先生设想的思路走下去,尤其在中国大陆的学术研究方式、发展现状以及现实关切的生死问题与台湾地区不同的前提下,或许我们需要更多元的研究角度与建构思路。

二、作为学科建制的生死学定位问题

生死学内部的问题是生死学作为现代学科自身的发展问题,它可以通过学术研究和研讨的方式不断往前推进。但是,当代生死学的发展还不仅仅涉及到生死学研究本身的问题,它还跟现代学术的学科建制与学院发展路径紧密相关。简言之,生死学如何进入现代学术研究机构与学校体系(尤其是大学与科研院所)是生死学在当代中国持续发展必须要面对的问题与条件制约。

(一) 死亡学与学院研究体系

通常,我们认为死亡学是生死学的前身。死亡学的形成也不是一蹴而就的,从上世纪初死亡学概念的提出,到 20 世纪中后期死亡学与死亡教育的兴盛,历时近半个世纪。在此过程中,死亡学的发展并不是一帆风顺的,更有趣的是:在死亡学的发展过程中,医生起了重要作用,无论是精神科医生,还是心理咨询和治疗医生,他们都对死亡学的发展起到了功不可没的作用。日至今日,尽管死亡学已经有名有号,然而,死亡学在西方学术体系中仍然属于小众,研究者多为其它学科的人兼职而为。这种局面没有因为死亡学与死亡教育的兴盛而得到根本改变。这种情况的直接后果就是:死亡学在研究所、大学等学校体系中没有系统地占据一定位置。这在众所周知的学院派发展过程中是个非常不利的局面,没有专门的死亡学职位、教员以及学位等,这是死亡学迄今为止仍然没有突破的问题,这个问题当然影响到了后起的生死学发展。

（二）生死学与中国国内学科建制

死亡学被傅伟勋先生从美国引入中国台湾地区，从傅伟勋先生首次提出转化死亡学，形成本土化的生死学开始，生死学就在台湾地区不断发展壮大起来。规模日渐壮大，生死学在台湾地区已经有了专门的研究系所（南华大学生死学系等），本、硕、博士招生，专门的教职等，这实际上意味着死亡学有了进一步发展，生死学在台湾地区率先做了西方死亡学没有完成的工作。这是台湾生死学对死亡学做出的重大贡献，它为生死学进入现代学科建制奠定了坚实的基础。但是这个问题在当代中国社会就不大一样了：迄今为止，生死学不光没有进入中国的学科建制，还面临着无处安放、无法定位、不能正常发展的局面。

从大学本科招生专业与人才培养来看，在当前中国社会乃至未来可以预见的时间内，生死学作为招生专业会存在较大阻力。当前，全国本科基本专业分为 12 大类：哲学、经济学、法学、教育学、文学、历史学、理学、工学、农学、医学、管理学、艺术学。本科专业目录哲学门类下设专业类 1 个，4 种专业；经济学门类下设专业类 4 个，17 种专业；法学门类下设专业类 6 个，32 种专业；教育学门类下设专业类 2 个，16 种专业；文学门类下设专业类 3 个，76 种专业；历史学门类下设专业类 1 个，6 种专业；理学门类下设专业类 12 个，36 种专业；工学门类下设专业类 31 个，169 种专业；农学门类下设专业类 7 个，27 种专业；医学门类下设专业类 11 个，44 种专业；管理学门类下设专业类 9 个，46 种专业；艺术学门类下设专业类 5 个，33 种专业。在这些大类和专业之下，除了极个别的专业之外（如哲学、宗教学），生死学基本上没有安放的位置。

除了本科专业招生与人才培养之外，高等职业教育仍然存在类似的困难。中国大陆现行高等职业教育截至 2015 年共有 19 个大类，共有 761 种专业（2016 年增补专业为 13 个）。2018 年 11 月 1 日，教育部共受理 2019 年拟新设的国家控制高职专业点申请 469 个，同意 2019 年新设的国家控制高职专业点 225 个。2019 年，经各省级教育行政部门备案的高职专业和教育部审批同意新设的国家控制高职专业共计 744 个，专业点 58085 个，经各省级教育行政部门备案的非国家控制高职专业点 57860 个。但是，在这些数量庞大的高等职业教育培养体系中，生死学目前仍然没有其位置。与生死学领域相关的实操应用领域，比如现代殡葬技术与管理专业已经成型，近年来甚至成了中国国内就业的热门专业。但是，这类专业有自己的侧重，并不把自己归属于生死学。

从国内研究生培养及学位授予角度来看，生死学在未来招生和培养方面会面临与本科专业类似的尴尬局面。国内高等学校研究生教育专业设置更加严格，学位授予等级森严、自成体系，生死学要进入这个体系或者要获得生死学学位更是难上加难。当前，国内的研究生培养设置是按"学科门类""学科大类（一级学科）""专业"（二级学科）三个层次来设置。1990年，中国国务院学位委员会和国家教育委员会（今教育部）联合发布《授予博士、硕士学位和培养研究生的学科、专业目录》，并于1997年发布修改版，包括12大学科门类，89个一级学科，386个二级学科。这些大学科门类包括哲学、经济学、法学、教育学、文学、历史学、理学、工学、农学、医学、军事学、管理学12个，每大门类下设若干一级学科，如理学门类下设数学、物理学、化学等12个一级学科。2011年教育部颁布《授予博士、硕士学位和培养研究生的的学科、专业目录》，分为哲学、经济学、法学、教育学、文学、历史学、理学、工学、农学、医学、军事学、管理学和艺术学13大门类，增加了艺术学大类，每大门类下设了若干一级学科。在这些学科门类、学科大门类（一级学科）之下，研究生培养又分成若干更细的专业（二级学科）。无论如何，从三级培养体制来看，生死学在研究生培养方面也会遇到这方面的体制性约束和排斥。在大的学科门类与一级学科之下，已经有定型的学科建制，而二级学科又是在一级学科基础上设置的更加细致的学术分工，比如哲学作为大类，只有哲学一个一级学科，但它下属的二级学科有8个，分别是马克思主义哲学、中国哲学、外国哲学、逻辑学、伦理学、美学、宗教学和科技哲学，哲学专业的研究生招生和培养严格按照这三级培养体系来执行。对于培养单位来说，他们会根据这种情况来设计研究人员的研究方向、研究职位等，对于研究生来说，他们的课程体系、学位论文选题就在这三级体系之下进行选择。因此，在这个严格的培养体制之下，生死学在当前这个情形之下是无法授予学位的，而无法授予学位对于国内的学生来说是无法接受的，这样一来，生死学的研究和发展自然就会受严重制约。研究生的学位问题，无论是公立学校，还是私立学校，学位分类管理直接从属教育部的研究生三级培养体系，基本上没有独立设置研究生学位的权力。因此，在国内高校中，生死学与其它学科一样，都无法逾越当前体制性的规定。这可能是当前中国大陆跟台湾地区生死学发展所面临的学术体制制约不太一样的地方。

三、中国大陆生死学登场条件和路径探析

国内生死学发展遇到的问题既有其特殊处境，也有普遍存在的条件制约，既有生死学外部的条件限制，也有生死学本身发展不成熟、未定型带来的危机。要解决这些问题，从以上分析来看，我们需要解决认同问题、发展路径问题。

（一）生死学的认同问题

生死学的认同问题在当前话语语境中，既有生死学普遍话语体系的认同问题，即生死学不限于特定的时空环境，成为人们都可以接受的学问；又有国内特殊环境之下的话语认同问题，即是否为当前中国民众接受和认可。这二者当然是有区别的，前者是指生死学作为学科在世界范围内为人们所承认，后者主要是指在学科意识并未成型，中国民众生死意识尚需培育的时候，生死学怎么进入内地公众的视野。因此，当我们在谈论生死学如何在中国大陆登场的时候，我们必须要看到这两重不一样的话语背景。

1. 生死学的大众认同

虽然生死学创立的意图是为人们解决生死困惑，但是，生死学能否成为学科却是一个学术问题，即系统性地解决人们的生死困惑问题。因而作为一门学问不是一个大众认同的问题。简言之，人们是否认同生死学，其实就像有的人了解一些历史故事或历史事件就觉得懂得了历史学一样，生死问题更是如此，有生死感悟的人多如牛毛，但是我们不能把他们的感悟和故事都叫生死学。仅仅停留在生死感悟的层面是不能成为生死学的。尤其是不同人的生死感悟和具体处境千差万别，如果它们都是生死学，那么生死学就会落空，或徒有其名了。因此，生死学首先不是一个大众认同的问题。

尽管我个人主张生死学不是一个大众认同问题，而是一个学术问题，但是它却与大众的生死关切紧密相关，生死学必须关注人们关心的生死困惑问题，甚至可以说每个人关注的生死困惑都应该是生死学需要研究的地方。人们不同的关切和侧重点背后，生死学应该找到一般性的问题与解决思路，甚至方法体系。通过这种方式，个人的生死问题才在感悟层面被更深刻的学术研究提升和解决，这或许是生死学获得大众认同最可靠的方式。

2. 生死学的学术认同

与生死学大众认同不太一样的是生死学的学术认同问题。这个问题包括两个方面:第一、非生死学学科的学术研究者的认同问题;第二、生死学研究者不同进路的分歧问题。在目前生死学的发展阶段下,普遍来看,非生死学研究的学者对生死学的认同与大众认同类似,唯一的区别是他们可能会用其它学科的视角和思维来审视生死学,因此,我们此处所谓的生死学认同主要是指生死学研究者们之间的分歧问题。

正是由于生死学还处在成长过程中,所以不同的生死学研究者们所关注和侧重的内容不同,这实属正常。不同学科背景和信仰体系的生死学研究专家会基于自身的学科知识、信念体系以及个人关切来建构其生死学构架,由此形成哲学背景的、社会学背景的、宗教学背景的等不同生死体系就是不可避免的事情。这个局面对于中国的生死学研究者来说,它依然是这样。从死亡哲学研究(含生死哲学)、生命伦理学研究、死亡教育研究、临终关怀和缓和医疗研究等一系列生死命题关注和发展的过程,中国的生死学研究者除了极个别学者(如胡宜安教授)之外,几乎所有生死学研究者都只是兼职做生死学,甚至多数学者们从未宣称在做生死学研究。因此,从这个意义上来看,中国大陆生死学研究者在认同上更多的是指对台湾生死学体系的认同。换句话说,当前中国的生死学研究者相互之间不存在领域之争,因为学者们相互之间几乎没有形成生死学问题的交锋,学者们更多是从自身现有的学科知识以及从属的学科话语出发来关照死亡话题研究。因此,生死学在中国学人身上,更多表现出来的态势是对生死学广义的认同,即生死学大概就是研究与生死相关的学问。这种最大公约数的认同方式估计仍然会持续一段时间,直到相对成型和成熟的生死学学术话语体系出现并得到学界认可为止。正是由于中国大陆学者的生死学认同主要是与台湾生死学话语体系相关,所以当前我们面临的问题不是认同哪位台湾生死学学者的问题——因为几乎所有台湾生死学研究者都有内地的阅读和关注者,台湾生死学研究者共同构成了中国大陆生死学发展的源头之一,中国大陆生死要面临的问题是与台湾生死学发展过程中的境遇以及具体条件的差别,以及由此形成的生死学认知差别。在生死学发展的境遇中,宗教在台湾与中国大陆起的作用非常不同,二者对待宗教的态度也不相同,在台湾地区宗教信仰在接引生死学的过程中起了非常重要的作用,而在中国大陆情形却大不相同。因此,生死学在中国大陆社会的登场必须面对台湾与内地不同的生死问题处境、发展面貌等差别问题,只有这样中国大陆学人们才能建构起真正安顿人们生死的生死学体系。

(二) 学术建制与学院派进路

生死学作为现代学术研究对象,最终必须进入现代学术研究体制与学院派研究路径中。更明确的说,生死学要在中国社会正式登场,它必须在大学和科研院所中占据一席之地,从而进入本科、硕士、博士的学术招生系列;同时,它还要在实践和实操领域介入高等职业教育等,在职业教育、专科招生和就业上发挥其特殊的功能。简言之,生死学在中国的发展只有突破体制性的约束,才可能真正在学术界与社会生活领域发挥其应有的作用。

1. 生死学从借壳求生到另起炉灶

生死学在国内的学术状况目前仍然比较尴尬,生死学在当前学术建制中没有一席之地,这就关系到未来生死学研究者如何在特定学科之下继续推进生死学建设的问题。目前看来,中国生死学发展最切实际的方式是继续寄生在其它学科之下,不断壮大生死学的研究队伍、课程体系、研究著作、交流平台、期刊媒介、组织机构、会议论坛等,有条件的研究者可以尝试在研究生招生中设置生死学方向选题,培养生死学研究后备力量。在当前学术建制没有改变之前,生死学"借壳求生"是生死学在中国唯一可能的继续存活和发展的方式。当然,当前学术建制并不是没有问题的,但是在学术建制没有改变的前提下,生死学恐惧只能继续依存于特定学科而发展。这样一来,就必然会衍生出一系列诸如哲学生死学、医学生死学、法学生死学、社会学生死学等研究方向。或许只有到了生死学话语相对成熟了,生死学的理论建构工作以及随之而来的研究、教学、实践等形成体系了,生死学才有可能在中国走到另起炉灶、独立建立学科的一步。在目前看来,独立建制仍然是个大方向,它是生死学进入中国学术体制必然要走的一步,不过,这一步到底要多久才能完成,目前还无法预估。

2. 生死学从大而化之到具体而微

生死学的研究和理论建构已经进入了国内学者的视野,但是,整体来说还有许多工作需要完成,其中最重要的工作之一是从生死问题的谈论到人们现实生死问题的解决和安顿。换句话说,生死哲学、生命伦理、生死教育等工作在需要持续深入推进的同时,我们还必须关照与生死事务相关的、具体而微的现实人生问题,比如临终心理安抚、死亡恐惧化解、丧葬形式的规范和现代转化、太平间和告别场所的美化和神圣化等具体的实践事务,这些工作必须有深厚学术研究支持,同时,它还必须包括实际操作的内容,从而具体而微地介入人们的现实生活,这样,生死学才可能走得更远、更踏实。无论是从生死学的学理出发而下落到关照生死学的实践操作,或者是从生死学的实务操作出发进而上升到生死学的理论建构,这两个方向的思路和努力都是可能的、也都需要。但是,无论哪种路径,都必须经历一个从大而化之到具体而微的过程,这个过程中生死学的理论与实践需要同时关注,任何一方的失落都可能沦为或空谈、或盲目。

结　论

在中国当代生死学发展过程中,许多问题仍然没有解决,生死学作为学科要在中国社会正式登场,面临着来自生死学内部与外部的各种制约。要突破这些制约,必须具备的基本条件是生死学必须在更大范围内得到更多人的认同,即同意把生死问题、或者狭义的死亡问题交给生死学来研究和安顿。而要得到更多人、更大范围的认同与支持,生死学研究的学术性、系统性、针对性问题必须得到解决。换句话说,生死学研究在学院体制中能否立足,除了国家行政性的支持,生死学自身的理论与事务发展是解决问题的关键因素。只有在学院体制与中国当前的学术建制中打开局面,生死学才有可能在中国社会正式登场。

专题二

中国当代生死问题之
价值维度

论死亡价值的三重意蕴

魏向东　　杨足仪(华中师范大学)

摘要　死亡是一切生命的共有特征,而人类作为一种高级生命体,其死亡有着独特价值意蕴:从人类生命的生死关系来看,死亡的价值在于成就生,是对生的价值反观,具有辩证性;就人类生命的存在本身而言,死亡意味着任何个体的生命都将由存在转为非存在,具有平等性;基于人类生命的价值认知层面,不同的生命个体对死亡的价值认知不尽相同,具有多样性;死亡的三重意蕴是死亡之于人类意义的价值表达,彰显出其独特的魅力。

关键词　死亡　价值　生命　意义

迄今为止,死亡是人自身的"宇宙之谜",是人生最难说清的现象之一。实际上,死亡之谜是根源于死亡现象的奇异性。对生命而言,生,是生命的肯定状态,意味着有生命。死,是生命的否定状态,意味无生命。任何个人,或者有生命,或者无生命,二者只能居其一。因此,一个谈论死亡的任何人都不可能亲身经历过死亡,这叫"生者不知死";而一旦他亲身经历死亡时,他自己已经再也不能对死亡说出什么了,这叫"逝者不知死"。对人类而言,死亡,既是最确定的事情,又是最不确定的事情。我们最能确定的是人人皆死,而最不确定的是不知道死亡何时降临。那么,死了死了,是一死百了还是有什么东西继续存在呢? 人之死对人生而言究竟意味着什么呢?

无论我们做出什么回答,死亡作为人生的铁的事实,是断然不能回避的。今天,我们能做这做那,包括谈论死亡,是因为我们都还活着。但是,我们都会死,都会变成死人。这是我们每个人都不得不面对的事情,我们无法回避,也不应当回避。直面死亡、探讨死亡、进行死亡教育,就是要体悟人生的意义和价值,最终达到庄严地、从容地、自然安详地走向死亡。一句话,就是既要学会优生还要学会优死,正如文学家泰戈尔所言:"生如夏花之灿烂,死如秋叶之静美"。死亡之于人类而言,有着独特的意义与价值。

一、死亡价值的辩证性

周知,任何一种具备生命特征的存在物从它来到这个世界之始就意味着注定要走向死亡。人类作为一种高级生命体亦不例外。因为,有生必有死是铁的事实,是一切生命的固有现象,也是生命两极性的必然表现。但人类并不同于其他的一切生命体:它是一种具有意识性的类存在物,是集能动性与创造性于一体的类存在物,正如马克思所言:"一个种的整体特性、种的类特性就在于生命活动的性质,而自由的有意识的活动恰恰就是人的类特性"①所以,人类不可能像一切其他纯然生命体一样,不会懂得恐惧死亡,而是始终面临着生命的两难选择。这也正是人之为人的充分表现。

一般而言,每一个人的生命都会经历生、老、病、死四个阶段。这是人类生命存在过程的必然趋势,标示着人类生命是一个有限的过程,也是人类生命走向终极的表达。这一表达虽然是对个体生命的否定回答,但这种否定不是纯粹机械式的否定,而是辩证性的否定,是建立在对生命意义肯定基础上的否定,是对生的价值的确证,是对生的价值的反观。

其实,人类生的价值正是由于死亡存在而精彩。因为,正是死亡赋予了人类生命有限的性质,使得人类自身不能像无机界没有生命特征的物质那样始终以一种永恒的方式存在。倘若人类真如无机物一样是永恒的存在,那么,人类的生命还有什么所谓精彩和幸福可言呢? 反之,恰恰是人类生命的有限性赋予了个体须与时间进行竞赛的动态机制,才促使人们更为珍惜生命的可贵,比如一位歌唱家,如果你告诉她录制一首歌没有时间限制,那么,这首歌可能要耗费几个星期,甚至是几个月,反反复复录制十几遍,最后质量还不怎么样;如果你告诉他录制一首歌仅仅有几天的时间,那么,她对待这个事情的态度势必会重视许多,或许录制工作仅需几遍就能达到预期的效果。假如一个人整天没有任何的时间概念,没有理想,只知道浑浑噩噩的懒散生活,那么他的一生很可能是荒废的一生,最终难以有所成就,

---

① 马克思恩格斯文集(第1卷)[M]. 人民出版社,2009: 162.

更不用说会有很大的成就。这样的人生意义何在？

可见，人的生命虽因死亡的存在而被予否定，但也正是由于它的存在才促使人们更加懂得珍爱生命，懂得为更加丰富而充满意义的生活而拼搏，懂得在历史长河中进行立德、立功抑或立言，让生命不断趋向丰实。换句话说，是死亡让人类懂得优生，懂得优生即是优死的道理！

二、死亡价值的平等性

在这个世界上，如果谈到平等，或许没有比死亡更加平等的了。首先，任何一个生命个体，在他生活的时代背景下，大都能通过努力获得一定的职业、地位与身份。然而，不管个体的职业、地位、身份是什么样的或为什么会这样或将来会怎样，死亡对于任何一个人来说都是不可避免的，亦是无法回避的。其次，对于每一个人而言，直至死亡亦是无法真正体会死亡的感受。因为，死是生的另一极，人死不能复生，其本身具有不可经验性。即使是一个濒临死亡的人，他所谈的死亡感受，也仅仅是接近死亡的感受，而不是真正的死亡感受。当然，我们也不能因此而否定这种濒临死亡的感受对人类更好地理解与认识死亡的积极作用，而应科学合理的看待它的存在。

其实，人类认识到死亡的必然性或终极性并不是一蹴而就的，而是经历了一个非常缓慢的历史发展过程。在这一过程中，原始的死亡观崩溃了，人的死亡最终得到了确立。对此，我们可以从以下两个维度进行把握，即人类历史发展的维度与人类认识发展的维度。首先，从人类历史发展的维度来看，由于生产力的不断向前发展，人类生产方式和生活方式不断发生变革，使得人类逐渐从原始社会中被群居生活所掩盖了个人向家长制家庭中提升的个人转化，个人的能力和作用也一步步地变得重要而高大起来，神灵则慢慢开始隐退、远去，死亡的事实也由此逐渐被发现；其次，基于人类认识发展史的维度而言，起初在原始社会，神话、巫术、科学、宗教是浑然一体的，彼此之间并没有什么截然的界限，但随着人类认识能力的发展，才逐渐有了一定的区分，直到人类原始社会的发展后期，社会条件进一步提高，人类认识能力特别抽象的思维能力的进一步提高，它们的区别才越来越大，人类的死亡才开始被认知。就两者之间的关系而言，它们不是彼此孤立的层面，而是既相互区别又彼此渗透，互为贯通的两个层面，二者共同助推了人类对死亡必然性的确识。

所以，人类对死亡必然性的确识是建立在其不断实践的基础之上的。同时还需要言明的是,死亡的必然性虽然意味着任一生命个体的终极走向,具有平等性,但这一平等性仅仅是人类生命体征的消失,仅仅意味着生命本身由存在形式向非存在形式的转化,也恰是在这一层面上,死亡对于任何生命个体而言才具有平等性。

三、死亡价值的多样性

人类都会经历死亡,但由于不同的生命个体对死亡的价值认知不同而具有多样性。这是为什么呢? 其实,这是由价值的特性决定的。谈到"价值",它作为一个反映主客体关系的范畴,是外部世界对于主观需要的满足,即当一个物体,如果它能在某一方面或者是某一方面的某一维度满足主体需要的时候,那么它的价值得到了实现;反之,则价值未能得到实现。另外,价值具有主体性和客体性的特点。一方面,价值因客体的不同而不同: 不同的客体具有不同的价值,同一客体不同的方面有不同的价值;另一方面,同一客体,其价值因主体的不同而不同,比如,梨子的价值是什么呢? 有的人看到的是商业价值,有的人看到的是生态价值,有的人看到的则是营养价值。因此,就死亡而言,由于每一个体的生存环境和生活历程都是独一无二的,其世界观、人生观、价值观也必然不尽相同,这就意味着每一个体对于死亡价值的认知也是迥异的。

事实上,古往今来,有的人会为维护个人的利益而选择通敌卖国,为敌人的侵略卑躬屈膝、阿谀逢迎而亡;有的人会为维护自己的利益,违反道德、触犯法律而亡;有的人则会为维护集体、国家的利益奋不顾身、英勇奋斗而亡,比如,民族英雄文天祥,无论当时元军将领张弘范如何对他进行逼迫与劝降,他始终没有为一己之利而写下叛国投降书,而在扣押途经零丁洋的过程中,写下了"人生自古谁无死,留取丹心照汗青"悲壮之言,其崇高的爱国情怀致使元军不再采取任何措施胁迫其投降。再如,始终不忘初心,砥砺前行,坚守在董家河镇从教 29 年的李芳老师,由于一场突发偶然交通事故,造成伤势严重,最终因公殉职,年仅 49 岁。回首李芳老师这 29 年的岁月,她一直以严格自律精神要求自己,一直用自己的爱心守护着这方热土,一直用自己平凡的实际行动践行着初心。毛泽东主席说过:"要奋斗就会有牺牲,死人的事是经常发生的。但是我们想到人民的利益,想到大多数人民的痛苦,我们为人民而死,就死得其所。"①即为人民大众利益而死,其意义比泰山还重,反之,其意义比鸿毛还轻。

可以看出,不同的死亡价值理念将指引人们走向不同的人生之路。不同的死亡价值理念也将对人类自身以及人类社会的发展产生积极或者消极的影响。所以,树立什么样的死亡价值理念对于实现人生理想,推动人类社会的发展,实现人类的解放具有重要的作用。可以说,正确的死亡价值理念是积极的、具有正能量的、可倡导的;反之,则是消极的、具有负能量的、不可倡导的。

而今,中华民族在中国共产党的带领下经过九十多年的奋斗,实现了从站起来、富起来到强起来的伟大飞跃,进入了新时代。"这个新时代,是承前启后、继往开来、在新的历史条件下继续夺取中国特色社会主义伟大胜利的时代,是决胜全面建成小康社会、进而全面建设社会主义现代化强国的时代,是全国各族人民团结奋斗、不断创造美好生活、逐步实现全体人民共同富裕的时代,是全体中华儿女勠力同心、奋力实现中华民族伟大复兴中国梦的时代,是我国日益走近世界舞台中央、不断为人类作出更大贡献的时代。"②习总书记在十九大报告上对新时代的这一界定,阐明了中华民族在新的历史起点上的时代方向与时代使命,揭示了实现这一伟大工程的动力源泉以及实践方式。因此,作为新时代的我们,需要自觉勇于担当时代之任和时代之责,需要自觉运用马克思主义理论锤炼自身的品格和素养,需要自觉运用马克思主义理论摒弃非马克思主义思想的干扰与渗透,需要自觉把新时代的责任与使命与马克思所说的"我们的幸福将属于千百万人,我们的事业将默默地、但是永恒发挥作用地存在下去,而面对我们的骨灰,高尚的人们将挥洒热泪"③的奉献精神、奋斗精神、正义精神以及崇高精神有机结合起来,把马克思主义的生命观,包括为全人类谋幸福而不怕牺牲的人生观深入到我们骨髓里,把它变成实现人生意义的精神航标,把它变成推动人类社会发展强大动力,把它变成实现人类自由的一大法宝,为实现中华民族的伟大复兴而努力,为实现共产主义的崇高理想而努力。

总之,死亡是人类生命的必然走向,这是毋庸置疑的。这种走向不会由于主体意志的改变而改变,不会由于主体的不同而不同,就像花开花落、四季轮回。然,死

---

① 毛泽东选集(第3卷)[M].北京:人民出版社,1991:1005.
② 习近平:《决胜全面建成小康社会 夺取新时代中国特色社会主义伟大胜利———在中国共产党第十九次 全国代表大会上的报告》,载《人民日报》,2017年12月8日.
③ 马克思恩格斯全集(第40卷)[M].人民出版社,1982:7.

亡并非是仅仅只是生命的尘埃落地,并非没有任何价值的存在,它之于人类这一高级生命体而言,其意义有着独特的意蕴:生命有度,度标示着生命的有限,意味着死亡存在。这是任何生命个体逃不过的结,但并非生命意义的终结。死亡指向的是生的价值,是对生的价值的反向诠释,是对生的价值的肯定与认可,也正是由于它的存在才让我们自觉懂得克服自身的惰性观念,懂得如何珍惜生命、理解生命、把握生命、敬畏生命,从而让生命的意义更加多姿而精彩,通向圆满。就死亡的必然性而言,人类对它发现是建立在一个非常缓慢的历史过程之上的。同时,这种必然性对于人类生命而言具有平等性。但这一平等性仅仅是人类生命特征消失,生命形式上的非存在化,而非人类生命过程以及价值的平等性。最后,由于每一个体的生存环境和生活经历不同,其死亡价值的理念也不尽相同,不同的死亡价值理念促使了不同的生命个体走向了不同的人生之路,呈现出多样性。并且,这一多样性蕴含着对人类生命存在意义的不同影响性,也意味着树立科学死亡价值理念的重要性。

死亡的三重意义表明,我们对死亡的各种问题的探讨、正确的死亡教育,是帮助我们了解生死大事,珍惜生命的意义和价值所需,明确死亡的独特意蕴能使我们的生活更加充实、更加有目标,从而培养出提升健康与幸福的生活态度和面对死亡的安详,即所谓生得其益,死得其所。这样的人,才是生活着,而不仅仅是活着。因此,死亡教育应当是人生的必修课。

向死而生

——比较视阈下以"不朽"为中心之重建尝试

刘君莉（上海师范大学马克思主义学院）

引言："死亡"作为生命之镜——审视人生的另种可能

众生皆有死，这是中西文化共同认可的一个现象，同时也是任何一个自觉的个人所要面临的处境。然而，"有死"是个现象，如何看待这一现象则蕴含一种意义寻求。以华人学界为例，对"死亡"问题之研究以多重维度展开，举起要者：其一、以探究"死亡以及生和爱"的"生死学"，这由华人学者傅伟勋教授于1993年提出[1]，他将西方的"死亡学"（以探究"死亡"本质为主旨，标志性的专著为 Herman Feifel 于1959年出版的 The Meaning of Death[2]）略加改造，试图加进"爱"和"生"的元素进而建构为饱含生死智慧的"生死学"（Life-and-Death Studies）；其二、以探究"死亡的终极性、形而上学"的死亡哲学，大陆学者以段德智教授为代表，他的《死亡哲学》于1991年出版[3]，他自己的定位是"死而上学"；其三、以发掘生死智慧并落实到生命教育的生死观探究，代表人物为郑晓江教授[4]。其四、以探究"医学生物科技引

---

① 傅伟勋：《死亡的尊严与生命的尊严——从临终精神医学到现代生死学》，台北：正中书局，1993年版，序言第20—21页。

② Herman Feifel, ed. The Meaning of Death. New York: McGraw-Hill. 1959.

③ 段德智：《死亡哲学》，武汉：湖北人民出版社，1991年版。

④ 我们以他的专著为例：郑晓江：《生命与死亡——中国生死智慧》，北京：北京大学出版社，2011年2月版；郑晓江：《中国生死智慧》，南昌：江西人民出版社，2013年5月版；郑晓江：《生命教育演讲录》，南昌：江西人民出版社，2008年12月版；郑晓江：《穿透死亡》，南昌：江西教育出版社，2000年12月版；郑晓江：《学会生死》，郑州：中州古籍出版社，2007年1月版；郑晓江主编：《感悟生死》，郑州：中州古籍出版社，2007年1月版；郑晓江主编：《生命忧思录：青少年生命教育刻不容缓》，福州：福建教育出版社，2011年12月版；郑先生论著很多，亦有多种论著在台出版，以上只是部分举例。

发的生死伦理问题"的生命伦理学,以邱仁宗教授为代表,他将"生命伦理学"的议题归结为"生殖技术""生育控制""遗传和优生""有缺陷的新生儿""死亡和安乐死""器官移植""行为控制""政策和伦理学"等主题①。对"死亡"问题的多重维度②(不限于上述四种)展开说明了此问题的跨学科性质③(还包括心理学、考古学、人类学等领域以及业界如殡葬业的关注④),因此这一领域有着丰富的多学科成果以资借鉴和融汇;同时也说明进一步对"死亡"问题的探讨,自觉限定问题域与聚焦主题是必要的,否则将泛滥无归而难以有所推进。本文之研究路径更近于上面傅伟勋教授所开创的"生死学"以及郑晓江教授所突显的"生死观"研究,在问题聚焦、研究方法、思路建构上则尝试有所推进。

"死亡"作为"生命"⑤之镜的新视角。具体来讲,接续上述学界对"死亡"问题的探讨,本文的侧重在于回到中西文明的经典文本中(以儒耶为例)探究其如何看待"死亡"问题?对"死亡"又是如何超克的?又如何以"死亡"为镜,来反观、建构"生命"的意义?由此以"死亡"为镜,在比较视阈下,以经典文本为据,我们会看到中西不同的"死亡"观及其超克路径。在研究方法上本文主要运用比较哲学的方法,借鉴了亚里士多德"朋友如镜"(《大伦理学》,1213a20—26)之理论⑥。中国人有"讳言死"的说法,然而,以"死亡"为镜,却可以彰显"生命"的意义。在上述问题意识下,我们看到在先秦经典文本中有提到"死亡"为"休息"以及"三不朽"的说法;而在西方文明经典文本《圣经》中则有"永生""复活"的表述,如何理解这些"不朽"方案?其产生歧异的原因何在?比较语境下不同的"不朽"观对"人生"之意义又有何种建构?

关于中国传统思想中对"死亡"问题的探讨,康韵梅博士认为可以从四个方面考虑,第一、基于神话传说中的变形神话而揭示的"死生相继";第二、基于道家道教

---

① 邱仁宗:《生命伦理学》,北京:中国人民大学出版社,2009年版。

② 关于此问题可参看张永超:《20年来两岸学界关于"生死问题"的不同进路及其比较》,《福建江夏学院学报》,2015年第4期,第80—85页。

③ 可参见刘君莉、张永超:《"第一届中国当代死亡问题研讨会"会议综述》,《医学与哲学》,2017年3月第3A期,第96页。

④ 可参考胡宜安:《现代生死学导论》,广州:广东高等教育出版社,2009年版(此书突显了生死问题的复杂与多维)。

⑤ 需要说明的是,在不同研究者那里对于"生命"有类似于"社会生命""精神生命""生理生命"等界定,对于"死"也有"心死""身死"的说法,避免语词上的歧义,本文对"生命"与"死亡"之界定主要就生理性"身体"立论,涉及"灵性"层面意义的"生命"会单独注释标明。

⑥ 对此问题之分析可参考余纪元:《德性之镜:孔子与亚里士多德的伦理学》,林航译,北京:中国人大出版社,2009年版,第5—6页。

思想中长生久视而成仙思想;第三、基于民俗传统中丧祭墓葬中的"死而不亡"信仰;第四、基于儒家实用理性的生命价值不朽。[1] 关于西方传统思想关于"死亡"问题之讨论同样可以有多重路径比如"死亡哲学""死亡学"等。为了集中论题,我们将自觉聚焦在儒家与基督教经典文本对"死亡"之看法尤其是对"死亡"之超克上,选取儒耶文本是考虑到其对中西文明塑造的典型性,基督教对西方文明之影响自不待言,陈寅恪论及儒家之影响时说:"故二千年来华夏民族所受儒家学说之影响最深最巨者,实在制度法律公私生活之方面[2]。"围绕"死亡"及其超克这一主题,本文集中从三个方面展开:对"死亡"之看法及其超克;比较中西不同超克路径之原因;"不朽"对于"向死而生"的意义。文献依据也自觉集中在:先秦儒家经典以《论语》为中心旁涉《荀子》《左传》《礼记》等,基督教经典以《圣经》中的《马太福音》为中心旁涉《创世记》《约翰福音》等其它章节[3]。

一、以生观死:死的意义建筑在生的价值之上

(一)"归土"与"追远":先秦儒家对"死亡"问题之见解

1. "众生必死,死必归土:此之谓鬼"

我们知道儒家对于生死的态度,自孔子开始基本形成一种"实用理性"的思路,比如在《论语·先进》篇中季路问事鬼神。子曰:"未能事人,焉能事鬼?"敢问死。曰:"未知生,焉知死?"这种通过"生"来面对或者超越"死"的思路一直影响着中国人的文化心理;此种心理认知并没有回避众生皆有死的事实,但是,又不停留于这种事实,不恐惧于这种事实;而是试图通过某种自己可以把握的努力来超越它,此种可以把握的努力不是通过超越的上帝救赎,也不是长生久视的得道成仙,更不是涅槃寂静,而是在人间世的尽伦尽职;对生的价值彰显便是对死的超越,这样的死才是有意义的。至于,人死后怎样,鬼神是什么,延续孔子的实用理性思路,并不做抽象玄虚的形上建构。

---

① 康韵梅:《中国古代死亡观之探究》,台湾大学中国文学研究所博士论文,1992 年度,第 238—240 页。

② 陈寅恪:《审查报告三》,载于冯友兰:《中国哲学史》下册,上海:华东师范大学出版社,2011 年 7 月版,第 336 页。

③ 考虑到此问题的复杂性,学界研究的跨学科特点以及涉及文本的广泛性,为了避免偏离主题,首先做出研究路径、问题聚焦、方法选择、文本依据上的自觉限制是必要的,这并不否认其它研究路径的合理性以及其它文本的有效性。

在《礼记》和《说苑》中我们看到如下记载：

宰我曰："吾闻鬼神之名，而不知其所谓。"子曰："气也者，神之盛也；魄也者，鬼之盛也；合鬼与神，教之至也。众生必死，死必归土：此之谓鬼。……因物之精，制为之极，明命鬼神，以为黔首则。百众以畏，万民以服。"（《礼记·祭义》）

子贡问孔子："死人有知无知也？"子曰："吾欲言死者有知也，恐孝子顺孙妨生以送死也；欲言无知，恐不孝子孙弃不葬也。赐欲知死人有知将无知也，死徐自知之，犹未晚也！"（《说苑·辩物》）

这里我们基本可以看出孔子对于鬼神的唯物论解释，用气来解释"神"，用"鬼神"来解释"教"，众生必死，死后归土认为就是"鬼"了。"因物之精，制为之极，明命鬼神，以为黔首则。百众以畏，万民以服。"这是神道设教的思路，关键在于教化众人。第二则文献，我们看到了同样的思路，死人是否有知？死后是否有知？孔子的说法很巧妙，他立论的重点不在于死者身上而在于生者的反应，即便是面对"问死"其回答还在于"此生"。这里，我们可以看到孔子的智慧，对于无法探知的"死后"问题，不武断、不回避，只是将问题引导到可以认知、可以努力、可以把握的现世此生中。至于死人是否有知无知，自己死后自然知道，"犹未晚也"；对于人生来讲，"死"不是优先考虑的问题；面对有死的事实，"善生"才是优先的考虑，否则就会"后悔"就会"晚"；对于死后问题那是不会晚的，死后自然知道。所以，儒家的所有努力劝勉都放在可以把握的此生此世，面对死，生是优先的。生命价值的彰显，此生的尽伦尽职，便是人生的意义所在，人生的意义赋予了，死，便不再可怕；死亡便是一种归宿和休息，这时候，死的意义便产生了。此生的努力赋予了死后意义的存在。这一思路，我们在相关的祭丧礼中进一步看到。

2. "祭者志意思慕之情也"

儒家的祭丧礼并非基于死后世界的信仰，而是基于一种人情考虑。孟子在《滕文公》篇中提到："盖上世尝有不葬其亲者，其亲死，则举而委之于壑。他日过之，狐狸食之，蝇蚋姑嘬之。其颡有泚，睨而不视。夫泚也，非为人泚，中心达于面目，盖归反虆梩而掩之。掩之诚是也，则孝子仁人之掩其亲，亦必有道矣。"（《孟子·滕文公上》）此可以看出对于"亲死"的丧葬之礼主要是基于一种人情考虑，再比如我们在《礼记》"问丧"中看到孝子要扶杖，为什么要扶杖呢？（或问曰："杖者以何为也？"）"曰：孝子丧亲，哭泣无数，服勤三年，身病体羸，以杖扶病也…此孝子之志也，人情之实也，礼义之经也，非从天降也，非从地出也，人情而已矣。"（《礼记·问丧第三十五》）这里我们可以看出，此种丧祭之礼主要是基于一种人情考虑，人情之外没有"上帝""鬼神""灵魂"之预设。后来,在荀子那里,进一步凸显了这一主题:"礼者,谨于治生死者也。生、人之始也,死、人之终也,终始俱善,人道毕矣……事生,饰始也;送死,饰终也。"(《荀子·礼论》)荀子的思路与孔子是一致的,而且他更明确的突显了此种"礼"的人文含义,神道设教的含义,孔子弟子中以"孝"著称的曾子说"慎终追远,民德归厚"(《论语·学而》),这也是荀子所表达的主题:"祭者,志意思慕之情也。……圣人明知之,士君子安行之,官人以为守,百姓以成俗;其在君子以为人道也,其在百姓以为鬼事也。"(《荀子·礼论》)。

"志意思慕之情"基本上反映了中国人对亡者的一种缅怀和情感寄托,同时,便是对于生者的一种"民德归厚"式的教化。中国人的礼乐是为了生者而不是为了死者。所以荀子说:"君子以为人道也,其在百姓以为鬼事也。"实际上,即便在民俗人伦中,对于丧葬祭礼也基本上遵循此种"慎终追远 民德归厚"和"志意思慕之情"的生死智慧。对死者的怀念是为了勉励生者,对先祖父母辈的纪念更多是为了给后代子孙做个表率。世俗的人伦道德智慧正是在这种丧葬祭礼中得以传承实行的。然而,这样的人生毕竟是短暂的,除却这些德化教育意义之外,人是否还可以有不朽的追求? 若果一切都是暂时的,人们还有永恒追求的动力么? 人一生辛辛苦苦的意义何在? 面对众生皆有死的时候,什么是可以不朽的? 什么是可以作为永恒的追求的?

(二)"不朽"与"绵延":"死后"之传承

如上面我们所看到的孔子对"人"之理解侧重"气"(物质性)层面之界定,而无"灵魂""神不灭"的设定,那么,对于"可朽"的物质性身体,人们是否还可以有"不朽"的追求? 在儒家的思想语境中影响较大的"不朽"论述有两种,其一为"子孙绵延意义上的不朽",其二为"三不朽"。冯友兰论及前者时明确提出:"至少一部分的儒者,对于人死之意见,不以为人死后尚有灵魂继续存在。然灵魂不死之说,虽为理智所不能承认,而人死之不可不即等于完全断灭,则为事实。盖人所生之子孙,即其身体一部之继续存在生活者;故人若有后,即为不死。"[1]子孙后代的传承便是一人一家"不死"的象征,由此我们也可以看出传统社会"传宗接代"的超越性含义,不仅仅是子孙肉体的繁衍,更多是一种文化价值意义的传承;基于此种语境,我们也可以看出,为什么中国人那么注重孝悌观念,而且有"百善孝为先"的说法。除了

---

[1] 冯友兰:《中国哲学史》(上),上海:华东师范大学出版社,2011年版,第202页。

此种"不朽"的观念之外,我们知道另外一种"不朽"的说法是在《左传》里提出的:

"二十四年,春,穆叔如晋,范宣子逆之问焉,曰,古人有言曰,死而不朽,何谓也……豹闻之,大上有立德,其次有立功,其次有立言。虽久不废,此之谓不朽,若夫保姓受氏,以守宗祊,世不绝祀,无国无之,禄之大者,不可谓不朽。"(《左传·襄公二十四年》)

以《左传》为例除了"三不朽"说法之外,论及"不朽"的还有四处:其一为孟明归秦时说"使归就戮于秦,寡君之以为戮,死且不朽"(《左传·僖公三十三年》);其二为知罃归晋时说"累臣得归骨于晋,寡君之以为戮,死且不朽,若从君之惠而免之,以赐君之外臣首,首其请于寡君,而以戮于宗,亦死且不朽"(《左传·成公三年》);其三为楚师败后子反说"君赐臣死,死且不朽"(《左传·成公十六年》);其四为季平子随君归国时说"不绝季氏,而赐之死,若弗杀弗亡,君之惠也,死且不朽,若得从君而归,则固臣之愿也"(《左传·昭公三十一年》)。关于此四则材料(主要是前三则,第四则疑有"错简"),陈来分析道:"这些讲法都是说,若在自己的国家被国君赐死,则死而不朽。死在本族的宗庙,亦死而不朽。但如果死在异国,不能归骨于家族,就不能死而不朽了。根据这样的讲法,所谓'死而不朽'的意思似乎是死在自己的国、家,死后可以享祀,死后的精神魂魄可以与宗族祖先的精神魂魄在一起。"[1]此种分析是公允的,这里我们可以看出此种"不朽"理想与上述"子孙繁衍意义上的不朽"以及"立德立功立言三不朽"是对应的,而以"三不朽"为核心。此种思路影响深远,我们以对现代学界思潮影响遍及文史哲领域的胡适为例,他便自觉批评了"神不灭"层面的不朽,认为"三不朽""好的多了",但认为传统"三不朽"说有三层缺点"真能不朽的只不过那极少数""没有消极的制裁""范围很含糊",因此他又接续此种思路提出"社会的不朽论"[2]。由此可看出"三不朽"所塑造的中国人文化心理正是通过此种"世间"的尽伦尽职,通过此种德性修养、功利建构、言语智慧来达到一种精神性的不朽,此种不朽不是通过灵魂不灭或者来世复活,而是通过此世间对他人的正面影响而发生的,对他人的仁爱善待、对这个社会的功业建立以及对任何人的智慧劝诫这便是一种"不朽",人都会死,但是此种"德性仁爱、功业恩泽、道德智慧"却活在生者心中,因此这是一种有生命承载的不朽。面对有死的事实,

---

① 陈来:《古代思想文化的世界:春秋时代的宗教、伦理与社会思想》,北京:生活·读书·新知三联书店,2002年版,第124页。

② 胡适:《不朽——我的宗教》,文载欧阳哲生编:《容忍比自由更重要:胡适与他的论敌》,北京:时事出版社,1999年版,第406—414页。(原载一九一九年二月《新青年》六卷六号,后收入《胡适文存》卷四)

因为此种生的价值,因为此种"有生命承载的不朽",让我们看到,死,不再是可怕的离开;而是一种心灵宁静后的休息。

(三)"死"之意义与生之价值

在《荀子》"大略篇"我们看到孔子与弟子的如下对话:

子贡问于孔子曰:"赐倦于学矣,愿息事君。"孔子曰:"《诗》云:'温恭朝夕,执事有恪。'事君难,事君焉可息哉!"……"然则赐无息者乎?"孔子曰:"望其圹,皋如也,颠如也,鬲如也,此则知所息矣。"子贡曰:"大哉!死乎!君子息焉,小人休焉。"(《荀子·大略》)

对"死亡"之解释及其"不朽"之定位,我们看到儒家所建构的文化心理与价值追求,在世时要尽伦尽职,去世时则宁静休息。此种生前的"尽伦尽职"便表现为个人德性的培养,具体的领域便是在君臣、父子、夫妇、兄弟、朋友中完成君子人格的养成。此种人伦关系至今或许名称有所变换,但是上下级的关系、父子、夫妇、兄弟、朋友等人伦维度依然存在,这也表明,儒家此种人伦智慧是亘古弥新的。在世时的尽伦尽职,临至终年,死去,便是一种归宿,一种休息,一种心灵的安宁,而不仅仅是一种生命的停止和结束。这种死,可怕么?在儒家看来,这样的死是不可怕的,因为生的价值赋予了死的意义和宁静。后来张载在自勉格言中称"存吾顺事,没吾宁也"(《西铭》末句),正是此种宁静智慧的写照。李泽厚在谈及中国人的死亡意识时说:在中国人的意识里时间首先是与人的生死存亡联系在一起的。事物在变迁,生命在流逝,人生极其有限,生活何其短促……那么,有没有可能或如何可能去超越它呢?去构造一个永恒不变的理念世界吗?去皈依上帝相信灵魂永在吗?在神的恩宠和灵魂的不朽中去超越这个有限的人生、世界和时空吗?有这种超越、无限、先验的本体吗?对此,李泽厚先生回答道:"中国哲人对此是怀疑的……孔子和儒家没有去追求超越时间的永恒,正如没有去追求脱去个性的理式(idea)、高于血肉的上帝一样。……这里是将死的意义建筑在生的价值之上,将死的个体自觉作为生的群体勉励。在儒家哲人看来,只有懂得生,才能懂得死,才能在死的自觉中感觉到存在。"[1]

李先生的论述可以作为中国人对于生死观念的一个小结,同时下面我们也可以去反观西方的死亡观念,他们也承认"有死"、也承认"不朽",也勉励此生的辛苦

---

[1] 李泽厚:《华夏美学》,《李泽厚十年集》第一卷,合肥:安徽文艺出版社,1994年版,第260—261页。

努力,但是,其依据不是人情自身,而是基于超越性的理念、至高的上帝,因此在神的恩宠和灵魂的不朽中去超越这个有限的人生、世界和时空。

二、向死而生:在神的恩宠和灵魂的不朽中去超越有限的人生

本节在文本依据上持续文首坚持的原则,以基督教经典《圣经》中《马太福音》①为中心文本,同时会参引"对观福音"其它三部、《创世记》等其它章节。

(一) 基督教经典对"死亡"之看法:以"耶稣之死"为中心

以《马太福音》文本为中心,对死亡问题有所论列的涉及四处:"屠杀男孩"(太2:16—18)②、"施洗约翰的死"(太14:1—12;另见可6:14—29;路9:7—9)、"犹大的死"(太27:3—5;另见徒1:18—19)、"耶稣的死"(太27:45—50;另见可15:33—41;路23:44—49;约19:28—30)。精审上述对"死亡"的讨论,我们可以看出:

第一、《马太福音》在论及死亡问题上,固然有"男孩之死""约翰之死""犹大之死",但是,从内容上看都围绕"耶稣之死"展开,前三者都是辅助、铺垫性的。因为"男孩之死"正是由于希律王对耶稣之诞生不安,起了杀心"凡两岁以里的,都杀尽了。"(太2:16);而"犹大之死"则是因为出卖耶稣"就后悔""把那银钱丢在殿里,出去吊死了。"(太27:3—5)"约翰之死"的具体死因为"起先希律为他兄弟腓力的妻子希罗底的缘故,把约翰拿住锁在监里。""因为约翰曾对他说,你娶这妇人是不合理的。"但直接死因则是希罗底女儿为希律王跳舞赢得欢心,被母亲所使就说"请把施洗约翰的头,放在盘子里,拿来给我。"(太14:3—10)不过,我们需要留意《马太福音》第14章第一、二节"那时分封的王希律,听见耶稣的名声,就对臣仆说这是施洗的约翰从死里复活,所以这些异能从他里面发出来。"(太14:1—2)而耶稣在论施洗约翰时也说"我告诉你们:是的,他比先知大多了。经上记着说'我要差遣我的使者在你前面预备道路。'所说的就是这个人。"(太11:9—10)同时可参看"耶稣受洗"(太3:13—17;另见可1:9—11;路3:21—22)可以看出施洗约翰作为先知

---

① 参考的圣经版本:《圣经》,中国基督教三自爱国运动委员会中国基督教协会出版发行,2009;香港圣经公会和合版,1999;思高圣经学会译本,1991 香港 20 版;New International version,Zonderevan Bible Publishers,1984。
② 具体引用格式上依照同行惯例,以篇名简称随后附章节数,下同。

是为了"预备道路",在此意义上,我们可以看出"施洗约翰之死"相对于"耶稣之死"而言也是辅助性、预备性的。

第二,《马太福音》在死亡问题上对"耶稣之死"有着较为详细集中的论述。首先,在"对观福音"文本比较上"耶稣之死"全部涉及(太 27:45—50;可 15:33—41;路 23:44—49;约 19:28—30),而"男孩之死""约翰之死""犹大之死"则只是"对观福音"之一二部提及。其次,在《马太福音》文本内部,我们看到在"耶稣的死"章节前有着浓厚的预言与铺垫:"耶稣预言受难和复活"(太 16:21—28;另见可 8:31—9:1;路 9:22—27)、"耶稣第二次预言受难和复活"(太 17:22—23;另见可 9:30—32;路 9:43—45)、"耶稣第三次预言受难和复活"(太 20:17—19;另见可 10:32—34;路 18:31—34),关于"耶稣之死"则从"祭司长图谋杀害耶稣"开始用 26、27 两章详尽描述,而且"对观福音"全部有涉及,从文献角度可以看出"耶稣之死"浓墨重彩背后的蕴意与重量:救赎。进而言之,如果说"耶稣之死"有着浓重的分量,那么我们看到"死亡"不是终点,"复活"才是升华。这一点在前面讨论儒家对"死亡"及其超克时是没有看到的,而且,需要留意的是"耶稣之死"前的三次预言都是"受难和复活"相连,可以看出"受难"只是救赎过程之一环而非终点,死后的"复活"才是"对观福音"文本中精彩和独特的部分(参见文本:太 28:1—10;可 16:1—10;路 24:1—12;约 10:1—10),我们将在下面详细讨论此种"死"而"复活"的原因。

(二)"复活":基督教对"死亡"之超克及其依据

《马太福音》文本中关于"复活"问题之记载除了"耶稣三次预言受难与复活"以及"耶稣复活"章节外,在 22 章耶稣与撒都该人专门讨论了"复活的问题"(太 22:23—32;另见可 12:18—27;路 20:27—40),具体论述如下:

撒都该人常说没有复活的事。那天他们来问耶稣说:"夫子,摩西说:'人若死了没有孩子,他兄弟当娶他的妻为哥哥生子立后'。从前在我们这里,有弟兄七人,第一个娶了妻,死了,没有孩子,撇下妻子给兄弟。第二第三直到第七个都是如此。末后,妇人也死了。这样,当复活的时候,他是七个人中哪一个的妻子呢?因为他们都娶过他。"耶稣回答说:"你们错了。因为不明白圣经,也不晓得神的大能。当复活的时候,人也不娶也不嫁,乃像天上的使者一样。到死人复活,神在经上向你们所说的,你们没有念过么。他说'我是亚伯拉罕的神、以撒的神、雅各的神。'神不是死人的神、乃是活人的神。"(太 22:23—32)

依照《马太福音》文本我们可以看出耶稣明确提出"当复活的时候,人也不娶也不嫁,乃像天上的使者一样。"以回答撒都该人的问难,但是,我们还可以问,此种复活仅仅是"灵性"层面的么?(不娶不嫁如同天使)还是有肉体的部分。在"耶稣复活"章节我们看到:有提到耶稣"向抹大拉的玛利亚显现"(太 28:9—10;可 16:9—11),包括向门徒显现(太 28:16—20;路 24:36—49;约 20:19—23;徒 1:6—8)。这里值得留意的是,"对观福音"之一《约翰福音》记载向玛利亚显现时耶稣说:"不要摸我,因我还没有升上去见我的父。"(约 20:17)而且,在"解除多马的疑惑"一节明确提出多马说:"我非看见他手上的钉痕,用指头探入那钉痕,又用手探入他的肋旁,我总不信。"而耶稣复活向他们显现时真的请多马"伸出你的手来,探入我的肋旁。"(约 20:25—28)由此我们可以看出,就"对观福音"之记载"耶稣复活"实例是有肉体的复活①。对于最终经历"审判"而"复活的时候",依据"不娶也不嫁,乃像天上的使者一样"更多是灵性意义上的,《哥林多前书》专门讨论了"复活的身体",称"复活的是灵性的身体"(林前 15:44)。谨慎起见,对于"复活"当区分不同层次,但都将以"耶稣之受难与复活"为中心和最终依据(无论是大能还是最终审判都依据其神性)。需要说明的是,"死后"之"复活"成为可能与"人之生"及"灵性"有关。

我们在《创世记》第一章里看到,上帝在创世的第六天"神就照着自己的形像造人"(创 1:26),在第二章,更具体的描述了亚当的诞生:"耶和华神用地上的尘土造人,将生气吹在他鼻孔里,他就成了有灵的活人,名叫亚当。"(创 2:7)这里我们可以看到,在人的界定上,基督教对人的塑造与儒家的核心区别在于"有灵"上面,在源头上人为上帝所创造,而且人是上帝依照自己的形象所造,因此,人的可贵便不在于他的肉体,如《约翰福音》所说"叫人活着的乃是灵,肉体是无益的"(约 6:63),而在于他被赋予了"神灵"的形象;在亚当诞生时,固然来自"尘土",但是,神将"生气吹在他的鼻孔里"(需要留意的是此处灵性意义上的"气"与前面提到孔子所言物质性意义的"气"截然不同),这样他就不仅仅是"尘土",而成为了"有灵"的活人。这意味着,人的肉体依然会死亡,会朽坏,但是,人的灵魂却是不朽的、永生的。正是在"灵性"层面,为最终"复活的时候"提供了依据和判准。若说《创世记》针对一般人之"降生",对于"耶稣基督降生"有着同样的"灵性"依据,我们熟知的"马利亚

---

① 还有类似的两个例子:《路加福音》"使寡妇的儿子复活"(路 7:11—15),《约翰福音》"拉撒路复活"(约 11:38—44),这里的复活,严格来讲是耶稣行使大能救死扶伤意义上的。当与"耶稣复活"区别考虑。

就从圣灵怀了孕"(太1：18)；对于施洗约翰之降生有着类似的记载，"从母腹里就被圣灵充满了。"(路1：15)因此我们可以说"对观福音"所提的"复活"与"永生之道"主要是就"灵性"层面讲的，生理性的肉体要归于尘土，这与儒家"死必归土"类似，但是"灵性"生命则是可以永生的、不朽的。

(三)"复活"之意义与生之价值

此种对于有灵的活人的塑造，并不影响劝勉人在此世的努力。并不因为人的灵魂是不朽的，人在此生此世便可以吃喝玩乐，因为"天国是努力进入的"(太11：12)。同样正因为人的灵魂是不朽的，而且，最后都要回到天父那里去，所以此生此世更需要努力和倍加珍惜，这是因为基督教信仰里面，人正因为是有灵魂的，所以有最后审判的面临，而且正因为人是有灵魂的，人有在最后复活的机会，善恶福报的判断在天父那里，但是，善恶福报的依据则在于人此生的努力和言行。我们在《马太福音》中读到：

耶稣又用比喻对他们说：天国好比一个王，为他儿子摆设娶亲的筵席。就打发仆人去，请那些被召的人来赴席，他们却不肯来。王又打发别的仆人说："你们告诉那被召的人，我的筵席已经预备好了，牛和肥畜已经宰了，各样都齐备。请你们来赴席。"那些人不理就走了，一个到自己田里去，一个作买卖去，其余的拿住仆人，凌辱他们，把他们杀了。王就大怒、发兵除灭那些凶手、烧毁他们的城。于是对仆人说："喜筵已经齐备，只是所召的人不配，所以你们要往岔路上去，凡遇见的，都招来赴席"……因为被召的人多，选上的人少。(太22：1—14)

这里我们可以看出，基督教也强调人的在世努力，但是努力的方向、源头和依据都在于上帝爱的诫命；也强调对他人的爱，但是此种源头不是基于一种人性情感，而是基于一种神性依据。此种在世的努力，不是儒家意义上的"尽伦尽职"，而是一种对天主"召叫"的感恩与回应；人的不朽也不仅仅在于此世的努力，而在于此世努力对于神的感恩，因此在最后审判时，人的复活才会得到"永生"；此种永生固然与人的努力是分不开的，但是在最终依据上却来自于上帝。同时，由于人是"有灵"的缘故，人肉体的死亡便不是"休息"而是"眠于主怀"，不是一种离去而是一种"蒙主宠召"；儒家对"死"的超越在于突显此生的"人生价值"而赋予死的意义，而在基督教那里，此种意义的源头只有一个，那便是上帝。基督徒需要辛辛苦苦孜孜不倦地工作，但不是一种世俗性的"尽伦尽职"，而是一种"天职观"(如马克斯·韦伯所强调的)的践行，因此辛苦自身就是有意义的，如经文所说"神的国就在你们心里"(路17：21)；临至赴死，不是一种离开，而是一种回归，这同样是值得期待的，这同样也是一种对"死"的超越，只是此种"超越"不源自于人自身，而源自于超越的至上神。

三、认同"有死"事实之不同超克："不朽"与"复活"

基于上面儒耶经典文本对"死亡"之不同看法，我们看到对于"有死"的事实儒耶是供认的。超克路径则不同，儒家侧重"知生"而"不朽"，基督教则强调"复活"与"永生"。《论语》文本里提到"颜渊死，子哭之恸"(《论语·先进》)"死生有命富贵在天"(《论语·颜渊》)可以为证，尽管孔子称"未知生，焉知死？"但这并不否认"有死"的事实，而只是一种"向死而生"之人生智慧。面对"有死"，儒家将问题引向了"知生"，因此注重此生的"立德立功立言"，这便是"不朽"了，固然其"德功言"有着对象和次序限定，比如"亲亲而仁民，仁民而爱物"(《孟子·尽心上》)之自觉。但是，此种对于"知生"的努力，无形中赋予了生命的意义，其它层面"死在故国"之"不朽"以及"子孙繁衍祭祀不绝"意义上之不朽便以此为中心展开。就此层面来讲，"知生"之努力便具有某种超越性，由此之"死亡"只是一种宁静之安息。"生理性身体"终将"归土"，但是，其精神层面则是"不朽"的，这里没有"灵魂""上帝"的设定，先秦儒家"向死而生"进而侧重"知生"而达到"不朽"的思路是圆满自足的，毋宁说在传统社会提供了一种理想的富有意义的人生之道。

基督教在此问题上则围绕"受难与复活"展开。《马太福音》等经典文本向我们展示了"男孩之死""约翰之死""犹大之死"等实例，对于肉体之死亡同样得到认可，但是，与儒家不同，这些"死亡"都以"耶稣"为中心展开，贯穿"降生-领洗-传道-受难-复活"。此一路径是独特的，肉体之死亡在基督教语境里不是重点，死后之复活，尤其是"复活"之依据才是重点。我们看到经文明确说"叫人活着的乃是灵，肉体是无益的"(约6：63)"身体没有灵魂是死的"(雅2：26)，这里明确将人由"肉体"拉向了"灵魂""复活"，此一路径与儒家将人由肉体的"死亡"拉向"知生"不同，固然基督教也强调"知生"与"此世"的努力，但是，很明显"此世"之努力都有其背后的神性依据。我们可以进一步追问此种对于"死亡"之超克路径，为何一者是"不朽"而一者是"复活"？如同上面我们所分析的，这与儒耶两家对"生命"的界定不同。

四、不同超克路径之深层原因：对"生命"的不同界定

对"死亡"问题的探讨,固然儒耶两家有着不同的路径,但是,二者都共同回到了"生命"问题上来,由此可看出"向死而生"的深层蕴意:死亡作为生命之镜,最终将人拉向此生的意义寻求,尽管二者有着不同的依据。

儒家对"生命"之界定,如同上面孔子所言子曰:"气也者,神之盛也;魄也者,鬼之盛也;合鬼与神,教之至也。众生必死,死必归土:此之谓鬼。"(《礼记·祭义》)主要是从物质性的"气"来解说人之神、魄。参照其它文本,我们可以发现先秦经典对于"生命"之产生论述甚少,其侧重在于既有生命的"知生"努力,有限的文本涉及到此问题的有:"天生蒸民,有物有则。"(《诗经·大雅·蒸民》)"天地氤氲,万物化醇。男女构精,万物化生。"(《易经·系辞下》)《管子》"枢言"编云:"有气则生,无气则死,生者以其气。"乃至于后来周敦颐说:"阳变阴合,而生水火木金土,五气顺布,四时行焉。……二气交感,化生万物,万物生生而变化无穷焉。"(《太极图说》)这里也基本延续先秦儒家的思路由天之"氤氲"之气而"化生"天地人,后来则将阴阳五行学说融汇进来,由此而产生"元气——阴阳——五行——天地人"的演化模式[1]。由此可以看出,此种基于物质性的"气"所孕育的"生命"没有"灵性"或"神性"依据,因此物质性的"气"之死亡便为"归土",没有彼岸世界之追寻,但是,儒家自觉的由"知生"通过"德功言"之努力而赋予了"不朽"之意义。

但是,基督教方面对"人之生"包括"天地"之生,都有着明确的记载,如同上面我们所看到的"神就照着自己的形像造人"(创1:26),在第二章,更具体的描述了亚当的诞生:"耶和华神用地上的尘土造人,将生气吹在他鼻孔里,他就成了有灵的活人,名叫亚当。"(创2:7)在此种"创生"模式中,人蕴含了"尘土-灵性"两个维度,而且二者地位不同,这形成了"肉体-灵魂"之间的某种张力,如同上面看到的"叫人活着的乃是灵,肉体是无益的"(约6:63)"身体没有灵魂是死的"(雅2:26)。但是,我们需要留意,正是"灵魂"的设定,使后来的"复活"成为可能,如同经文称"复活的是灵性的身体"(林前15:44),而且正是"灵性"层面赋予了人性的尊严和意义。由此我们可以看出,基督教在对"死亡"之超克上,提出"复活"的路径,有别于

---

[1] 关于中西天地人产生方式可参考张永超:《创生与化生:从起源角度探究中西文明融合的困境及其可能》,《哲学与文化月刊》,2016年第3期,第171—188页。

儒家,但其深层缘由则在于"灵性生命"的设定,这一层面先秦儒家少有论及。因此,在"生"的问题上,中国文化基于物质性的"气"进而彰显其人道意义,突出"造端乎夫妇"(《中庸》)的人间事实,并强调在"人间世"的"知生"努力,因此而追求"不朽";而在西方,"生命"是被创造的,由上帝创造出来,而且上帝赋予了人"有灵",因此生命的意义在于灵性的"复活"与"回归"。

结语:"向死而生"——世俗生活中"不朽"意义之寻求

基于上述分析,我们看到儒耶共同认可"有死"的事实,但都自觉有所超克,儒家"向死而生"表现为"知生"之努力而"不朽";基督教则在"有灵"设定下基于"爱的诫命"而"努力进入天国",肉体"死"后而有灵性的"复活"与"永生"。儒家的不朽在于子孙的繁衍,更在于此生的"立德立功立言"的尽伦尽职,而基督教的"不朽"在于源自上帝的"灵性"的不朽,在最后的审判中,人们还要面临"复活"的情境,这在儒家"不朽"的意义里是缺失的。儒家的不朽不是最终意义上的,儒家的不朽就体现在时间之流的过程当中,体现在人伦日用的伦职关系中;德性的建构、功业的建立、言语智慧的福泽他人、后世,便是不朽了,儒家的不朽活在生者的心中;基督教的不朽在于灵魂的回归神性。从相同的层面去看,抛开此种起点和终点的巨大差别外,我们看到在对此生的勉励与劝导中,儒家和基督教在对人的人性建构与言行引导上,都主张对他人的关爱与善待,都强调个人对这个社会的责任;只是,在最终依据上,儒家建基于人性,而基督教建基于神性。死亡是生命之镜,亚里士多德[1]有"朋友如镜"的说法(《大伦理学》,1213a20—26),我们当暂时放下习俗忌讳,或可以称死亡为生命之友,它不仅为生命划定边界,同时亦让我们反省世俗中人生"活着"的意义及寻求"不朽"的可能;同时"复活"为"不朽"之镜,我们当暂时放下文明传统的自负,以他者文明为镜、为友,以此来反观面对共同的"有死"的事实,还有哪些可以共享的思想资源,"立德立功立言"之"不朽"在现代语境下蕴含了对他者文明的敬畏与虔诚学习。

---

[1] 需要说明的是亚里士多德对于"子孙繁衍意义"下的不朽在《论灵魂》《论生成和消灭》《政治学》等论著中有所讨论并认可其合理性,但对其评价并不高,因为他认为真正体现"不朽""神性"的在于"思辨",那才是最高的善与第一位的幸福,德性幸福在其次。详细分析参见:余纪元:《亚里士多德伦理学》,北京:中国人民大学出版社,2011年版,第219—222页("思辨与幸福")。

参考文献

傅伟勋:《死亡的尊严与生命的尊严——从临终精神医学到现代生死学》,台北:正中书局,1993年版。

傅伟勋:《论人文社会科学的科际整合探索理念及理路》,《佛光学刊》,1996年第1期。

Charles A. Corr, Clyde M. Nabe, Donna M. Corr:《当代生死学》,杨淑智译、丁宥允校、吴庶深审定,台北:洪叶文化有限公司,2004年版。

Herman Feifel, ed. The Meaning of Death. New York: McGraw-Hill. 1959.

Lynne Ann Despelder, Albert Lee Strickland:《死亡教育》,黄雅文等译,台北:五南图书出版公司,2006年版。

段德智:《死亡哲学》,武汉:湖北人民出版社,1991年版。

段德智:《西方死亡哲学》,北京:北京大学出版社,2006年版。

段德智:《主体生成论——对"主体死亡论"之超越》,北京:人民出版社,2009年版。

邱仁宗:《生命伦理学》,北京:中国人民大学出版社,2009年版。

郑晓江:《生命与死亡——中国生死智慧》,北京:北京大学出版社,2011年版。

郑晓江:《中国生死智慧》,南昌:江西人民出版社,2013年版。

郑晓江:《生命教育演讲录》,南昌:江西人民出版社,2008年版。

郑晓江:《穿透死亡》,南昌:江西教育出版社,2000年版。

郑晓江:《学会生死》,郑州:中州古籍出版社,2007年版。

钮则诚等编著:《生死学》第二版,台北:国立空中大学出版社,2005年版。

钮则诚编著:《殡葬与生死》,台北:国立空中大学出版社,2007年版。

尉迟淦主编《生死学概论》,台北:五南图书出版公司,2000年版。

沈清松:《探索与展望:从西方现代性到中华现代性》,《南国学术》,2014年第1期。

沈清松:《从利玛窦到海德格:跨文化脉络下的中西哲学互动》,台北:台湾商务印书馆,2014年版。

波伊曼:《生与死——现代道德困境的挑战》,江丽美译,香港:桂冠图书股份有限公司,1997年版。

程新宇:《生命伦理学前沿问题研究》,武汉:华中科技大学出版社,2012年版。

康韵梅:《中国古代死亡观之探究》,台湾大学中国文学研究所博士论文,1992。

胡适:《不朽——我的宗教》,文载欧阳哲生编:《容忍比自由更重要:胡适与他的论敌》,北京:时事出版社,1999年版。

科学哲学的生死观

——以具身认知为基础

樊一锐（厦门大学）

摘要 当代生命科学技术快速发展，新发现不断涌现。2019 年 4 月 17 日，英国《自然》杂志于发表一篇重磅论文，来自耶鲁大学的科学家们构建了一个名为 BrainEx 的系统用来向脑细胞输送营养和氧气来模拟血液流动——该系统让死亡数小时的猪大脑恢复了脑循环和部分脑细胞功能，并至少维持了 6 小时。虽然实验中没有恢复意识，但是这一实验提出了对死亡的本质等问题进一步思考的必要性。不论是基因编辑技术还是会聚技术（NBIC）抑或是人体冷冻技术（Cryonics）。这些技术能不能用，该在何种限度之内使用。这些问题都在哲学领域提出了对生命观念再思考的要求。考虑它们都涉及对人类身体最根本性的"干涉"，构建以具身认知作为基础的生死观应当是合宜的。本文尝试论证"具身认知生死观"应当具备的特征。

关键词 具身认知　死亡本体论　生死观　人体冷冻技术

一、具身认知生死观的内涵与宗教生死观的矛盾

人类对任何概念的构建都离不开亲身体验这一基础。这一点在现代脑神经科学领域体现最为明确。存在特定区域脑损伤引起认知障碍的例子。[1] 此外，身体感受对人的情感，态度等都具有明确的影响。例如，Williams & Bargh 发现，身体对温暖与寒冷的不同感觉会激活人际关系冷暖的概念。[2] 再如认知语言学提出的

---

[1] 叶辉霞.脑损伤患者认知障碍评价及康复治疗的价值探讨[J].世界临床医学,2016,(第 20 期).

[2] Williams, L. E. Bargh, J. A.. Experiencing physical warmth promotes interpersonal warmth [J]. Science, 2008(322).

"认知图式"概念认为：人类对特定概念的认识需要建立在"直接身体经验"之上。分析"相似"这一概念，如果一个认知主体从来没有体验过任何形状、大小、气味、声音等性质类似的两个物体，甚至包括自己身体都由于一些原因没有任何对称性，那这个认知主体由于缺乏一系列语例中的共通性在得到强化后所获得的抽象模板，从而无法真正把握"相似"这一概念的含义。①

而世界上主要宗教的生死观都涉及了"无限"概念。例如，基督教的死后"永生"、佛教的"轮回"、道教的"现世永生"。然而人类作为"有限的存在"，是否真的可以认识"无限"这一概念？人类对无限概念的理解是否有坚实的认知基础？是否将无限概念等同于了"很多，多到无法估量"而已？人类对于无限概念的认知，大多来自于"推演，隐喻。"且实质上均为从有限到有限的推演，这种推演的可靠性是无法证明也无法证伪的。而对生死观的构建包含了"无限"的因素，就是典型宗教生死观具备的特征。

推演、隐喻遍及我们正常的概念系统，因为非常多的概念都是抽象的。但并不是每一个概念都依赖隐喻来说明，概念必须在某一时刻"探底"，这些不需要诉诸隐喻就可以习得的概念称为基本概念。而这些基本概念则源自"直接身体体验"。② 然而人类的直接身体体验无论从任何角度考虑，都不具有"无限性"。所以对现有的"无穷"概念的认知都是存在"逻辑飞跃"的。

分析"一尺之捶，日取其半，万世不竭"这一经典概念，如果实际去操作，最开始的几日显然是可以实现的，然而一旦长度减小到人类任何工具手段都无法再分的那天，其实此无限概念就在那一天中止了，如果依靠想象中的方法继续对此物进行二分，那此时便出现了从能到不能的"飞跃"。显然此种飞跃是缺乏认知基础的，想象中的方法如何对此物进行二分，没有人可以说得清。即使进行推测性描述，也离不开现有认知基础，否则就是没人（包括推测者）可以听懂的呓语。而在现有认知基础之上进行推测性描述，这样的无限概念，其可靠性并不能得到保证。

再如希尔伯特大饭店的例子——在一个房间数量有限的旅店中，如果所有房间都被占用，那么新来的客人就没有房间了；但是对于一个有着无穷多个房间的旅店来说，这就不成问题——如果所有房间都住满了，那么当新来了一位客人时，只需要把每位客人的房间向下挪一个，把第一个房间空出来留给新来的客人就好了。

---

① 徐英瑾. 具身性、认知语言学与人工智能伦理学[J]. 上海师范大学学报（哲学社会科学版），2017，46（06）：5—11+57.

② Lawrence Shapiro. Embodied Cognition [M]. Taylor and Francis：2019 - 04 - 15.

然而,此例中要如何让每位客人的房间向下挪一个呢? 如果实际操作,必然是让"自己所在的房间后面没有其他客人的住客"先向后挪一个房间,然后住在他之前的客人才可以搬进他的房间,依此类推,那等到无穷多的客人完成这个操作,需要的时间也应该是无穷多的,新来的客人永远也无法等到第一个房间空出来的那天。要想实现希尔伯特大饭店的例子,只能不考虑实际情况,脱离人类认知的具身性,让这一任何人都无法办到的操作,略过执行过程,强行合理化。

考虑人类自身的有限性,是否涉及对无限概念的规定,就成了宗教生死观与具身认知生死观的本质区别。宗教生死观从临终安慰等方面看都是有益的,然而这毕竟是一种面对死亡无能为力下退而求其次的选择。之所以说寻求宗教生死观的安慰是一种退而求其次的选择,就是因为所有处于正常状态下活着的人在当下都是希望自己延续"活"这一状态的。任何对此判断的怀疑都天然无法成立,因为发出这一怀疑的主体必然是活着的人(不处于神智失常,或忍受常人无法忍受的痛苦且不能自我了断等特殊状态),那么如果该主体没有立刻自行结束自己的生命,则证明他的怀疑是不成立的。

在此基础上,合理的生死观应该首先是承认当下的人类是有限的存在,不应对涉及无限的概念横加猜测。其次是承认人以延续生命为基础需求。这都是具身生死观的"直接身体经验"。一切对于生死的考虑、观点都应该立足于此基础之上,否则就会脱离对于生死认知的"具身性",从而走向宗教性质的"玄思"。通过相信涉及无限概念的"死后永生""轮回"等方案来解决对于死亡的恐惧显然并不能从根本上解决人类对死亡的恐惧,更合理的选择是转向生命科学研究,并在科学的生死观基础上构建相应的更加具体与系统的伦理理论,从而更好地指导生命科学实践。

提到生死观,不得不提海德格尔,他创造性地提出关于死亡很多有意义的观点,然而笔者认为其对死亡本体论形而上的构建,本质上是一种宗教性质的玄思。

二、现象学生死观内涵剖析

海德格尔在其代表作《存在与时间》一书中尝试构建死亡本体论,依照其观点,人类对于死亡的概念构建都是通过侧面经验而达成的,通常的死亡观展现的都是死亡这一事件投射在不同领域中的某一独特角度。例如,生理学的死亡、心理学的死亡、社会学的死亡等。他们都只是展现了神秘死亡投射在不同维度的某一面,且所展示的内涵极其有限。海德格尔将死亡神秘性的来源归结为它的"不在场"性,由于死亡的"不在场"，人类注定不能以"此在"状态去经验死亡，那些间接的"死亡体验"（例如亲友的去世）实则是与死亡有关的具体事件，然而死亡本身并非一个事件，活人无法把死亡当作一种对象性的事件去经验。看似活人可以间接地去经验"别人的死亡"，然而海德格尔指出，这些经验实则是对于自己"生"的侧面体验，具体的经验方式就是对于死亡事件的言谈。讨论其他人的死亡事件，其实就是在经验自己仍然活着这一事实，感叹死亡的恐怖，就是庆幸自己暂时还不需直面死亡。紧接着，海德格尔尝试构建死亡本体论，基础即其"向死而在"的命题（Being-towards-death）。

海德格尔称生理上的死亡为"亡故"，而"死"则是更基本，更源始的定义。亡故是生的终结，然而人并非亡故时才"有死"，亡故恰好是"有死"状态的结束。在其看来，生是死的过程，是死的悬临状态，一个人一出生便具有"死"的因素。区分了亡故和死亡之后，海德格尔正面地提出了死亡的本体论概念"死亡作为此在的终结，是此在最本己的可能性，亦即与此在并无关联、确知存在的，但又不确定且无法超越的可能性。然而，很明显这种定义方式犯了自我循环的逻辑谬误。既然目的是构建死亡本体论，那说明在这一过程中，"死亡"还是一个尚未定义成功的概念。在并没有明确死亡的内涵的前提下，"向死而在"命题中的"死"究竟是什么？海德格尔是否预设了一个死亡的概念，然后由此出发，通过循环论证阐述了其死亡本体论？或者，海德格尔所言的"向死而在"实则是"向亡故而在"？

在此分析海德格尔预设的本体论概念的三层内涵

一、死亡是最本己的可能性。

二、死亡是确知存在的，但无法确定的可能性。

三、死亡是超越不了的可能性。

内涵二认为：死亡是确知存在的，然而死亡的形式，可能性等都是无法被活着的人经验到的。所以它是一种无法确定的可能性。有学者曾对此进行进一步解释："一个人只要能思考，只要能行动，他就注定会理解'思考中断'或'行动遇阻'之类的状况，理解'遗忘'或'损坏'等概念。而人这种有限的存在者，必定不能永远心想事成，畅行无阻，阻滞和停顿是必然的遭遇。而在思想中，我们可以把这些遭遇的可能性向'无限'推演。无限的停滞就是死亡，不管用什么词汇去命名，也不管现实中是否观察得到别人的死亡。哪怕是幽灵，只要还能思考，那么幽灵也并未逃离死亡的可能性。只有活在时间之外的，无所谓思考和行动的上帝，才能超越死亡，因为它不需要'时间'去做任何事情，对它而言时间没有意义，所以死亡也没有意义。而对于任何时间性的存在(不一定是人,只要是能就存在问题发问,或者说能够进行反思的'此在',都是时间性的)而言,死亡的可能性就必定先行降临。"

　　然而这种说法存在致命的逻辑矛盾。按照海德格尔对于无限的看法:"将无限作为某种对象软禁在有限的彼岸,实质上等于彻底瓦解了无限。"在此基础上,有限是无法向无限无穷逼进的,因为被设定为无限的被逼近者,在这个逼进过程中实则仍然受到有限的限定,仍是作为在彼岸的此岸的另一种有限罢了。那么,作为有限的此在,我们把"思考中断""行动遇阻""遗忘"或"损坏"这些概念向无限推演的合理性在哪里? 这难道不是一种鲁莽而没有道理的"飞跃"? 所以海德格尔虽然建设性地区分了亡故事件与死亡,然而他在定义死亡的时候,却仍然不顾"自己也是此在"这一局限性,强行将"亡故事件确知存在"这一归纳判断"升级"为了"死亡是确知存在的"。

　　内涵三讲了作为能在,此在不可能超越死亡这种可能性。在这里海德格尔其实预设了死亡的特征:死亡是对任何事情都不可能有所作为的可能性,是每一种生存都不可能的可能性。以科学哲学视角观之,此内涵仍然无法避免休谟归纳问题的攻击。海德格尔先预设了死亡的某些特性,然后将这些特性来规定死亡的内涵。首先此处便犯了循环论证的逻辑错误。而这些预设的来源与其说是猜想或者形而上的启发,不如说是对人类历史中众多死亡事件的归纳。以笔者浅见,海德格尔既然提出"存在论差异"认定决不能以对待存在者的方式去把握存在,并指出存在相对于存在者而言绝对是"超越性"的。那么对于死亡(非亡故事件)的任何定义都在违反其自己提出的观点,无论他认定此在能超越或是不能超越死亡这种可能性,都是武断的,没有逻辑支撑的判断。理由就是其自己提出的存在论差异本身,他一方面点出有限与无限之间不可跨越的鸿沟,一方面又宣称通过某种方式可以构建处于无限彼岸的死亡的本体论。可见海德格尔虽然解构了死亡是事件这一命题,然而他的死亡本体论构建的基础却是来源于对亡故事件的归纳以及对"无限"概念的鲁莽飞跃,这种做法已然成为了一种宗教性的玄思。

　　国内学者解读海德格尔死亡本体论及其阐释学意义时与孔子"未知生,焉知死"观点进行了比较后得出结论:人并非因为有"观"才有死,而是因为有死才有"观",才能观。任何死亡观都必然把本体论的死亡概念设为前提。[①] 然而作为一个有限的存在,我们到底能不能跨越无限这一鸿沟真正去把握死亡的定义? 按照

---

① 余平.论海德格尔的死亡本体论及其阐释学意义[J].哲学研究,1995(11):30—40.

海德格尔对无限的观点,死亡作为不可超越的可能性,即使被有限的人类把握,也只能是虚假的把握。但是在构建自己的死亡本体论的时候,他又似乎轻松跨越了死亡无限可能性带来的鸿沟,直接对"无限"的死亡下定义。海德格尔思想拥护者批评孔子"未知生焉知死"的图式悬置了死亡,阻断了死亡之思的本体论道路,从而疏离了生与死的存在关系,从而导致了"不知生之意义"的结果,所以应该颠倒过来说:未知死,焉知生?才更合理。如果按照这种观点,似乎作为有限的存在,我们都可以通过沉思跨越无限概念这一逻辑鸿沟,然后站在无限的彼端回望有限的此在,从而认识生之意义。且不说如果无限的鸿沟可以跨越,海德格尔死亡本体论的定义就会出现矛盾。关键是作为确定的有限者,我们真的可以去揣测无限吗?有限到底可不可以向无限无穷逼进,就像世界上到底存不存在神一样,是当下作为有限者的人类无法证明或证伪的问题。所以海德格尔的观点看似有理,实则是一种宗教式的"说教",信则有,不信则无。虽然笔者承认宗教式的思维在很多时候都具有正面的价值,但是这显然与科学哲学观点相左。从这个角度讲,同样是有限者,孔子"未知生焉知死"的观点蕴含着对极限的更深刻认识,人类连有限的"生"的奥秘还没有研究透彻,就妄图给死亡下本体论定义,这种行为正好符合庄子内篇"吾生也有涯,而知也无涯。以有涯随无涯,殆已"的判断。

三、儒家死亡观的高明与时代局限性

谈到儒家生死观,就又不得不提《论语·先进篇》中孔子"未知生焉知死"的著名论断。通常认为孔子对死亡问题的态度是"存而不问"。然而有学者认为"未知生焉知死"并非单纯的悬置,而是具有原型隐喻的一种践行。通过破解此说法隐含着的文化背景我们可以尝试总结孔子回答中的几层意思:首先,孔子认为人生的意义在于"事人"与"知生"。于是,尚未做好"事人"与"知生"就没有必要去问鬼神与死亡的问题。而一旦真的做好了"事人"与"知生",那就超越了鬼神与死亡,这个问题也就没必要再问。最后,由于鬼神,死亡是不可靠的和不可知的,选择"事人"与"知生"进入以彻底的悲情为底色的乐生乐世的开放境遇也许才是正确的生死观。①

---

① 冷成金."向死而生":先秦儒道哲学立论方式辨正——兼与海德格尔的"为死而在"比较[J]. 中国人民大学学报,2012,V26(2):65—74.

现代西方哲学从笛卡尔开始,他提出"我思故我在"的命题,确定哲学的内容是思维与存在的统一,"我思"作为主体存在是哲学的绝对出发点。[1] "生"或者"存在"这一概念是现实的,无论自我意识来源于碳基生物肉体还是缸中之脑抑或是超验的灵体,都不影响自我意识存在的现实性,要想怀疑此论断,需要承载此怀疑的主体,然而有了此主体,这个怀疑也就不攻自破了,即"我思故我在"。在此基础上,"知生"首先是可能的,因为存在确定的逻辑基础——我作为一种存在是确定的,是可以亲身体验的。"未知生焉知死",前半句话"未知生"深刻点出了人类生命有限性所带来的局限。孔子判断人类还未做到"知生",这很显然是一个正确的判断,因为,即使是现代生命科学也未曾探明生命全部的奥秘,更不用说孔子所处时代的生命科学。后半句话"焉知死"不仅是简单的基于因果关系的推论,而且蕴含着对无限,超验概念的合理思考,笔者猜想孔子可能也尝试过构建死亡本体论,但是在发现构建死亡本体论过程中关于有限与无限之间跨不过去的逻辑鸿沟以后,明智地选择了放弃,并在学生季路的询问下发出了"未知生焉知死"的感慨。

"死"这一概念确实如同海德格尔所言,具有不在场性。所以人类对"死"的认知其实都是事件意义上的,完全没有任何本体论意义。亡故事件虽然常见,死后的情形却没有任何确实信息展现在活人世界中。可以把握的只有对"生"的亲身经验,在此状态下,似乎"知生"确实是存在坚实逻辑基础的人生目标。由此可见,儒家奉行的生死观至少是没有逻辑矛盾的,比贸然寻求构建死亡本体论的做法要高明一筹。

上文证明了海德格尔死亡本体论具有循环论证的逻辑错误,且对死亡本体论概念的初始设定也缺乏类似"我思故我在"的坚实逻辑基础,无法回避休谟归纳问题的责难。然而,儒家生死观同样拥有其时代局限性。基于当时的科技水平,生老病死似乎是无可避免的自然规律,孔子亦不敢或不能对其进行批判性思考,与海德格尔向死而在的思想一样无法避免休谟归纳问题的责难。于是秉持儒家生死观便无法避免那份悲情色彩。立德、立言以求自我在信息状态下长存于世并不能完美安抚人类面对自我意识消散的恐惧。"人必有一死"这一归纳所得的结论成为了限制儒家生死观的牢笼,虽然以当时的科技水平来看,"知有限之生"都是难以完成的任务,甚至在现代,生老病死是自然规律的看法仍然是主流。但是随着科技的进步,直面死亡,并尝试从技术角度解决死亡的生死观正在逐渐发展,历史上也曾有

---

① 李国红.科学的终结与道教长生修炼实践的价值理念[J].广西社会科学,2012(3).

过积极面对死亡的生死观作为主流的时期,虽然由于科技水平的局限其最终目标"永生"没有成功,甚至成为生老病死是自然规律这一看法的反面例证,然而每一个活人其实心底都是渴望长生的,之所以总是言说生老病死是自然规律,可能这就是海德格尔点出的"逃避死亡"的最典型方式之一。在这种生死观的影响下,人会缺乏直面死亡的勇气,对于涉及到死亡的领域总是采取"巧妙闪避"的方式来回避,这并不利于完成"知生"的目标。

思考孔子生死观给出的两个人生要义——"事人"与"知生"。理清这两者的关系对于解读儒家生死观具有重要的意义。《礼记·大学》:"古之欲明明德于天下者,先治其国;欲治其国者,先齐其家;欲齐其家者,先修其身;欲修其身者,先正其心;欲正其心者,先诚其意;欲诚其意者,先致其知,致知在格物。"这里所列举的"八条目"是关于个人修养和建功立业的学问。修身是齐家、治国、平天下的基础,这一点得到大多数学者的认可,那能否说格物是修身之根本?胡家祥认为,因为物有无穷,格之无尽,如何能充当根本? 只能说格物为事之始而非事之本。[①] 然而事物真的是无穷的吗? 这一论断首先就没有逻辑基础。

更合理的看法似乎应该是:如果把明德于天下当成是"事人"的表现。那格物致知似乎就是儒家"知生"的手段。了解"物"的道理是"正其心"的基础,也是之后一系列修身,齐家,治国,平天下的前置条件。可以说,知生其实是事人的基础,而知生的渠道其实就是去研究万物的规律,发展到现代,就表现为科学研究,包括对自身以及他人的研究。然而,由于时代局限性,孔子给出的两个人生要义却经常被割裂开看待。在大众观念中,中国传统哲学主要为道德哲学,所关注的也主要是价值问题,知生的重要性远远低于事人。借用海德格尔的观点,这种大众偏好也是对死亡的一种"闪避"。客观条件上看,当时低下的生命科学技术不允许人们直面死亡去探索生命的秘密。其次,人必有一死的认识牢笼限制了当时人类探索生命科学的勇气与眼界。所以,虽然孔子开创性地给出了两个人生要义——知生,事人。然而知生作为更为根本的目标,其关注度直到现代仍然低于事人。

四、具身认知生死观对死亡的技术性应对——人体冷冻技术

现代生命科学技术实质上继承了儒家生死观的理想——知生,且不断通过技

---

① 胡家祥."格物致知"命题新解[J]. 中南民族大学学报(人文社会科学版),2013,33(3):81—85.

术上的进步来突破观念上的束缚。相应的,超越现有技术的思考在某种程度上也会促进生命科学技术的发展。人体冷冻技术的出现突出体现了这一相互促进的特征。

在人类还未能解决疾病,衰老等确定会导致死亡的技术问题之前,如果一个人已经濒临死亡,此时是否有可能从技术角度对其进行"拯救",防止其自我意识消散呢?最理想的手段在科幻作品中经常会出现:通过超低温进入深度的类冬眠状态,此时个体明确处于"活着的"状态,但是新陈代谢进入极端低速的状态,相对于现实世界,客观上使被冷冻者的时间流速变慢甚至趋近于暂停。当今人体冷冻技术就是源于此设想。此技术将肉体的保存作为前提,且着眼于对"当下状态"的保存,其理应归为对死亡的具身性技术应对方案之中。随着人体冷冻技术以及各类生命科学技术的发展,就连不属于科学界的普通百姓,也已经开始把死亡当成一个技术问题而非"唯一结局"。人类目前确实无法避免由衰老与绝症导致的死亡,然而这种遗憾似乎可以归结于生物医学技术水平的不足,既然是技术问题,就有可能在未来的某一天能找到技术性的解决方案。[1]

在此简要介绍人体冷冻技术。根据当今医学事实,大脑在心脏骤停 6 分钟之内进行有效抢救就不会造成不可逆的伤害,在低温下这个时间可以更长。但是医学发现血液里水分会在 -5℃ 时结成冰晶并刺破细胞膜,对此国际低温生物学普遍采用"玻璃化(vitrification)"来避免此种不可逆伤害,即在将人体冷冻至 -196 摄氏度的过程中使用一种以甘油为主要成分的化学溶液替换人体里的血液。[2] 而使用检测细胞内钾钠比例的方法检测玻璃化后的海马切片,结果显示其细胞活性为正常值的百分之九十,这说明人体冷冻是有一定的科学合理性的。可以认为现有的人体冷冻技术从理论上已经做到了在不造成不可逆损伤的情况下使个体进入"类冬眠状态"。在人类可以通过"技术性应对"解决疾病与衰老问题之前,利用人体冷冻技术可以先暂停个体的生命进程,它像是常规医学与生命科学还不能解决死亡问题之前的一个保险措施。

在 2019 年 4 月 17 日之前,英国《自然》杂志于发表一篇重磅论文,耶鲁大学的科学家们完成了他们构建了一个名为 BrainEx 的系统用来向脑细胞输送营养和氧气来模拟血液流动——该系统让死亡数小时的猪大脑恢复了脑循环和部分脑细胞

---

[1] 尤瓦尔·赫拉利:《未来简史》,林俊宏译,北京:中信出版社,第89—90页。

[2] Best B P. Scientific Justification of Cryonics Practice [J]. Rejuvenation Research, 2008, 11(2):494 - 501.

功能,并至少维持了 6 小时。在此之前,人体冷冻的"解冻"技术可以说是一片空白,而此次对非冷冻状态下的猪脑的"复活"可以说是首次填补了这一空白,"解冻"在未来并非不可能。众多对人体冷冻技术的怀疑者都指出冷冻中的"患者"可能实质上已经死亡,冷冻只是对尸体的保存,并没有实际价值。然而,此次实验似乎颠覆了对"死亡"的认知,看来现代医学定义的脑死亡也并非是对死亡的最终定义。显然,人体冷冻技术存在的价值随着生命科学技术的发展在提升。

而人体冷冻技术本身的特殊性导致了该技术拥有很复杂的伦理特性。首先,它本身是低温生物学分支下的一项实践。其次,它自身蕴含了对广义上生命科学进步的需求。最后,在当下,人体冷冻似乎是安乐死的一项可选替代技术[1]。甚至可以作为一种具有特殊技术意义的殡葬服务进入社会。

结　论

考虑当代科技水平,死亡的技术化应对态度越来越被大众所接受,构建相应的科学生死观的必要性逐渐凸显。科学的生死观,不仅认知上要符合客观规律,逻辑上要找到坚实的基础,实践上也要符合人类情感特点。更要随时结合当时客观的科技水平来进行修正。这种科学的生死观应该具备的特点:不盲目对涉及无限的概念下定义,以认知的具身性为基础,将关注范围扩展到整个人类历史并展望未来,积极尝试用技术化手段应对死亡。相信合适的生死观一定可以推动生命科学的发展,并为解决随着生命科学的发展而产生的伦理问题提供理论基础。

---

[1] Francesa Minerva, Cryothanasia, The Ethics of Cryonics, 10. 1007/978 - 3 - 319 - 78599 - 8_5,(97 - 110),(2018).

安宁疗护中生命尊严维护的四个维度

张永超（上海师范大学哲学与法政学院）

摘要　首先，对于安宁疗护与生命尊严维护问题，本文通过伦理层面的知情权与人格尊重、医疗层面的互动沟通、护理层面的心灵信仰呵护、分享层面的心灵和解等问题展开。旨在阐述安宁疗护的基本理念，尝试从"被动病人"回到"服务主体"（全称为"服务对象的主体性"），从"病人"优先回到"人"。由此我们才会更多考虑到对服务对象的人格尊重，并逐渐唤醒其主动性、积极性和互动参与意识。有这样的行为自主性，才有生命尊严可言。在这样的语境下，我们会更多看到，服务对象对于许多事情的自主判断具有决定性的意义。其次，"安宁疗护"之"尊严维护"是生命之事、"生命尊严"之建构是庄严和神圣的、"生命尊严"之维护当考虑现实问题的直接性和复杂性。我们应看到，人生的完整性和贯通性，不能将"病人"封闭起来，那样，他的记忆和前半生似乎都变得无处安放，应当考虑人生的不同阶段及其贯通性。这样才能更接近了解一个"人"而非"病人"的身心灵历程。最后，对于当事人的心理层面、灵性层面，我们也应给与更多重视，只有此种深层次的化解、尊重与沟通，才能真正达到"安宁疗护"之目的。

关键词　安宁疗护　生命尊严　自主性

引言：为何要关注"安宁疗护中的生命尊严"问题？

本文的主题设定在于"安宁疗护"，一般认为主要针对"重症患者"的身心灵呵护。但是，本文所秉持的理念：尊重生命、服务意识、互动沟通则是共同的。换句话说，这些理念，不是某些人的专利，而是大家的共同需要，不仅需要以此对待其它人，同时也期待以同样的方式被对待。因为，本文尝试提出首先是"人"，然后才是

"病人"的界定。也就是侧重首先去尊重一个"人",而非将他界定为"病人"再来尊重或呵护。人生是一个道场,这就包含了对"人"的尊重,这样才有尊严可言。

同样这里的"生命尊严"也不仅仅是"重症患者"的专利品,不是首先医生宣布他为"重症患者",在医疗手段有限的情形下,医护人员在想方设法赋予其"生命尊严",好像病人特供一样。"尊严"是大家的必需品,而且,恰恰是在善待、尊重他者中自行获得。所以,安宁疗护中,不仅仅涉及"当事人"的生命尊严,同时也涉及医生、护士、家属、亲友的"生命尊严",倘若我们只为了维护"当事人"的"生命尊严",而无法保证"医生、护士"的尊严,在我们看来也是不完整的,甚至是有遗漏的,这样对于当事人"生命尊严"的维护可能是一种抹黑和污损。同样,家属和亲友在如何对待"当事人"以及"医护人员"也是一个"尊严生成"过程,诸多的"医患纠纷",一方面让部分医护人员名誉扫地、性命不保,同时也可以看出部分家属的行为并未以恰当的方式赢得"尊严"和大家的"尊重",对于逝去的当事人,若他地下有知,他大约不会认为他的离开是"体面"的、"有尊严"的。所以,"生命尊严"是个同一网络中共生共长的精神形象,一来它是开放的,二来它源自对待他人的行为方式;通过善待他者,为我们赢得尊严;事情是自己做的,尊严是他人给的。所以,当事人的参与互动是必要的,否则,一切行为若出于医护人员代理,那么,其"尊严"只是象征性的。这也是本文以"当事人"为中心的缘由所在。

关于安宁疗护对象"生命尊严"的达成,本文认为,至少我们应考虑到如下四个方面:伦理层面的知情权与人格尊重、医疗层面的互动沟通、护理层面的心灵信仰呵护、分享层面的心灵和解等问题。这四方面的共同点在于对"心灵"的看重,无论是人格尊重还是互动沟通,无论是信仰呵护还是心灵和解,这些都是关于疗护对象"人心"的问题。如果说,医疗的侧重在于生物性身体的病态修复、制止或舒缓,那么安宁疗护的侧重则在于人心的尊重与内心安宁的达成。下面我们先看一下伦理层面。

一、伦理层面:知情权益与人格尊重

这里面首先要处理的是对于疗护对象医疗诊断的诠释。比如,医生给出了某种类似于"临终症候"的诊断,我们一般都会将其视为"坏消息""噩耗""晴天之霹雳"。由此而纠结于是否将此"坏消息"传达给当事人,进一步会出现更加纠结的"知情权益"问题。一方面,他是当事人,有知情权;另一方面,又怕这种"坏消息"

"噩耗"加重他的病情。因此,一般亲友家属,在此阶段就陷入了心理纠结甚至近于"崩溃"的边缘,自然,各个情境不定,有些更严重,有些则无足轻重。

问题在于,一旦陷入此种"心理纠结",我们会发现,疗护的重点便不再是"安宁疗护"而是纠结化解。问题在于,当亲友护理者的内心都是诚惶诚恐的,很难想象他会给与服务对象一种"安宁""平静""慈善"的护理品质;就如同,当医生、护士整个人都是焦头烂额的,很难想象,他的医护品质能达成"安宁疗护"的目标。很多时候,我们只是注目于服务对象本身,但是,却忽视了服务者和服务对象的互动共建层面。我们尝试以"服务对象为中心",只是以其为判准和目的,并不意味着,应忽视甚或认可损害医护人员、亲友家属的生命尊严。同样,我们期待达成服务对象的"安宁疗护"效果,但并不意味着应忽视甚或认可损害医护人员、亲友家属的心理状态。因为,那些正是与服务对象为中心相互配合的,当"中心"没有陪衬或辅助,也就无所谓"中心"了。

所以,所谓的"坏消息""好消息"只是一种人为的判定。逐渐的,我们当首先减弱此种"好-坏"的语词色彩,尽量回到"生老病死"这一基本的自然生命历程。换句话说,无论如何认定,人总是要经历"生老病死"这一过程。怀胎八月,到期不分娩,我们感到是"怪胎";若人一直发育不长大、成熟,也是可怕的;同样,若一个人不会老,依然不可思议。那么,每个人都会逝去、离开,为什么我们就不准别人"离开"呢?为什么认定"离开"就是坏消息呢?这些问题其实是需要我们大家共同思考的,我们对死亡缺乏练习,缺乏反省;但是,又无可避免,事到临头,无法逃避,所以只能手忙脚乱。与其那样,不如大家提前面对,练习死亡,谈论死亡。其实,没有对"死亡"恐惧心理的超克,内心是无法安宁的,生命尊严也无法获得。我们看到那种将生死置之度外者,面带微笑慷慨赴死、从容就义者,有种大义凛然的尊严气概,那种哭哭啼啼、颤抖乞怜中死去的,非要说他维护了"生命尊严",总难让人心服吧。

由此来看,安宁疗护的事情其实要有个预备期。无法等到医生宣判了我们再进入"紧急状态"。其实,生命就是死亡的练习,人的生老病这一历程就是慢慢在走向死亡的。只是,此种"死亡练习"都是不自觉的,只是在医院里,我们才进入了自觉场景。其实,安宁疗护的核心问题之一在于对生命自身的自主和自觉。倘若一个人对自己的生活,对生活中的他者没有自觉的关爱、自主的反省,那么在面对自己的"临终"或"死亡",要想获得"生命尊严"也是很难得。这里想说的是,"安宁疗护"其实不限于"临终期",整个一生都是一个"安宁疗护"得过程,每一个阶段心灵得"安宁"都是需要得,不是只有生病了、临终了才需要。换句话说,若一个人一生都睚眦必报、锱铢必较、焦头烂额，只是躺倒了病床上尽力让他"安宁"，其实是很难的或者意义不大。

　　只是本文主题侧重在"临终期"的"安宁疗护"，所以我们更多关注这一人生阶段，但是，我们还是应看到"生命流程"，如一条河流，我们只想截取一段，那是不行的。所以说，临终期"安宁疗护"的问题，严重性不在于技术手段合伙陪护技巧，关键在于服务对象整个的生命状态。这就造成了"诊断证明"传达的复杂性。要视人而定，因人而异。我们常说，有些人看得开，没事；有些人，看不开，千万不能告诉他。这其实不仅仅是面对死亡的态度，更多是面对生命的态度。对于人的生老病死没有一种自觉，明明知道，人都是要死的，但却无法接受自己也会死的事实。在这种情形下，知情权可能不是首要的问题，而是对当事人的人格尊重，无伤原则优先于知情告知。

　　但是，无论是看得开或看不开，无论是否当事人知情，想办法请他配合治疗都是必要的。而且，要给与某种希望，当事人的主动参与，更易达成"安宁疗护"的效果。在这一过程中，应当注意医患关系，这一点比当事人的"知情权益"更值得留意。一方面是当事人与医护人员的沟通、关系协调，另一方面是亲友家属与医护人员的协调沟通。亲友家属这时候心急如焚，总想问个究竟，总期待医护人员能更用点心，但是，看到的他们总是来也匆匆、去也匆匆，甚至焦头烂额、心不在焉，所以，难免怒火中烧，忍气吞声。这样的状态，任何一个导火索，都容易点燃爆炸。其实，很多时候，都是因为误解造成的。比如，对于生命历程的误解，我们不准"死亡"出现在自己或亲人身上；对于医生的误解，感觉他们来去匆匆，是心不在焉或不负责任。但是，若看一下医生的生态处境的话，我们会发现他们高度紧张、超负荷运转，他们只能那样，否则自身生命难保的。亲友家属要多了解，不仅仅是服务对象的心理，也要更多了解医护人员的情况，了解多了自然才会产生理解，有了初步理解，彼此才会有沟通的意愿以及彼此宽容的雅量。为了当事人也应这样做，倘若没有此种沟通协调，医患冲突一旦发生，当事人的的"安宁疗护"其实是很难达成的，处于医患冲突中的当事人，其"生命尊严"更从何谈起呢？

二、医疗层面：互动沟通与配合参与

　　我们习惯于做一个"被动的病人"，医生让做什么，就唯命是从。但是，问题在于其实当事人的极配合就是一种很好的治疗。而且，有当事人的积极配合才有尊严维护问题。毕竟,生命尊严并不像打点滴那样,慢慢输入我们体内。生命尊严源自我们自助的行为,无论是善待他者,还是善待自己,都需要自觉、自主的行为。否则的话,很难维护"生命尊严"。比如说,植物人状态,亲友可以用心呵护,但是,更多维护的是亲友自己的尊严,很难说那是植物人自己的尊严,自然我们可以说,因为亲友的用心呵护,植物人比较"体面"的"活着"。但是,比如,他提前有"生前预嘱"之类,不愿意停留在"植物人状态",那么亲友和医护人员遵行这一"预嘱",我们甚至可以说,当事人不仅"体面"而且"带着尊严"离开,大家只是遵从了他的自主性决定。

包括治疗分寸的把握。医疗手段的尴尬在于,它不断在发展,而且种种宣传让我们沉醉于"科技万能",给人以"飞速发展"的幻觉。但是,医疗科技,如何飞速发展,还是无法满足人们的心理预期,尤其是无法及时回应生命各种状态的复杂性。所以,一方面我们期待医疗技术包治百病,另一方面,我们或者亲友又往往处于"无药可治"的临界状态。再加之"生命维持技术"的发展,插管让一个人可以长时期的活着,或者说"无法死去",这是一个更为棘手的问题。所以,治疗的分寸如何把握,成为一个当事人、亲友共同面对的难题。

我们总盼望奇迹,也确实有奇迹,但是,奇迹之所以为奇迹,正在于其稀少而且不可预期。这样,就为治疗限度预留了一个飘渺的想象空间,也为当事人以及亲友家属留下了一个现实而又棘手的决断难题。这个也涉及当事人的自主意识,至少,有些情况下,是符合这一情境。我们看到众多医护人员的反思与提醒,或许"生前预嘱"对我们大家都是必要的,至少在我们清醒的时候,对于我们未来可能出现的问题,给出一种自主性的建议,或许是必要的。这是对儿女的尊重,也是对我们自身的尊重。不愿意自己的身体在不经过自己同意的情况下,随意处置,这或许也是一种生命尊严的维护。由此提前预备,便无后顾之忧,然后才有可能达成"安宁疗护"或"生命尊严"。我们可以尽力尝试达成医疗手段与心理预期的中道平衡中实现自我的"生命尊严"。

三、护理层面:心理安慰与灵性信仰

护理层面我想强调"身心灵"的全人照顾问题。在临终期,固然减缓痛苦,延长生命,都是重要的事项。但是,在我看来,更值得留意的,也常常为人忽视的,是当事人的"身心灵"全人呵护问题,尤其是心理层面和灵性信仰层面。

人的可贵倒不在于其肉体生命,若从肉体生命去看,人与其它的动物,很难分别。但是,人有心理,有思维,而且有信仰需要,这才是关键。尤其是在医院里,肉体的问题,很大一部分交给医生和护士了,亲友家属也会尽力照顾好当事人的身体需要。但是,心理空间,往往忽略了,尤其是灵性层面,常常荒芜了。但是,实际上,当人的肉体生病时候,更值得留意的是心理浮动和灵性渴求。

心理活动是复杂的,如何建立信任、聊天、沟通,做心理交流,在正常人之间,其实,都很难。我们常说,知人知面不知心,我们看到的只是他们愿意向我们呈现的样子,但是,他内心的真实所想、苦楚、难言之隐,往往我们是不知道的。与当事人的心理交流倒不是一种,隐私好奇,或者心理窥探,而是一种"心理陪护",这是一种深度信任,然后,深度分享,对当事人才是一种释怀和放松。这比打点滴、盖被子难多了。医护人员基本没有时间做这个工作,亲友家属,或者没考虑到这一层,或者没时间,或者没办法。总之,这一层很重要,但往往是被忽略了的。本文在后续研究中,尝试给出一些建议。

当然,更复杂的倒不是心理,而是"灵性层面",这比"心理活动"又更进一层。当事人的"灵性渴求"往往被忽视,是因为,各人对"信仰"有着不同看法,甚至是完全相反的看法。心理活动还是属人的,灵性活动则有属神的一面。在不信神的亲友看来,当事人的灵性渴求可能是胡言乱语;这是极大的伤害,因为信仰对一个人往往是神圣的、不可亵渎的,但是,在别人看来,甚至是反感的,不可思议的。当事人处于被动状态,不想被亵渎,所以,信仰层面只好隐藏的更深。这就需要亲友的宽慰、化解,更多应协助其实现。比如,信基督的,可请教友沟通;信天主的,可协助其做弥撒;信佛教的,可给他放些佛教诵经或音乐……有共同的信仰更好,可以有更多互动;若无共同信仰,尽量多协助,少说话,这就是很大的尊重。对于一个有信仰的人,倘若灵性信仰不安,安宁疗护不可能成功,他大约也不会认为自己是"体面"的、有"尊严"的;只有参与了信仰活动,他才会认为得到了赎罪、忏悔,才能心安。

所以说,只有身心灵的顾全才有尊严可言。

四、分享层面:心灵和解与慷慨分享

我们常常以为临终患者只是一个"被动病人",似乎"病人"就应该是"被动的"。但是,问题在于,许多事情,尤其是关于当事人的事情,只能当事人自主决定或解决。也只有出自当事人自身的决定,才更有意义、更体面、更有尊严。比如,心灵层面的恩怨化解与宽恕忏悔、身体层面的大体捐赠和器官移植、财产层面的债务处理与遗产划分。有些事情不能代劳,代理、代办只会减损其价值或意义。

心灵层面的恩怨化解与宽恕忏悔。各人的情境复杂,但是,在情况允许的情况下,为当事人创造条件请他去做心灵和解是必要的。比如,兄弟姐妹之间的仇怨,有些一辈子不说话,但是,临终了,要不要和解?有些好朋友发生了误解老死不相往来,如今离开了,要不要和解?尤其是当事人有愧疚的事情,是否请他给与歉意表达和释怀说出?另外,对于有信仰背景的当事人,是否应协助其做忏悔告解?自然,我们可以代劳,比如事后代为道歉或忏悔。但是,代劳本身就减损了"道歉"或"忏悔"的神圣意义,许多时候,我们不是想听"道歉的话",而是期待对方的诚意和姿态;不是相遇对方一刀两断,只是想让对方做出某种心意表示。而代劳的话,这层意义完全减弱了。忏悔更是这样,那是灵与灵的沟通,灵魂是独特的、唯一的,换句话说,是不可替代的。正因为不可替代,所以人才有尊严可言。

身体层面的大体捐赠和器官移植。自己的身体自己做主,一般而言,倘若自己无意愿,亲友家属,尤其是子女晚辈很难将其做"捐赠处理",一来犯忌,二来于心不忍。这个决定,只能当事人自己做出。而且,也只有源自当事人的自主决定,这样的捐赠才凸显生命的尊严和神圣。而且,这个决定要提前做出,因为临终时,倘若神志不清,一来没有做出清醒决定的能力,二来大家很难认定,很难当真,也许是清醒的、发自内省的自主决定,但是,那样的情境下,大家也很难当真。包括器官移植的问题,比如说角膜捐赠,这些都需要提前处理好,因为相关技术人员还要把握时间上的有效性。这些都应源自当事人自己,而不能有其它人代劳,否则,容易引起非议。就如同财产方面一样。

财产层面的债务处理与遗产划分。与当事人身体不同,财产方面,是需要亲友家属共同完成的。首先,不能代劳,这样极易引起非议。所以,还是应出自当事人的自主决定,但是,亲友家属可以给出善意提醒,比如表现某种"恭俭让",或者说照顾最弱小的兄弟。这让当事人会内心安慰。再比如,可以出谋划策,成立某种基金,用于慈善、救济或教会捐赠等等,这样让当事人的遗产处理有着更好的去向,这样,才有意义。自然,前提是债务处理,若当事人清醒时就能主动完债,这是令人敬重的。据说苏格拉底去世前,就交待如何给邻居还债。傅雷夫妇共同离开时,也详细交代了雇工佣金、财务处理等事宜。这让人看到体面的人生、悠然而逝以及伟大的人格尊严。而且,这些只有出自当事人才更有意义,更体面。

经由上述身心灵层面的安顿,我们可以看到当事人并非离去,而只是以另一种方式活着。其尊严令人敬仰,其体面令人追怀。这样,他不仅达成了"安宁疗护",而且站在了众人之上。这样的人生,值得仰望和致敬。他不仅完成了"生命尊严"的守护,而且成了我们后人致敬、效仿的对象。

小结: 生命尊严的储存与预备

"安宁疗护"之"尊严维护"是生命之事。前面我们已反复提到,"安宁疗护"是大家共需的,并不限于重症患者。意思是并非一个人未生病时不需要"安宁疗护",躺在病床上了就急需要"安宁疗护"。我们想坚守这样的信念:安宁疗护是贯穿一人一生的,而且是大家可以共享的。我们本文侧重的是重症患者的"安宁疗护",但是,我们并不局限于认为只有重症患者才需要"安宁疗护"。同样的道理,本文侧重直面重症患者的"色生命尊严"问题,但是,我们同时坚守这样的信念:生命尊严是贯穿一人一生的,而且是大家共同建构的。并非一个人健康时不需要尊严;也并不意味着,我们只看到病人需要"尊严",医生、护士以及亲友家属不需要考虑"尊严"问题。第一,"生命尊严"是大家共同参与的结果,倘若只有一个人,或只注目于一个人的"尊严",那将毫无意义,因为,没有他人参与,一个人无所谓"尊严"和"体面";第二,"尊严"是生命之事而非死亡之事。"尊严"的获得源自于善待他者的自主行动。我们看到《入殓师》中专业的"化妆技巧",这固然突显离开时的干净、体面,但很难说"化妆可以赋予一个人尊严"。同样我们也看到史书中记载阿基利斯对赫克托尔的羞辱,但是,赫克托尔的英勇善战还是为自己赢得了尊严,别人的羞辱并不能取走个人行为获得的尊严,正如同一个人邋遢猥亵无信无能,化妆师也无法为其赢得尊严一样。

所以,本文的"安宁疗护"尝试以"服务对象"为中心,尝试从习惯上的"被动病人"转换为一种"服务主体",至少对于一部分"重症患者"应充分尊重其人格独立性,行为自主性。一旦他们的内心主动性被唤醒或被认可,第一,这反而有助于他们身体疾病的治疗,第二,我们将会看到,他们可以通过他们的自主行动,赢得医护人员以及亲友家属的尊重。前面我们说过,"生命尊严"不像打点滴那样我们慢慢输送给被动的病人,生命尊严只能通过他们的行动,尤其是善待他人的行动自主获得。前面我们也反复说过,首先,我们应将服务对象作为"人"看待,然后才作为"病人"看待。优先意义上,他是一个应当得到尊重"人",而且他是一个有自主性的

"人",只有认可这一点,其"生命尊严"才有来源和承载。自然,这是就一般理念意义上说的,下面我们会提到不同情境的复杂性,但是,即便面对没有自主能力的服务对象,只要其意识是清醒的,我们都应首先将其视为一个人来尊重。

"生命尊严"之建构是庄严和神圣的。在上述意义上,尊严是生命之事,我们将进一步提出,这样的"生命尊严"事神圣的、庄严的。尽管本文尽量避免学术化语言,尽量会安排一些案例分享,但是,我们还是要留意这样的事实:生命之事是高度复杂的,尽管语言尽可能简单易懂,但是,生命尊严之事不是那样轻松易得的。毋宁说,生命尊严,是庄严的、神圣的。若可以达成这样的共识,那么就意味着,"生命尊严"需要充分的心理准备、智力投入,自觉的反思学习和智慧品味。这件事本身就很复杂,因此,我无论如何努力,也没办法将它轻描淡写,或者将它写成唾手可得。这点我想请读者留意,在这娱乐化时代,确实有许许多多短平快的娱乐条目,琳琅满目的一次性消费,但是,人生是复杂的、不易的,生命尊严是庄严的、神圣的,需要用心呵护和坚守的。在任何时代,生命尊严都是弥足珍贵的。这也是我们自觉守护、探寻的理由。

在这个意义上,我们不太认可"临终阶段"视为人生的"谢幕",似乎是一个悲惨的颓然倒地、英雄末路的过程;相反,我们尝试提出,生命的告别期,其实是人生的点睛之笔,漫长的人生道路,这是一个需要认真的、有尊严的为自己画上句号的时候。没有这一笔,人生是漫无边际和不圆满的。只有用心将这一笔画出来,人生才是完整的。尽管我们看重这一"点睛"之笔,同时我们也认为,人生的其它阶段,比如说"龙体"的勾画,创造是重要的,倘无人生其它阶段的努力,"龙体"是残缺不全的,"点睛之笔"便无处安放,可能只是一个"点"而无法称为"睛"。所以说,生命尊严是庄严的和神圣的,并不意味着,只是躺到病床上,人生才变得庄严和神圣,而是说,整个一生,尤其是在青壮年时就要珍惜生命的庄严和神圣,这样临至晚年,才好下笔。这也是前面说"尊严是生命之事"的真实意义。本文侧重"安宁疗护"的临终阶段,但是,我们应看到,人生的不同阶段是贯通的,倘若看不到前或后,这样的生命是静止的、僵化的,尊严是有生命的。"安宁疗护"的理念正是要恢复人生的自然面貌、生命的本然特质,这样才有尊严可言。

"生命尊严"之维护当考虑现实问题的直接性和复杂性。最后,我们应看到"生命"作为有机体的复杂性,这也是生命的尊严和神圣之所在。之所以需要认真看待这件事情,正因为有机体生命是极为复杂的,很难找到一个实用手册,对每一种情况都有说明,按部就班就可以。很多时候,许多情境需要直接面对和灵活应对。尽管前面我们提了一些相关理念，但是，针对具体的"安宁疗护"情境，只能用心琢磨，这里没有包治百病的药。医院里，对不同的病人，可能走的流程、用的药大致是相同的。但是，对于人心的事情，则只能因人而异。比如，身体照顾方面，有些人有不同的忌讳，这与前期个人的生活习惯有关，比如擦拭身体，换洗衣物，有些人很在意，需要其它人回避，甚至需要异性回避，这些都是留意的细节。再比如说，心理层面，有些话只愿意对某些人讲，所以，尽可能找对的人，而不是挖空心思让服务对象说，他不是不愿说话，他只是不愿对你说，说出来反而难受。再比如灵性层面，有人信佛，有人信道，有人信天主，有的只是信老家的山神，这里似乎无法推敲谁的信仰更合理，更不能以粗暴的方式斥之为迷信，而应根据情境，适当予以成全。否则的话，此种灵性深处的纠结，只会让人更痛苦。再比如，和解层面，有兄弟姐妹反目的，或许碍于面子都不愿首先张口，但是，若有和解意愿，创造合适的情境，成全这种和解，则是令人如释重负的。但是，要把握火候，而且不能勉强；要弄清楚，是否真的有和解可能和意愿。避免适得其反。这些都需要用心，人的复杂就是这样，充满偶然、变数，不确定因素太多。只能细致入微，用心呵护，才可能真的达成"安宁疗护"和"生命尊严"。

参考文献

傅伟勋：《死亡的尊严与生命的尊严——从临终精神医学到现代生死学》，台北：正中书局，1993年版。

傅伟勋：《论人文社会科学的科际整合探索理念及理路》，《佛光学刊》，1996年第1期。

尉迟淦：《殡葬临终关怀》，台北：威仕曼文化，2009年11月版。

Charles A. Corr, Clyde M. Nabe, Donna M. Corr：《当代生死学》，杨淑智译、丁宥允校、吴庶深审定，台北：洪叶文化有限公司，2004年版。

Herman Feifel, ed. The Meaning of Death. New York：McGraw-Hill. 1959.

Lynne Ann Despelder, Albert Lee Strickland：《死亡教育》，黄雅文等译，台北：五南图书出版公司，2006年版。

段德智：《死亡哲学》，武汉：湖北人民出版社，1991年版。

段德智：《主体生成论——对"主体死亡论"之超越》，北京：人民出版社，2009年版。

邱仁宗：《生命伦理学》，北京：中国人民大学出版社，2009年版。

郑晓江：《生命与死亡——中国生死智慧》，北京：北京大学出版社，2011年版。

郑晓江：《中国生死智慧》，南昌：江西人民出版社，2013年版。

郑晓江：《生命教育演讲录》，南昌：江西人民出版社，2008年版。

郑晓江：《穿透死亡》，南昌：江西教育出版社，2000年版。

郑晓江：《学会生死》，郑州：中州古籍出版社，2007年版。

钮则诚等编著:《生死学》第二版,台北:国立空中大学出版社,2005 年版。

钮则诚编著:《殡葬与生死》,台北:国立空中大学出版社,2007 年版。

尉迟淦主编《生死学概论》,台北:五南图书出版公司,2000 年版。

沈清松:《探索与展望:从西方现代性到中华现代性》,《南国学术》,2014 年第 1 期。

沈清松:《从利玛窦到海德格:跨文化脉络下的中西哲学互动》,台北:台湾商务印书馆,2014
年版。

波伊曼:《生与死——现代道德困境的挑战》,江丽美译,香港:桂冠图书股份有限公司,1997
年版。

程新宇:《生命伦理学前沿问题研究》,武汉:华中科技大学出版社,2012 年版。

康韵梅:《中国古代死亡观之探究》,台湾大学中国文学研究所博士论文,1992。

胡适:《不朽——我的宗教》,文载欧阳哲生编:《容忍比自由更重要:胡适与他的论敌》,北京:
时事出版社,1999 年版。

孔子生死哲学解读

杨中启（贵州师范大学）

摘要 生死事大，孔圣人却语焉不多；又因留下"未知生，焉知死"，惹得后人众说纷纭，引起"重生避死"之嫌。本文借助现象学方法，从生死哲学的形而上依据、生对死的承当及生对死的体味三个层面，源初地展现其生死哲学的经纬。

关键词 死 仁 天 命 道

生死问题是人类亘古不变的话题，可孔子关于这方面的言论太少，而且孔子的"未知生，焉知死？"（《论语·先进》）给后人造成莫大的误解，所以，学界对孔子的生死观作专门系统的研究甚少。本文拟依据原典，"窥视"在那个源始的场景里，展开了一个什么样的视域？

一、生死哲学命题探究

（一）死生由命，富贵在天

春秋时期生与命开始同篇连用，"这表明人们一面祈求长命终生，一方面领悟到人的生命是天成的"。① 所以有"哀死事生，以待天命"（《左传·昭公二十七年》）、"死生由命，富贵在天"（《颜渊》）之类的慨叹。可见死生富贵非人力所能为，自有天（命）而定。这种基于生命天成的获知而对命的本源性探索，赋予了命以形而上的哲学意蕴。所以孔子美誉颜回好学而又慨叹其"不幸短命死矣"，不得不仰天长叹，"噫！天丧予！天丧予！"（《先进》），"子哭之恸"（《先进》），人死总叫人哀悼

---

① 刘翔：《中国传统价值观诠释学》，生活·读书·新知三联书店，1996 年，第 180 页。

缅怀:"生,好物也;死,恶物也。好物,乐也;恶物,哀也。"(《左传·昭公二十五年》)子贡谈到夫子时说"其生也荣,其死也哀"(《子张》),曾子曰:"鸟之将死,其鸣也哀;人之将死,其言也善。"(《泰伯》)

因此人活着应珍惜生命,天下之人,本皆天生,"大凡生于天地之间者皆曰命"(《礼记·祭法》),看护好自己这份生命本就是顺从了天道,人事皆为道境,此谓颐养天年。故子曰:"暴虎冯河,死而无悔者,吾不与也。"(《述而》),当马厩起火时,子曰:"伤人乎?不问马。"(《乡党》)既然生与死皆有命,那么能够正确对待死亡,也就"知命"了。子曰:"不知命,无以为君子也。"(《尧曰》),"五十而知天命"(《为政》),"人的生命之生与死,虽属命定,但其生命潜能与价值,则完全由人自己所能把持。"①人死的价值和意义是不一样的,"齐景公有马千驷,死之日,民无德而称焉。伯夷、叔齐饿于首阳之下,民到于今称之"。原来"'诚不以富,亦只以异',其斯之谓与?"(《季氏》),孔子很失望地说:"水火,吾见蹈而死者矣,未见蹈仁而死者也。"(《卫灵公》),而"志士仁人,无求生以害仁,有杀身以成仁"(《卫灵公》),在死亡面前人有自己的选择,不惜杀身成仁,在仁的境界里人能够直面死亡,从死亡的恐惧中解脱出来,自由地把握住了死亡,同时也就最大限度地体现了自身的生命价值。

《论语》中提到天19次,命21次,天命3次,这是殷周以来尊天思想的遗传。"巍巍乎唯天为大"(《泰伯》),"获罪于天,无所祷也。"(《八佾》),天被理解为一种终极的力量,有神性却又没有被人格实体化。"自西周以来,天就被认为是一种有神意的,但并非人格神那样的终极,它的最重要特性就是'时(中)'。"②"孔子所称的天已和有意想行识的人格神、上帝完全不同。"③"孔子一生就为理解和阐释这天的原本含义而活。五十而知天命,七十而能入天行之境,'从心所欲,不逾矩'(《为政》)。不知晓这样一个'天然'源头和背景,就难于看出《论语》的至淳至极的思想含义。"④孔子一生都为禀承天意而奔波,以仁为核心在现世展开弘道的重任。正因为如此,孔子周游列国备受艰辛和困苦时却有着承应天意之豪情与自信。"子畏于匡。曰:'文王既没,文不在兹乎?天将丧斯文也,后死者不得与于斯文也;天之未丧斯文也,匡人其如予何?'"(《子罕》),"天生德于予,桓魋其如予何"(《述而》),"知我者其天乎"(《宪问》)。

① 刘翔:《中国传统价值观诠释学》,生活·读书·新知三联书店,1996年,第198页。
② 张祥龙:《从现象学到孔夫子》,商务印书馆,2001年,第337页。
③ 郭沫若:《十批判书》,北京:人民出版社,1976年,第89页。
④ 张祥龙:《海德格尔思想与中国天道》,第244页。

（二）朝闻道，夕死可矣

《说文解字》卷二说："道，所行道也，从辵从首，一达谓之道。"春秋时期，已经有天道和人道的提法。子产曰："天道远，人道迩。"（《左传·昭公十八年》）"天是春秋战国时的天道观的来源，无论是儒家、道家还是兵家、法家、阴阳家，都以不同方式或'道术'来表现这天的思想含义。"①所谓"以天为宗，以德为本，以道为门，兆于变化，谓之圣人"（《庄子·天下》）。同样道在孔子的思想中无疑是占有极其重要的地位，子曰："谁能出不由户，何莫由斯道也！"（《雍也》）"道不同，不相为谋。"（《卫灵公》）"吾道一以贯之。"（《里仁》），甚至"朝闻道，夕死可矣"（《里仁》），"笃信好学，守死善道。"（《泰伯》）。可见，道在孔子那里明显有形而上的意味。正因如此，孔子很少谈论天道，子贡说："夫子之言性与天道，不可得而闻也。"（《公冶长》）

孔子处在一个礼乐崩坏的时代："天下有道，则礼乐征伐自天子出；天下无道，则礼乐征伐自诸侯出。"（《季氏》）虽然他多次说："天下有道则见，无道则隐。"（《泰伯》）"邦有道则仕，邦无道，则可卷而怀之。"（《卫灵公》）"道不行，乘桴浮于海。"（《公冶长》）。但孔子的抱负就是立足于现世而弘道："鸟兽不可与同群，吾非斯人之徒与而谁与？"（《微子》）"隐居以求其志，行义以达其道"（《季氏》），所以他真正关注的是"人道"。因人道不离天道，天道就存在于人道之中，"人道与天道两相契合"②，人应该努力在人道中发现和体现天道，"人能弘道，非道弘人"（《卫灵公》），"裁成天地之道，辅相天地之宜"（《易·泰卦》），人得宇宙精华而成，人和宇宙存在同一性，"人者，天地之心也"（《礼运》），人可以感应和认识天道，从而达到尽善尽美的境地，"大人者与天地合其德，与日月合其明，与四时合其序，与鬼神合其吉凶，先天而天弗违，后天而奉天时"（《易传》）。这些形上原则赋予了人生以德配天的深意。圣人君子喜怒哀乐发而中节，举手投足即为规矩，生活与人伦大道、自然天道合而为一，其生合道，其死践道。生活上的困苦与贫穷并不能让君子改变对道的执着追求，相反，为了道可以安于贫贱，即使恶衣恶食而不耻。"君子谋道不谋食；耕也，馁在其中矣；学也，禄在其中矣。君子忧道不忧贫。"（《卫灵公》）"富与贵，是人之所欲也，不以其道得之，不处也。贫与贱，是人之所恶也，不以其道得之，不去也。"（《里仁》）"士志于道而耻恶衣恶食者，未足与议也。"（《里仁》）。

① 张祥龙：《从现象学到孔夫子》，第221页。
② 冯天瑜：《中华原典精神》，上海人民出版社，1994年，第171页。

（三）祭神如神在

《论语》中讲鬼 5 次，神 17 次，孔子经常去宗庙参加祭祀仪式，"入太庙，每事问"（《八佾》），可见在孔子的视野里并没有脱离开那个时候人们对世界的整体看法与思维框架，也反映了当时还是一个天命神学占统治地位的时代。仲尼说史鱼的君子三道："不仕而敬上，不祀而敬鬼，直能曲于人"（《说苑·难言》），"孔子何尝不关心'死'与'鬼神'，他只是不能采取'事奉'和（现成地）'认知'的态度，他只愿通过生动的、开启性的祭礼和其它合适的时机来与当场化、构成化、领会化了的鬼神打交道，而绝不愿去谈论那具有某种观念实体性的鬼神和另一个世界的情况"①，所以当子贡问孔子："死人有知无知也？"夫子巧妙的回应道："吾欲言死者有知也，恐孝子顺孙妨生以送死也；欲言无知，恐不孝子孙弃不葬也。赐欲知死人有知将无知也，死徐自知之，犹未晚也。"（《说苑·辨物》）可见，孔子语录中没有死后的言论，并非说明他回避死，而实属境遇化的机锋所导致。"季路问事鬼神，子曰：'未能事人，焉能事鬼？'敢问死。曰：'未知生，焉知死？'"（《先进》）

故"祭如在，祭神如神在"（《八佾》）"敬鬼神而远之"（《雍也》）就不再是抵牾。张祥龙说得好，前者讲的是祭礼的实行中"在场"（即海德格尔的"anwesen"）之神；而后者所讲的是现成意义上的，可作为祭祀对象和祈求对象的鬼神，所以应对其保持距离。而且，正因为保持了距离而又"敬"之，它们就被转化为在境域中构成的鬼神。在他的视野里根本没有在人生经验（如祭祀仪式）之外的、在某个幽冥界中行主宰的"怪、力、乱、神"，把鬼神理解成实体性的存在就执着于它了，所以他"不语"。也因此而割断了华夏文明走上独立人格神宗教崇拜的道路。另一方面，"祭神如神在"就意味着"在祭神的时刻到神意所在之处去"。即在当场的境域中，个体充满虔诚之心、"构成之诚的态度"②，就能身临其境感受到与神灵在一起，从而沟通人与神的交往。在《述而》篇：子疾病，子路请祷。子曰："有诸？"子路对曰："有之；诔曰：'祷尔于上下神祇'"子曰："丘之祷也久矣。""他对和穆中节、细密周致地躬行祭礼而揭示出的、发生出的在场之神是极真诚的相信和投入的。所以，'吾不与祭，如不祭'（《八佾》）。这是一种在人生经验的时机化中获得真诚信仰的思想方式"③。

可见，孔子信神是在"一个通过恰倒好处的'艺'行而进入被激发的构成态——

---

① 张祥龙：《海德格尔思想与中国天道》，第 248 页。
② 张祥龙：《海德格尔思想与中国天道》，第 246 页。
③ 张祥龙：《从现象学到孔夫子》，第 337 页。

如神在"①,离开了"发生"与"时机"的现成实在和真诚状态只能够得出僵化的结论。"这神已不是盲目的对象,而是被祭礼本身引发出的超出伦理说教的德性智能和至诚。"②它不是某一种教条的伦理道德规范,而是与天地相互感通体认中庸的至诚状态,从而能够知天达命。孔子确立了人的神圣性并没有走向人类中心主义,人一定要在具体的关系网络中实现自我,人在凡俗的世界中获得神圣性,人在这个世界中,又不属于这个世界,"孔子的世界不是我们理解的物质世界,也不是纯粹的精神世界,而是主客交融的意义世界"。③"人与天地参"(《中庸》),达到诚明的天人合一的境界。但可惜后人常静态妄断,片面地定于一隅,有说孔子是个无神论思想家,有人则大力倡导儒教。

(四) 杀身成仁

学界对仁的争议颇多繁杂,但仁在孔子思想中的核心地位是一致公认的。论语中提到"仁"多达百次,志士仁人可以为仁而赴死,达仁又是何其之难,连颜回也只是三月不违仁。仁究竟指什么,如此难以企及却又让人置生死度外?

古文中的 $\int_{=}^{\Gamma}$ 是学者们常用的仁的本形,乃"从尸从二"。庞朴先生的考证令人信服,在古代"夷"之地,祭祀祖先的时候,让一个小孩子扮演为先祖(如尸一样)端坐祭品上方,代表祖先接受子孙的献祭,从而完成两个世界的沟通。李泽厚也说:"从社会历史说,古代'如在'本是'尸',即以活人(王)代表祖先(王之父祖)接受祭祀,并可与祭祀者(其子孙)有交流。可见中国人神共由来久远,此即巫术遗痕;至近代,家庭的祖先牌位仍供奉在活人久居的房屋中。中国'一个世界'乃基本传统,充分表现在文化各方面,也决定了哲学面貌。"④仁是人与天命鬼神沟通的一种情感流露,经过孔子的发展,将这种情感升华为存于天地之间感通万物的能力,使个人与天发生联系,从而打破了自重黎"绝地天通"以来少数人对天命的垄断。经过孟子的发挥,"万物皆备于我","尽其心者,知其性;知其性者,则知天矣"(《孟子·尽心上》),从而达到一种贯通天地的真善美理想的人生境界。从宇宙大生命的角度来看,仁代表了人与天地万物之间连续、和谐的一体性,由此本源

---

① 张祥龙:《海德格尔思想与中国天道》,第246页。
② 同上,第246页。
③ 冯友兰:《新原人》,上海:华东师范大学出版社,1996年。
④ 李泽厚:《论语今读》,安徽文艺出版社,1998年,第87页。

意义中衍生出人的价值坐标。本人认为,郭店楚简息,以及《说文》提到的"从人,从二",分别从成己和爱人两个方面,确立了人与自己(即人之为人)、人与人之间的价值关系。

仁道与天道"允执其中"(《尧曰》),得仁就是知天,行仁道就是替天行道。"孔子建立'仁'这个内在的根以遥契'天道',从此'性与天道'不致挂空或悬空地讲论了。如果挂空地讲,没有内在的根,'天道'只有高高在上,永远不可亲切近人。因此,孔子的'仁'实为'天命''天道'的一个'印证'。"①孔子既没有发展出一个像基督教似的人格神上帝,也没有如后儒所豪言"万物皆备于我矣"(《孟子·尽心上》),而是人与天地之间的一种互动,"范围天地之化而不过,曲成万物之变而不遗"(《易·系辞上》),仁就在其中,仁是沟通内与外、人与天地鬼神互相交融的一种深刻情感体验与能力:"儒学的仁具有某种与天地参的本体性质,它来源于原始的巫术。仁涵盖宇宙,贯通一切,能远能近,既易获取,又难得到,似颇神秘,即此之故。"②"子罕言利与命与仁"(《子罕》),并不说明孔子不关心这些问题。夫子自己就说:"二三子以我为隐乎? 吾无隐乎尔。"(《述而》)只是他"以当场构成的或'时中'的方法来揭示、体会它们的终极意义,不能或不忍心以现成的方式来'言之凿凿'"③,仁之境是一种生存境域式观照,是得仁忘言,而不定于一隅。从孔子原发的境域中,我们可以领会到人与天地万物之间的一种互动,来源于巫术的仁之情感将我们带入生动的既有一种敬畏感又有人的机发性原始的本真生活之中。"吾从周"(《八佾》),郁郁乎以三代圣人为其伴,穿越历史长河。在那个天命思想占统治地位而又礼乐崩坏的时代,孔子创造性地阐发了仁的意蕴,以至扩充发展为上天入地、无所不在、无所不含的"神"性之仁,外在的礼乐射御书数六艺无不神韵而动、时机而发,都是仁之表现与流露:"仁不是一抽象概念,而是心灵的活动和实践,它不是现成的,而是在具体的境遇中不断生成和显现,它似乎没有确切的界限和范围,而只是规定了实践的过程和方向。故孔子谈仁很少从定义入手,而是根据仁的特点随处指点。"④仁不是后儒及统治者所大力宣扬的礼仪道德规范(因为它是僵死的而没有仁的活泼意境),而是根本的思想方式或对待终极实在的态度。

① 牟宗三:《中国哲学的特质》第五讲,上海古籍出版社,1997年,第32页。
② 李泽厚:《论语今读》,第137页。
③ 张祥龙:《海德格尔思想与中国天道》,第248页。
④ 梁涛. 郭店楚简"悬"字与孔子仁学[J]. 哲学研究,2005,(5):50.

二、生对死的承当和超越

(一) 形而上的依托

天作为一种有神意而非人格化的终极力量,却能够与人发生联系。在孔子那里,天意是可以领悟的,那就是(天)道。不论是天命大人,还是圣人之言,其实就是(天)道,是天的声音。对此,君子应时刻秉承一颗虔敬而敬畏的心,保持在原发的仁之境,聆听天的旨意,从而与天遥契、感通。"我欲仁,斯仁至矣"(《述而》),人能"仁"就能与天保持感通,获得本真的生存。在夫子心目中,人应当竭尽人力之能事,将天地之本性——仁得到最大限度的发挥,虽也不能保证结果合乎意,但仍合乎命,乃天所"命"之。"道之将行也与,命也;道之将废也与,命也。公伯寮其如命何!"(《宪问》)人之死亡,亦是天之所命,"死生由命,富贵在天"(《颜渊》)。可见,在仁、道所不能够企及的地方,最后还有"命",人要时刻聆听天命、循依天命。程树德说:"贫富、贵贱、得失、死生之有所制而不可强也,君子与小人一也。命不可知,小人智力争命,故其心多怨。众人之于命,亦有安之矣,大约皆知其无可奈何而后安之者也。圣人之于命,安之矣,实不以命为准也,而以义为准。"[1]小人不知命而妄为,圣人知命、安命。

不论是对仁的状态和境界的追求,还是对道的体悟,天命的遥契,根本上都是与形而上之天取得联系。人能够贯通天地,便超越生死。天使孔子获得一种形而上的力量与依托,从而战胜对死亡的恐惧而承担起生的使命与责任,所以天是不能得罪的。君子:"畏天命,畏大人,畏圣人之言。"(《季氏》)"不怨天,不尤人。"(《宪问》)"获罪于天,无所祷也。"(《八佾》)

(二) 仁的现世展开

在孔子的眼里,至仁是人的本真的存在,圣人是君子的目标。"士不可不弘毅,任重而道远。仁以为己任,不亦重乎,死而后已,不亦远乎。"(《泰伯》)仁是人之为人的内在根据和本质,也是内在超越的动力。所以仁代表了自我成就、自我实现,也是沟通与他人直至与天的联系,是人的创造力的体现,现世性的仁的展开是对死亡的超越。"孔子的仁不是抽象的,而是一实践超越的过程,它包括互为联系的两

---

① 程树德:《论语集释》第四卷,中华书局,1990 年,第 1387 页。

个方面：一方面是有'己'不断向外施爱，由孝悌到泛爱众，实现仁爱的普遍化；另一方面是在向外施爱的基础上，反过来成就自己、完善自己、实现自己，并最终上达天道，实现心灵超越。"①

"太上有立德，其次立功，其次有立言，虽久不废，此之谓不朽。"(《左传·襄公二十四年》)孔子本人的人生经历就是明证：十五志于学，"食无求饱，居无求安，敏于事而慎于言，就有道而正焉，所谓好学也已"(《学而》)，"学以致其道"(《子张》)，目的都是把人引向君子和仁人的轨道，即为了立德；当孔子54岁周游列国准备施展抱负，推行仁学，即为了立功；五十知天命，"道之不行，已知之矣"(《微子》)，68岁回到鲁国开始整理文化典籍，作《春秋》，确立了中华原典，即为了立言。儒家以内圣外王作为理想人格，内以养性，修成圣人；外以经世，治国平天下，名垂青史。"君子疾没世而名不称焉。"(《卫灵公》)"齐景公有马千驷，死之日，民无德而称焉。伯夷、叔齐饿于首阳之下，民到于今称之。其斯之谓与?"(《季氏》)"管仲相恒公，霸诸侯，一匡天下，民到如今受其赐。微管仲，吾其被发左衽矣！岂若匹夫匹妇之为谅也，自经于沟渎而莫之知也。"(《宪问》)在孔子看来，管仲在世之时，辅佐人君，建功立业，泽被后世，民到如今受其赐，即是死而不朽；相反一个叫原壤的人自幼至长，无一善状，也就是不按照仁义礼法来行事，却久生于世，孔子就骂他："老而不死，是为贼"，并"以杖叩其胫"(《宪问》)。孔子一生经过下学上达，心怀济世救民大志，周游列国，不遗余力的推仁义之学，行忠恕之道，汲汲于救世，"如有用我者，我其为东周乎"(《阳货》)。可是到处碰壁，困于陈、蔡，却有惟德在甫的自信；在宋，"与弟子习礼大树下"，"讲诵旋歌不衰"(《史记·孔子世家》)他也知道"天下无道久矣，莫能宗予"(《史记·孔子世家》)，虽已成为定局，却"不怨天，不尤人"(《宪问》)，"发愤忘食，乐而忘忧，不知老之将至"(《述而》)。因为这一切天"知道"——经过十数年的流离颠簸返鲁以后，在其生命晚年，依然洋溢"天生德于予""文不在兹乎"的高远的志向和崇高的使命感，收徒讲学，删《诗》《书》；正《礼》《乐》；赞《易》；修《春秋》，为中华文化确立了经典。孔子"知其不可而为之"(《宪问》)，生命不止，弘道不已，展现了一种积极而主动响应命的态度，显示了一种深厚坚韧的精神品格。这样生而有仁有义让人充满美好的道德情怀与超越的形而上的追求、深沉的社会责任感和历史使命感，立功立德立言，企达不朽，克服死亡的恐惧与威胁，即以生制死。

在孔子的视野里，人的关系不仅局限在社会之中，还包括与天的相应相和，这

---

① 梁涛. 郭店楚简"㥁"字与孔子仁学[J]. 哲学研究,2005,(5):50.

是"仁"的特性使然,一方面沟通天人联系;另一方面反映在现实社会中礼义忠恕之道。儒家将向死而生的人的本真生存落到实处,从人的源初的本性出发,引申出一张人伦五常之网,将人无限地最大程度地弥散到社会人伦日常之中,个体处于各种关联之中,在这个结构中的人,从最亲近的血亲的关系,到个人与他人、群体、社会,一直拓展到与天的关系。"中心悦迁于兄弟,戚也;戚而信之,亲也;亲而爱之,仁也。"(《郭店楚简·五行》)人重生惜命是为了养亲、敬亲、接续后代,使宗族香火不断,直至"不肖有三,无后为大"(《孟子·离娄》);把人类文化经验传递下去,个体的有限生命融汇于族群无限的生息之中,从而个体的生命也就在此血脉中绵延下去,获得永恒。故孔子讲:"孝悌也者,其为仁之本与!"(《学而》)"弟子入则孝,出则弟,谨而信,泛爱众而亲仁。"(《学而》)"由近及远,推己及人",即从最亲近的人(父母、兄弟)开始,通过行孝悌,培养起爱心,然后再从纵向("下学上达")、横向("一以贯之")两个方向扩展,由亲至疏,逐渐把这种爱心扩大到对家、国、天下,"博施于民而能济众"。宗法社会结构是仁落实于现实、人与社会存在关联的场域,个体由此打通身、家、国、天下间的通道,勾勒出个体人生的轨迹,追求道德理想的实现。孔子非常重视丧、祭,"祭思敬,丧思哀"(《子张》),"事死如事生,思死者如不欲生"(《礼记.祭义》),"祭之日,乐与哀半,飨之比乐,已至必哀"(《孔子家语》)。杜维明认为这些表面看起来都是实然,其实同时又是应然,有非常深刻的价值理念,凡圣的神圣性不是脱离凡圣而外在超越而是内在凡俗世界的可能性。以现世为立足点仁的开展就是无限的溶入世界之中,落实于生活世界的层面,即世间而出世间,人伦日用大化流行,随机而发,气韵生动,极高明而道中庸。孔子以生为立足点而确立了仁的追求目标,整体之生(仁)涵摄个体之死,充盈着达仁时之至乐,获得了深厚坚硬的依靠和力量来面对死亡,而西方存在主义的此在不得不以一个个体去面对死亡而向死的生存,这种本真的生存叫人敬畏,难怪如此多的人转身而沉沦。

三、生对死的体验和领悟

(一) 乐而忘忧

"兴于《诗》,立于礼,成于乐。"(《泰伯》)"仁者不忧。"(《子罕》)"饭疏食,饮水,曲肱而枕之,乐亦在其中矣。"(《雍也》)"一箪食,一瓢饮,在陋巷,人不堪其忧,回也不改其乐。"(《述而》)"发愤忘食,乐以忘忧。"(《述而》)"知之者不如好之者,好之者不如乐之者"(《雍也》),此即是被后儒称道的"孔颜乐处"。孔颜之乐是虽贫而乐、虽困而乐,这种乐是一种对命运的达观、乐观的态度,令人心胸宽广、坦荡,并益增仁人君子与民同乐的人道情怀;是超越有矛盾冲突的世俗世界(小)进入没有矛盾冲突的天地大境界后所获得的快乐,主体悦乐的情感表明了生命律动的自然与和谐,个体只有在这种自然悦乐的生命律动中才能显示和体验宇宙大生命的无限神奇与美妙。"子语鲁大师乐,曰:'乐其可知也。始作,翕如也;从之,纯如也,皦如也,绎如也,以成。'"(《八佾》)子路、曾皙、冉有、公西华侍坐,各言其志。当闻"莫春者,春服既成,冠者五六人,童子六七人,浴乎沂,风乎舞雩,咏而归。"夫子喟然叹曰:"吾与点也"(《先进》)。浑然与物同体的宇宙大化之中所涌起的天乐、至乐,正如"畏不知其所畏是什么"①,乐也不是对某一个具体的东西的乐,所乐者即天、道、仁也。这是对整个生命宇宙的乐,是对生活本身的乐,是达到天人合一境界时快乐情感的自然流露,《易经》中"乐天知命"是也。司马牛问君子。子曰:"君子不忧不惧。"曰:"不忧不惧,斯谓之君子已乎?"子曰:"内省不疚,夫何忧何惧?"(《颜渊》),只要自己时刻按照仁来观照自己,行为举止契合于道,这样的个体(即君子)是无所畏惧无所忧愁的,"君子坦荡荡,小人长戚戚"(《述而》)。

在中国思想中,死从来没有被理解为生的绝对终点,事实上,生作为一种普遍的宇宙力量,也不可能有什么终点。"日新之谓德,生生之谓易"(《系辞上》),"天地之大德曰生"(《易传》),天地是生生不已、永不衰绝的,一己的生命加入到天地的造化中去,故而也就具有了不朽的意义。未来被理解为相对于现在的完美,人类之所以具有生生不息的强大力量,根本上是出于人类对完美的未来的热爱。"吾十有五而志于学,三十而立,四十而不惑,五十而知天命,六十而耳顺,七十而从心所欲不逾矩。"(《为政》)人生的历程就是求善向美、不断完善的历程,终极意义上的未来是以完善的人格理想出现。向着未来的生存活动不是对死的恐惧而是对美的热爱,未来永远是未到的、缺席的,欢乐的情感把人生带回到它本然的充满创造与爱意的生存状态面前,由此,生爱乐美都具有了本体上的意味。② 儒家的人伦日用给人一种温情脉脉的慰籍;践仁弘道兼济天下的浩然之气给人以乐观和豁达,难怪孔圣人闻韶乐能三月不知肉味,过着充满仁爱和悦乐的人生。"中国人的精神是一种喜剧精神、中国文化是一种乐感文化,应当说大体正确。正是这种乐观态度、喜剧精神、

---

① 海德格尔著,陈嘉映、王庆节译:《存在与时间》,生活·读书·新知三联书店,1999年,第225—226页。
② 彭锋:《生与爱》,东北师范大学出版社,1997年,第12—13页。

乐感文化,支撑着一代又一代中国人出生入死、接生送死、含辛茹苦、苦中作乐地度过自己的一生"①。

(二) 战战兢兢,如临深渊,如履薄冰

乐而忘忧不是一种逍遥自在,"人无远虑,必有近忧"(《卫灵公》)。刘小枫在《拯救与逍遥》里讨论了相对于西方基督罪的意识而具有的拯救之途在中国文化中缺失,这是一种文化质数的根本缺乏,分析得让人信服。但我们不能忘记中国文化中的忧患意识的一面,当代新儒家徐复观先生认为中国人文主义精神最初是由忧患意识而来,他说:"忧患意识,乃人类精神开始直接对事物发生责任感的表现,也即是精神上开始有了人自觉的表现。"②"这种忧患意识渐渐表现在'敬''敬德''明德'等观念里面,尤其是一个敬字,实贯穿于周初人的一切生活之中,这是直承忧患意识的警惕性而来的精神敛抑、集中及对事的谨慎、认真的心理状态。"③人生在世无可逃避的义务是孝亲和事君,还有其它交往所形成的义务,个人必须得承担,君子还要经营四海、平治天下、为民众树立理想和榜样,为此得时刻勤勉,不可懈怠。《荀子·大略》载子贡倦于学而想"息事君""息事亲""息于妻子""息于朋友""息耕",孔子一一否定,指着不远的一堆坟丘说那才是君子的安息之地,此谓"死而后已"(《泰伯》)。说明仁的践履不是很轻松的,要达到"从心所欲而不逾矩"更难(《为政》)。正如李泽厚所说:"人生有限,人都要死,无可皈依,无可归宿,把爱、把心灵、把信仰付托于一个外在超越的符号,比较起来似乎还顺当。现在却要自己在这个人生和世界里去建立皈依、归宿、信仰和终极关怀,即有限寻无限,于世间求不朽,这条道路岂不更困窘、更艰苦、更悲怆?""在这条道路上,'活'和'活的意义'都是人建构起来的,人为自己活着而悲苦地建构。"④为仁,一方面反映了人在天命面前主体性的一种自觉与领悟,同时也表明了人担当起替天弘道而不得不承当起的那份责任与重负。

从已有的记载也会发现孔子对生死问题的关注。子在川上曰:"逝者如斯夫!不舍昼夜。"(《子罕》)那种对时光的流逝、生命的易老的慨叹和对生生不息的历史之流的惊叹亘贯古今,震撼人心。孔子体验到生命向死的不可逆性,人渐渐走向死

① 张曙光:《哲学与人生》,北京教育出版社,1999 年,第 164 页。
② 徐复观:《中国人性论史·先秦篇》,台湾商务印书馆,1999 年,第 21 页。
③ 徐复观:《中国人性论史·先秦篇》,台湾商务印书馆,1999 年,第 23 页。
④ 李泽厚:《世纪新梦》,安徽文艺出版社,1998 年,第 10 页。

亡,时间在不断流逝,一刻也不会停留,生命是如此的短暂。孔子曾不无忧伤的说到:"甚矣,吾衰矣,久矣吾不复梦见周公。"在一维的时间观下:过去、现在、未来,人在时间的长河里只是一个有限的存在,人的生命迟早会有尽头,"自古皆有死"(《颜渊》)。据《礼记·檀弓上》记载,孔子一次梦见自己坐奠于两楹之间,于是知道自己死期将至,早上起来,走出门外,唱到:"泰山其颓乎!梁木其坏乎!哲人其萎乎!"孔子一生经常体会到生死别离,不断经历弟子与亲人的亡故如颜回、子路、自己的儿子鲤,而且都是白发人送黑发人。[①] 难怪乎夫子失声恸哭,悲呼于天,归之于命,孔子对生死有着深沉的人生体验与哲学思索。

当阳货说:"日月逝矣,岁不我与。"孔子曰:"诺;吾将仕矣。"(《阳货》)何晏在《论语集解》中提到:"日月逝,年老,岁月已往,当急仕也。"当面对暮年将至、死亡的临近,孔子倍觉时间的弥足珍贵,这并不说明孔子不相信有来世以及天国的说法,只是人生在世间,就要禀天地之性,将仁外化表露于立世、处世之中。所以孔子就说过"如有用我者,我其为东周乎"(《阳货》),这不是一般的自信,而是顺乎天地之本性而已。人死将是否有灵魂或死后又会去向哪里,这些问题一直被悬置起来。但至少孔子表达出了生与死之间是毕竟不同的,死则已矣,君子(或士)只有立于世方能承接天意弘道不已,所以才有那种感叹日月流逝汲汲踏上仕途大展抱负的急切。

(三) 忧乐圆融

忧与乐可以辨证地转化:"乐之所至,哀以至焉。哀乐相生。"(《礼记·孔子闲居》)孔子认为君子处于物质上的贫贱、生活上的拮据,应该不动乎心,"君子忧道不忧贫"(《卫灵公》)。处道守仁虽苦亦乐,"饭疏食,饮水,曲肱而枕之,乐亦在其中矣"(《雍也》),"一箪食,一瓢饮,在陋巷,人不堪其忧,回也不改其乐"(《述而》),同样,孔子畏于匡,在陈绝粮,多次陷入困境,在常人看来,是一种忧,是性命攸关之忧,有死亡的危险;但孔子看出这不过是外来的"患"[②],能够由之悟到"天之未丧斯文也"(《子罕》),立即便得乐天之乐,而且此乐便在此忧之中,甚至即是此忧本身。

君子承担天意而弘道自然有"忧",如"德之不修,学之不讲,闻义不能徙,不善

---

① 注:据《史记仲尼弟子传》曰:"回年二十九,早死。"少夫子30,故回死时夫子59岁;而《孔子家语》说回死时31岁。据程树德考证回与子路死时夫子71岁,回少夫子40岁,子路少夫子9岁。而鲤50岁死时,夫子70岁。夫子本人73岁死。参阅《论语集释》,第754—756页。

② 庞朴:《忧乐圆融——中国的人文精神》,原载于《二十一世纪》,1991年,第6期。

不能改"（《述而》），必须念兹在兹，但是忧患之作为真正的忧患，或忧患的本体，并不在忧患者之中，倒是在它的对立面，在安乐者之中；一旦安于所安，乐于所乐，真正的忧患便开始了，临近了。所谓死于安乐，所谓阴不在阳之对，而在阳之内者是也。诗云："如临深渊，如履薄冰"（《诗·小雅·小旻》），要点全在一个"如"字，未临深渊而如临，未履薄冰而如履。同样，悦耳愉目佚体赏心自然有"乐"，真正的大乐是体悟到自己已经与道合一，与天地同体了。这种超越之乐，才是真正的极乐世界。虽朝闻道而夕死，亦无憾恨；杀身成仁而无悔。

"伯牛有疾，子问之，自牖执其手，曰：'亡之，命矣夫！斯人也有斯疾也！斯人也有斯疾也！'"（《雍也》）按照尽人事以待天命，孔子只有慨叹命运的无据。但并不沦入宿命论之中，天不易知，命不可测，人力还是要尽的，也就是君子之本还是不能够丢的。仁者如颜回之人却短寿而终，难道这也是一生致力仁行忠恕之人所获得的下场吗？孔子的仁学又一次面对拷问。但是他依然没有放弃自己的"信仰"，一切都是天意（命）吧。即使如此，人生在世还是要贯彻仁的原则行事。故"颜渊死。门人欲厚葬之。子曰：'不可'"（《先进》）。一方面要替天而弘道，另一方面有些事又是人力不可为，由天（或命）而定，既讲人又讲天，既讲仁又讲命。孔子那里原本就是人与世界的贯通，仁就是人与天地万物沟通的最高情感状态与能力，达仁也就达于天地，前面已经展现了天命鬼神在孔子思想里的源初本意，我们不能否认其"神性"的一面，同时仁又是人的主体性觉醒与挺立。所以人既有与这份神性契合而乐而忘忧；又保持人在天命前主动承担人世职责的积极姿态，以及由此所担负的那份沉重以及惟命无常的侵袭。虽然人在时间长河里只是有限的存在，自古皆有死，但是时间却永远流淌下去，人类文化历史一直延续下去。泰州学派说得好："君子终身忧之也；是其忧也，乃所以为其乐也。"（《明儒学案》卷三十二）庞朴曾说到此中忧乐合一之妙，非寻常之小忧小乐两相对峙可比，也非未亲身实践者可得玩味的。

中国传统文化视域中的死亡尊严

王治军（廊坊师范学院）

中国传统文化背景下，生命临近终点的历程，在温暖的家庭和亲朋好友的陪伴下度过。一个人能否实现善终，离不开家文化这一语境。这显然是源于中国以家庭为单位的农耕文化，生老病死以及生命的传承都依靠家庭。家是躲避风雨的港湾，家也是重新起航的码头，家是生命的开始，家也是生命的归宿。

考终命，就是善终，能够实现心平气和坦然无惧的死亡。为了实现这样一个目标，全社会都关心照顾老人，形成了赡养老人的良好社会风气。所以，生死的关怀，在传统文化的语境中，并不仅仅是亲人临终时候的事情，而是为了实现一个好的临终——也就是善终，家庭和社会对于老者病者无时不刻都充满了关怀。这种关怀开始于对老人丧失劳动能力后的赡养，延伸到死亡的丧葬祭祀。

善生善死是人类的永恒追求。考终命，是五福中的最后一个，也是最难实现的一个，是一种理想的追求。

一、死亡的尊严与生命的尊严

1. 临终阶段的好死

《西藏生死书》的作者索甲仁波切上师认为："安详的去世是人的一项重要人权，可能比选举权或公平还更重要。所有的宗教传统告诉我们，临终者的精神未来和福祉大大的依赖这种权利。没有哪一种布施的意义大过帮助一个人好好的死。"在临终阶段，如何好好的活到生命的终结，让生命之火自然而然的熄灭，将生命的尊严延续到终点，让死亡也具有尊严，确实是一个大问题。我们认为应该让生命逐渐接受死亡，没有死亡恐惧。

傅伟勋教授认为,生活的品质必须包含死亡的品质,死亡的品质也就是死亡的尊严(death with dignity)。我们可以就理想条件与起码条件两个方面,来了解"死亡的尊严"的本质。就理想条件而言,我们都希望面临死亡之时不但能够感到此生值得,问心无愧,且有安身立命之感(不管是儒教意味的还是其他宗教或哲学意味的)。同时也都希望能够避免恐惧、悲叹、绝望等负面精神状态,能够死得自然,没有痛苦。如果可能,还有亲属或好友在旁照顾,给予临终的本人精神安慰与人间温暖,则更好不过。就起码条件而言,就算没有宗教信仰或没有找到高度精神性的生死意义,至少能够依照本人(或本人所信任的家属友朋)的意愿,死得"像个样子",无苦无乐,心平气和。①

余德慧研究发现,临终阶段,自我意识的分解,没有疼痛,没有恐惧,死亡很安全。死亡时,心智自我已经消融和溶解了,常人的状态已经崩解了。临终者总是在死亡临头之前放弃了心智自我,所以当死亡降临时,心智自我已经消失了,他不会体会到死亡。

2. 将生命的尊严贯彻到底

生死一体。印度诗人泰戈尔在《飞鸟集》中说:"死亡之隶属于生命,正如同出生一样""抬起脚来是在走路,正如放下脚也是在走路"。生命与死亡是一体之两面,所以死亡的尊严与生命的尊严也是一体的,是不可分开的。生命没有尊严,死亡就谈不上尊严。只有好好地活过,才可以谈实现好好的死,没有善生,就没有善死。

傅伟勋教授《死亡的尊严与生命的尊严》中指出,生与死乃是一体之两面,一线之两端。所以,生活的品质包含死亡的品质,生命的尊严包含死亡的尊严。死亡的尊严是生命尊严的一种特殊表现形式。通俗的讲,就是把生命的尊严一直保持到生命最后时刻,不因身体疾病痛苦而改变,不因生命末期缺少医疗和照顾而改变,不因缺少家庭的温馨和信仰的慰藉而改变。

传统儒家一直秉承着生事爱敬、死事哀戚、事死如生、事亡如存的理念。这种世代相传的理念保证了老人和病者能够家庭中得到很好的赡养,在病痛中得到很好的照护。不仅如此,在临终和初死时还有"随侍在侧,亲视含殓"的习俗规定。这种从生前到死后,照料始终如一的传统美德,确保人可以心安,不用忧虑病痛中的孤独与凄苦,也不用担心身后事宜,从而可以实现了无牵挂的安然离世。

---

① 傅伟勋:《死亡的尊严与生命的尊严》,北京大学出版社,2006年版,第23页。

二、中国传统文化中的生命

在西方文化传统中,注重个体生命权利,强调自由意志的选择,强调生命的自主性与生命的自我实现。强调生命的尊严与神圣。强调个体具有死亡的权利,强调安乐死。人的生命包括生物生命和人格生命,人格是生命尊严的核心。康德说"人是目的"就是强调人格,强调人应当成为对自己行为负责任的主体,把自己为自己负责当成目的。生命的尊严就是建立在人格的基础上。生命是否值得活下去也是由自我主体所决定的。这是提倡安乐死的基本理论前提。

生命的尊严与死亡的尊严与宗教信仰密切相关,生命的神圣与尊严来源于上帝,生命是上帝的创造,死亡是上帝的召唤。克服死亡的恐惧与忧虑的思想资源在于上帝,在于神。

死而无憾是传统社会的终极诉求,在个体就是"考终寿"乃五福之一,五福源于《书经·洪范》:"一曰寿,二曰富,三曰康宁,四曰攸好德,五曰考终命。"这是中国先民所信仰的天对人的赐福,是中国人对于生命存在状态的向往,是中国人内心深层的人生幸福标准。善终就是临命终时,没有遭到横祸,身体没有病痛,心里没有挂碍和烦恼,安详而且自在地离开人间,能预先知道自己的死期。

中国传统文化中的生命,是一种关系性生命。人是父母生养,师长教导,亲友扶持。是父子夫妻兄弟姐妹中的人,是家庭和家族中的成员,是社会中的人。所以,死亡的尊严也与家国密不可分。所以,这个尊严,就不仅仅是死者个人的尊严,而是关乎他的儿女,关乎家庭家族和社会。这个尊严,是一个社会评价,而不是像西方,是一个自我的评价。实现好好地死。这个好死,内涵非常广泛,包括:自己认为好、家人认为好、社会认为好。

三、善终、优逝、考终命与家族社会利益

1. 死亡的时间地点和方式

只有长寿才能实现子孙传承,面见祖先时才有尊严。所以孟子说"不孝有三,无后为大"。

鲁迅先生在《南腔北调·家庭为中国之根本》中说过:"家是我们的生处,也是我们的死所。"传统社会尤其是中国农村社会,家庭是寿终正寝的理想之地。除了

人们观念上的暴力死亡或被视为凶死的死亡之外,正常的死亡、好死、善终都是发生在家里的。"生在家里,死在家里",死亡是温情脉脉、亲情盎然的。

家人陪伴,昼夜侍,不离床。寿终正寝,寿终内寝。死得其时,死得其所。有尊严的死,完成了生命的传承,完成了家风家道的传递,无愧于祖宗圣贤,不愧于后代子孙。

相反,短寿,客死他乡,不正常死亡,自杀,都没有尊严。儒家主张在丧葬礼仪中,凸显道德价值和道义等理念。如果一个人死的有价值有意义,为国家社会而死,则葬礼有隆重的待遇,若是死的不合乎礼制规范,死的没有价值,则在葬礼上也有明显的表达。能执干戈以卫社稷,则有隆重的葬礼来纪念和尊重。《礼记·檀弓上》中说:"死而不吊者三:畏、厌、溺。"对于这三者死法,连凭吊都值得。

2. 体面的葬礼与善后安排

死的风光,可以获得家族的重视,享有死后的荣光。体面的葬礼,使儿女释怀,生者安宁。借此得以尽最后的孝道,在亲朋好友邻居街坊面前有尊严。

在中国传统文化的语境中,安乐死不是理性的最佳选择,安乐死是既不安也不乐,而是无奈的选择。实施安乐死是因为不能安乐的活着,安乐死是以家属的遗憾、无奈、无法释怀为代价的,它违背我国的传统文化。中国传统的死亡文化是善终文化,中国人的死,不光要逝者安详,还要生者安宁。

死亡是人生的谢幕,是对世界的一个最后交代。一个死得有尊严的人,是能够真正面对死亡的,在他生命的终结时,还能保持尊严和自尊,逐步放弃不可获得的东西,尊敬自己过去的形象,实现一个完美的谢幕。将生命的尊严贯彻到底,直到生命自然而然的结束。

3. 最最有尊严的死

就是立德立功立言,建功立业,实现三不朽。将生命的尊严延伸到死后的历史中,为后世所怀念和记忆。

梁启超生死观的群体向度

谢伟铭(北京社会主义学院)

摘要 19世纪末20世纪初,在救亡图存的时代命题中,梁启超在生死观的探讨中为激发国民的斗志寻找精神依据。他从群己关系出发,树立群体观念,在群体与个人、大我与小我的阐释中参透死亡是利群的责任以及"死有不死者存",可以说在群体向度中挺立起不畏死亡、积极成就"生"的意义的基调,为个人积极投入群体的发展、投入国家的发展提供了思想指引和价值导向。

关键词 生死观 群体 大我 小我

千百年来,生死问题是人类不断探索又无法穷尽的永恒命题。如何对待死亡,如何摆脱生死痛苦,还生命一份达观,一直是我们努力寻求的方向。2020年新年伊始,我们就遭遇了新冠肺炎病毒的侵袭,截止5月7日17:58,全球确诊病例累计2261487人,累计死亡261013人,面对致命的病毒,无数生命的逝去再次引发人们对生死问题的关注。我们不禁要回首历史上无数哲人先贤对这一问题的思考,虽无定论,但无数闪烁着思想光芒的智慧之思会给我们后来人思想的启迪和行为的指引。其中,梁启超的生死观,虽没有古代儒道诸家对生死问题阐发的系统深刻,但遭遇国难当头,曾经几临死亡边缘的梁启超对死亡有着另一番深刻的研究和体悟,对今天的我们如何更好地实现生的意义会有着积极的影响。

振兴国家,一直是梁启超心中不变的志向,所以,他呼吁新民,从各个角度去塑造新民。他提出的新民思想在社会上掀起一股广泛地新民思潮,影响了一代甚至几代人。在呼吁新民思想的时候,他没有忘记站在生死观的面向上,塑造新民的精神。新一代的民众,如果能够正确地看待死亡,对死亡多一份释怀,少一份恐惧,那么,他们的人生就将多一份坚定,多一份成就。1904年,梁启超作《余之生死观》一文,集中阐释了对"生死"的看法。他吸收了佛教思想、儒家思想和进化论思想,在群、己关系的架构下对"死"有一番新的认识。

一、"群"的整体观

一个人的生死观往往与他的宇宙观、价值观有密切的关联,梁启超的生死观是建立在他对"群"的价值取向、"群"的整体观的基础上的。

晚清,随着国运的衰微以及西方思想的引入,很多知识分子开始关注到"群"这一概念。早在 1898 年,黄遵宪就指出"故人必能群而后能为人……故国以合而后能为国"①之后,在 1902 年《致梁启超书》中,黄遵宪又讲到:"合群之道,始以独立,继以自治,又继以群治,其中有公德,有实办有善法。"②严复在《天演论》中也多次提到群的重要,强调"舍己为群","合天下之私以为公"。可见,当时接触了西方思想的维新志士大都开始把目光从一己之身开始转向整个国家,强调"群"的观念对一国之民的不可或缺。

在救亡图存面前,更需要每个个人将自身的积极性、能动性结合成群体的力量,才能更好地救亡与振兴。于是,康有为大喊:"惟有合群以救之"③,其他志士也疾呼:"以合群之力,挽将倒之澜。"④同时,严复也从天演进化的角度说明是否重群之于存亡的重要性。"天演之事,将使能群者存,不群者灭;善群者存,不善群者灭。"⑤

梁启超在严复、谭嗣同、康有为的影响下,也同样认识到"群"的重要,其秉承师训,作《说群》以明"群"义。在《说群》序中便记录了其师康有为关于"群"的观点:"启超问治天下之道于南海先生。先生曰:'以群为体,以变为用。斯二义立,虽治千万年之天下可已。'"⑥梁启超接过这一师训,倡导人们对"群"的重视。"群者,天下之公理也。"⑦"凡言亡国者,号曰土崩,曰瓦解,离群之谓也。"⑧群体不复存在,个

---

① 黄遵宪著,郑海麟、张伟雄编校:《黄遵宪文集》,《皇宫度廉访第一次暨第二次讲义——论政体公私人必自任其事》,中文出版社,1991,第 101 页。
② 黄遵宪著,郑海麟、张伟雄编校:《黄遵宪文集》,《致梁启超书》,中文出版社,1991,第 209 页。
③ 康有为:《保国会序》,转引自张锡勤:《戊戌思潮论稿》,黑龙江教育出版社,1998,第 21 页。
④ 张锡勤:《戊戌思潮论稿》,黑龙江教育出版社,1998,第 21 页。
⑤ 严复著,王栻主榡:《天演论》导言十三按语,《严复集》,第五册,中华书局,1986,第 1347 页。
⑥ 梁启超:《说群》序,《梁启超全集》,第一册,北京出版社,1999,第 93 页。
⑦ 梁启超:《说群》序,《梁启超全集》,第一册,北京出版社,1999,第 93 页。
⑧ 梁启超:《说群》序,《梁启超全集》,第一册,北京出版社,1999,第 95 页。

人将无以安附。同样,国家衰亡,国民的生存将无从谈起。国乃人积群而成,天下亦积群而成,能有国与天下,即是因为能群而已。如果人人只知一己之私,不知国与天下,那么国将是一盘散沙。要做到"万其手,万其足,一其心、一其力、一其事",而不是万手、万足亦万心,无法合成一股力量则如同没有力量。"以故为民四万万,则为国亦四万万,夫是之谓无国"①。

千万人群而成国,在群之中就要有群的意识,要按照"群术"相处,不能以"独术"②相处。"何谓独术?人人皆知有己";何谓群术?"使其群合而不离,萃而不涣"③。所以,以群术来治群、待群,则群乃成;以独术来治群、待群,则群乃败。群成则个人之生存发展可成;群败,则个人颠沛流离,无所依附。梁启超看到了犹太人因无国可归,到处被驱逐,流离失所。如果中国人不共同奋发努力挽救国家于水火,也同样会陷入这等奔波流荡的境地。中国此时正值积弱日甚,外国逼迫日急之时,"非合群力,不能自保"④。所以,强调群的观念,强调个人融入群体才能产生强大的力量,才能共同抵御外敌,振兴国家。

梁启超这种群体观的面向体现着他一生的志向,就是为了振兴中华。无论是变法救国,还是发出新民的呐喊,以及致力于挖掘传统文化、教育青年学子,都是有着民族、国家、群体的面向。就连他生命的最后,实属医疗事故导致生命不可挽回,但为了不让人们对正在传播中的西医产生偏见,为了确保中国西医事业的继续发展,他毫不追究。在这样一个以群体利益为上的价值观的指引下,梁启超看待生死的问题就有了新的体味。

二、死是一种责任

如何确立生的意义,梁启超是从分析"死"开始的。把"死"放在群体延续的链条之中,吸收了进化论的思想,从这一角度理解死亡,死就成为一种责任。

从达尔文的种源说到颉德的人群进化论,这些进化论思想都在告诉人们人类的进步与进化,离不开竞争中的适者生存,劣者灭亡。梁启超很推崇颉德之说,指出颉德以达尔文之学说为前提,肯定所有生物均有非常之繁殖力,若无任何阻力,

---

① 梁启超:《说群》序,《梁启超全集》,第一册,北京出版社,1999,第93页。
② 梁启超:《说群》序,《梁启超全集》,第一册,北京出版社,1999,第93页。
③ 梁启超:《说群》序,《梁启超全集》,第一册,北京出版社,1999,第93页。
④ 梁启超:《商会议》,《梁启超全集》,第一册,北京出版社,1999,第277页。

均可以布满全球；但生物的生存并非没有阻力，必适于其环境方可生存繁衍。因而便有了自然淘汰的出现，便有了死亡的产生。颉德以为自然淘汰的最终目的是使同族中最大多数得以最适宜的生存，这种最大多数的最适之生存是指将来，各部分的灭亡与否都是要为将来达到这样的目的而行。物种生命的长短取决于该物种怎样可以达到最优质的进化和生存。梁启超对颉德所论物种之死亡更迭颇为认同。"其以科学谈死理，圆满透达颠扑不破者，吾以为必推颉德氏此论。……颉氏此论虽未可为言之极轨，然使人知有生必有死，实为进化不可缺一之要具，为人人必当尽之一义务。"①因而"物之所以有生，其目的必非在自身也，不过为达彼大目的（即未来之全体）之过渡而已。……故死也者进化之大原也"。② 每一个"我"体内的细胞都处在不停地新陈代谢中，可以说是"日日死，刻刻死，息息死"，每个旧细胞的死才能成全新细胞的生，才能成全"我"的生，即"我体中所含各原质，使其凝滞而不变迁，常住而不蝉脱，则不瞬息而吾无以为生矣"③。如果体内各原质停滞不变，那么生命也不会再有发展。

因此，在这里，梁启超引入个体和群体的观念，把个体的生命极限放入群体的发展中考量，将个人放入人类进步的历程中考量。"死者，吾辈之个体也；不死者，吾辈之群体也。"④个体的死亡是不可避免的，但个体的死亡是一种需要，是有价值的。每一个人对于社会，对于人类的进步都是不可或缺的一员，生命的价值不单单是考虑自己怎么样，更在于对他人、对社会的意义和奉献。人类的进步需要个体的前赴后继，生死相续，虽然残酷，却是人类发展，宇宙进步的实际状况。从进化论的角度来体悟，死亡绝不是一件恐怖的事情，或者说我们应该跳出个体死亡的恐怖中，在群体中体悟死的含义。它是每一个生物与生俱来的责任，死亡本身就意味着这份责任的完成。完成这种责任也就成就了自身的伟大，这是一份荣耀，而不是遗憾。"人人以死而利种族，现在之种族以死而利未来之种族，死之为用不亦伟乎。夫既为未来而始有死，则亦为未来而始有生，断断然矣。"⑤死就是这样一种伟大，一种无私，一种责任，一种成全。

于是，梁启超又用"大我""小我"的概念在群体层面的关照下突出死亡的意义。

---

① 梁启超：《进化论革命者颉德之学说》，《梁启超全集》，第二册，北京出版社，1999，第 1028 页。
② 梁启超：《进化论革命者颉德之学说》，《梁启超全集》，第二册，北京出版社，1999，第 1027 页。
③ 梁启超：《余之死生观》，《梁启超全集》，第三册，北京出版社，1999，第 1373 页。
④ 梁启超：《余之死生观》，《梁启超全集》，第三册，北京出版社，1999，第 1373 页。
⑤ 梁启超：《进化论革命者颉德之学说》，《梁启超全集》，第二册，北京出版社，1999，第 1027 页。

　　我不死而彼必死者何也？彼之死非徒生理之公例应然，即道德之责任亦应然也。我有大我，有小我，彼亦有大彼，有小彼，何谓大我？我之群体是也，何谓小我，我之个体是也。何谓大彼，我个体所含物质的全部是也，何谓小彼，我个体所含物质之各分子是也。小彼不死，无以全小我，大彼不死，无以全大我，……故我躯壳之对于我群，亦有以死利群之责任。①

　　我们每一个人，是这个社会，乃至人类的细胞，是"小我"，"小我"的死亡就是利于群体的新陈代谢，就是让群体得以生生不息的根本动力。所以，死是一种利群的责任。

　　早在 1900 年《中国积弱溯源论》中，梁启超就提出："同是我也，而有大我小我之别焉。"所谓大我，乃是"一群之我"，而小我乃是"一身之我"。② 可以说梁启超是"最早正式提出小我、大我概念的"③，他"在群与己、国家与个人的框架之内提出大我与小我，自此这对概念开始出现。到五四新文化运动，经过蔡元培、易白沙、胡适等人的进一步扩展，成为流行的概念"。④ 在这一意义上对死亡的理解，某种程度上与儒家的生死观有某种暗合。程颢说："死生存亡皆知所从来，胸中莹然无疑，止此理尔。孔子言：'未知生，焉知死'，盖略言之。死之事即生是也"⑤，这里，程颢指出死亡是生生不已的应有之义，"个体的灭尽无余是天道生生不已得以完成的逻辑环节"。⑥

　　同时，死亡所凸显的责任，还包括一种自我抉择的结果，在生命还没有到自然死亡的那一刻，遭遇危难，在个体利益与国家利益冲突之际，选择苟且生活还是毅然赴死？此刻，更是一种责任的体现。孔子所谓"杀身成仁"，孟子所谓"舍生取义"，皆是在死生大义面前，心中这份道德责任、义务观念的彰显。

　　当时与梁启超就生死问题有所切磋的杨度，很称赞日本人的生死观，他认为日本人正是将佛教与儒教这教义本相反对的两种学说相辅相助，得二者之长，"以了

---

① 梁启超：《余之死生观》，《梁启超全集》，第三册，北京出版社，1999，第 1373 页。
② 梁启超：《中国积弱溯源轮》，《梁启超全集》，第一册，北京出版社，1999，第 417 页。
③ 许纪霖：《大我的消解——现代中国个人主义思潮的变迁》，《中国社会科学辑刊》，2009 春季号［总 26 期］，复旦大学出版社。
④ 许纪霖：《大我的消解——现代中国个人主义思潮的变迁》，《中国社会科学辑刊》，2009 春季号［总 26 期］，复旦大学出版社。
⑤ ［宋］程颢、程颐：《二程集》，中华书局，2004，第 17 页。
⑥ 杨立华：《宋明理学十五讲》，北京大学出版社，2015。

人生之义务。故其人于成仁取义之大节,类能了达生死,捐躯致命以赴之"。① 可见,无论是从进化论的角度,亦或从成仁取义的角度,都可以让我们从内心去明了死亡之于一个人的意义。死亡本身是一种进化,是人类发展必然的环节;同时,在危难时刻,死亡突显的恰恰是比死亡更重要的东西——于己、于国家甚至于人类的责任。

三、死有不死者存

畏惧死亡的一个方面不外乎认为死亡伴随着的是一无所有、一无所存。个体自身、个体所拥有的一切都不复存在。但是,人的逝去果真一无所存吗?"我见我国若全世界过去之圣哲,皆有其不死者存。我见我国若全世界过去之豪杰,皆有其不死者存。我见我国若全世界过去亿兆京垓无量数不可思议之人类,无论智愚贤不肖,皆有其不死者存。故知我与君皆有其不死者存。"②梁启超给出了结论:死有不死者存。

从进化论的角度讲,个体的死并非什么都不存在了。"可死者甲,不可死者乙,……故一人之身,常有物焉,乃祖父之所有,而托生于其身,盖自受生得形以来,递善迤转,以至于今,未尝死也。此所谓乙者何物乎? 其名曰 character,译言性格。进化论家之说遗传也,谓一切众生,当其生命存立之间,所受境遇,乃至所造行为习性,悉皆遗传于其子孙。"③每一个个体,他的性格、事迹都会成为一种无形的影响,一代代渗透在自己的家族中乃至社会中。我们一方面会继承祖辈父辈的精神品质的影响,一方面又会在自身自幼而长的成长中受现实社会的新的熏习,于是这样两者结合形成自己的特性,这样的特性又会传于自己的孩子,孩子又会有一个结合的特性,亦复传子,子又传子,亦复如是。因此梁启超说"此所以虽不灭而有变也"④,也就是说"死有不死者",这个"不死"的内容却是不断变化的,每个人不是单纯的继承前辈的精神气质然后原封不动地传递给后代,每个个体不是单纯的传递者,而是要创造出新的精神来,把带有个人气质的"不死"的内容传递给后代,这就给每个人的奋斗、积极的生活态度提供了依据。

---

① 梁启超:《中国之武士道》杨度叙,《梁启超全集》,第三册,北京出版社,1999,第 1378 页。
② 梁启超:《余之死生观》,《梁启超全集》,第三册,北京出版社,1999,第 1369 页。
③ 梁启超:《余之死生观》,《梁启超全集》,第三册,北京出版社,1999,第 1370 页。
④ 梁启超:《余之死生观》,《梁启超全集》,第三册,北京出版社,1999,第 1370 页。

除了进化论思想的影响，梁启超受佛教思想影响甚深，在生死问题上，他也借助佛教思想让人们对死亡有所释怀。从佛教思想的角度来看，梁启超认为，佛教既不讲人是突如其来的无因论，也不讲人死后是什么都没有的断灭论，而是认为人生遵循"业力轮回"这一大原则。

"佛说一切万象，悉皆无常，刹那生灭，去而不留，独于其中，有一物焉，因果连续，一能生他，他复生一，前波后波，相续不断，而此一物，名曰羯磨。"①佛教所说之"业"，梁启超称为"羯磨"②，它是因果连续，相续不断的。每个人都凭自己的意志力不断的活动，活动反应的结果会造成自己的性格，这性格又成为将来活动的根抵，支配自己的运命。这也就是业，是生命中的"不死者"。业是永远不灭的，死亡只是物质的身体的消灭，但其之前形成的业会在业的力的作用下，自己驱引自己换一个别的方向别的形式，又形成一个新生命，这种转换就是"轮回"③。梁启超以茶壶泡茶为例来说明"业力不灭"。茶壶每泡完一次茶，虽然将茶叶倒去洗干净，看似什么都没有了，但刚才所泡之茶的"精"渍已留在壶内，等第二次再泡茶时，前次渍下的茶精便起作用，从而使这一次的茶味更好，如此往复，每一次的茶精都会留下来，并在下一次的茶水中发挥作用。人生亦是如此。人的一切身心活动，都是刹那刹那随起随灭的，但每活动一次，"他的魂影便永远留在宇宙间不能磨灭"④，而且人是不断活动的，是要相互往来的，一个人的活动势必影响到别人，这其中的精神会感染到周围的人也会遗传给他的子孙，还会形成某种整体的影响扩展到整个社会，诸如某种"国民性"，某种"学风"。所以，个体的消亡并非一切的消失，生命中有些东西是不会泯灭的。

"夫人之所以有畏者何也？畏莫大于生死。有宗教思想者，则知无所谓生，无所谓死……而吾自有不死者存，曰灵魂。既常有不死者存，则死吾奚畏？死且不畏，余更何有！"⑤梁启超也借用宗教家的话，把所谓"不死者"称为"灵魂"，其实，如图他所列举的茶壶泡茶之例，无论这不死者是称为"灵魂"亦或其他，都是指留存在人世间的一种印迹，它影响着自己的后人，也影响着、感染着一代代生活期间的人。"有灵魂则身死而有其不死者存，有灵魂则生之时暂而不生之时长，生之时幻而不

---

① 梁启超：《余之死生观》，《梁启超全集》，第三册，北京出版社，1999，第1369页。
② 梁启超：《佛陀时代及原始佛教教理纲要》，《梁启超全集》，第七册，北京出版社，1999，第3746页。
③ 参见梁启超：《佛陀时代及原始佛教教理纲要》，《梁启超全集》，第七册，北京出版社，1999，第3746－3748页。
④ 梁启超：《佛陀时代及原始佛教教理纲要》，《梁启超全集》，第七册，北京出版社，1999，第3747页。
⑤ 梁启超：《论宗教家与哲学家之长短得失》，《梁启超全集》，第二册，北京出版社，1999，第764页。

生之时真。"①人最大的恐惧莫过于死亡,然而,人身本身无所谓生,无所谓死,"死者,死吾体魄中之铁若余金类、木类、炭小粉、糖盐水若余杂质气质而已,而吾自有不死者存,曰灵魂"。② 既然有不死者存,那么死还有什么可畏惧的呢,既然不会畏惧死,那还有什么可以畏惧呢? 勇者无惧,这份无惧的勇应该就是将生死无挂于心的状态。

梁启超也把佛教所说的"灵魂"称为"精神"。"虽然,无论为宗教家,为哲理家,为实行教育家,其持论无论若何差异,而其究竟必有一相同之点,曰人死而有不死者存是已。此不死之物,或名之为灵魂,或不名之为灵魂,或语其一局部,或语其全体,实则所指同而所名不同,或所证同而所修不同,此变争之所由起也。吾今欲假名此物,不举其局义而举其遍义,故不名曰灵魂而名曰精神。精神之界说明,然后死学可得而讲也。"③死并不意味着完全失去,我们自身的精神,自身的业力都会继续发挥着作用和价值。杨度在为梁启超之文《中国之武士道》所做的序言中也讲到:"人之所以异于禽兽者,不独其体魄之异也,尤在其精神之异。……精神战胜体魄者为人类,体魄战胜精神者为禽兽而已矣。……故仁人君子每遇不得已之际,辄毅然弃其体魄而保其精神。……死者其体魄,而生者其精神故耳。"④

佛教思想与进化论思想一个强调解脱,关注来世;一个强调争存,缘饰此世,看似截然相反,但其强调不死者之精义,实则一也。儒家不甚言灵魂,但与佛教思想也是相通的。

孔子讲"君子疾没世而名不称焉",董仲舒讲:"蒙大辱以生者毋宁死。"当肉体之生命与名誉之生命不可得兼时,则舍肉体之生命而取名誉也。"盖名誉立则虽死而固有不死者存也,孔学所恃以奖厉人轻生死之心者颇在此。"⑤这种死而不死者可以成就一个人的生命价值,倘若苟且偷活,则会被人所不齿。梁启超举例说,如彼斯巴达,战败生还者,不复见齿于乡党;吴梅村曾诗云:"故人慷慨多奇节,恨当年沉吟不断,草间偷活到如今,一钱不值何消说?"⑥死有不死者存,这不死者,正是在我们放弃生命以成全他人、社会、国家等大义时突显出来的。无论是进化论中的遗

---

① 梁启超:《子墨子学说》,《梁启超全集》,第六册,北京出版社,1999,第 3179 页。
② 梁启超:《论宗教家与哲学家之长短得失》,《梁启超全集》,第二册,北京出版社,1999,第 764 页。
③ 梁启超:《余之死生观》,《梁启超全集》,第三册,北京出版社,1999,第 1369 页。
④ 梁启超:《中国之武士道》杨度叙,《梁启超全集》,第三册,北京出版社,1999,第 1381 页。
⑤ 此处引文引自梁启超:《子墨子学说》,《梁启超全集》,第六册,北京出版社,1999,第 3181 页。
⑥ 梁启超:《子墨子学说》,《梁启超全集》,第六册,北京出版社,1999,第 3181 页。

传观念,还是宗教中所说的业力轮回,灵魂不死,亦或是儒家所讲的名节大义,都在告诉人们,死亡并非个人孤零零地死去,一无所有,不与任何事物发生联系,而是联系着自己的子孙后代,联系着这个国家,甚至整个人类。死亡①并不可怕,它有着与生同样的价值和意义。

谭嗣同在其《仁学》中曾讲到:"好生而恶死,可谓大惑不解者矣,盖于不生不灭瞢焉。瞢而惑,故明知是义,特不胜其死亡之惧,缩朒而不敢为……今使灵魂之说明,虽至暗者尤知死后有莫大之事及无穷之苦乐,必不于生前之暂苦暂乐而生贪著厌离之想;知天堂地狱森列于心目,必不敢欺饰放纵,将日迁善以自兢惕;知身为不死之物,虽杀之亦不死,则成仁取义,必无怛怖于其衷,且此生未及竟者,来生固可以补之,复何所惮而不亹亹!"②梁启超将谭嗣同这一思想称为"应用佛学",认为谭嗣同一生得力在此,而我们所当崇拜谭嗣同、步趋谭嗣同之处亦当在此③。谭嗣同用其自身的生命诠释了"成仁取义、无怛怖于其衷"的生死领悟。

在梁启超的时代,梁启超呼吁群体的重要,强调"群",强调"公",无疑是为了在救亡图存的时代需求下唤起民众积极奋进,斗志昂扬的心态,将小我积极融入大我,以大无畏的精神担负起民族振兴国家振兴的重任。如果贪生怕死、畏缩不前,那国家的将来何在。再回到我们今天的新时代,虽然没有了亡国灭种的危机,但却处在实现中华民族伟大复兴的中国梦的关键时期,我们依然需要斗志昂扬自强不息,当我们对生死能有这番了悟的时候,我们会更加生机勃勃地去成就"生"的意义。这次疫情,我们看到 380 多支医疗队,42000 多名医务人员先后驰援武汉,奔赴湖北,奔赴抗疫一线,面对致命的病毒,无数医护人员义无反顾。一名 90 后的护士李佳辰,她在给妈妈的家书中说:"曾经是你,而现在是我。"因为 17 年前,她的母亲就在抗击非典的第一线,今天,她是国家援鄂医疗队的一员。同样,17 年前,王卫国医生出征抗击非典,他的母亲坐着轮椅为他送行。17 年后,王卫国的女儿王婷出征抗疫一线,王卫国为女儿送行。两代人的接力与传承,这就是在群体国家面前,小我的担当与牺牲。

---

① 当然,这里所说的死亡,不包括消极的自杀。在《子墨子学说》中,梁启超就明确地讲到"苟无道德的责任而轻死者,在中国谓之自寻短见,在泰西法律,则自杀为有罪,其不足称,无待言也。"见《梁启超全集》第六册,第 3181 页。
② 梁启超:《论佛教与群治之关系》,《梁启超全集》,第二册,北京出版社,1999,第 908 页。
③ 梁启超:《论佛教与群治之关系》,《梁启超全集》,第二册,北京出版社,1999,第 908 页。

专题三

中国当代生命文化
教育实践

殡葬视角的生命文化

孙树仁（北京社会管理职业学院）

摘要 本文通过对文献梳理，分析了不同视角生命文化及其意义。遵循逻辑学学理的原则，对服务"生与死"殡葬视角的生命文化的基本内涵与外延，以及尊重生命止于至善的本质属性进行了初步研究，提出了生命文化"一体、两面、三个生命阶段、四维度生命"的基本理论架构。分析了生命文化赖以立基的生死哲学、文化学、生命伦理学、殡葬学、生命科学和生命法学等基础理论；讨论了历史学、社会学、民俗学、生命教育、宗教学等理论的相关性。论述了生命文化的理论价值与实践意义。本文研究了生命文化传承中华传统文化，弘扬中国共产党领导人民创造的革命文化和先进文化，以及吸收外来先进文化，不忘本来、吸收未来、面向未来，不断丰富与完善生命文化的路径。

关键词 生命文化 殡葬视角 理论结构 文化价值

一、生命文化概念的提出与不同视角的生命文化观

（一）生命文化概念的提出

生命文化最早提出，据笔者有限的资料，最早见于 1993 年教皇约翰·保罗二世在丹佛的演讲中指出："生命文化意味着要尊重自然与上帝的杰作。"①2006 年北京东方生命文化研究所与北京电台新闻广播《您听我说》"健康专线"主持人苏京平，邀请了吴克、袁正光、陆丽娜、黄宗汉、雷祯孝、赵仲龙、施永兴、张超、胡奎等著

---

① 董国安：《生命文化学：可能的研究域、方法和价值》，人民出版社，《生命文化评论》，2018.8 第 1 版，第 105 页。

名健康和医学专家,举办了关于生命文化的对话。2007 年编辑出版了《您听我说——关于生命文化的对话》①,这是在我国看到的最早的关于生命文化的书籍。2009 年我国学者陶清发表了《生命文化论纲》一文中提出的,他说"生命文化,是指生命以文化的形式存在,或者说是关于生命的文化"②。这是我国最早从学术的层面研究生命文化的论文。

2011 年台湾台北教育大学生命教育与健康促进研究所、台北教育大学教育系,于 2011 年 4 月 30 日于台湾台北教育大学举办了"2011 生命教育学术研讨会"。会议上来自北京的孙树仁发表了《生命文化与优死》③论文,该文中首次从殡葬的视角提出"生命文化"的命题。北京社会管理职业学院与台湾中华生死学会、铭传大学教育研究所联合,于 2011 年 6 月 27 日在北京举行了《生命文化与生命事业研讨会》,这是首次专门举办的以"生命文化"命题的学术研讨会议,从此生命文化开始成为殡葬领域一个新的学术研究新命题。2011 年 12 月 3 日北京社会管理职业学院举办了首届生命文化节,从此以后每年的 12 月 3 日都举办生命文化节,时至2018 年 12 月 3 日已经连续举办了八届。北京社会管理职业学院的《创建生命文化课程体系,提升殡葬专业人才培养质量》的教学研究课题,2014 年这一成果获得国家级教育教学成果一等奖。2015 年 12 月 3 日第五届生命文化节上,经民政部批准北京社会管理职业学院殡仪系更名为生命文化学院。从此生命文化跻身于殡葬教育的殿堂。

(二) 不同视角的生命文化观

生命文化所指的生命是特指的人类生命。生命文化对生命的分类,不是按照生物学分类的。生命文化把生命分为人类生命、动物类生命、植物类生命和菌类生命四类。生命文化所言的生命是指人类生命,生命文化所研究的是人类生命的文化。生命文化也研究其他类的生命,那只是站在研究人类生命文化的视角对其他类生命的研究。我们对生命文化的研究还是初步的。在初步研究阶段里,有着不同视角对生命文化的不同理解。

1. 以服务生命死亡的殡葬视角的生命文化观

这一观点是以 2011 年发表的《生命文化与优死》一文,为代表的生命文化观。

---

① 苏金平等编著:《您听我说——关于生命文化的对话》,中医古籍出版社,2007.1 第 1 版。
② 陶清:《生命文化论纲》,《中国德育》,2009,11 期。
③ 台北教育大学编著:《2011 年生命教育学术研讨会论文汇编》,第 449 页。

首次站在服务生命"生与死"的殡葬视角提出了生命文化。文中讲到,"生命文化就是人们认识生命、尊重生命、创造生命的价值、完美结束生命及其传承生命规律的科学。生命文化将生命分成生命成长阶段的生存文化和生命传承阶段的殡葬文化"①。

随着对生命文化研究的不断深入,站在殡葬服务生命生与死的视角,理解生命文化笔者认为:殡葬视角的生命文化是在吸收中国优秀传统文化和世界其他优秀生命理念的基础上,透过生命的死亡,研究生命存在、生命死亡与生命传承不同生命阶段,研究生命的物缘性生命、血缘性生命、社缘性生命、灵缘性生命等四维度生命,人性、理性与超越性上认知生命,促进服务生命死亡的殡葬事业健康发展,服务人类生命实现生命价值和创造生活意义的学问。

2. 以提高生命健康质量视角的生命文化观

北京东方生命文化研究所学术委员会主任袁正光教授于 2012 年编著了《生命的智慧——生命文化导论》②,这部著作具有两个显明的特征。一、这是生命文化学科和研究的开山之作,首开文化意识层面上研究生命的先河。之所以所是从文化意识层面上研究生命正如书中所说"意在为生命文化研究拟定出一些方法论的原则,梳理出一条思路,建构了一些基本概念,确定了一些价值观念,从而为生命文化学科的诞生起了一个引导作用。"袁正光教授的这一著作,是生命文化学科研究一个标志性的成果,标志着生命文化作为一门崭新的学科开始跻身于人文科学之列,引领着人们从文化的层面认知和研究生命。二、这是关注生命健康视角的生命文化专著,又如书中讲到:"生命文化的任务,是从科学、历史、文学、艺术、宗教、哲学等多个角度,以理性、感性、悟性等多种思维方式,对生命进行全方位、多角度的认知和领悟,探讨生命意识、生命价值、生命质量、生命尊严、生命关怀和生命意义,以及生死观、悲喜观、善恶观、爱恨观、成功观和幸福观,以促进生命全面而健康的发展,即促进身体健康、心理健康、情感健康和心灵健康,使生命臻于完美。"可见这部著作是以生命健康意识为研究视角的生命文化观。

3. 以提高医疗领域生命意识视角的生命文化观

这一观点是以成都的咎加禄为代表的生命文化观。代表作是《生命文化要义》。他认为:"所谓生命文化,是人们在揭示生命的奥秘、探索天道自然与人道自善有机结合、追求生命类、种、群、族和谐融畅的过程中,以宇宙自然生命体系为基

① 孙树仁著:《2011 年生命教育学术研讨会论文汇编》,第 449 页。
② 袁正光著:《生命的智慧——生命文化导论》,中国古籍出版社,2012.1 第 1 版。

本对象，以'文化生命'为生命最高形态而对生命哲学、生命道义及其相关因素进行思悟所形成的主观信息。"①这是一部难得的站在医学医病的视角，旨在提高人民生命健康，论述生命哲学和道义的著作。

之所以说是医学的视角，正如张立平先生作序所言："咎加禄教授长期在军队从事卫勤学术及医学教育管理与研究，数十年勤奋耕耘，他饱览众学，对医学，哲学社会学乃至医学文化"。咎加禄自己在前言里也如此讲道：自 20 世纪 90 年代以来，相对于人生来说，时间虽不算长却也不算短，笔者在这近 20 年里就做了一件事，那便是医学文化研究。在被医学文化相关问题缠搅得浑浑噩噩的岁月里，似乎总有一个比医学更本原的问题始终盘踞在脑海，那便是生命。因而认为，如果要更深入、全面地研究医学文化、理解医学文化，不能不关注生命文化问题，于是乎便有了探索生命文化处女地的冲动。

之所以说站在提高健康水平的视角，仍以张立平在序中所言："《生命文化要义》是他多年潜心思悟：辛勤笔耕具有开创意义的成果，必定为指导人们科学地认识生命、积极地理解生命，关注生命进而努力修养身心、提高健康水平做出积极的贡献。"张立平在《生命文化要义》一书的序中进一步讲到："书中的主要内容包括文化与文化生命、生命的起源与演化、生命的本质、生命的逻辑形态、生命运动的基本规律以及生命哲学与伦理等，特别是比较集中地讨论了生命文化与生命科学的关系、生命文化与生命哲学的关以及生命文化生命伦理的关系。从而有利于指导人们更科学、理性地进行各种有利于提高健康水平的生命实践活动。"足见，编著动机是"有利于提高健康水平的生命实践活动"，这是医学视角以生命健康为旨归的生命文化。

4. 以医科大学教学视角的生命文化观

(1) 广东为代表的生命文化观。这一观点是以广东的江文富为代表的生命文化观，代表作是《生命文化概论》。该书中认为"生命文化是指以现实的尤其是个人的生命作为研究对象的一种研究学科。运用有效的、合理的人文、社会科学理论和方法，适当借鉴自然科学理论和方法，通过对生命与自然、健康、政治、科技、艺术、伦理、教育生态之间关系的多维度全方位的分析，解开生命的文化密码，揭示生命的文化特性，为现代生命的更高形态的生存和发展提供理论基础，以实现生命价值

---

① 咎加禄、咎旺著：《生命文化要义》，人民军医出版社，2013.9 第 1 版，第 62 页。

和创造生活意义为终极旨归"。①

该书中概括了所研究的生命文化形态包括观念或理论形态、行为和制度形态、具体形态。书中在分析观念或理论形态的生命文化时如此说："主要包括生命观与死亡观,身体观与灵魂观,健康观与疾病观,幸福观与快乐观,爱情·婚姻·家庭;性爱论与情爱论,性别观与种族观,生育观与生殖论,生命价值与意义,生命境界论和生命智慧论等等核心理论。生命文化的理论内核实际上生命哲学。观念或理论形态的生命文化研究的终极关怀是学会用生命辩证法的视界来觉解生命,善待生命,成就生命。"在分析行为和制度形态的生命文化时如此说："生命文化的中间层主要是围绕生命与人类的基本生存实践活动之间的关系扇形展开的研究域,对生命与身体、生产、政治、科技、艺术、宗教、伦理、教育、生态之间关系进行多维度全方位的分析,从而破解生命的文化密码,揭示生命的文化特性,为现代生命的更高形态的生存和发展提供理论基础,最终以实现生命价值和创造生活意义的旨归。包括行为形态和制度形态。"在分析具体形态的生命文化时又如此说："具体形态的生命文化包括健康文化、美容与形体文化;情感包括爱情文化、婚姻文化、家庭文化、生育文化、生殖文化;养生包括养身文化、体育文化、休闲文化、医药文化、性文化、性别理论、生命教育等等,它们实际上是生命文化的具体的外在现实形态。这个层面的生命文化是人们习以为常、身体力行和经常谈论的东西。"

书中在第二章生命与健康中有"生命与死亡"的一节。在第六章生命与伦理中有安乐死、临终关怀的伦理一节论及到死亡,但也是在"生命与健康"、生命与伦理的视域内谈及到死亡,旨在是对大学生实施死亡教育而已,也不是旨在服务生命死亡的殡葬论及死亡。总之,从书中对生命文化的定义及其所研究的三种形态的论述,本书是立足于医学教学的视角生命文化观。

(2)华南理工大学的生命文化观。2018年又增添一个生命文化的新的研究成果,这就是由贾栗、常红等编著的《生命文化教程》一书,在华南理工大学出版社出版,该书也是从服务于医学教学为旨归的。正如该书导言所说："致力于培养医学学生敬畏生命的意识,通过强化生命意识,加强医学生的责任感和使命感,改善医患关系。"②

从北京的袁正光到成都的昝加禄,再到广东江文富、贾栗的不同视角的生命文

---

① 江文富主编:《生命文化概论》,高等教育出版社,2013.8第1版,第56页。
② 贾栗、常红等著:《生命文化教程》,华南理工大学出版社,2018.8第1版,序。

化，从不同层面研究了生命的存在及其实现生命价值，立意深远，内涵丰富，理论功底深厚，都为我们殡葬领域的学者从殡葬的视角研究生命文化提供了丰富基础理论和研究思路，他们的学说与观点是殡葬视角生命文化研究的宝贵财富。

二、生命文化的内涵与外延

这里所讲的生命文化基本概念与基本内涵，是以殡葬视角的生命文化观。

（一）生命文化的内涵

如上文所述，"生命文化就是以人类生命为中心，基于辩证唯物主义和生命死亡的视角，吸收中国优秀传统文化和世界其他优秀生命文化理念的基础上，研究生命存在、生命死亡与生命传承不同阶段的生物性生命、血缘性生命、业缘性生命及其精神性生命由生到死的过程及其规律，以其实现人类生命价值和创造生活意义的学问"。这一概念告诉我们殡葬视角的生命文化的内涵即本质属性就是"尊重生命，止于至善"。

笔者曾在2015年北京社会管理职业学院殡仪系更名为生命文化学院时，将生命文化的本质属性作为该学院的院训。这就是"尊重生命，止于至善"。尊重生命是生命文化在观念层面也就是"道"的层面上的本质属性，正如《庄子·齐物论》中所云："举莛与楹，厉与西施，恢诡谲怪，道通为一。"从老庄到孔孟，从柏拉图到海德格尔的生是哲学的理念，从马克思主义的生命观到佛教、伊斯兰教、基督教的教义，在对待生命上都归结为"一"，这就是"尊重生命"之道。道可道，非常道，道生命文化之真，笃初诚美，尊重生命。止于至善是生命文化在行动层面上的本质属性。止于至善，源于《大学》，大学之道，在明德，在亲民，在止于至善。尊重生命如果是"知"，那么止于至善就是"行"，二者是知行合一的，"知之真切笃实处即是行，行之明觉警察处即是知"，这就是"术可术，专攻术，术生命事业之好，仁慈隐恻，止于至善"。从"知"上能够具有尊重生命的观念，从"行"上能有让每一位生命都能从生到死，止于至善。这就是殡葬视角生命文化的本质属性。

（二）生命文化的外延

生命文化的外延即生命文化的对象，也是指生命文化的非本质属性。从尊重生命的意识观念上分为文化、观念、学科三个层面从文化的层面上，一是各种文化属性,主要有中华优秀传统文化、我党领导人民创造的革命文化和社会主义建设的新进文化以及国外自古至今思想家、哲学家提出的那些优秀的有关生命的文化;从观念的层面上,主要有生活观、死亡观和生命观,以及人生观、价值观和世界观;从学科上来讲,包括文化学、殡葬学、民俗学、社会学、宗教学、伦理学、美学、法学、生态学等学科。从止于至善的行动上分为生命文化"道"的指导下的善生、善终、善传,具体而言,一是健康善生,主要有养生、养老、生故保险、生命死亡预嘱、临终关怀等;二是优死善终,主要是死亡准备、死亡送终、守灵逝者、告别、安葬等;三是纪念善传,主要是生命追思、生命纪念、祭祀等行动。

三、生命文化的逻辑框架结构

殡葬视角的生命文化的基本逻辑框架,可以概括为"一体、两面、三个生命阶段、四维度生命"。

(一) 生命文化的"一体"观

"万物一体,天人合一"是中国古典哲学的一个重要见解,也是生命文化遵循的基本观点。人是自然界的一部分,人与天地万物本来就是一个有机统一的整体。《庄子·齐物论》谓"天地与我并生,而万物与我为一"。《吕氏春秋·有始》曰:"天地万物,一人之身也。此之为'大同'。"这里,明确地把天地万物看作是统一的有机体。到了汉代,思想家董仲舒明确提出了"天人之际,合二为一"。(《春秋繁露·深察名号》)宋代以后,"天人合一"的观点,几乎为各派哲学家所接受。北宋哲学家张载认为,世界的本原是太虚,太虚就是气,"天人合一"的基础就是气。何生我苍苍,何育我黄黄。苍苍者天,黄黄者地,人类生命天地之化育,与天地参,与天地合一,从而融入宇宙大生命之中。"天人合一"的思想,在《周易》一书中,也有许多的体现。所谓"有天地,然后有万物;有万物,然后有男女;有男女,然后有夫妇;有夫妇,然后有父子;有父子,然后有君臣;有君臣,然后有上下;有上下,然后礼义有所错"(《序卦传》)。这里,把有男女之分的人,视为天地万物的一个有机组成部分。人与天地一体的"天人合一"观,是生命文化的"道",是生命文化追求的人与自然和谐,止于至善境界的渊源。

（二）生命文化的"两面"观

生命文化认为源于"天人合一"的生命，从生活观的层面，生命具有自然属性与社会属性的两面；从灵性层面，生命具有善与恶的两面；从死亡观的层面，生命具有生与死的两面；从生命观上具有终与传的两面。四个层面上的"两面"观是生命文化的重要的文化观。

1. 生命是自然属性与社会属性的两面统一体

生命的自然属性与社会属性是生命文化两个最基本的方面。历史唯物主义认为人是自然属性和社会属性的统一，生命文化也认为也就是生命的统一。一方面，生命来源于大自然，生命的本质就是大自然的新陈代谢，生命是一种特殊的自然存在物，是生命赖以存在的物化的形态。必然有与其它类生命相同、相通的自然性，就是生物的本性。但人类生命不同于其他类生命的自然属性，人类生命是社会化了的自然属性。

另一方面，人类生命具有社会属性是指人类生命作为社会存在物，还不可避免地要与周围所有的生命发生各种各样的关系，如生产关系、性爱关系、亲属关系、同事关系等。生活在现实社会中的生命，必然是生活在一定社会关系中的生命，要认识人类生命的文化，必须研究生命的社会属性。生命的自然属性与社会属性既有区别又有联系。生命的自然属性是生命的低层次生命，生命的社会属性是生命的高级层次生命。生命的社会属性也有高低层次的不同，动物类具有生命的灵性，是低层次社会属性的生命，人类具有生命的智慧，是高层次社会属性的生命。

2. 生命是"生与死"的两面统一体

生命文化认为生命是生与死两面的统一，是站在殡葬的视角即研究死又研究生，以死悟生，以服务死亡的殡葬，来服务生命生活。从生命的自然属性上，恩格斯指出："生命是蛋白体的存在方式，这种存在方式本质上就在于这些蛋白体的化学组成部分的不断的自我更新。"[①]恩格斯这里就揭示出生命的生物性本质性特征就是"新陈代谢"，新陈代谢就是有生有死，死亡就是一种自然状态也是一种自然规律。从人类社会生生不息的意义上看，正是由于一个个生命的自然死亡，才有整个人类的繁衍生息。服务生命的死亡，使得逝者得到科学的安置，才能给人们的生活以及子孙创造良好的自然条件和生态环境。从社会属性上看，殡葬生活是人们重

---

① 《马克思恩格斯选集》第三卷，第120页。

要的社会生活,通过殡葬事业服务生命的死亡,更是通过服务生命的死亡,服务人们的生活,尤其通过服务死亡启迪人生、感悟人生,珍惜生命,向死而生,向阳而活。殡葬视角的生命文化,就是透过服务死亡,服务生活,为人们创造幸福生活的文化环境和社会环境。

长期以来,人们人重视生命的存在,而对死则讳莫如深。殡葬业也往往拘泥于对殡葬事务的关注,很少将生命死亡与生命存在连接起来,原本生死一体,却因为人们对死亡的忌讳造成"生"与"死"的两分割。2011 年孙树仁邀请郑晓江来北京社会管理职业学院殡仪系讲学,讨论了开设《生死学》的话题,分享了郑晓江的生死互渗观,他说"人生活与生命问题的解决必求之于人对'死'的观照;死亡问题的解决也必求之以对'生'的认识,这即所谓'生死互渗'观"①。在这一生死哲学思想的影响,生命文化提出"生与死两面的统一体"的观点。

3. 生命是"善与恶"的两面统一体

生命文化认为生命是性善与性恶两面的统一体。但生命文化不认为生命有"善端"与"恶端"之说,也就是不存在性本善和性本恶。生命伊始都可以说是处在某种"白板状态"中,主要是生命求生的欲念在活动,但他身上还是潜藏着向善或者向恶发展的两种可能。

性善论的代表人物是孟子,性恶论的代表人物是荀子。孟子之所以提出性善论,是由于所处战国中期,社会风气很差,孟子想要改变这种现状,于是提出了性善论。而荀子所处的时代是战国末期,秦统一之势已经势不可挡,每次伐攻都是数十万人。为了使人们向善,他提出了性恶论。无论是孟子的性善论,还是荀子的性恶论,都是为了实现"善",到达儒家"仁政"理想,这一点上二者并没有本质的差异。

生命中性善与性恶同时俱在。之所以存在着恶性,是由于生命具有的自然属性,正如荀子说"饥而与食,寒而欲衣,劳而欲息,好利而恶害"这都是生命的本能,这种性恶的本性,就有着人们的自私贪婪的本性,影响到社会属性上,就有着杀人越货、贪官污吏、战争侵犯等等。人类生命之所以存在着善性,是由于生命的社会属性中的人的"不忍之心"。孟子说到:"人皆有不忍人之心。先王有不忍人之心,斯有不忍人之政矣。以不忍人之心,行不忍人之政,治天下可运之掌上。所以谓人皆有不忍人之心者,今人乍见孺子将入于井,皆有怵惕恻隐之心。非所以内交于孺子之父母也,非所以要誉于乡党朋友也,非恶其声而然也。"

---

① 郑晓江著:《论中国传统死亡智慧与"生死互渗"观》,《中国哲学史研究》。1999 年第 3 期。

生命文化正视生命是恶与善的两面统一,研究生命中的善与恶的规律,再通过殡葬的礼仪、追思、告别等活动来扬其善抑恶。特别是将殡葬服务机构建设成为生命文化教育基地,达到以文化人的教育效果。

4. 生命是"终与传"的两面统一体

生命"终与传"的两面统一体,是我国优秀传统文化留给我们的一份宝贵的文化财富。终,本意消失,引申义为终止、自始至终、终极、终生等。传,本意转递、引申义为传播,流传、传统、传世等。老子说,"死而不亡者寿",就是指人死亡终了,但并不人们所忘记,这样的人才是长寿。在传统文化中"慎终追远,民德归厚"就包含着终与传两面的统一。这里的"远",即包含着对祖先亡故的追远,教导子孙不可数典忘祖。这里的远还有一种让先人优秀的精神品德,要在子子孙孙中传承流长。殡葬活动中的"祭",就是专门体现"终与传"意义的丧事活动。

生命文化的"终与传"两面统一观认为:终,是生命自然属性的终结。传,是生命社会发展的本质要求。我们既要对生命的自然属性负责,更要对生命的社会属性负责。因此,生命文化特别强调"终与传"两面统一性。

(三) 生命文化的"生命三段"观

生命文化认为生命,从时间上是一个有限与无限的统一,并将生命依照生长变化过程,依次分为生命存在阶段、生命死亡阶段、生命传承阶段。生命存在和生命死亡阶段里,时间是有限的,在生命传承阶段里又是相对无限的。

1. 生命存在阶段

生命存在阶段也是生命成长阶段。生命由生到死是一个成长过程,生命的死亡即是生命成长的完成也是生命的归宿。西塞罗、叔本华、荣格、尼采、埃里克森、南怀瑾、霍韬晦等都有对生命成长的论述。霍韬晦先生在《走出死亡》中论及到生命的成长。从自然属性上,他认为"人是不断死亡的,不断有旧的细胞被淘汰。据说每隔七年,人身上所有细胞都会更新一遍,就是说人已经彻底地死过一次而复生"[1]。何仁富从生命的社会属性的生命教育的视角,也论述了生命成长,他认为生命成长就是"从个体生命的视域探索和思考生命尤其是个体生命的人格成长问题"[2]。他援引美国人格心理学家埃里克森的理论,依据人的自我意识的形成和发

---

① 霍韬晦著:《走出死亡》,北京,中国人民大学出版社,2010 第 1 版,第 5 页。

② 何仁富著:《生命教育导论》,北京,中国广播电视出版社,2010 第 1 版,第 72 页。

展过程将人的生命存在阶段划分为八个阶段。生命成长的终点,也是生命的死亡。

生命文化论述生命存在,在于透过生命文化,去认识生命,把握生命生存的真谛;珍惜生命、健康生活,发挥生命的潜能和创造力,在有限的生命成长阶段里,创造出无限的超越生命的社会性和精神性价值,这就是生命生存文化的责任和使命。生命文化以其"向死而生"的理念,促使人们以死悟生,以死惜生,使得生命的存在更具有价值。生命生存文化主要包括生存的状态与环境,生存的状态是生命文化的原生态基础,对生存状态、生存的智慧、生存的质量进行理性思考的生存文化,可以为人们提供生存的正确思维方式、人生态度、文化理念和美好希望。生命生存文化融入人的生存现实生活,伴随着人们生命之旅,使人们在有限的生命里,活得有滋有味,活得富有意义和价值。

2. 生命死亡阶段

生命文化认为正常死亡的生命不是瞬间,而是一个过程,这一过程是生命准备死亡、获得临终关怀和送终的过程,我们把生命的这一阶段称之为生命死亡阶段,也称之为死亡过程,也有生命围终期之说。

首先是让生命在安详自然中死亡。在自然生命走向死亡的过程中,给予缓解症状、减轻疼痛或痛苦的姑息治疗,使得自然生命得以维持和最大限度的延续,最终自然、体面、有尊严的实现死亡。其次是生命应在人文关怀中死亡。

人文价值在于每位个体的生命的死亡都得到重视,尊重和关心与爱护。原民政部副部长李宝库倡导的爱心护理工程,在北京松堂关怀医院实施中,就是通过心理辅导和临终关怀服务,对高龄老人,尤其是进入临终期老人,进行心理沟通和精神抚慰,使他们享最大限度地减轻老人在精神和生理上的痛苦,让他们在人间的温暖和社会的关爱中走完生命的最后里程。再次,生命还应该在亲情守护中死亡。一个社会对高龄老人的伦理关怀是人文价值的重要体现。老年人伦理关怀问题是现实性问题,目前高龄老年群体中存在着空巢老人、子女不孝的老人、困难家庭无保障、长年抱病在床的老人等晚景凄凉。面对社会转型期,传统孝道文化衰落,子女赡养、土地养老功能弱化,破解养老之困迫在眉睫,需要大力构筑符合老年人生存的社会伦理环境,这种社会伦理环境也依赖于生命文化的丰富与发展。生命文化还认为生命应该在"社会沃母"中死亡。北京松堂关怀医院对8246例临终者进行了研究,证明衰老的生命垂危直至死亡的临终期是10个月。恰当于人生命在母体子宫孕育10个月围产期。如果说围产期是靠母体子宫给婴儿提供自然沃母,那么高龄老人临终时的围终期,则需要家庭和社会提供临终关怀的"社会沃母"。北京松堂关怀医院整合社会资源为每位老人搭建起围终期的"社会沃母"。美国洛杉矶时报写到：世界上没有任何一家医院像中国的松堂临终关怀医院那样，只有80间病房却有119所大中院校同学们分别成立他们的"爱心小屋"为老人送去了欢乐，中华民族敬老爱老的优良传统在继续弘扬着。

3. 生命传承阶段

生命的传承既有对生物性生命的传承，也有对生命社会精神性生命的传承。除了没有生育能力或者其他社会原因外，人都能通过传宗接代实现生物性生命的传承，正由于生物性生命的传承，才有种族的繁行，和人类生命精神文化的传承。生命文化具有命存在的有限性和生命传承的相对无限性的特点。《老子》说："不失其所者久，死而不亡者寿。"这里"不亡"的是生命的社会性属性创造出的生命精神价值。臧克家说"有的人活着，却已经死了，有的人死了，却还活着"，就是指有的人虽然还活着，却如同行尸走肉，正如尼采所说："精神的蠹蚀者——方才出生，便要死亡"，生命已无社会精神意义。在生命传承阶段相有的生命传承是有限的，例如坊间所言"孝不过三代"。有的生命传承则是无限的，是永垂不朽的，正所谓"'肉体虽败，精神永生'，这就是生命自身价值的充分实现"①。如，孔孟老庄、马恩列斯、毛周邓刘等圣贤领袖，都将万古流芳这就是生命传承的无限性。

(四) 生命文化的"四维度生命"观

所谓生命四维度生命观，是指生命文化认为，作为天人合一的生命具有丰富的内涵，我们可以从物缘性、亲缘性、社缘性和灵缘性四个维度认知生命。

1. 物缘性生命的"生过终"

物缘性生命是指生命的生物实体性生命的生、长、死，是生命文化从生物学意义上对生命的认知。

(1) 生物性生命的"生"，是指生命的出生。没有生命的诞生，就谈不上有生命。生命来自于天地大自然，经历数十亿年生命由低级到高级的生物进化，人类生命是生物进化的结晶，是生命中的精灵，人类生命是特别珍贵的，因此我们要尊重生命。每一个物缘性生命的出生都源于大自然，依赖于大自然，因此，我们要尊重和爱护大自然，尊重与爱护大自然就是尊重和爱护我们自己的生命。生命来自于父母生命的基因，父母的生命又来自祖先的生命基因，因此尊重父母、尊重祖先，就

---

① 〔日〕藤野著：《生命不可逆转——死亡大解密》，北京，台海出版社，2011.3 第1版，第1页。

是生命的伦理,尊重祖先和孝敬父母,就是尊重我们自己。

(2)物缘性生命的"过",是指生命新陈代谢的过程。生命生活的终极是死亡,从生物学上而言,生活就是获取生命活着的营养和与疾病斗争的过程,是努力争取生命健康的过程。因此,生命文化认为物缘性生命的本真是健康的活着,无痛苦的死亡。

(3)物缘性生命的"终",是指生命生活最后的结束。生物性生命遵循新陈代谢的规律,从出生到幼年、童年、少年、青年、中年、老年、暮年一直到死亡,这是一条不可逆的自然规律。理解了这一生命的物缘性的新陈代谢的必然性,我们何在惧怕死亡呢。生老病死是物缘生命另一个重要的生物性规律,认知生命的生物性旨在尊重生命的生物性规律,努力使得在有限的物缘生命长度里,尽可能地延长物缘生命的长度,又尽可能的少病或者是无病,多一些健康的时间。

2. 亲缘性生命的"孝传情"

亲缘性生命,是指生命的血缘亲情的家庭性生命,主要是亲缘生命"孝、亲、情"的体现,是生命文化从血缘家庭层面上对生命的认知。

(1)亲缘性生命的"孝"是指亲缘生命对给予自己生命的父母和祖先的感恩与报答。这就一种生命伦理,也是中华民族的优秀传统美德。从生命文化上,孝又是亲缘性生命的第一要义。

(2)亲缘性生命的"传"是指亲缘生命承担着血脉传承的责任。我们带着亲缘的基因出生,载着父母的期待成长,我们还有责任将祖先的血脉世世代代传承下去。除非是生理的原因或者不可抗力的原因,都应该结婚生子,传宗接代。亲缘性生命是维系家庭的天然的情感纽带。

(3)亲缘性生命的"情",是指自己与自己父母子女间,具有天然的亲缘生命情缘,这种情缘维系着家庭,体现出家庭的功能。亲缘生命承担着对老人养老送终的责任,即要使得老年人颐养天年又能享受生命的考终命;夫妻恩爱,相濡以沫,执子之手,与子偕老,养儿育女、呵护成长。健康的亲缘性生命是老人颐养的天堂、子女成长的乐园、夫妻恩爱的港湾。

3. 社缘性生命的"德功名"

社缘性生命是指生命融入社会,在社会上实现生命价值的社会性生命,主要是生命的"德、功、名"层面上的实现,是生命文化从社会生活层面上对生命的认知。

(1)社缘性生命是生命安身立命的基础。我们是社会关系中的一员,作为人的生命一定要融入社会才可能获得安身立命、养家糊口的维系血缘生命家庭生活和幸福的基础与保障。

(2)社缘性生命体现生命价值的舞台。古有立德立功立言三不朽,我们不一定所有的人都是思想家,都能立言,我们可以做到的是立德立功立名三不朽。只有融入社会,造福社会才能实现生命的价值与意义。才能为自己和家庭赢得社会地位与尊重。生命不只是物缘生命的健康、血缘生命的其乐融融,还在于社缘生命实现立德立功立名,这就是对社会和人民有所奉献,实现生命的不朽和永恒。立德,树立德业,树德立人,关心爱护所有人。立身必先立德,无德无以立身,以自身高尚的人格,身体力行。立功就是爱岗敬业、建功立业,在平凡的岗位上做出不平凡的业绩,留下社缘生命的"丰碑"。立名就是为人处世仁爱厚道,做事忠诚老实乐于奉献,留下让人们称赞的"口碑"。

4. 灵缘性生命的"精气神"

灵缘性生命是指生命的思想精神层面上,生命的"精、气、神",即生命的精力、气质和神态,是生命文化从精神文化、意识观念层面上对生命的认知。

(1)灵缘生命的"精"是指生命表现出来的精神活力。如《荀子·赋》"血,气之精也,志,意之荣也"。也就是我们通常所说的生命表现出来的精力充沛,意气风发的状态。反之,则表现为是无精打采、无所事事、浑浑噩噩的状态。我们赞赏是具有活力的生命,正如尼采所说,"每个不曾起舞的日子都是对生命的辜负"。他还讲到:"人终有一死,随所以开朗生活便是,终有一天会迎来终点,所以要全力向前,时间有限,随意要珍惜眼前的机遇,还是把叹息与呻吟留个歌剧演员吧。"

(2)灵缘生命的"气"是指生命面对着纷扰复杂的世界和生活所表现出来的精神气质。具体体现在人的修养、品行、举止行为中,表现出的高雅、高洁、豪放、大气、不拘小节、超然大度等状态。反之则是低俗、狭隘、拘泥小节、斤斤计较、畏头畏尾。一个有精气神的生命,表现在气质上,是儒雅又不失洒脱,高雅又不乏豪气。

(3)灵缘生命的"神"是指生命意识层面上对生命和生活的精神神态。生命的精神神态以生命精力、气质为基础,对生命的意识与观念的神色和姿态。一位渗透生死拥有生命智慧的人,对待生活,向死而生,向阳而活,对待死亡,坦然接受,视死如归,所表现出来往往是仙风道骨或者是雍容雅步,不管风吹浪打,胜似闲庭信步的神态与姿色,是一种超凡入圣、出神入化的超越性的生命境界。

四、生命文化学科建设的思考

（一）生命文化学科建设的基础理论支撑

1. 生死哲学是生命文化的哲学基础

生命文化级研究"生"，也研究"死"，在哲学的层面上，既不是生命哲学，也不是死亡哲学，而是一种生死哲学。长期以来，人们重视生命的存在即"生"，而对"死"却是讳莫如深，殡葬业内也往往拘泥于对殡葬事物的关注，很少将生命死亡与生命存在链接起来，原本生死一体，却因为人们对死亡的忌讳，造成生与死的两分割。针对思想界对"生死两分割"的思维早在上个世纪就有思想家提出质疑与批判。1995 年教皇约翰·保罗二世就讲过"当前的社会，是被生命文化与死亡文化之间的斗争所笼罩的，有必要发展一种深层的批判，以便认识到生命的真正价值和人类的真正需要"。教皇这里所指的生命文化里的生命，是指的自然生命，他这里是批评的是人们把生与死分割的思维与态度。我们这里所言的生命文化不同于教皇的是生命的生与死的文化。

2011 年我和已故哲学家郑晓江教授讨论开设"生死哲学"课程的话题，他提出了一个重要的生死哲学观点，这就是他的"生死互渗观"，他说："人生命与生活问题的解决必求之于人对死的观照；死亡问题的解决也必须求之于对'生'的认识，这即所谓'生死互渗'观。"正式基于这样的生死观，我们才在殡葬领域提出了死亡视角的生命文化。

2. 生死学是生命文化学科的重要基础理论

生死学，"顾名思义乃是关于生死之学，是关于生死间的本质与必然联系及其发展规律的学问"[1]。生死学主要涉及生死本质与尊严，死亡意识（畏死体验、死亡恐惧、濒死体验、临终心理），个体死亡（疾病、衰老、灾难），社会死亡（战争、贫穷、堕胎、死刑、动物生命权），生死两安（临终关怀、伤痛恢复、丧葬礼俗），死亡优化（安乐死、脑死亡与器官移植），自杀问题等内容。围绕着生与死为核心概念，以当下生命为立足点，通过解除生死问题的神秘性，赋予生死问题以神圣性，旨在以死观生，优化自我生命。这一理论就为以服务生命生与死殡葬视角的生命文化，提供了重要的理论支撑，成为生命文化学科的重要基础理论。

---

[1] 胡宜安著：《现代生死学导论》，广东高等教育出版社，2009.1 第 1 版。

3. 文化学是生命文化的"文化"基础

生命具有自然属性和社会属性,用来观照生命,就有着自然生命和文化生命之分。我国学者陶清在其《生命文化论纲》一文中说"生命文化,是指生命以文化的形式存在,或者说是关于生命的文化"①。董国安在《生命文化学:可能的研究域、方法和价值》一文中更是明确而精辟的论述,他说:"'生命文化'这个概念中的'生命'既包括自然生命以及其他一切自然生命,也包括人所特有的文化生命。而其中的'文化'既包括生命的意义和价值,也包括一切自然生命对文化生命的关系。基于这个认识,我把生命文化学的研究范围概括为生命的文化意义和文化的生命意义。"②

4. 生命伦理学规定着生命文化基本原则

伦理学是关于道德的科学,生命伦理学是关于生命道德的科学。近几年来,学者们在研究生命的各种问题时,集中对生命道德的研究,就生成了一门新的学科,这就是生命伦理学。生命伦理学的核心是尊重生命,尊重一切生命,不只是人类生命。尊重生命是对生命具有的崇敬、真诚、甚至于谦恭的态度和行为。尊重生命不是一种虚幻的缥缈,往往是通过一种实实在在的行为与礼仪表达的,表现在对死亡的尊重上诸如临终关怀、守灵的行动以及各种殡葬祭的礼仪等等。生命文化的本质与旨归是"尊重生命,止于至善",正是这一本质属性反映出生命文化是在遵循着生命伦理学的基本原则。

以生命伦理学为基本原则的生命文化,是对待各类生命包括对待大自然的态度与行为的文化。按照戴正德、马俊领的《生命伦理学:尊重和热爱生命——对弗里兹·雅尔思想的几点思考》,生命文化这一生命伦理的原则,透过对生命的尊重,"从而使生命得到保护,环境的自然美得以回归",在经历了人与自然的和谐到敌对,再到人类当下试图重新设计人类与自然和谐的结构与秩序,生命文化体现与遵循的生命伦理的原则,在"人类与自然和谐相处时,一切都是美妙绝伦的"③中,具有着独有的魅力与意义。

5. 殡葬学是生命文化关于殡葬祭的重要基础理论

殡葬学是研究殡葬祭文化及其活动规律的科学。生命文化则是研究生命的

---

① 陶清:《生命文化论纲》,《中国德育》,2009,11 期。
② 董国安:《生命文化学:可能的研究域、方法和价值》,人民出版社,《生命文化评论》,2018.8 第 1 版,第 105 页。
③ 戴正德、马俊领:《生命伦理学:尊重和热爱生命——对弗里茨·雅尔思想的几点思考》,人民出版社,《生命文化评论》,2018.8 第 1 版,第 20 页。

"生终殡葬祭传"的文化及其活动规律的学问。他是殡葬文化内容的新扩展,文化上的新升华。本章前文专门一节研究了殡葬文化,这里不再赘述。从生命文化研究的视角,生命文化是从死亡和服务死亡的殡葬的视角研究生命的,因此,殡葬学是生命文化的重要的基础理论。生命文化是研究生与死的学问,因此殡葬这一服务死亡的理论,是生命文化不可或缺的内容。

6. 生命科学是生命文化研究生命自然属性的重要基础理论

生命科学是研究生命运动及其规律的科学。既研究各种生命活动的现象和本质,又研究生物之间、生物与环境之间的关系以及生命科学原理和技术在人类经济、社会活动中的应用。生命文化既研究生命的自然属性又研究生命的文化属性。生命文化研究生命的自然属性就离不开生命科学。

7. 生命法学调整和规范生命与自然、科技和伦理的关系的功能,成为生命文化重要的基础理论

所谓生命法学"是研究以生命科技活动为中心,涉及基因工程应用乃至人的生命创始、延续和终结等社会关系的法律科学。当代生命法学研究与调整的对象不仅是人与人的社会关系,而且包括人类与地球生物圈的关系以及人与自然的关系"[1]。生命法学要调整的不是个人与自然的关系,而是人群与整个生物圈的关系,生物圈可以没有人类,而人类离不开生物圈。"生物圈是以它与人类较量的失败而打败人类。"[2]生命法学就旨在调整着人类生命与自然的和谐,正是生命文化对生命与自然属性生命一体观的体现。当代生命法学还承担着调整生命科技进步同传统伦理、当代人权之间矛盾的重要任务,还会涉及到生命哲学中的生命价值取向的选择。因此,生命文化的研究与学科建立,不可缺失生命法学的视角与理论支撑。

(二) 生命文化学科建设的相关理论

1. 历史学

历史学是以人类社会的历史进程为研究对象,探索各种复杂历史现象之间复杂的联系,寻找各种复杂的社会现象相互作用的历史发展过程。通过历史学可以获得生命及其观念演变发展的规律,可以再现生命文化中有关殡葬祭由低级到高级,由简单到复杂的过程。在现实的殡葬祭的研究中,我们依然主要从历代留下的

---

[1] 谈大正著:《生命法学导论》,2005.1 第 1 版,第 8 页。
[2] 李工有著:《生物圈:人类历史发展的怀抱》,《读书》杂志,2000 年第 7 期。

陵园、器皿、书籍等物质文化遗产和非物质文化遗产的汲取智慧。历史学就是研究生命文化的一个重要的理论支撑。

2. 社会学

社会学是研究社会行为和人类群体的学科。主要是研究社会生活、社会制度、社会行为、社会变迁和发展及其他社会问题等。生命的生存与死亡是重要的社会生活和社会行为,它与社会制度和社会变迁息息相关,因此,要研究生命文化,使得生命文化服务与时代的进步,提升人们的生活质量,就要把生命文化与社会进步紧密联系起来。因此生命文化的研究需要社会学理论的指导。

3. 民俗学

民俗学又称民间文化,是指一个民族或一个社会群体在长期的生产实践和社会生活中逐渐形成并世代相传、较为稳定的文化事项。可以概括为民间流行的风尚与习俗。殡葬改革的一项重要的任务就是移风易俗,以往殡葬改革中出现的失误,往往就是没能尊重民俗学的基本规律和以民俗学理论指导我们的殡葬改革实践。生命文化机研究殡葬还研究生命的生活,研究生命的生活也离不开对风尚和习俗的研究,离不开民俗学理论的指导。

4. 生命教育

上个世纪中叶,国际社会上出现了吸毒、药物滥用、暴力、艾滋病、自杀等践踏生命的现象,为了教育人们,特别是孩子们尊重生命,最早是 1964 年日本谷口雅春在《生命的实象》书中,首次提到生命教育。1968 年美国的杰·唐纳·华特士出版了《生命教育》一书,教育人们尤其是儿童关注生命健康、尊重生命。随后在日本、英国、台湾、香港等国家或地区竭力推倡导生命教育。进入新世纪以后我国内地也开始注重开展生命教育。何谓生命教育?中国就业培训技术指导中心 2012 年 5 月,推出的职业培训课程《生命教育导师》中指出:生命教育,即是直面生命和人的生死问题的教育,其目标在于使人们学会尊重生命、理解生命的意义以及生命与天人物我之间的关系,学会积极的生存、健康的生活与独立的发展,并通过彼此间对生命的呵护、记录、感恩和分享,由此获得身心灵的和谐,事业成功,生活幸福,从而实现自我生命的最大价值。生命教育是基于人们的生命的困顿而实施的教育,生命文化则是探究生命由生到死规律的学问,生命教育的理论及其实践都可以极大地丰富生命文化理论。

5. 宗教学

我从哪里来?我是谁?我去哪里?这是哲学的三大终极问题,这三大终极问题实际都是生命的基本问题,那必然也就成为生命文化不可回避的基本问题。之所以能成为哲学三大终极问题,就是因为这三个生命问题,是难以从科学上甚至逻辑上得到充分证明的。围绕着这三个生命问题不同的解释就出现了不同的信仰与宗教流派。宗教学就是旨在通过对宗教现象、宗教起源、演化、性质、规律、作用的客观研究,揭示人类关于信仰文化的规律。生命文化在坚持唯物主义的世界观和方法论的基础上,探讨有关生命问题的过程中,借鉴宗教学对不同信仰对生命基本问题的不同观点与不同分析,显然对生命文化科学的认知生命基本问题是有所帮助的。因此,关于探讨信仰规律的宗教学,也是生命文化的重要理论。

(三) 生命文化重要的相关文化

1. 中华优秀传统文化

习近平总书记在党的十九大报告中指出"发展中国特色社会主义文化,就是要以马克思主义为指导,坚守中华文化立场,立足中国当代现实,结合当今时代条件,发展面向现代化、面向世界、面向未来的,民族的科学的大众的社会主义文化,推动社会主义精神文明和物质文明建设协调发展"[①]。研究生命文化,离不开对优秀传统文化的传承与创新。文化是生命,生命是文化。研究生命文化,就要坚守中华文化立场,因为中华传统文化,是中华民族历史上优秀道德传承的结晶。

中国有五千多年有文字可考的历史,文化典籍极其丰富,可以说是博大精深。在生命文化的理念上,主要集中在老庄孔孟为代表的道儒文化上。因此,研究生命文化要从道家和儒家文化中汲取营养。同时,诸子百家如墨家、法家、儒家、阴阳家、名家、杂家、农家、小说家、纵横家、兵家、医家以及诗歌散文、戏剧艺术、书画音乐等文学艺术作品,都蕴含着丰富的优秀生命文化传统。

坚守中华文化立场,就是要发自本心、身体力行地尊重与信任中华优秀传统文化,如何使得优秀的传统文化与时俱进,走进现代社会,走进现代人的心里去,就需要创新。美国社会学家爱德华·希尔斯(Edward Shils)认为,一种观念如果延传三代以上就具有了传统的意义,延传的时间越长,文化价值就越高。问题的另一面则是,"文化及其传统往往是一种极具'惰性'的历史包袱,绵延时间越长,历史积淀越深厚,其所带来的文化压力甚至现代化阻力越大"[②]。正如习近平总书记强调

---

① 习近平:《决胜全面建成小康社会,夺取新时代中国特色社会主义伟大胜利》,人民出版社,2017.10 第 1 版,第 41 页。
② 万俊人:《如何传承中华优秀传统文化精神》,中国国家博物馆刊,2015.12 第 40 页。

的："对历史文化特别是先人传承下来的价值理念和道德规范，要坚持古为今用、推陈出新，有鉴别地加以对待，有扬弃地予以继承，努力用中华民族创造的一切精神财富来以文化人，以文育人。"①今天我们要做的是，对优秀的传统文化深入开掘和冶炼，"让收藏在博物馆里的文物、陈列在广阔大地上的遗产、书写在古籍的文字都被活起来"②，与当今社会相融相通，以应时代进步与社会前行之需，实现中华优秀传统文化的创新性发展。

2. 党领导人民在革命、建设、改革中创造的革命文化和社会主义先进文化

党的十九大报告中指出："中国特色社会主义文化，源自于中华民族五千多年文明历史所孕育的中华优秀传统文化，熔铸于党领导人民在革命、建设、改革中创造的革命文化和社会主义新进文化，植根于中国特色社会主义伟大实践。"③革命文化渊于中国共产党的创建，形成在党领导人民军队和人民进行的反帝反封建的不懈斗争中，所体现出的"为有牺牲多壮志，敢教日月换新天"的大无畏的革命精神和作出的重大牺牲中。形成的包括红船精神、井冈山精神、长征精神、延安精神、西柏坡精神等革命精神。有着张思德"全心全意为人民服务"、刘胡兰"生的伟大，死的光荣"等革命文化典型。革命文化是中国特色社会主义文化的重要组成部分，也是生命文化的重要文化滋养。因此，生命文化需要研究、传承革命文化，是我们的生命投入到新时代社会主义建设的"伟大斗争"之中。

社会主义先进文化与中华民族优秀传统文化、党领导人民军队和人民在革命战争年代创造的革命文化一起构成了具有中国特色的社会主义文化。社会主义先进文化是当代中国的新文化。它是以马克思主义为指导，以社会主义核心价值观为灵魂，以培育有理想、有道德、有文化、有纪律的社会主义公民为目标，是面向现代化、面向世界、面向未来的，民族的科学的大众的文化。生命文化的研究与建设，要自觉的纳入到社会主义先进文化中来。通过各种生命文化活动、生命文化产品、生命文化作品，去渗透和感染人们的心灵世界，让尊重生命、止于至善的生命文化观，服务于人们社会主义核心价值观的养成与提升。透过生命文化，诠释生活观、死亡观和生命观，从而帮助人们形成马克思主义科学的人生观、价值观和世

---

① 习近平：《谈治国理政》，外文出版社，2017.10 第 1 版，第 164 页。
② 中央宣传部：《习近平新时代中国特色社会主义思想学习纲要》，学习出版社、人民出版社，2019.6 第 1 版，第 147—148 页。
③ 习近平：《决胜全面建成小康社会，夺取新时代中国特色社会主义伟大胜利》，人民出版社，2017.10 第 1 版，第 41 页。

界观。

3. 吸收外来优秀文化

"在新的历史条件下,推动文化繁荣发展,必须正确处理好'守'和'变'、'中'和'外'的关系,做到不忘本来、吸收外来、面向未来,更好的构筑中国精神、中国价值、中国力量。"①在吸收外来文化中,一方面坚信中华文化的自信,秉持"各美其美",旗帜鲜明的反对"去思想化""去价值化""去历史化""去中国化""去主流化"等文化思潮。同时,对外来文化的优秀元素,我们也应该以科学的态度和宽容的胸怀去甄别和吸收接纳。用来丰富和发展我们的文化,实现"美人之美,美美与共"。从苏格拉底之死到海德格尔的"向死而生"都有着丰富的生命文化元素,值得我们去吸收和借鉴。因此,生命文化的研究是开放的,是吸收外来优秀文化的。

五、生命文化的理论价值与意义

(一) 生命文化促进和丰富对相关哲学问题的深刻思辨

1. 有助于用辩证唯物主义观对生命的文化属性深度思辨

生命文化力图从文化属性上科学的回应哲学的三大终极问题。长期以来,人们面对着哲学三大终极问题的研究,好奇之神秘,思辨之未果,也可能是长期的状态。作为唯物主义者,从达尔文的生物进化到现代的生命科学,从生命的自然属性上回答了哲学的三大终极问题,然而唯物主义者如何从生命的社会属性,也就是生命文化属性上科学的回应哲学的三大终极问题呢? 似乎辩证唯物主义者们也在确信着三大终极问题的"不可知论",导致着在生命的文化属性上回答哲学三个终极问题,一直没有独到的建树。正如英国学者佩妮·萨托利所说:"关于世界,我们了解很多,但对于生命,我们还了解得太少"②,我们的生命文化就在于让人们对生命尤其是生命的文化属性了解的多一些。我们坚信生命文化从辩证唯物主义的立场,通过对文化属性的探究,回答哲学三大终极问题,因此我们对哲学三大终极问题是持"可知论"的态度。"可知论给近代社会勇敢前进的人们一种能够主观地把

---

① 刘奇葆:《推动社会主义文化繁荣兴盛》,《党的十九大报告学习辅导百问》,党建读物出版社、学习出版社,2017.10 第 1 版,第 103 页。

② [英]佩妮·萨托利著,李杰译:《向死而生,活在当下:濒死体验死亡哲学课》,中国法制出版社,2018.7 第 1 版。

握世界的信念的支撑"①,生命文化坚信能够解释生命的文化属性,并通过对生命的文化属性的科学作答,可以进一步坚定辩证唯物主义对人们信仰的统摄能力,巩固中国民众对共产主义的信仰的坚定性。

2. 有助于生存与死亡哲学的丰富与发展

当着人类社会解决了温饱问题之后,人类不只是与其他兽类动物一样的生命的存在,而渐渐关注的是生命的生存,也就是如何生存的更好,更有品质,这正是生命文化的本真尊重生命,止于至善。当代著名学者张曙光说:"每一个时代有一个主导理念,在古希腊是'存在',在中世纪是'上帝',在17、18世纪是'自然',在19世纪是'社会',在20世纪是'生命'",②生存与死亡相对应。生有生的价值,死有死的意义,死亡是一位良师,只有站在死亡的高度才能俯瞰生命,才能统摄全部生命的过程,才能达到哲学的高度。柏拉图曾说:真正的哲学,是练习死亡,人生智慧中,既要有生的沉思,又要有死的默念。死亡的必然存在让人更清醒的思考生存的价值、意义、质量,殡葬视角下的生命文化正是这样由生到死全过程的文化。殡葬视角的生命文化观,是服务生命生存又服务生命死亡的文化,旨在给人们生存智慧与死亡的智慧,这将有助于生存哲学与死亡哲学的丰富与发展。

(二)生命文化在于使人们正确的理解生命和善待生命。

1. 有助于抑制"生命荒芜"扩充"生命绿洲"

现实社会存在着吸毒、自杀,人与人情感的沙漠化,有学者称之为"生命荒芜"。生命文化对生命的生存、死亡和传承三个阶段的物缘、血缘、社缘、灵缘多维度全方位的分析,探索生命的死而不亡者寿的文化奥秘,破解超越性的洒脱生命的密码。从而生命文化地理解人,生命文化地善待生命、呵护生命,这样的生命态度及其行为带来的是生命的绿洲。正因如此,有学者讲到:"开展生命文化研究有助于重新确立生存的基础—生命,重新学会从生命的视角出发理解人,彻底改变这种生命荒芜、生存异化、生活空虚生态破碎的世界"。③ 生命文化就力图告诉人们生命是亲在与共在,自在与缘在的统一体。我们需要形成生命文化的共识,尊重生命,人们止于至善,美美与共,生命文化意义就在于此。

---

① 吴卫东、王文东、高学文、李建成著:《当代中国生存问题哲学研究》,人民出版社2010.10第1版,第3页。
② 邹诗鹏:《生存论转向与当代生存哲学》,载《求是学刊》,2001.9,第54页
③ 江文富主编:《生命文化概论》,高等教育出版社,2013.8第1版,第70页。

2. 有助于帮助人们树立生命文化的快乐幸福感,抑制病态的物欲快乐幸福观

市场经济固然激励人们创造财富,是历史性的进步。但"资本无道德,财富非伦理、为福可不仁",这种物欲化的生命观,吞噬着人们的生命本真。如有的生产企业低薪用工、虐待员工、克扣工资,还有部分商家销售假冒伪劣商品、坑蒙拐骗客户;个别学校教师为收敛钱财巧立名目,有偿补课,收敛钱财,占用学生全面发展的时间,摧残学生身心健康。还有少数医疗机构,扩大病情、过度医疗等等,这种现象根源种种,就在于由于缺失生命文化,形成了一种扭曲的快乐幸福观,这就是物欲满足的快乐幸福观。之所以出现扭曲的幸福,最根本的是生命文化的缺失,没能够具有生命文化的快乐幸福观。

生命文化是我在与共在,自在与缘在的统一。我在是指生命的本体,共在是指生命在社会共同体中的存在。自在是指在于生命的自由洒脱,缘在,如缘字象形所表达的人与人之间千丝万缕的联系。没有共同生命的幸福就没有我个体的幸福,我个体的幸福离开生命共同的幸福是不存在的。例如,在泥泞道路上前面的桥塌路断,即使你有高档次轿车也寸步难行,这样的生命个体同那些赤脚走在泥泞路上的人,都没有幸福感。前几年雾霾狂虐,人们出门就要戴口罩,你美丽的容颜也不能显露出来,因此大家不快乐个人也不快乐。生命文化的这种人与自然、人与人之间美美与共的快乐幸福观,就会有效的改变或者是抵制扭曲的物欲的快乐幸福观,创造出一种美美与共的心态,使人生活在生命文化的快乐与幸福之中。

(三) 生命文化将提升人们死亡的品质和殡葬服务的品质

1. 提升生命死亡的品质

随着医疗的科学进步,显然延长了人类的生命,然而并没有给人们的死亡带来福音。现实人类的死亡寿终正寝死亡者少了,所谓与死神搏斗的抢救生命,拯救死亡,使得逝者在所谓抢救中不得好死的死亡,几乎成了每个生命死亡模式。生命文化认为生命死亡是必然的,死亡是一个过程,有一个死亡阶段,因此我们要尊重生命的死亡,科学的帮助逝者走完生命死亡的之一段路程,使得生命死亡得到善终。《生命文化与优死》[①]一文中专门讨论过生命的优死。生命文化认为生命有四个维度,应该是四个维度的都善终才是优死。

(1) 物缘生命是在安详无痛或者最少痛苦中自然死亡。对自然生命的尊重的

---

① 孙树仁著:《2011 年生命教育学术研讨会论文汇编》,第 449 页。

死亡,不是安乐死,是采取姑息治疗,在自然生命走向死亡的过程中,给予缓解症状、减轻疼痛或痛苦的姑息治疗,使得自然生命得以维持和最大限度的延续,最终自然、体面、有尊严的实现死亡。

(2) 血缘生命在亲人陪伴下温情不舍的死亡。养老送终考终命,是我国优秀的死亡文化,它是生命伦理的必然。现实中由于人口结构和孝道伦理文化的丧失,不少空巢老人"、子女不孝的老人、困难家庭无保障、长年抱病在床的老人等晚景凄凉,甚至是悲凉中死亡,令人不寒而栗。面对社会转型期,生命文化旨在提出生命止于至善的善终观,主张弘扬传统孝道文化,呼吁构筑符合老年人生存的社会伦理环境,让老年人的血缘生命在血缘亲情的温暖泪水中死亡。

(3) 社缘生命在人文关怀中死亡。生命文化人们生命价值的体现在于生命的社缘生命,生命的结束应该得到社会的尊重。满足逝者死亡时候的成就感和价值感,无憾的离开这个社会,结束自己的社缘生命。

在进入死亡过程阶段的生命,我们又称之为围终期,不只是亲情关怀,还需要社会层面给予临终者关怀,让围产期的生命获得临终的幸福和尊严。北京松堂关怀医院对 8246 例临终者进行了研究,证明衰老的生命垂危直至死亡的临终期是 10 个月。恰当于人生命在母体子宫孕育 10 个月围产期。如果说围产期是靠母体子宫给婴儿提供自然沃母,那么高龄老人临终时的围终期,则需要家庭和社会提供临终关怀的"社会沃母"。北京松堂关怀医院整合社会资源为每位老人搭建起围终期的"社会沃母"。北京 239 所大中专院校的志愿者,经常为老人唱歌、表演节目、过生日,欢乐随时陪伴着每位老人。医院对有佛教、基督教信仰的老人,满足老人临终助念等需求,让他们没有遗憾的走完生命的最后旅程。美国洛杉矶时报写到:世界上没有任何一家医院像中国的松堂临终关怀医院那样,80 间病房却有 119 所大中院校同学们分别成立他们的"爱心小屋"为老人送去了欢乐,中华民族敬老爱老的优良传统在继续弘扬着。松堂关怀医院的临终关怀老年人,也有很多临终关怀的病患婴儿。耄耋老人滚动的轮椅与摇篮里婴儿牙牙学语交织在一起,形成了一种坦然而和谐的走向生命终点的画卷。这里就是努力给生命的死亡一种舒适的辞世环境让生命在舒适的"社会沃母"中实现优死。

2. 提升殡葬服务的品质

(1) 生命文化的生死观,可以为殡葬事业大发展和进步提供和谐的社会环境。由于人们对死亡的忌讳,因此对从事殡葬事业的人们以及殡葬人也避而远之。使得殡葬事业和殡葬人被边缘化甚至被歧视。殡葬人也因为边缘化和被歧视的现实,形成了一种冷漠、孤独、对主流社会与人群的轻蔑的心态。以服务生命"生与死"殡葬视角的生命文化,将生与死结合为一体,使人们在欣然探讨如何生活的好的时候,不知不觉的走进死亡,感悟生死、接受死亡、学会死亡。并渐渐的接受殡葬事业和殡葬人,接受这些让生命止于至善的人们,并由衷的产生出一种崇敬感。因此,生命文化将有助于殡葬事业与殡葬人汇入主流社会,主流社会也会接受殡葬事业,不断提升殡葬服务的品质创造良好的心态氛围与和谐的社会环境。随着殡葬事业社会地位的提高、社会环境与心态的不断健康,也都会激励着殡葬人生命的激情,投入到殡葬事业中来,不断创新发展,不断提升殡葬服务的品质。

(2) 生命文化可以提升殡葬人和殡葬事业的文化自信。由于人们对殡葬的忌讳,甚至自己也感到殡葬就是埋死人、哭死人,天天在悲痛和人们的不解甚至是责怪中工作与生活,殡葬事业缺少文化自信久已。生命文化告诉人们,殡葬不只是服务逝者,也是在服务生者,即是服务死亡又是服务人们更好的生活。殡葬不只是服务生命的自然属性,对无缘性生命的安顿,更是对血缘生命、社缘生命和灵缘生命的负责,这是一份具有温度、文化、技术含量很高的被人崇敬的事业。他如同教师,教导人们感悟生死,学会生死,殡葬是生命文化教育的课堂;他如同医生,疗愈丧亲的悲伤,走出悲痛的雾霾,鼓励人们向死而生,向阳而活,步入新的生活。生命文化能让殡葬人树立起"世界因生命而融合,生命因殡葬而至善,殡葬因文化而神圣"的理念和文化自信。

(3) 生命文化将丰富殡葬服务的内涵,使得人类生命得到尊重,死亡达到止于至善。殡葬文化是"殡葬祭"的文化,主要是开展殡葬祭的服务。生命文化则是"生终殡葬祭传"的文化,主要开展的是向死而生的生命教育、优死善终的死亡辅导、尊重生命的哀悼出殡、科学生态文明的安葬、缅怀追思的祭祀与优秀生命品质的纪念与传承。生命文化语境下的殡葬事业,将极大地提升殡葬事业的文化内涵和服务内容,极大的提升生命死亡服务的品质,使得人们更加尊重生命,更加努力使得人类生命达到死亡的止于至善。

基因编辑技术的伦理反思和未来展望

刘玉婷(上海师范大学研究生)

摘要 世界首例免疫艾滋病的基因编辑婴儿在第二届国际人类基因组编辑峰会前公布,引起全球科学界等对其安全性以及伦理性的热议。近来,基因编辑技术的快速发展不仅给科学发展带来了革命性突破,同时也在伦理治理方面带来了极大的挑战。在此背景下,本文将进一步围绕基因编辑技术的安全性和相关伦理问题进行简要的分析讨论。

关键词 基因编辑婴儿 知情同意 社会公平 认同感缺失

2018年11月26日,我国南方科技大学副教授贺建奎在第二届国际人类基因组编辑峰会召开前一天向外界公布,一对2名叫露露和娜娜的基因编辑婴儿在中国诞生,这是世界首例免疫艾滋病的基因编辑婴儿。

一、基因编辑技术概述

基因编辑技术兴起于上世纪80年代,经历了三次技术革命后,直到2015年终于发展到较高效的第三代技术——CRISPR/Cas9。人类可以运用这项技术根据自己的意愿对DNA序列进行随意的修剪、替换和删除。CRISPR这一"神奇剪刀手"工具,可以精准的对基因组进行编辑,将缺陷基因用正常基因代替,这就有可能完全治愈遗传类疾病。基因编辑技术早就应用于动物胚胎、成体干细胞的编辑,但是对于人类胚胎基因编辑且诞生出婴儿在此前从未有过,这主要就是涉及到技术安全以及伦理问题。

二、与基因编辑技术相关的伦理问题

（一）安全性问题

首先，CRISPR/Cas9 基因编辑技术可以在很大程度上高效的编辑人类胚胎基因，但是它仍然存在一定的"脱靶"率，比如原本需要对某一基因进行编辑，但是最终却在其他的基因组位点植入这一基因，那么就会导致基因顺序混乱和基因突变等问题。由此可见，这项技术存在的技术风险也是不可忽视的。

其次，除了技术本身的风险，这项研究本身也具有巨大的科学争议和风险。据报道，基因编辑婴儿的父母只有父亲是艾滋病病毒的携带者，但通过治疗早已得到了很好的控制。[①] 理论上，现有的母婴阻断技术非常成熟，完全可以有效阻止新生儿被艾滋病感染，也就是说根本无需编辑 CCR5 基因，就完全可以生育出健康宝宝。CCR5 对于人体免疫细胞的功能起到重要的作用，对于 CCR5 基因的敲除可能会引发难以预见的问题。

再者，如果说这项研究根本没有较大的科学价值，那么不禁让人质疑贺的研究的根本目的究竟是为了临床研究还是非临床研究。前者是为了特定病人进行诊断性的或治疗性的研究，后者主要是指纯粹为了科学的目的、不期望对病人产生好处的研究。如果实验不是以人类的善为目标，对社会的善产生富有成效的结果，那么势必贺的做法会让人联想到"科学怪人"。

最后，从长远的角度看，基因编辑的过程是不可逆的，两个孩子未来结婚生子可能造成基因漂移甚至进入人类"基因库"，而其存在的风险未知。

（二）知情同意问题

据悉婴儿父母签署的知情同意书内容是关于"艾滋病疫苗"试验，而非基因编辑胚胎研究。研究者在公布研究结果前，没有任何相关管理部门知晓婴儿出生的医院等信息，整个伦理跟踪审查过程缺乏应有的透明度。

早在二战后为了道德、伦理和法律而制定的必须服从的纽伦堡准则中，第一个准则就是"人类受试者的志愿同意是绝对必要的"。这表明在不得不用人做实验的科学研究中，必须对于有关人士的自由的和知情的同意提供特殊的保护，以便保证

---

① 周吉银，王明旭：《"基因编辑婴儿"事件后的伦理重塑》，《中国医学伦理学》，第 32 卷第 1 期。

充分的信息得到交流。[①] 医疗伦理学的知情同意的思想实际上就是建立在尊重自主性这一生命伦理学第一原则的基础上的。

康德强调,人不应该像物一样被当作是手段或者工具,而应该被视为一个目的。科学家依赖受试者来检验技术或新的药物等,但这么做的时候,实际上就是在把他人处理为实现他们目的的手段,于是,科学家首先要做的就是要取得对方的知情同意,保留他们对于自己生活的控制。这样一来,医患关系就应该建立在病人的自主性的尊重和那种同意的基础上。尊重自主性,也就是在共同协商和创造具体的道德世界的过程中,道德主体应当相互尊重。由此得出,若得不到允许,医生不得对病人进行治疗或试验。而在这次基因编辑婴儿事件中,可以说没有做到让实验相关人得到完全的知情同意。

(三) 社会公平问题

无论什么样的技术其实都是手段,技术本身是中立的,它作为一种手段服务于目的。就目的而言,基因编辑技术除了通过编辑缺陷基因预防疾病外,还可以充当增强工具,也就是通过优生的基因工程在正常的方式上进行的非治疗的基因技术。这里面临的问题就触及优生学,同时留给我们一个哲学问题——我们应不应该运用增强的技术来为人类服务,换句话说,我们有没有权利或能力去左右后代人类的基因。

基因编辑技术充当增强工具会导致一系列社会公平问题。我们先设想一下运用基因编辑技术增强我们的基因从而"创造"出近乎"完美的人类"。科学家霍金曾在生前写下的《大问小答》中预言:"在不远的未来,有一群超级人类将通过基因工程,甩开其他人类,最终接管地球。"这种超级人类一出现,未改进的人类就再也不是他们的对手,严重的问题由此产生。原版人类将逐渐灭绝,或变得无足轻重。霍金的预言具有极大的启示意义,如果我们运用人类的胚胎基因编辑技术培育出的后代拥有"最优基因",那么自然分娩的人类将在生理和智力以及其他方面较之处于劣势,如此一来会导致社会不公平现象加剧,两极分化更加严重。巴莱多定律也就是二八定律告诉我们,社会上大约百分之八十的财富都集中在百分之二十的人手里,而剩下的百分之八十的人只拥有社会百分之二十的财富。一旦两级分化越来越严重,社会将会被拥有所谓"优等"基因的人所统治,他们支配着具有所谓"劣

---

① 徐向东:《自我,他人与道德——道德哲学导论》,北京:商务印书馆,2007 年 3 月版,第 919 页。

等"基因的人。① 这种不公平现象会进一步引起更多心理问题,导致社会问题频发。这项技术一旦应用于生产,技术拜于资本的"石榴裙"下,将物质作为基础,将有可能会导致"马太效应"。一般普通人无法负担起高昂的基因编辑费用,而富人则会用自己的资本进一步改进自己的基因,获得"优良基因",如此在一定程度上,"优良基因"又可能使得他进一步的创造出更多的财富。如此一来,两级分化中间的鸿沟将愈发无法跨越。

此外,存在对于"优等基因"的价值判断问题。社会上存在各种各样的价值观,有的人觉得智商高是值得肯定的,但并不是所有的人都愿意做"痛苦的苏格拉底",也会有相当一部分人希望做"一只幸福快乐的猪"。此外,治疗和增强的界限难以区分。比如,定制一个 IQ 基因,其标准是 70,那么 70 以下的就是治疗,但是从 70 变成 70 以上就是增强或优生,那么要是 70 这个标准本身也是可以改变的,这样一来其界限便难以分清。

一旦基因编辑技术被用作是"增强工具",就必然触及"优生"的问题。历史中优生问题的突出表现,首当其冲的就是纳粹的优生政策。随着纳粹的优生政策萌芽成为一个对欧洲犹太人以及"低等群体"(吉普赛人)和"有缺陷的人"(同性恋)加以全盘清洗的残忍计划而到来的。1935 年的纽伦堡法转向反犹且限制不同种族通婚,以及 1939 年对所谓"无用的但仍张嘴吃饭的人"施行"安乐死"等政策,都使得在二战后,"优生学"被等同于"种族主义"。1962 年"人及其未来"会议中,拉姆齐认为,遗传工程的实施必须要在某些价值的界限内进行。他赞成某些优生选择的手段(例如志愿的绝育),但反对繁殖"更加完美的"人的做法。因为他认为没有任何人有能力处于优生的目的而为人类选择"理想的"基因型。②

总之,对于"我们是否有能力为未来的人选择发挥各种特性"等诸如此类问题的探讨结果,就是人类必须以尊重个人自主性为目的,在抛弃优生学观点的前提下治愈疾病,而非一味的企图将这项技术用于增强和定制"完美人类"。

(四) 认同感缺失问题

对于基因编辑婴儿以及自然分娩婴儿,我们可以区分为人造实体和自然实体。

① 秦浩:《关于人类胚胎基因编辑研究引发的伦理关注探讨》,《锦州医科大学学报》(社会科学版),第 16 卷第 2 期。
② 徐向东:《自我,他人与道德——道德哲学导论》,北京:商务印书馆,2007 年 3 月版,第 924 页。

我们之所以对于机器人或者基因编辑婴儿等产生巨大的惶恐,实际上是对于"人之为人"的困惑以及对人自身的恐惧。比如,西方的"忒修斯的船",船上的所有零部件换掉之后,还是不是原来的船。那么假设基因编辑推广开来,一个人的基因有60%或者80%的编辑的时候,我们就会对其产生认同感危机,同时我们无法确定以何种方式与这种"人造"的方式打交道。我们传统的生活中,这种家庭、社会的伦理标准以及法律法规是否同样适用于他。

三、未来展望

笔者认为,未来人类的胚胎基因编辑的相关研究要注重知情同意、伦理审查的问题,加快国家关于医学伦理的立法。同时,政府、群众以及学界需要积极发挥自身的监督管理职能,确保医学新技术临床研究的公开性和透明性。政府部门需要进一步普及基因编辑技术的相关伦理常识问题,使得群众加深理解、辩证看待该项新技术的利与弊。我国研究人员需要进一步加强自觉性,考虑研究的合理性问题。

(一)加快我国关于医学伦理的立法

我国目前为止还没有任何的伦理立法,伦理委员会也没有独立的法人资格。因此,医疗机构内的医学伦理委员会需要由国家层面的伦理委员会进行注册和监督管理。伦理立法能有效管理、引导生命科学、医学临床研究实践,充分保障受试者的知情同意,为我国受试者提供十足保障。同时,伦理委员会需要进一步明确违规违法相关人员的责任,以防再次涉事双方互相推诿的情况。

(二)尊重公众知情权

立法完成以后,各界需要通过借助媒体平台等方式进行监督管理,确保医学新技术临床研究的公开透明。研究者应该尊重公众知情权,遵守信息公开的原则,告知群众基因编辑技术所带来的便捷以及其潜在威胁和危害。群众也应该积极关注基因编辑技术的相关问题,科学掌握医学伦理知识,理性看待"基因编辑婴儿"和基因编辑技术,避免盲目的对新技术产生恐惧和进行抵制。

(三)研究人员增强行业自律

医学研究因为其特殊性,难免会涉及许多医学伦理问题,这就要求医学行业研究者必须增强其行业自律,在合法合规的伦理原则下开展临床探索,确保研究真正造福人类,促进社会发展,使受试者获得益处,警惕"科学怪人"的出现。

尽管基因编辑技术带来了无数的问题,例如安全问题、知情同意、社会公平以及认同感缺失等问题,但是基因编辑技术在于治愈人类遗传性疾病方面表现出的优势也是不可忽视的。所以,人们应该以谨慎的态度,深入研究基因编辑技术,把这项技术作为工具运用好,进一步并避免其错误走向,即代替纳粹政治和种族优生。技术是手段,人运用技术的目的才是技术发展的目的,要真正的抓住这项技术的优势为人类的幸福服务。

参考文献

徐向东:《自我,他人与道德——道德哲学导论》,北京:商务印书馆,2007 年 3 月版。
周吉银,王明旭:《"基因编辑婴儿"事件后的伦理重塑》,《中国医学伦理学》,第 32 卷第 1 期。
秦浩:《关于人类胚胎基因编辑研究引发的伦理关注探讨》,《锦州医科大学学报》(社会科学版),第 16 卷第 2 期。

中国遗体捐赠面临的伦理困境

刘佳(上海师范大学研究生)

摘要 遗体捐赠是一种比较特殊的医学捐赠行为,在中国遗体捐赠的起步比较晚,但相对外国来说却面临更为严峻的伦理困境。本文从捐赠者,捐赠者亲属,受捐赠者三个视角出发,简单分析中国遗体捐献面临的一些伦理问题。

关键词 遗体捐赠 伦理困境 遗体尊严 人格同一性

一 我国遗体捐赠现状

遗体捐赠是一种比较特殊的医学捐赠行为。一般是指自然人生前自愿表示在死亡后,由其执行人将遗体的全部或者部分捐献给医学科学事业的行为以及生前未表示是否捐献意愿的自然人死亡后,由其近亲属(包括配偶,子女,兄弟姐妹等)将遗体的全部或部分捐献给医学科学事业的行为。[①] 在西方国家,国民的遗体器官捐献率一般可以达到百分之三十到百分之八十。在德国甚至出现过供过于求的状况。而在我国,遗体器官捐献工作开展较晚,在 20 世纪 70 年代就有人志愿捐献遗体用于医学研究和解剖学教学,于 1974 年成功完成了首例肾移植,1978 年完成了第一例心脏,肝脏移植手术。进入 90 年代后,才在南京,上海,北京以及扬州市开始较大规模地接收志愿者的遗体器官捐献。[②] 2009 年的统计数据显示,遗体器官捐献的登记人数仅仅占我国人口的 0.01% 左右,而实际捐献的遗体仅占遗体器

---

① 郭玉宇. 我国遗体捐献困局与传统身体文化关系的伦理探析[J]. 医学伦理学理论研究. 2016 年 5 月第 37 卷 5A 期. 第 24 页.

② 资料来自刘俊华,张会保,汪爱国等. 870 例遗体捐献者登记资料的统计与分析[J]. 南京军医学院学报. 2003 年第 25 卷第 4 期. 第 226 页.

官捐献登记人数的 4%—20%。①

近年来,国民的物质生活逐渐丰满的同时,整体的文化素质也得到了显著的提高,首先社会对遗体器官捐献,器官移植事业的宣传和普及,加上学校医学相关专业知识的普及,还有民间一些"志友"组织的努力,近几年来的遗体器官捐献率有所增加,但相比较西方国家还是有很大差距。据统计,现阶段我国公民死后的器官捐献率仅为 0.6/100 万人,是世界上器官捐献率最低的国家之一。②

作为世界上人口最多的国家,这意味着我国同时也有着非常庞大的需要接受移植手术的群体,缺少器官捐献与巨大的需求之间存在落差。中国为什么在遗体捐赠方面会陷入遗体不足的困境,包括遗体器官捐献登记人数与实际捐献人数的悬殊差距究竟有怎样的原因? 在中国,公民对于遗体器官捐献知之甚少,无论是对遗体器官捐献相关的医疗技术,还是对医学上的培养都不太知晓,人们总会对自己不够了解的事情产生畏惧,这就导致了尽管也开展了一些与遗体器官捐献相关的活动,但人们对于这些宣传活动参与并不高,甚至存在抵触情绪。根据国家卫生计生委器官捐献研究项目 2011 年"公众对器官捐献态度"的调查数据显示,对于反对尸体器官捐献或自己不愿意器官捐献的理由,虽然收到传统观念的束缚认为"死后要留全尸"选择频率最高,也只有 33.1%(106/319),并非出于绝对优势;而高达 30.1%(96/319)的受访者是担心捐献出去的器官会造成器官买卖几乎与"死后要留全尸"比例相当。除此之外,认为没有必要去帮助别人的仅仅占 1%,而 20.69%(66/319)的受访者是因为对器官捐献还不够了解。③

一次完整的遗体捐赠行为,所涉及的不仅仅只有捐赠者一人,还有捐赠者的家属,医生和被捐赠的对象几个方面,他们在这一过程中往往面临着不同角度的伦理问题。

二 捐赠者视角下的困境:传统死亡观,功利主义和利己主义

首先是中国捐赠者所面对的伦理问题。在西方,人们普遍相信人死后灵魂不

---

① 数据来自张安勇,崔益群,吴伟风. 解析遗体捐献瓶颈的成因及解决措施[J]. 中国医学伦理学. 2009 年第 22 卷第二期. 第 101 页.

② 数据来自张恒诚,郑佳男,刘文华,等. 江苏地区器官捐献态度和意愿调查及对策分析[J]. 南京医科大学学报. 2015 年第五期. 第 339 页.

③ 数据来自许卫平. 我国遗体器官捐献的伦理研究[D]. 湖南工业大学. 2015 年.

会随着肉体而消逝,而是去往天堂;佛教"生命是由父精母血以及业识的因缘和合而来的"。[①] 业是产生结果的原因,众生行善或是行恶,根据业力的不同就会带来不同的果报。在果报之上再建业力,以此未来再生果报,如此往复就是轮回,死生相继。总之,也许是灵魂的不朽和因缘果报让肉体相对来说没有那么重要,人们对于死后留下的肉体自然也就没有那么强的执念。西方的传统文化正视死亡的本质,尽管人的生命有限并且充满不确定,但死亡作为最终归宿是永恒的。而在中国,以儒家为主流的传统文化中,中国人是避讳死亡的,这种避而不谈,并不是对于死亡的恐惧,相对于死亡,儒家更强调生,强调积极入世,为国家做贡献,"未知生,焉知死"就是对这一态度的准确概括。但是,对死亡本质的理性探索的缺乏,也就导致了中国人对于"死亡"这一本就充满未知的命题更加忌讳。当中国人意识到这个问题不得不面对的时候,我们把目光就放在了"身体"这一连接生与死的媒介上。

孝道作为中国人为人处世都离不开的一条准则,在传统文化中占据着非常重要的地位。我国传统文化是学院文化,是以"仁"为本,以家内部的孝亲伦理为内核由此推演形成各级社会伦理的道德文化。[②] 儒家文化认为,"孝"是一种自然本能,是子女对父母的一种自然情感的流露。《孝经·开宗明义章》写:"身体发肤,受之父母,不敢毁伤,孝之始也。"把爱护自己的身体与"孝"联系在一起,甚至看作是最基础的孝。所以,在中国人心中,捐献器官其实是一种伤害自己身体的行为,而伤害自己又是不孝,这种封建伦理道德思想在中国人心中根深蒂固;死后要留全尸,死后必须厚葬。在亲人逝世之后,人们保存遗体三到五天,并且在此期间对视这举行多种祭奠仪式,瞻仰遗容,来表达对逝者的缅怀和思念。

另外,"落叶归根""入土为安"也是中国人一直遵循的丧葬方式。中国早期,人们习惯于土葬,并且渐渐形成了"尘归尘,土归土"的思想,也就是说,人们认为生命是来自于土地,最终也会回归于土地。这同我们传统的生产方式有一定关系,中国是一个古老的农耕民族,土地是人们赖以生存的必要条件,这也使得我们对土地存有非常浓厚的依赖感,即使是死后,人们也不愿意离开,帝王将相在死后大量陪葬也是相信死后世界他们会继续享用这些陪葬品。中国人一直对全尸有特有的执念,觉得最后入土尘埃落定,这件事才算有了最终的归宿,入土之后才能获得安息。我国现存最完整的,最有代表性的封建法典之一的《唐律疏议》卷17"残害死尸"一栏规

---

① 梁霞.论佛教对汉唐以来民间丧葬习俗的影响[J].青藏高原论坛.2014年4月第2期第87页.
② 郭玉宇.我国遗体捐献困局与传统身体文化关系的伦理探析[J].医学伦理学理论研究.2016年5月第37卷5A期.第26页.

定：如果杀人再焚烧或肢解，处以斩刑，妻子流放二里；如果不杀人仅焚烧或肢解或弃尸于水中，处"减斗杀罪一等"；在路上碰见死尸不掩埋，"徒二年"，把尸体烧掉，"徒三年"等，法典之严格可见一斑，这更加巩固了视毁坏尸体为不仁不法的思想。[①]

当然也有人并没有因为传统文化的束缚而拒绝遗体捐献，有人认为遗体捐献可以让自己在生命结束之后获得价值。这种想法多多少少有点功利主义的味道在里面，功利主义者把"效用"理解为人的福利，也就是"过得好"，一个行为的道德正确性就是由它所产生的结果的好坏来确定的。从这个角度来说，当我们的生命已经走到了尽头，我们还能有肉体作为有用之物帮助到更多人，产生更多"幸福"，而我自己在这个过程中也完成了个体道德人格的自我完善，获得了对自身存在的肯定评价，获得了"幸福"，这不就是一件正确的应该去做的事情吗？但这种想法的前提是，我的死亡意味着肉体对我没有什么价值了，但对于别人还是有很大用处的，我愿意把它贡献出去产生更大的价值。也有类似利己主义的想法认为，我的身体，我的灵魂都是我的所有之物，也许逝去之后我的身体对我还有价值，总而言之，并没有什么东西能够让我觉得我应该把它捐献出去，这难道就是错的吗？

现代社会认为，遗体捐赠是一个很崇高的行为，我同意这个说法。我们赞许遗体捐赠的行为，感叹捐赠者的伟大，都是无可厚非的，但这并不意味着我们拥有了一个道德制高点，以此去批评或者贬低那些选择不捐献的人。

三　捐赠者家属视角下的困境：孝道，遗体尊重和舆论压力

人是群居动物，这意味着没有人能够完全独立于他人而存在。当一个出生的那一刻起，他就逐渐会成为孩子、兄弟、夫妻、父母，所以，在遗体捐赠上，捐赠者的家属也同样会面临一些问题。有人调研过这样一个问题：如果您的父母有遗体捐献的打算，您会支持吗？选择"不会"的人占 21％，选择"还没有考虑好"的人占 49％，选择"会"的人仅占 30％。[②] "不会支持"和"还没考虑好"的这部分人，顾虑之处很大程度在于上一节提到的传统的丧葬习俗和孝道观。中国人对于"死后全尸"，"入土为安"有很大的执念，对"孝"也是极为看重。即使父母亲有遗体捐赠的

---

① 参考柏宁. 我国遗体捐献现状及其制约因素的研究[J]. 中国医学伦理学. 2005 年 8 月第 18 卷第 4 期. 第 60 页.

② 数据来自郭玉宇. 我国遗体捐献困局与传统身体文化关系的伦理探析[J]. 医学伦理学理论研究. 2016 年 5 月第 37 卷 5A 期. 第 26 页.

意愿,儿女对于遗体捐赠本身也没有任何偏见,但是如果儿女同意父母亲遗体捐献,就很容易背上"不忠不孝"的骂名,在这个意义上,亲属可能就不会遵循逝者的要求捐献遗体。

另外,我国目前对遗体用后的处理问题规定并不是很明确,各个议题接收单位对此也没有很明确的标准,加上民众对于相关问题的了解也不是特别全面,捐献者以及捐献者亲属(一般捐献者亲属都是遗体捐献的执行人)就会很担心遗体的相关处理问题,比如遗体是否按照捐献者所希望的从事医学活动,遗体是否会得到尊重。前者涉及到的是器官买卖是否可以合法化的问题:器官买卖一定程度上可以缓解器官需求严重不足的问题,但是同样也会带来非法买卖以获取高额利润的犯罪,严重违背人道主义。后者则是遗体尊严的问题:尊严是人权的基础,一个人不管是成人还是人类胚胎都有不被侮辱的权利。这里不细谈遗体尊严的界定,但是当一个人决心死后无偿奉献出自己的身体去创造更多的价值的时候,他的遗体就应该是被尊重的。这些问题的处理,有可能会让捐献者家属留下深深的遗憾,甚至是不愉快。将心比心,这可能会让有捐献遗体意愿的人打了退堂鼓。再加上现如今遗体捐赠被认为是非常崇高的行为,所以有些自愿捐献遗体的人的家属并非因为认识到遗体捐献的意义而同意捐献,而是因为舆论压力。要知道毫不相干的人往往只看到遗体能够救治别人,能够带来希望,而对于家属来说,自己的家人死后不能完完整整入土为安,而是取出一些器官或者躺在冰冷的解剖台上,这其实也是对家属的二次伤害,所以他们能同意遗体捐献,也是需要很大的勇气的。

四 受捐赠者视角下的困境:人格同一性

遗体捐赠一方面是参与到了科学研究中,还有另一方面是将健康的器官捐献给了受捐赠者,在他们的视角下,人格同一性问题是个比较复杂且现实的伦理问题,而器官移植技术使这个问题更加的尖锐复杂。"人格"应该是综合了个体人的心理,生理,伦理价值的一个综合的范畴,不能脱离某种具有特定性的生理组织基础。"人格同一性"具体说就是指人的自我或者自我性在过去、现在、将来的时间流逝过程中具有恒定不变的同一性或者同一性基础。[1] 也就是说这种同一性是从始至终一贯的,任何原因的偏差都会导致同一性的丧失。这种人格同一性可以包含

---

[1] 张倩.关于我国人体器官移植的伦理思考[D].石家庄.河北师范大学.2006 年.

有三重意义上的含义：1.人格同一性是指人的机体意义上的同一性，即人的身心结构的同一性与继承性。2.人格同一性是指被社会认定的人的社会角色的恒定性。3.人格同一性是指人的自我意识的同一性。[1] 随着技术的发展，器官移植领域越来越宽阔，问题也随之尖锐。受捐赠者接受了遗体捐赠者捐献的健康的器官，受捐赠者的人格同一性就会收到很大影响，尤其是大脑，心脏这种重要器官，有很多充满争议的案例：比如 A 是富有盛名的聪慧的学者，可惜英年早逝。A 捐献了他的遗体，大脑移植到了一个向来迟钝的人 B 的身上，一段时间之后接受 A 的大脑的 B 竟然逐渐变得聪明起来。这种事例的真实性暂且不论，但是背后的问题确实很明显的——遗体捐献的受捐赠者在接受一些重大器官的移植之后还是他自己吗？这些问题显然都是对人类社会现有的伦理的一种巨大的挑战。

五　总结

科技是把双刃剑，在给人们带来希望的同时也给人们带来了许多伦理上的问题。遗体捐献就是一个非常复杂的课题，而我国的遗体捐赠所面临的困局主要是受我国特有的生命伦理问题和传统的死亡观影响，这种影响并不是一天两天的积累，而要解决其带来的问题，首先要做的应该是尊重，在此基础上结合科学知识的正确引导和合理教化才能达到目标。

参考文献

张安勇,崔益群,吴伟风.解析遗体捐献瓶颈的成因及解决措施[J].中国医学伦理学.2009 年第 22 卷第二期.

郭玉宇.我国遗体捐献困局与传统身体文化关系的伦理探析[J].医学伦理学理论研究.2016 年 5 月第 37 卷 5A 期.

许卫平.我国遗体器官捐献的伦理研究[D].湖南工业大学.株洲.2015 年.

柏宁.我国遗体捐献现状及其制约因素的研究[J].中国医学伦理学.2005 年 8 月第 18 卷第 4 期.

张倩.关于我国人体器官移植的伦理思考[D].石家庄.河北师范大学.2006 年.

齐晓辉.遗体捐献问题研究[J].北京邮电大学.北京.2017 年.

周泰蓉,陈静,李蓝江.中国传统文化下遗体捐献的医学伦理探析[J].教育教学论坛.2917 年第 31 期.

---

[1] 高秉江.西方哲学史上人格同一性的三种形态[J].江苏社会会科学.2005 年第 4 期.

虚拟与真实
——网络时代的生死祭

徐金梅(郑州科技学院)

去年 7 月 22 日，本是爷爷的三十周年祭日。按照老家的习俗，原本是需要大兴操办一场极为隆重的白事。到时会有村里有名望的人去主事，安排祭典、收礼、上坟、回礼，最后是免不了的吃吃喝喝(俗称吃席)。小时候总觉得能吃席是件仪式感很强很幸福的事情，只知道能吃到平时吃不到的好吃的，却从未关心过到底为什么吃席。慢慢长大了，学习了文化知识，才明白了为逝去的亲人办周年是一种祭典，再去吃席就有了一种莫名悲哀的心境。现在随着年龄的增长阅历的增加，才明白那是对逝去亲人的一种怀念仪式，是证明逝去的人在这个世界上还被亲人记念着、怀恋着。正如电影《寻梦环游记》里说的一样，生的对立面不是死亡，而是被遗忘。一个人的真正死亡是从这个世界上再也没有一个人怀念他开始。

可由于我们儿孙辈工作地的天南海北，也为了响应政府红白事节约、不兴铺张的倡议，爷爷的三十周年祭典最终没有举办。只有在老家的父母和几个姑婶一起去添了坟、上了香而已。但我们漂泊在外游子对爷爷的怀念一直都在。那个对儿女不怒自威、对孙辈和蔼可亲"重男轻女"的豫北老头儿的形象一直活在我的记忆中，从不曾忘却。但囿于时间和空间的限制，这份怀念我只能深埋心底，苦于没有一种途径做仪式感的祭典。

随着人口流动增加、城镇化改革进程的推进，这样的困惑应该不止我一个，应该不止千千万万。逝者如斯夫，网络时代我们需要一个地方怀念至亲。特别是刚刚过去的清明节，本是一年中祭祖思亲，缅怀先祖的时候，但是受新冠病毒疫情影响，如何既能响应政府"无烟化"扫墓倡议，给逝去的亲人一个安静、舒适的"家园"，又能让群众有一个合理的途径完成祭典先人的心愿，这是个需要迫切解决的问题。

国内互联网快速发展二十年，我们的工作、生活、购物方式都发生了巨大的变化。人们越来越离不开网络，特别是我们这代人之后的年轻人，网络已经是生活中不可或缺的一部分。时代在进步，殡葬和祭典方式也在不断变革。民政部在2018年推出"互联网＋殡葬服务"方案，殡葬服务实现信息化办理，逐步开展远程告别、网上祭奠等线上互动服务。

网上祭奠借助互联网跨越时空的特性，可以将现实的纪念馆和公墓"搬"到电脑上，方便人们随时随地祭奠已逝亲人。利用网络进行祭祀活动，是传统祭祀方式的继承与延伸，亦是对现实祭祀的一种补充，更是时代变迁的缩影。

我们需要一个安静的角落来记录普通人的伤痛别离，需要一种仪式能够随时随地以自己的方式缅怀逝者。豆瓣公墓，网络悼念堂，天堂公墓纪念网等网络祭祀平台的出现，我们可以通过点蜡烛或评论的方式来纪念、怀念逝者，寄托对先人的哀思，即使远离家乡，也可以亲睹现场，即使音容不再，也可以随时悼怀。特别是疫情肆虐初期微信遗嘱的上线，让我们越来越多的人能够坦然正视死亡，通过互联网祭祀亲人，不失为一种绿色、环保、节约的祭典方式。

庚子鼠年，一年一度的"三月三，祭轩辕"拜祖大典，世界各地的寻根华人就是通过远程视频直播的方式，进行祭祀。"庚子年黄帝故里网上拜祖祈福平台"（hd. huangdinet. cn）于3月21日上线，海内外中华儿女可以手机登录，网上礼拜人文始祖，跨越地域和时差、不论国籍和姓氏，实现"同拜先祖、祈福中华、祈福世界"的美好祝愿。网上拜祖祈福平台将中国传统文化与现代科技完美结合，为全球华人在网络空间拜祖祈福提供了丰富的体验环节。领取黄丝巾制作专属祈福头像、写下祈福语为祈福树添加黄金叶、在朋友圈中"晒"出自己身穿传统服饰的祈福海报……网友们在平台上用这些充满新意的祈福方式献出自己美好的祝愿，刷爆互联网。

网络祭典不仅打破了祭祀的时空限制，拓宽了人类情感抒发的空间，而且由于网络空间的无限巨大，还将保存并延长人类的历史记忆，为传统的殡葬文化增添了更加新鲜的内涵。

我们这代人，是刷着微博、记录着QQ空间、发着朋友圈长大的一代人。网络就是我们的家园，记录着我们的生平，传播着我们的思想。我们慢慢习惯在网络上祭典先人，慢慢也终将会被后人在网络上祭典。

我的一个前同事娟儿，也是住得很近的邻居，更是在朋友圈相互点赞、QQ空间经常互访的朋友。前年乳腺癌突然复发去世，所有与她相关的网络生活信息记录停止在她进入监护病房的那一天。"娟儿现在重症监护室，谢谢各位亲友的探访与关心,所有工作上未完成的交接请联系我",QQ 空间说说是她老公代发的,此后,再无更新。她的 QQ 空间日志和说说,记录了她所有的乐观和坚强,QQ 空间相册保存了她陪伴孩子和父母家人的所有照片、视频。自她走后 QQ 一直在线,家人在维护管理的同时缅怀着、纪念着,也时不时有朋友、同事进去留言,仿佛她一直都在,一切都没有变。有时候想,这也不失为一种仪式感满满的怀念和祭典方式。

如果有一天,我不幸离开了人世,希望我的 QQ 空间就是我的墓碑,我发的每一条说说都记录了我的所见所闻,我的每一篇日志都是我的思想,我希望我的儿孙们能从 QQ 相册中回看我的所有笑闹,就宛如我还在他们身边。他们也可以随时为我祭奠、祈福,随时撰写纪念文章或留言,随心所欲尽情抒发对我的情感,也可以通过对 QQ 空间的日常管理感受与我往日的紧密联系,回忆我们曾经在一起生活的点点滴滴,从而将被亲人抛弃的感觉降到最低限度。

所以,网络殡葬是我们这代人能够接受也必须接受的一种方式。用记录已逝亲人生前活动的文字、图片、音频、视频上传到网上保存这一形式,是真正环保并符合人们心理需求的绿色殡葬。因为它不受时空和程序限制,可以尽情表达哀思的方式和途径,不但不占用土地资源,不污染环境,费用低廉,祭奠方式也极具人性化,是一种名副其实的"低碳殡葬"。

同时,网络个人空间相比于网络公墓,可以更真实记录用户对逝者的缅怀过程,让用户感受到自己每一次对亲人的祭拜都是有意义的,都是对亲人的一次深情的祈祷和祝福。再者,网络空间可以永久保存逝者的音容笑貌及其他全部资料。还可以通过链接氏族宗祠和族谱馆等,展示一个家族的文化传统和历史发展进程,形成"个人或家族历史博物馆"。由此,逝者的子子孙孙都可以通过网络空间感受到其先辈的音容笑貌,了解到一代代的先辈所走过的足迹。这些,通过传统的殡葬和祭祀方式是无法做到的。所以,网葬网祭不但符合当今社会低碳经济的发展要求,符合向文明环保的绿色殡葬推进的总体趋势,而且有利于传统祭祀文化或清明节文化的进一步传承、深化和升华。

我的 QQ 空间,是数字时代赋予我的"碑",记录着我的生活点滴,如果我死了,我的后人知道我曾来过……

专题四

中国当代生死教育之
问题与方法

生死学教学计划： 教学目标、内容与方法

林绮云（台北护理健康大学生死与健康心理咨商系教授）

前　言

本人服务的学校（台北护理健康大学）成立至今72年，建校时是以护理职业训练（职校）为主，后正名为护理专科学校。1994年间，学校再由专科升格为学院；经全校学生票选决定8学分（约四个科目）的通识课程科目，"生死学"在众多科目中脱颖而出名列第一，亦使之成为全台唯一全校必修之通识科目。当时由校内几位专任教师共同设计规画课程，后有感于生死学领域的博大精深，再邀请校外相关领域的专家学者，以分担课程单元或专题演讲的方式共同参与教学。在这个发展基础上，1999年间本人通过申请设置"生死教育与辅导研究所"，2000年正式招生。本文悉将本校后来沿用数年的教学计划整理成文，提供未来想开课的学者专家们参考使用。

一、教学目标

本课程旨在让学生认识生死学的发展与范畴；从宗教、哲学（伦理学）与科学（医学、社会学、心理学、文化人类学等）等知识角度关照生死相关议题；期使同学建立正向生死观与死亡态度，能应用在日常生活或专业领域中，达到死亡教育的目的。教学目标列举如下：

（一）了解生死学的学术研究取向：宗教、哲学与科学知识领域与内涵

（二）能讨论死亡，了解各种死亡语汇与象征符号的说法，打破死亡迷思或

禁忌

（三）认识不同文化、社会体系的生死礼俗与仪式意涵

（四）认识社会中处理临终或死亡的相关组织、机构

（五）了解医护系统中生死照护的演进与濒死经验（NDE）相关研究

（六）认识临终病人及家属的情绪、需要与关怀照护方式

（七）了解临终或死亡过程、阶段与安宁照护模式

（八）了解死亡造成亡者或家属的失落悲伤及专业照护者的助人方式

（九）能建立一己正向的死亡态度，对生死意义与价值进行反思

（十）能进行死亡管理或死亡准备，学习安排生命遗愿、规划葬礼等

（十一）思辨科技社会中生死伦理冲突或争议的课题，如堕胎、死刑、安乐死或自杀等

（十二）认识东西方社会各种宗教生死观以及对死后生命的看法，了解宗教对社会及个人的影响

二、教学内容

生死学（Life and Death Study）或死亡学（Thanatology）是人类生死经验的中心课题，是一门关乎临终（dying）、死亡（death）与死后（after death）的知识与探索。教学内容涵盖如下：

（一）生死与教育：说明死亡教育、生死教育与生命教育的关系与演进，阐明生死教育的重要性、意义与内涵、实施重点与发展方向；了解幼儿至老年各年龄层死亡概念的认知与适当的生死教育方式。

（二）文化与生死礼俗：了解不同社会体系的死亡系统，处理死亡的相关机构，文化中的丧葬仪式及其对亡者、失亲者、家庭与社会的意义与影响，社会变迁下丧葬改革之今昔等。

（三）医学与生死（临终关怀与安宁疗护）：了解临终关怀的意义及理念，接近死亡之症状及照护措施、死亡历程的情绪与需要，病情告知的理由与原则。了解安宁缓和疗护的起源、特色与模式、不同专业的角色与功能，目前安宁缓和疗护的现况、困境与未来发展方向等。

（四）生死管理与死亡准备：了解个体面对死亡时应有的态度与准备工作，包括临终与死后的安排，认识与死亡相关的各种意愿书（包括"不施行心肺复苏术同

意书""医疗委任代理人委任书"等)或相关规定。

（五）失落关怀与悲伤辅导：认识死亡造成的失落与哀伤的身心灵与社会反应,悲伤与丧恸的因应之道,复杂性悲伤的处置与咨询辅导方式等。

（六）哲学与生死：认识历代中西方社会学者专家的死亡哲学观点,思考死亡与生命的关系,生死意义与价值等。

（七）科技与生死伦理：探讨科技社会中与死亡争议有关之社会伦理道德与法律问题,例如堕胎、安乐死、自残、自杀或病人的生命自主权等。

（八）宗教与生死：认识儒、道、佛以及基督宗教、民间信仰的死亡或死后生命等观点意涵,认识灵性与灵性照护的意义、宗教在临终关怀灵性照顾的应用,了解宗教存在的意义,功能与价值等。

三、教学方法

教学活动的设计影响生死教育的效果,教学策略或方法如下：

（一）讲解：提供生命或死亡现象相关之专业知识,包括理论上的定义或概念、说明学者专家建构的各种原理原则、相关研究的结果或看法等。

（二）专题演讲：针对生死特殊议题安排学者专家进行主题演讲,例如医学生死学、安宁疗护、殡葬机构特色、生死意义哲理、失落与悲伤等专题。

（三）机构参访：介绍与人类生命或死亡现象相关之机构并安排参观或访问,例如安宁疗护小区机构或医疗组织、殡仪馆、墓园、悲伤咨询机构等。

（四）体验教学：在课程中安排体验活动,有助于学生的参与与自我了解,例如设计自己的葬礼(告别式)、躺棺活动、音乐思亲或园艺治疗等追思活动。

（五）讨论与分享活动：透过生命经验分享活动有助于同学间的互动与关怀。例如,分享失落事件与悲伤经验,分享遗愿清单(Bucket List)之规划、分享撰写生前预嘱(Living Will)的过程、感受与内容等。

（六）电影赏析：挑选适合生死学教学的电影,从电影情节中检索可以进一步讨论的议题。例如,大病人(日片,临终插管急救等生死品质的议题)、送行者(日片,礼仪师协助亡者入棺等丧葬礼俗议题)、东京铁塔(日片,临终关怀的家庭议题)、楢山节考(日片,传统社会老人届龄必须送死的伦理议题)、父后七日(台片,台湾传统丧葬礼俗议题)、心灵时钟(台片,家人自杀的失落悲伤议题)等。

四、教学评量

教师可依教学实际状况决定下列各项评量结果所占之比例。

（一）上课表现（%）：学生出席情形、主动参与讨论或上台分享情形。

（二）考试（%）：测试知识或观念的理解与文字表达。

（三）个人作业（%）：包括完成各种心得报告,例如读书心得、参访心得、电影赏析心得或上课心得回馈等,其中以完成遗愿清单或预立遗嘱为主要。

（三）团体或分组报告（%）：全班分成 6—8 组,每组成员约 5—8 人,各组发展一个与教学内容相关之议题,搜集资料并整理成简报。学期末上台报告(每组约一节课)分享成果,上台报告之前须与老师另外约时间讨论确定内容的适当与完整性。

五、讨论与建议

（一）根据学生专业背景或属性调整教学目标与内容比重

1990 年间,本校生死学课程教授对象以医护类专业背景的学生为主,学习目标与内容重点放在医学与生死、安宁疗护、生死礼俗与临终关怀等教学内容。2000年间成立生死教育与辅导研究所之后,针对研究所学生则重视生死教育课程设计与失落悲伤辅导等教学内容。建议教师设计课程时可以依照学生专业背景(教育类、人文类等)之属性调整教学目标与内容比重。

（二）根据教师们专业背景协同教学(Team teaching)

生死学教学内容涉及宗教、哲学与科学知识领域与内涵,由于任课教师多半有其专业领域之限制,建议由校内相关领域之专任教师共同设计规画课程内容,再邀请校外相关领域的专家学者,以分担课程单元或专题演讲的方式,共同参与教学。

（三）教学方法与评量的问题

生死学的课程教学成效,可以依据教学目标所规划教学方案进行课室评量以及学生学习表现的评量。教学方法除了讲解式地教导理论知识之外,透过体验或分享讨论教学都是期使学生建立正向生死观与死亡态度。观念或态度的教学成效经常以撰写个人作业形式呈现，教师要能耐心与细心阅读各种个人作业或团体报告，以理解学生的学习进展状况。大部分的学生都能配合正常教学程序中运作，少部分的学生可能在各种作业中暴露与生死相关的困扰议题，必要时，适时约谈有个人议题的学生做进一步的评估与协助。

（四）生死学教师的教学态度问题

学生在上课过程可能问及与生死面向相关的多元问题，有些问题不可知或不易理解，甚至没有固定的解答，师生互动过程教师宜保持弹性或尊重的态度；学生分享生死经验的过程难免有情绪反应，教师要能适时表达理解与关怀。总之，教师在生死学课程中要学习集合知性、理性与感性于一身，做个有温度的老师，对学生要能做到不批评、不指责，陪伴与关怀，在教学相长中与学生一起成长。

华人生死教育的现状、困境与师资培育

——以台湾南华大学生死系为个案

廖俊裕(南华大学)

摘要 本文的生死教育以生死学的教育为主。关于华人生死学,首先倡议者傅伟勋先生,1993 出版《死亡的尊严与生命的尊严——从临终精神医学到现代生死学》,一时造成风潮。星云大师 1996 年创办南华大学时,由龚鹏程校长,以十年薪资一次给付方式表示隆重尊崇,聘任傅伟勋成立生死学研究所,筹备书已撰就,惜天不假年,因癌往生。后由钮则诚、尉迟淦两先生继踵成立开拓,至释慧开法师,整个生死学教育架构大致底定。后续继续发展,随着时代需求,与学术发展,成立大学部,分成殡葬服务组、社会工作组、咨商组(心理咨询)。研究所硕士班有生死学组、哲学与生命教育组、生死教育与咨商组(咨询)。并于 2019 获教育部通过成立博士班。本文以南华大学生死学系为个案,讨论华人生死教育的现状、困境与师资培育。以华人生死教育现状而言,台湾社会已经普遍意识到生死教育之重要,提高死亡的尊严与生命的价值常为社会议题。其困境为知识教育如何与情意教育、体验教育结合,使得生死学教育者,自己能具备正向心理学,无自杀或其他自残等心理疾患现象。师资培育目前主力对象为礼仪师、辅导教师、社工、心理师、精神科医生等生死学相关领域。

关键词 生死学 生死教育 生死学系

一、前言

随着时代文明的发展,每个时代有其发展重点。台湾地区随着经济蓬勃发展,开始对于精神价值上的需求,尤其是在中国传统上本来就是重视养生送死文化的基础上。死亡议题在华人文化中常常是个忌讳,尽量不要碰触,即使面对重病者,以往文化也是以不告诉他真实的病情为主要原则,主要的原因之一也是牵涉到死亡。但物质经济的发展到一个阶段,接下来就是意义价值需求的满足了。死亡的尊严与生命价值的强调,便是时代所需。傅伟勋先生(1933—1997)从小"死亡"就是他恐惧和解决的议题,基于他的生命经验和在美国教授死亡学的心得,1993 出版《死亡的尊严与生命的尊严——从临终精神医学到现代生死学》,点燃了台湾社会在死亡层面上的精神需求,强调了死亡尊严的提升。傅先生基于华人社会儒释道文化主流中,孔子所强调的"未知生,焉知死",提出"未知死,焉知生"的补足,认为"生死是一体两面"。[①] 因此将他在美国教授的"死亡学(Thanatology)"与"死亡教育(Death Education)"经验,扩大提升而提出"生死学"(Life-and-Death Studies)",傅伟勋先生此举有其慧见。钱穆先生认为生死问题,从人死问题决定人生问题是一路,另外一路是孔子所开创的,由人生问题的解决与明白,来解决人死问题。[②] 生死一如,两个入处刚好圆满。此后,"生死学"蔚为风潮。

台湾地区这时候刚好开放私人机构开办大学,星云大师推动"百万人兴学"活动,成立南华大学。当时约有 140 间左右大专院校,加上这波开放,后来一度台湾近 170 所大专院校。礼聘龚鹏程先生为首任校长(1986 成立初期为南华管理学院,三年后升格为南华大学,创下台湾高校史上最快升格大学的学校),要如何在这么多大学中有其独特性而和其他 160 几间大学、大专有所区别?龚鹏程校长有远见,成立了其他大学所没有的生死学研究所、自然医学研究所、文学研究所(其他大学是中国文学或外国文学研究所)、通识教育学分(素质教育)高达 50 学分等措施,迅速使南华大学脱颖而出。[③]

为了成立生死学研究所,特地以十年薪资一次给付,以示尊崇,聘请傅伟勋先生筹备,先生生死所成立企划书已撰就,惜天不假年,因癌往生,但规模已立。后由钮则诚先生踵其事完成筹备,1997 年成为生死学研究所首任所长,开创台湾生死学学术教育之首页。

死亡是人类社会普遍神秘、谜样的面纱,生死学研究所成立后,正是标举将此神秘面纱在学术上掀开的起步。其后来的发展标示着华人生死教育,尤其是在高

---

① 傅伟勋:《死亡的尊严与生命的尊严——从临终精神医学到现代生死学》,台北:正中书局,1998,自序第 20 页。
② 钱穆:《中国思想史》,台北:联经出版社,1998,第 8 页,收入《钱宾四先生全集》甲编 24 册,台北:联经出版社,1998。
③ 参百万人兴学纪念馆委员会网页,http://www.fgsfgc.org/origin.php,2019.10.18 查询。

等教育层面上的一个珍贵个案,本文即以其为个案,来考察:华人生死教育目前可能的困境为何? 考察的范围为:南华大学生死学系所历史发展与现状为何? 目前可能的困境为何? 师资培育上的瓶颈为何?

二、生死学研究范畴理论的建立过程

傅伟勋先生《死亡的尊严与生命的尊严——从临终精神医学到现代生死学》完成后,因应金观涛、王浩威、平路、傅佩荣等人的评论,又完成了《学问的生命与生命的学问》《生命的学问》二书,[①]二书有新作,但大部分是旧作收集,所以规模不出《死亡的尊严与生命的尊严——从临终精神医学到现代生死学》。傅伟勋先生将生死学界定为科际整合的一门学问,包含"死亡学、心理学、精神医学、精神治疗、宗教学、哲学、文化人类学、社会学、文学艺术"等面向,[②]提出狭义生死学/广义生死学。傅伟勋说:

> 广义的现代生死学所关注的生死问题则是整体全面性的,超越个体单独实存面对个别生死问题的价值取向、自我抉择等等问题。它必须建立在科际整合的现代理论基础上面,很有系统地综合哲学、宗教学、精神医学、精神治疗、死亡学、心理学、文化人类学,与其它一般科学以及文化艺术等等的探索成果,……狭义的现代生死学则专就单独实存所面临的个别生死问题予以考察探索,提供学理性的导引,帮助每一个体培养比较健全的生死智慧,建立积极正面的人生态度,以便保持生命的尊严,而到生命成长的最后阶段,也能自然安然地接受死亡,维持死亡的尊严。[③]

傅伟勋先生区分现代生死学为狭义与广义。狭义生死学以个体的生死问题解决为

---

① 傅伟勋:《学问的生命与生命的学问》,台北:正中书局,1995。傅伟勋:《生命的学问》,台北:生智文化有限公司,1998。《生命的学问》一书之出版,傅伟勋先生已不得见矣。金观涛、王浩威、平路、傅佩荣这几位学者对傅伟勋先生的生死学较偏于有些负面评论,针对这些负面评论,廖俊裕有所回应与解决。参廖俊裕、周柏霖:〈心性体认本位的生死学社会实践之探讨与理论建构〉,《生死学研究》第 17 期,2015.2,第 1—72 页。廖俊裕:〈心性体认生死学的实践策略——精神共同体下的意义治疗学〉,《大叶大学通识教育学报》第 13 期,2014.5,第 33—49 页。

② 傅伟勋:《死亡的尊严与生命的尊严——从临终精神医学到现代生死学》,第 177 页。

③ 傅伟勋:《死亡的尊严与生命的尊严——从临终精神医学到现代生死学》,第 227—228 页。

主,保有个体生命价值与死亡尊严。但狭义生死学离不开广义生死学,因为个体是在社会中,如要寻求安乐死,也要社会立法通过。广义生死学则是科际整合下包含社会层面的死亡问题,而不只是单单个体上面,例如安乐死、自杀、死亡定义、死刑存废、绝症患者之家属的身心照护、临终关怀等。① 因此两者不能分离,相属一体。

在傅伟勋先生的基础上,生死学系首任所长钮则诚教授落实傅伟勋先生理想,也发展自己的生死学理念,数年后,也提出其不同于傅伟勋先生强调的科际整合的生死学架构,而是站在生死学为一专业学科的理论研究与实务实践的诸多面向,他说:

> 生死议题主要对焦于人,笔者十三年前曾提出"生物—心理—社会—伦理—灵性一体五面向人学模式"的理论架构,再加上"教育、辅导、关怀、管理"四门专业实务,用以全面建构生死学。②

傅伟勋先生当时建构他的生死学理论,曾以生命十大层次立论:(1)身体活动层面;(2)心理活动层面;(3)政治社会层面;(4)历史文化层面;(5)知性探索层面;(6)审美经验层面;(7)人伦道德层面;(8)实存主体层面;(9)终极关怀层面;(10)终极真实层面。③ 钮则诚先生则不以层次的观点来架构,而是以五个面向"生物—心理—社会—伦理—灵性一体五面向人学模式"的人学模式来建构生死学,并重视四个实务面"教育、辅导、关怀、管理"。这些在后来生死学发展中,"伦理"部分强调如"生命伦理学"课程、"灵性"部分如"灵性治疗"、"超个人心理学"等课程均有涉及,而实务部分,早期没有实习课,后来也发展到必修实习课了。

相对来说,尉迟淦所长则更用心于殡葬与证照方面理论的建构与落实,他在921地震与殡葬管理之反思中,体会到生死教育的缺乏与殡葬管理上的不足等,他说:

> 有关殡葬业体质改善的部份,政府亦可从提升素质、健全公会、建立证照制度、建立合理管理制度四方面来做。

---

① 参傅伟勋:《死亡的尊严与生命的尊严——从临终精神医学到现代生死学》,第一章引论,第1—33页。
② 钮则诚:《生死学之思:科学、人文与自然》,发表于第一届中国当代死亡问题研讨会暨"华人死亡研究所"筹建倡议会议,2016.11.12(清华大学人文学院)。
③ 参傅伟勋:《死亡的尊严与生命的尊严——从临终精神医学到现代生死学》,第29页。

> 为了解决（按：生死教育）师资的问题，除了利用南华大学的生死学研究所硕士班培养高中以下生死教育的师资外，更应要求生死学研究所博士班的设立培养大专院校的生死教育师资以及设立更多的生死学研究所。[①]

引文中，可以看到生死系在台湾殡葬管理方面，一直要求提高素质，来达成傅伟勋先生当初强调的提升"死亡的尊严与生命的尊严"主旨，而尉迟先生透过甚么途径来提升素质，透过证照、健全公会、合理的管理制度，他主张的这些途径，透过他不停的努力，在后来都全部实现，对台湾殡葬文化的提升贡献厥伟。例如，丧礼服务技术士乙丙级与礼仪师官方证照、礼仪公司的评鉴等，这个部份是生死学研究所发展中，他独特的贡献。[②] 尤其是他更有远见的主张成立生死学研究所博士班以及设立更多的生死学研究所来培养大专院校的生死教育师资，也在数年后实现，高师大2003年成立生命教育研究所硕士班（没有博士班）、台北教育大学2004年成立生命教育研究所（只有硕士班，原名生命教育与健康促进研究所），另外，2009年台北护理健康大学生死与健康心理咨商系成立硕士班生死学组与咨商组。2019年教育主管部门通过南华大学生死学系成立博士班，这些都呼应了尉迟所长当初的主张。

接任的释慧开所长，本身就是傅伟勋先生在美国天普大学宗教所博士班的关门弟子，对于傅先生生死学的发展与弘扬，不遗余力。经过几年的思索，生死学研究的范畴大致底定。2002年，他的主张：

> 现代生死学的四个主要发展面向：
> 1. 生命哲理、生死关怀之探索与生死礼俗文化之研究。
> 2. 生死教育与生命教育之奠基与推广。
> 3. 生死、医疗、赡养与社会福利等政策及法规之研究。
> 4. 生死相关服务事业的规划、经营、管理与监督之研究。[③]

---

① 尉迟淦：《九二一灾变与殡葬管理》，收入《生死学通讯》，第1期，1999.12，第6页。
② 尉迟淦：《礼仪师与生死尊严》，台北：五南图书出版公司，2003。尉迟淦：《礼仪师证照考试科目之我见》，《中华礼仪》11期，2003.12，第44—48页。尉迟淦：《关于礼仪师证照考试建构过程中的一些省察》，《中华礼仪》14期，2005.10，第6—9页。尉迟淦：《殡葬证照到底有什么用?》，《中华礼仪》，16期，2006.12，第13—15页。尉迟淦，《殡葬服务的未来趋势》，《中华礼仪》，17期，2007.06，第9—10页。
③ 释慧开：《现代生死学之建构与展望》，收入《生死学通讯》，第6期，2002.1，第3—4页。

基本上,已经把生老病死的生死服务理论与事业都包含在内。2003 年则更扩大五个发展面向,且其细目也圆满了。慧开法师说:

> 南华大学生死学研究所,根据过去五年来的教学经验与研究心得,归纳出以下五个发展方向:
>
> 一、生死哲学与生死文化之课题:心性体认本位之生死哲理探索与本土生死礼俗文化之研究。推动具有本土特色的生死哲理与生死礼俗文化之研究,包括儒、释、道三家心性体认本位之生死观与生死智慧,以及"冠、婚、丧、祭"等礼俗之传统学理探究、民间礼俗仪式迁变与现况调查及其现代化之可能开展。
>
> 二、生死关怀之课题:包括安宁疗护、临终关怀、悲伤辅导,乃至自杀防治、老年身心安顿等之学理探讨与临床实务推广。应结合医护、心理咨商、社工与宗教灵性关怀领域之临床研究与人文关怀,建立本土文化之安宁疗护与临终关怀理论,辅导全民转化以救治(Cure)为本位的传统医疗观,成为以关怀照顾(Care)为本位的新时代医疗观。
>
> 三、生死教育之课题:生命教育与生死教育之理论奠基、教学推广与师资培训。为各级学校及各年龄层(涵盖幼儿教育、成人教育与老年教育)之生命教育与生死教育,作学理奠基与课程规划之研究,作为生死教育与辅导之教学推广与师资培训的基础。
>
> 四、生死公共政策、法规及制度之课题:与生死相关之公共政策、法规与制度之研究。包括医疗健保、老年赡养与社会福利、殡葬管理等公共政策、相关法规及制度之研究。透过医疗、健保、赡养、社会福利与殡葬管理之政策及法规的研究,以促进与生死相关公共政策与法规的制定,并且带动与生死相关服务事业之现代化、专业化、制度化、证照化。
>
> 五、生死服务事业之课题:老年赡养、殡葬服务及与生死相关服务事业的规划、经营、开发、管理及监督之研究。经由学理的探讨与研究,以及政策法规的制定,进而推动赡养、殡葬以及与生死相关服务事业之现代化、专业化、制度化、证照化,希望未来能建立以"生死关怀与生死尊严"为主体之生死服务事业,提升全民生死文化之水平。
>
> 以上五个发展课题,涵盖生死哲学(包含生命伦理、生死礼俗文化)、

生死关怀、生死教育、生死政策/法规/制度、生死服务事业等各个面向,兼顾理论与实务,同时整合产、官、学界三方面的资源与专业领域,相互支持,使得本土现代生死学的整体研究与发展,形成一个良性循环的有机体。①

以上引文甚长,但不烦殚引,主要是因为整个生死学研究所中生死学理论范畴,从傅伟勋先生的构想开始,到此,几已完备,涵盖生死哲学、生死关怀、生死教育、生死政策法规制度、生死服务事业五大面向,后面则是如何实践的问题了。

三、生死学系发展历程

在傅伟勋先生的开疆辟土下,经由钮则诚、尉迟淦、释慧开历任生死系所所长的建构下,现代生死学的范畴已经底定。但如何落实则是一步步理论与实践的回旋修正。

由于1997年刚开始是成立研究所,因此较重视理论研究,关于死亡议题的思索,也包含殡葬文化的讨论,但原则上学界和产业界的连结还没有像后来成立大学部殡葬服务组后那么密切。

1999年成立硕士在职专班,这是因应许多在职人士,进入职场后,除了工作外,更感受到生命意义的探索与死亡的困惑,如面临中年危机者,纷纷要求南华大学成立硕士在职专班,以使他们可以在不辞职能养家活口的状况下,提升生命价值与死亡议题的解决,因此在社会的需求下,成立硕士在职专班。这时候进修的人员身份颇为多元,除了主力医护人员外(他们也是和殡葬人员一样直接面对死生现象),教师、警界、企业界、宗教界、殡葬服务从业人员、公务人员、军职人员、社工人员、安宁志工等等。

2001年招收大学部,这时候的大学部以殡葬服务为主要面向,提升华人死亡尊严与生命价值为主要目标。由于大学部生死系招生时,是高考学测中的唯一科系,因此颇为轰动,报章杂志纷纷报导。生死学系大学部后来因应社会发展与时代需求,成立社工组后,还是一直有人有错误印象以为生死学系主要为殡葬服务,也肇基于此。

---

① 释慧开:《"生死学"到底在研究些甚么内容——生死学的范畴、探讨议题、探索进路、相关研究领域及发展方向》,《生死学通讯》,第7期,2002春季,第4—5页。

2004 年由于以往殡葬服务业者学历上多不及大学，也要求进修，因此开设进修学士班，让殡葬礼仪从业人员可以在夜间上课进修，提升关于殡葬服务的本职学能与涵养。

2010 年，硕士班暨硕士专班分为"医护生死组"与"生死教育与咨商组"，此两组，2011 改名为"生死学组"与"生死教育与咨商组"。2011 年大学部本科分为"殡葬服务组"与"社会工作组"。大学部为何开始分为"殡葬服务组"与"社会工作组"两组？这是因应时代需求、职场需要。此时台湾已迈入高龄社会，赡养中心林立，生老病死，老后随着器官的老化，常接着生病与死亡，死亡前的一个阶段为赡养中心、长期照顾中心。长期照顾、临终关怀、安宁疗护等都是死亡前常常要面对处理的议题。这些事业体与殡葬服务业也是事业链的关系。殡葬业者这时也都有生前契约的服务，因此在往生前，殡葬业者也常面临长照赡养的个案。另一方面，一些养护机构，长者往生后，因为养护机构照顾得好，彼此信任感够，往生者家属在长者往生后，常不知所措，会问养护机构有可以信任的礼仪服务业者吗，直接造成养护机构与礼仪服务业的结合，一些企业主也兼营养护机构与礼仪服务公司。而有些礼仪服务公司，也发现社工训练，如社会资源掌握、社会福利措施、个案工作等，对服务个案上也有很大的优势，续案率大为提高。

2011 年硕士班与硕士专班改名为"生死学组"与"生死教育与咨商组"，这是因为生离死别，人之哀恸逾恒，礼仪服务业者常常要谈丧礼仪式之前，要面对或处理案家的悲伤情绪，所以在乙级丧礼服务技术士的考照科目上便有"临终服务"乙科（含临终关怀与悲伤辅导），悲伤支持与悲伤辅导的技能是丧礼服务技术士的重要条件。而台湾的咨商心理师（心理咨询师）证照考试资格是辅导咨商研究所毕业方得应考，因此另外成立"生死教育与咨商组"，一方面可提供殡葬服务的临终关怀与悲伤辅导学养技能，一方面更可在 WHO 已应验的预测下，发挥生老病死场域的生死关怀能力。WHO 预测二十一世纪三大盛行率最高的疾病为忧郁症、癌症、艾滋病。其中忧郁症即为心理疾患，而癌症后的心理调适属于重大社会现象与问题，也发展出专门学科"心理肿瘤学"来处理此议题。另一方面，台湾社工进修，为了能更多元多面向帮助个案，常以咨商心理师为进修管道，如此不仅在资源统合上帮助个案，在心理上除了原本的辅导功能外，更可加深以咨商（咨询）的角度来处理个案或个家的深层心理问题，故当另成立"生死教育与咨商组"。

2014 学年度设有"哲学与生命教育硕士班及在职专班"，以探究生死学的哲学理据与基础为主要宗旨，并能以哲学咨商、生命的学问的方式落实在生命教育上。

2015 学年度大学部又新增加"咨商组"(心理咨询组),增加生老病死场域中,心理议题的解决之研究。使得在生老病死场域中,殡葬、社工、咨商中既可独立有可跨域结合,造就斜杠人(Slash),多元专长。就基础课程来说,三组打散混班设课,以生死学概论课程论,学生中三分之一为殡葬服务组,三分之一为社工组,三分之一为咨商组。彼此跨组认识,毕业后可为互相合作支持事业伙伴。

就课程架构而言,以殡葬服务组而言,必须修一个跨领域学程方得毕业,如悲伤辅导跨领域学程、安宁疗护跨领域学程或哲学与生命跨领域学程。又以咨商组而言,他的跨领域学程如安宁疗护跨领域学程、哲学与生命跨领域学程或殡葬服务关怀学程,三者必得选修一个学程方得毕业。如此彼此成就一个有机的结合。

目前发展到今,已有多位同学横跨双专业,也有一些同学,跨修三组,如本身社工组毕业具社工员资格,大学时又跨修殡葬组 20 学分,研究所以咨商组为主修,殡葬、社工、咨商三个专长,能在生老病死场域中,顺势而为的使不同专长得以发挥。

2019 年生死学系博士班教育部通过成立,至此,上文所说现代生死学五个发展面向:

一、生死哲学与生死文化之课题:心性体认本位之生死哲理探索与本土生死礼俗文化之研究。→硕士(专)班生死学组、哲学与生命教育组。

二、生死关怀之课题:包括安宁疗护、临终关怀、悲伤辅导,乃至自杀防治、老年身心安顿等之学理探讨与临床实务推广。→大学部社工组、咨商组;硕士(专)班生死教育与咨商组。

三、生死教育之课题:生命教育与生死教育之理论奠基、教学推广与师资培训。→硕士(专)班生死学组、哲学与生命教育组。

四、生死公共政策、法规及制度之课题:→大学部殡葬服务组、社工组;硕士(专)班生死学组。

五、生死服务事业之课题:老年赡养、殡葬服务及与生死相关服务事业的规划、经营、开发、管理及监督之研究。→大学部殡葬服务组、社工组;硕士(专)般生死学组。

以上,我们可以看到生死学五大发展面向,一个学系如何能够落实这五大发展面向?从生死学系的发展历史中,可以得知,在一系中分组,共同的生死学涵养为基础,做为统之有宗、会之有元的中轴,然后因应五大发展面向,而分化出枝叶:殡葬服务、社会工作、心理咨商(咨询),贯串生老病死全历程,涵盖全人身心灵,统摄个人小区社会全方位,然后在课程中,除了各组的专业训练外,另加上必修跨领域学程,使得彼此成为一个有机体,有如图一。

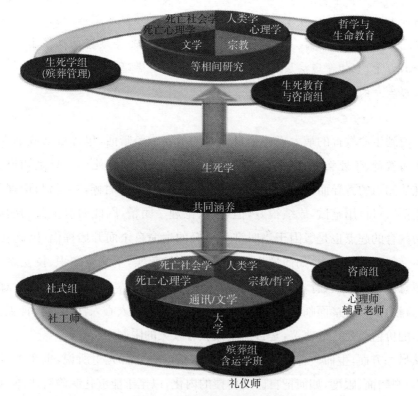

图一　南华大学生死学系组织

图一中,中轴生死学标举宗旨为提升死亡的尊严与生命的价值,这是傅伟勋先生当时所设下的目标,底下为大学部三组,向上深造便是研究所硕士(专)班的三组。如此横向纵向彼此连结,成为一个可发展、有目的的有机体。

四、目前生死教育的困境

生死教育或生命教育目前在台湾已普受重视,几乎没有人质疑生命教育的必要性,在高中也成为必修科目,中小学也都在强化生命教育,甚至试图融入各科教学之中,各式教材、绘本也颇为丰富,成果丰硕。

目前生死教育的困境,以南华大学生死系来说,笔者认为有如陈立言先生所言:

　　　　回想笔者在参与生命教育的推动过程中,时常感受到生命教育推动
的许多艰难及阻碍,其中最大的阻碍来自人心的限度或黑暗面,包含笔者
自己的限度及黑暗面。然而在困顿中,生命教育的持续发展也显示了生
命的力量,有如穿透层层迷雾的曙光,让迷失于黑暗蒙蔽的心灵,找到了
幸福生命的一线希望。①

引文中说到生命教育的最大障碍来自人心的限度或黑暗面,包含自己或别人。第
一就生命教育、生死教育、生死学的学生而言,生死教育、生死学不只是知识之学,
因为纯从知识的教导而言,很多时候,知道是做不到的,小时候,"生活与伦理"、"公
民与道德"科目,用笔试,成绩很好,但道德、伦理一团糟,因此面对生命的阴影,台
湾生命教育的起点也是肇因于当时许多年轻的生命自杀而开始提倡,因此在华人
升学主义的文化氛围中,如何把生死教育、生死学落实,不只是知识、技艺之学,而
更是情意教育、体验教育,而可用来化解了生命的阴影、黑暗、限度,使在情意教育
中、体验教育中,直接面临情感连结的温暖情意,体验到人心人性中的真善美,而提
高生命的价值与死亡的尊严,是目前生命教育较大的限制之所在。
　　从另一方面,生命教育或生死学的教师,正如陈立言先生所说,也有本身生命
的阴影、黑暗面、限度,如何把自己所传授的内化,以至于能够化除教育者本身生命
的阴影、黑暗面也是很大的困境,在报章杂志电子媒体中,我们有时会看到教授生
死学、生命教育者,甚至精神科医生自杀的事情发生,或者不一定是自杀,而是自己
也生活得很灰色、负面、情绪管理的很糟糕,也是很大的问题之所在。毕竟生命教
育、生死学不只是知识教育,犹如当初傅伟勋先生倡导生死学也要把自己如何面对
癌症的心路历程写在书中一般,它更是一种身教的熏陶、范例。
　　如何面对这样的困境? 首先要知道生死学不只是知识之学,它也是傅伟勋先
生《死亡的尊严与生命的尊严——从临终精神医学到现代生死学》完成后,接着出
版的《学问的生命与生命的学问》《生命的学问》的书名之所示,生死学、生死教育都
是"生命的学问",是使能提高死亡的尊严与生命的价值,能够安顿身心、调整生命、
润泽生命的学问。所以情意教育、体验教育一定是其中的重点,上课的形式不能只
是知识的传授,知识量要有,但不能只是知识量,纯有知识量,无法达成转化生命的

---

① 陈立言:《生命教育在台湾之发展概况》,《哲学与文化》31卷9期,2004.09,第43页。

作用。上课的形式不能只是纯讲授的形式,而要参考情意教育、体验教育工作坊的方式,使学生能在当下的临在中,感受真实的温暖情意,体验人心人性的善美,有真实的体验才能带来生命的转化。这样才能达成陈立言先生引言中所说的"在困顿中,生命教育的持续发展也显示了生命的力量,有如穿透层层迷雾的曙光,让迷失于黑暗蒙蔽的心灵,找到了幸福生命的一线希望"。

五、生死教育师资的培育

南华大学生死学系博士班 2019 年获得教育主管部门通过,2020 年正式招生,这使得生死学系学制完整,从学士、硕士到博士的培育,循序渐进,完整一体。学士基本本职学能的训练,强调生死学所蕴含的对人的温情善意,乐于助人与生死服务,然后必修实习课程,进入职场就业。再到硕士、博士,除了学分修读与硕博士论文的撰写,更高的知识量与更深层的探索研究生命的深层与高度,使能在生死服务工作中,提供更深的学理依据、转化身心灵的实务技能。

但正如生死教育、生死学的困境一般,生死学博士和数学博士、电机博士有他本质上的差异,一个数学、电机博士自残或自杀,我们会难过,但不太指责他的专业,但生死学硕士或博士,如果无法转化他的烦恼、困惑以至于自残,我们常常会唏嘘,也会质疑其生死学专业,尤其是他们本身常常是学士班学生,在生老病死场域中实习课,学生遇到问题后(不管是职场人际上或身心灵上)的督导。所以师资培育除了知识的扩大提升外,课堂上也会有不少身心灵的转化的课程(包含知识与实务技能),例如:殡葬生死观、艺术治疗、正念学、催眠学、超个人心理学、心理剧、叙事治疗、沙盘治疗等等,个人身心灵的转化提升也是重点,配合上质性研究的研究法,也都可以是研究的主题。① 其对象上,礼仪师、辅导教师、社工、心理师、精神科医生等生死学相关领域之从业人员。

---

① 在心理健康学与变态心理学中,有些量表可以考察个人的身心状况,如成人心理健康量表、贝克忧郁量表等。除了这些量表外,我个人雅好从中医心理学入手考察。约在 1985 年提出"中医心理学"这门学科后,中医心理学本身独具的"形神合一论"、"五脏神志论"等特色,遂和以西方为主的主流心理学界走出不同的道路,深具其独特性,参王米渠:《现代中医心理学》,北京:中国中医药出版社,2007。中医主张人每天要自我身心健康检查:"吃喝拉撒睡、手脚温暖",由这几点来检查自己的身心状况。这几项不只是生理指标,也可以从脏腑心理学中,知道其有心理上的健康意含。

六、结论

以上,我们以南华大学生死学系为例来观看其生死教育的发展、困境与师资培育。在历史与理论发展上,经过傅伟勋、钮则诚、尉迟淦、释慧开等学者的努力,大致上以慧开法师综合的现代生死学五大发展面向为基础。建构了大学部以殡葬服务、社会工作、心理咨商三组,彼此交错成为一体。硕士班以生死学组、生死教育与咨商组、哲学与生命教育组为主,然后提升到博士班。有横向的连结,也有纵向的升进,成为一个有目的(死亡的尊严与生命的价值)、有发展的有机体。其困境在于如何确实转化生命的阴影黑暗,使能成为助人的资产。在师资的培育上,除了学分修读与论文撰写外,身心灵的转化提升与正向心理的涵养也是必要的训练。

儿童死亡教育在家庭与学校之推展
——以台湾为例

纪洁芳（南华大学）

一、当死亡事件发生时，宜特别呵护孩子！

通常我们以为儿童年纪小，不懂得死亡。其实，据了解儿童在日常生活中也会想到死亡，会担心自己、大人及宠物的死亡。在死亡事件中，我们对儿童自身的死亡或对丧亲儿童都要特别关心。因为儿童年幼，心智尚未成熟，遇到死亡事件往往不知如何抒发心中的哀伤及思念，也不懂得如何调适自己的情绪，如果儿童对死亡的无知、焦虑及恐惧无法得到适当的引领及调适，则死亡事件对其心灵失落的伤痛及情绪的压抑，常会以异常行为及特别方式反映出来，如尿床、隔离自己、注意力不能集中等等，以致会影响到儿童身心健康及健全的人格发展。

儿童死亡教育的范围，包括家庭教育及学校教育；父母亲是孩子第一位老师，所以父母亲宜学习如何教导孩子认识及面对死亡。当孩子入学后，老师是教学中很重要的灵魂人物，引领孩子对死亡的认知是有方法、有先后次第及轻重缓急的，本文分为家庭教育及学校教育两方面探讨。

所谓儿童，包括小学生及学龄前的小朋友，本文仅以小学生为研究对象。生命教育包含许多单元，如生命意义探索、品德教育、临终关怀及悲伤辅导等，而死亡教育是其中一个重要单元，在本文中以死亡为主题来探讨如何教学。除了在学校上课外，也包括父母亲在家中跟孩子沟通死亡事项、讲解绘本、相互讨论死亡议题等都属之。

二、家庭中死亡教育之推动

在家庭中会碰到死亡事件有三种情况：一是在日常生活中死亡的的相关事件，二是小朋友面临自己的死亡，三是家中亲人死亡事件。此三种情况我们应该如何引领儿童面对及处理，一一分叙之：

（一）日常生活中与死亡事件的自然相逢

儿童和父母亲居家相处的时间较多，父母亲可利用平常的机缘，实施机会教育；如春节祭祖、清明扫墓、宠物的死亡等，另探访长辈亲戚的病痛或参加亲人的丧礼等。

即于平日在家中或学校用较轻松自然的方式灌输儿童正确的死亡常识，唯如何提及死亡，父母亲及老师是需要学习的。有了平日的熏习，儿童一旦遇到了亲人、自己或陌生人的死亡事件，会有较健康的心态来面对，亦会收到防范儿童自杀的功效。此属于先备知识。

如果父母亲不害怕死亡、没有过度保护孩子、能对死亡采取公开讨论、让孩子参与重病亲人的照顾、让孩子参加葬礼等，一旦孩子面临死亡事件，将不会手足无措，会以较健康的心态来面对。

（二）儿童面对自己死亡事件的妥善处理

儿童面对自己的死亡是指包括先天性重病儿童及癌症病童等，医生、父母亲，教师、义工甚至同学等都能协助儿童勇敢面对死亡，做好身心灵临终关怀的工作。

通常家长如能接受死亡教育，则会对儿童有较大的帮助，家长宜关心的是：

1. 诚实告知

父母亲对儿癌病童的病情实况及预测临终的时间都要诚实告知孩子，但告知的艺术及沟通的技巧非常重要，或直接、或间接……（请参考笔者《丧亲儿童的死亡告知与悲伤调适》一文。）

2. 温馨陪伴，并让孩子参与陪伴计划的拟定

3. 生命意义的提升

尊重孩子的意愿，让他做他认为生命中有意义的事情。

4. 若孩子要求"床边教学特殊措施"宜考虑配合

小朋友虽在治疗中,但希望不错失学习机会。所谓床边教学是教育主管单位用心的规划,小朋友可以申请学习机会,前往教学的教师,都怀着爱心能因地制宜,针对每位病童需要,规划授课内容、透过活泼生动方式,不只是充实孩子学识,主要是多一位客观、有智慧的照顾者,能开阔孩子眼界、提升孩子生命能量,帮助孩子身心成长及善处病境。本来多元适性的教学就是生命教育的核心目标,庆幸教育主管机构落实了!

5. 帮助患癌病童完成其最后的心愿,令生命更有意义

喜愿儿协会(Make a Wish, Taipei)是专门帮助临终儿童完成最后心愿的组织。此是1980年在亚利桑那州首创,台湾在1994年4月由扶轮社发起,以3~18岁的重病儿童为服务对象。如:9岁罹患癌症的小成,其最大愿望是坐飞机,但病情已经不允许,喜愿儿协会包了一架直升机,由父母、医生陪同下在台北上空绕了三圈,两天后小成带着满足的笑容离开人间。另11岁得口腔癌的珠珠最喜欢唱《忘情水》,经过联络,珠珠病房出现了刘德华,这是珠珠做梦都不敢想的,居然能和心中偶像合唱"忘情水",在场的家人及医护人员无不感动落泪。

在孩子离开前这段时间家人与孩子策划共同的活动是很重要的。在此特别介绍周大观文教基金会于2011年出版的《天使不曾忘记》,书中报导五位癌症病童临终前父母亲的温馨陪伴的故事。

在书中患癌病童之一的俊霖很喜欢火车,他到过向往已久的新竹高铁探索馆参观,高铁答应通车后第一班车请俊霖参加,但俊霖没等到这天就病逝了,高铁还是信守承诺送来了通车后第一班车第一张票,相信俊霖在天上是含笑接纳这份盛情!在此建议患癌病童的父母一定要看这本书,对孩子及对父母亲都会有很大的帮助。

(三)家中亲人去世,丧亲孩子情绪之安抚

当家中亲人死亡,包括祖父母、外公、外婆、父亲、母亲、兄弟姊妹或常常来往之亲戚如叔、伯、姨、舅等,甚至是宠物的死亡,应如何帮助儿童面对;如病情的告知、死亡讯息的告知、儿童是否参与照顾病人、是否参加葬礼、小孩疑问的回答等。又丧事处理后,则又是另一阶段哀伤及思念的开始,应如何为孩子做哀伤辅导等。其中有关死亡讯息如何告知,请参考笔者另一篇文章《丧亲儿童的死亡告知与悲伤调适》。

孩子是父母亲的最爱,如果父母亲缺乏对死亡教育的认知,在处理死亡事件时往往伤害了孩子而不知,举例如下:

个案一

在南台湾六岁的小凯,爸妈忙于工作,平时都是爷爷接送上幼儿园、小凯和爷爷一起散步、到公园去玩、晚上和爷爷一起睡,在爷爷故事中入梦。有一天不知怎么,小凯发现爷爷穿了一套很奇怪的衣服躺在客厅里,家人忙进忙出,没人理会小凯。当小凯靠进爷爷时,爸妈说"大人正忙,小孩子不要来烦"!小凯不懂为什么爷爷被装进一个大木箱里,被运到郊外,放进一个好大的坑中。把爷爷留在荒郊野外,大家又回到家中。小凯想:下雨了怎么办?好暗喔!爷爷会怕吗?小脑袋瓜有好多好多的疑惑。慢慢地妈妈发现从爷爷出殡后,小凯就不再讲话,好像换了一个人似地,这时爸妈才知事态严重,找了好多心理医师辅导,整整半年,小凯才慢慢恢复过来。妈妈说"记得爷爷下葬时,小凯的眼泪就像断线珍珠似的泪流满面",爸爸妈妈好心痛在丧事过程中没有好好照顾到小凯幼小失落的心灵。

在境外影片《挚爱》中的小女孩也因为父亲死于意外后就不再讲话,每当看到东西异位就饱受惊吓,一看到高的地方就不顾危险地往上爬且平衡感特别好(也许小女孩认为爸爸在天上,往高处爬会更接近爸爸)。后来妈妈及心理医生费了九牛二虎的力量才把原来活泼蹦跳的小女孩找回来。在童绘本《爷爷有没有穿西装》这本书中小布鲁诺就幸运多了,在爷爷去世过程中有许多对话帮助小布鲁诺疏导心中疑惑。如果平日能和小孩分享有关生死教育或绘本中的故事,则小孩碰到丧亲之痛时,多少会有心理准备。在《艾美的世界》影片中,四岁的艾美在父亲意外去世后就不再讲话,一直到八岁的特别机缘才打开心结,才再度开口说话。由之可见"悲伤"的杀伤力是很大的。唯此片拍得非常温馨、幽默及有悲伤辅导的教化力。

个案二

年轻的林太太在家中病逝,先生及儿子、女儿助念八小时佛号后,六年级的儿子走进客厅拿起吉他轻轻拨弄,爸爸先是惊愕,随后脸有怒色,正待上前责骂,但被姑姑阻止了。

或许爸爸想的是"妈妈刚死,你还有心情弹吉他",殊不知这正是孩子抒发哀伤的方式。父母未经三思而责骂孩子,会造成失亲的孩子再度伤害,我们忍心吗?

我们要学习包容别人表达悲伤的方式。

个案三

聪玲的爸爸因肝癌去世,妈妈告诉她"妳爸爸曾说如果妳考不上理想的高中,要送妳到境外念书。现在爸爸去世了,已经不可能再送妳到境外,因为妈妈的经济能力不够。从现在开始,妳要更加用功,考上好学校"。妈妈的经济能力不足是事实,妈妈激励的话用心良苦,但恐怕会造成孩子的二度伤害;好像失亲的孩子也连带失去了一切保障及权利,这本来就是孩子最担心的事,如果妈妈换个方式说:"妳爸爸说如果妳考不上理想的高中,要送妳到境外念书,现在虽然爸爸去世了,但妈妈还是会全力支持妳,但如果妈妈经济能力做不到时,妳要原谅妈妈,好吗?"意思一样,但不同的说法给孩子的感觉完全不同。故父母亲正确的认知及适当的处理对丧亲儿童情绪之安抚非常重要。

(四) 丧亲孩子之悲伤辅导

悲伤通常有"可预期的悲伤",即对亲人去世如癌末等,家人已经有预期心理,但亲人去世时还是非常伤恸,通常第一年会非常不习惯亲人的离去,尤其是逢年过节或特别纪念日,但第二年就好多了。另者"不可预期的悲伤"如地震、海啸等天灾或车祸、谋杀、自杀等事件,亲人心中毫无准备,突然间失去家人,不可预期的恸,真痛! 甚至多年都走不出来,所以为失亲者做悲伤辅导是很重要的事。请参阅笔者《如何和孩子谈生论死》一文。

通常东方人对悲伤的抒导大多采用堵塞的方式,例如爷爷走了,把爷爷的东西都藏起来,不让奶奶看到,否则奶奶会哭个不停。但这只是治标,宜从治本着手,下列案例可参考;

> 士俊失去了心爱的妻子,但是在孩子面前常故做坚强,深怕自己流泪会引起孩子伤心,经常把眼泪往肚内送,将哀伤与思念往内心压,但在一个人开车时常会泪流满面,甚至嚎啕大哭。或许他的孩子也想:如果自己痛哭会不会刺激爸爸更伤心,所以只是躲在房间偷偷流泪。父子在客厅见面都像没事似的,但气氛怪怪的。经过开导后,士俊静静坐在客厅,告诉孩子自己好软弱、好想妈妈、好想哭,话未说完孩子已投入爸爸怀中放声大哭,互诉衷曲后,父子都觉得舒畅多了。一个人偷偷哭,不如两个人一起哭! 从此父子两人可以一起悲伤、一起思念妈妈、一起谈妈妈的事情,但哭一次,健康一次。

（五）亲人去世，孩子宜否参加丧礼

据专家的经验，参加葬礼对大多数的孩子有正面的意义及功效：

1. 孩子参加葬礼，看着亲爱的人缓缓入土或送入火化窑，是件难过痛苦的事，但这能帮助孩子接受死亡的事实，并将悲伤的情绪做第一阶段的整顿。一般来说从死亡发生到入葬前，家人有得忙，此时有丧事的办理犹有寄托。但葬礼后，回到家，好像突然空洞洞了，这才是思念及另一段触景生情哀伤的开始。大人除了要调适自己外，也要特别关心孩子，最好的方式是和孩子共同分担哀伤及思念。

2. 在葬礼中，通常生平报告及亲朋好友的参加，会让孩子以去世的亲人为荣，会让孩子知道大家是多么敬爱他死去的亲人，而且亲友们互相扶持关爱、会协助抒发孩子紧绷的情绪。像王老师的丧礼中，他全班学生及毕业多年很有成就的学生都赶来参加，大家诉说着对老师的尊敬和感激，王老师的孩子已化悲伤为宽慰，爸爸生命是有意义的，是充实的，是活在学生心中的。

3. 唯在葬礼中宜有家人专责照顾小孩，观察孩子的心情及反应，并做适当的辅导，这点是一般家庭最容易疏忽的，或礼仪公司在丧礼可以提供曾受过训练之服务人员（生死系或殡葬业）陪伴及照顾孩子。

4. 或许有些孩子对参加葬礼会害怕或排斥，如经疏导无效，可考虑尊重孩子的决定。

三、学校中死亡教育之推展

通常在学校尤其是小学都以"生死教育"或"生命教育"名称替代"死亡教育"一词。在小学之生命教育通常以两种方式进行：

（一）利用班会或课外活动实施教学体验活动

体验活动在"生命教育"教学中已大力推动，学生可用体验方式珍惜生命。如"黑暗世界"的体验，让学生蒙着眼睛做活动或走路，去体会看不见的感受；或是"怀孕妈妈的一天"，让学生在胸前背 3.5 公斤重的背袋，从早自习背到放学，中间不得取下，上课、上洗手间、上体育课、中午吃便当都要背着。一天下来学生的感觉是"好累喔！好不方便喔！"老师告知"妈妈已经累了十个月"！此体验式的教学，效果特别好。唯体验教学活动的设计，心得分享以及教师引领都非常重要。

☆ 有理念的班级经营活动

当班上有小朋友的父母去世或小朋友去世,教师恰当的班级经营非常重要,如实施得当,对失亲的小朋友,或对失去孩子的家人都是的悲伤辅导,对全班学生也是实施生死教育自然机会教育:

1. 如果小朋友的父母亲去世,老师可派代表,或是带领全班学生前往去世者灵前致敬,唯需先征求家长及校长的同意,也可在上课前为该学生家长默哀三分钟。可用全班名义送花篮,大家可写信慰问同学,并主动帮忙复习功课,让失亲的同学心中充满温馨及支助。

2. 如果班上有临终病童,在生病期间,教师可带小朋友轮流前往医院或家中探望,并分享学校的学习心得。笔者很感动的一个个案,是谢老师班上同学精心录制了一卷录音带送给临终病童,内容有讲故事、有唱歌、有对临终病童的观感、鼓励及祝福,病童在病房中一听再听,心中充满温暖及力量。

3. 平日在教室中,老师亦可在上课前带领全班同学为病童祈祷。

4. 如果班上有学生因意外事件(或溺水或车祸)死亡,全班同学在毫无心理准备下骤失好友,最为伤痛,尤其是班上最知心的同学,或是昨天刚吵过架的同学更是难过。大家看到空荡荡的座位及发回的作业簿,人去物犹在等,都会很伤感。越是青春年华的孩子,越无法接受生命的无常。

笔者曾参加过赵老师为班上去世学生用心设计的追悼活动,非常感动,分享如下:

1. 老师请每位同学写下去世同学的优点、思念及想讲的话,装入一个精致的小盒中。

2. 在班上举行一个小小的纪念会,简单隆重,邀请去世同学的爸爸妈妈及兄弟姊妹参加(甚至可请祖父母或外公、外婆参加)。

3. 由每位同学念给去世同学的信或谈谈自己的思念,并将装有全班同学信的盒子送给去世同学的父母,父母可保留亦可焚化。也请父母亲谈谈心中的感受。

4. 纪念会结束前大家唱了两首歌,分别是《萍聚》及《茉莉花》。大家唱得那么平和,那么真诚,每个人心中都有一股暖意。失去孩子的父亲说,他感到好安慰,他从来不知道他的孩子有这么多优点,有这么好的人缘。教师的悉心引领,让全班同学及去世同学的父母亲,都得到了最适当的哀伤抒发,这是非常好的生死学教学活动设计。

5. 有关对癌症同学的照顾,在《夏日温柔的故事》中有非常感人的情节(郑清清译,1999)。全班同学陪伴因接受癌症治疗而大量脱发的亚由美(14 岁),为了让她不感到孤单,不必承受异样的眼光及压力,全班男女同学都剃光头……就这样,亚由美终究还是没有变成高中生,在同学毕业典礼时,她在天空遥远那端祝福我们,亚由美最后一句"你们大家,真好!"说完就一个人静静地步上另一旅程。然而,在每次同学会邀请函名单上,"岛崎亚由美"这个名字不曾消失过,她是我们一生的朋友。这是美国校园里的一则真实故事,经 CNN 报导后,日本东映于 1998 年 5 月拍成影片《友情(Friendship)》,并出版《夏日温柔的故事》书籍,孩子们的同理心及真情多么令人感动。台湾出版的绘本《柠檬的滋味》(道声)亦有异曲同工之妙。

(二) 在课程中采融入式教学

1. 作文课—为自己写墓碑

儿童死亡学教学,不一定要上得很悲情,是可以上得很生动、活泼、有趣。在美国一所乡村小学上作文课时,老师要学生写自己的墓碑。老师放了几张幻灯片给小朋友看,第一张是约翰甘乃迪总统的墓碑:"不要问国家为你做什么,问你能为国家做什么?"另一张是镇上汤姆爷爷的墓碑:

"汤姆爷爷种了许多苹果树,他常常睁一只眼,闭一只眼让小朋友去摘苹果,虽然他已经去世了,但小朋友口中却留有汤姆爷爷的苹果香。"

看完幻灯片后,小朋友开始提笔思索,下课前老师请三位小朋友念自己的墓碑。大卫念道:"大卫,生于 1989 年,死于 2080 年。"大卫设定自己活 91 岁,全班同学都笑了。大卫继续:"大卫是一位五星上将,他一辈子为捍卫国家而努力。"原来大卫的爸爸是军人。

约翰的墓碑是:"约翰一生热爱自然科学,他是一位诺贝尔物理学的得奖者。"

玛莉念她的碑文:"玛莉是一位英勇的救火员,她在救火中牺牲了,被她救出的小女孩一辈子记得她,也立志要当一位救火员。"全班同学听完后都很感动,因为玛莉就是被救的小女孩。

以上教学活动的设计是非常有意义的,小朋友在做作业中,不但体会了死亡是生命中的一部分,也思索了自己一辈子要努力的方向。惟在中学及小学实施此教学活动如能先征询家长同意更佳,毕竟中国家庭的父母对死亡还是有很多忌讳的。

2. 自然课—生命有多长

在自然课可讨论各种动植物的生命有多长,《生命有多长》(远流)是良好的教学资源。内容有"蜉蝣成虫大约活 1 天""蝴蝶大约活 1 个月""行军蚁大约活 3 年""鲨鱼大约活 25 岁""大仙人掌大约活 100 年""世界椰已经活了 2000 年""人大约活 85 岁"和"地球已活了 45 亿年",书中有丰富的自然知识和精美的图片,并自然透出生命的讯息。另《奇妙的自然奇妙的你》(远流)、《世界为谁存在》(和英)等书皆有异曲同工之妙。

3. 生理卫生课—透视人体奥秘

小孩最好奇自己是怎么来的,大人又常常难以启齿,《透视人体奥秘》(男女各一册,以透明片叠片表达)、《How Was I Born》和《我从哪里来》,这几本书都介绍婴儿从妈妈怀孕到出生的过程,图片清晰、精美、写实且文句幽默,透视人体奥秘能帮助小朋友珍惜生命。

4. 国文课—精彩童绘本阅读

(三) 学生因生病或意外事件去世,其课桌椅是否移走?

当班级有学生因意外或生病去世,请问他的课桌椅要搬走呢? 或者是保留? 你的意见如何? 其实很简单,老师不需要去伤这个脑筋,把问题丢给学生去讨伦及表决。此适合五、六年级的学生讨论,必定有一方是赞成搬走,他们有很充足的理由,但也有另外一方认为应该保留,他们也有具体的道理:

甲同学:"我认为应该保留,人刚走就把桌椅搬走,不忍心。"

乙同学:"我认为应该搬走,免得触景生情,一看到就伤心。"

丙同学:"我认为不能搬走,说不定○同学会回来看看,如果看不到桌椅会很难过。"

丁同学:"我认为要搬走,让○同学有另外一个开始。"

最后全班表决决定。

这是一个巧妙的方式,当两方学生一来一往辩论时,已是最好的悲伤辅导,通常座位也要放一阵子,在自然的情况下移走。

四、儿童死亡教育教学资源简介

有关儿童死亡教育的教学资源非常丰富,限于篇幅仅列名称,有关内容及重要性另文探讨:(有☆者,可优先阅读)

（一）视听媒体

☆1. 妈妈的脸（母亲过世）

☆2. 人生四季之歌（总论）

3. 生死一瞬间（朋友过世）

4. 爱美的世界（父亲过世）

5. 情深到来生（丈夫过世）

6. 再世人狗缘（丈夫过世）

☆7. 东京铁塔（母亲过世）

☆8. 最爱的爷爷（爷爷过世）

9. 想念外公（爷爷过世）

10. 因为爱情（天上人间版）（丈夫过世）

☆11. 天明破晓时分（母亲过世）

12. 罗伦佐的油（孩子重病）

13. 水车村（老人过世）

14. 蓝天下猫脚印（宠物离开）

15. 三代兔（兔子离开）

（二）绘本

1. 儿童自身的死亡事件

☆（1）云上的阿里

☆（2）周大观的故事

（3）希望的翅膀

（4）一千只纸鹤的故事

2. 祖父母过世

☆（1）再见，爱玛奶奶

（2）后山的萤火虫

（3）猪奶奶说再见

（4）阿嬷再见

（5）牛奶糖树

（6）地球的祷告

☆（7）爷爷有没有穿西装

（8）想念外公

（9）好好哭吧

（10）精彩过一生

（11）外公上山

☆（12）爷爷的天堂笔记本

（13）孩子也会悲伤

3. 父母亲过世

☆（1）记忆的项链（母亲）

（2）想念（母亲）

（3）妈妈最后的礼物（母亲）

（4）孩子的冬天（母亲）

（5）像母亲一样的河（母亲）

☆（6）和爸爸一起读书（父亲）

（7）收藏天空的记忆（母亲）

4. 配偶过世

☆（1）化为千风（妻子）

☆（2）最好的朋友（丈夫）

5. 子女过世

(1) 伤心书

☆(2) 曼先生的旅行

(3) Tear Soup

(4) On the Wings of a Butterfly

6. 同学、朋友过世

(1) 小鲁的池塘

☆(2) 阿让的气球

☆(3) 祝你生日快乐

(4) 獾的礼物

(5) 一千把大提琴的合奏

(6) 夏日温柔的故事

☆7. 宠物离开

(1) 毛弟再见(小老鼠)

(2) 我永远爱你(小狗)

(3) 世界上最棒的礼物(小狗)

(4) 再见麦奇(小猫)

8. 其他

☆(1) 葬礼之后

(2) 大卫之星

(3) 请不要忘记那些孩子

(4) 铁丝网上的小花

(5) 写信到天堂

(6) 天使不曾忘记

(7) 你可以更靠近我

(8) 因为我好想念你

(9) 我的心破了一个洞

五、儿童死亡教育师资培育

有关师资所应具备的素养,美国学者 Leviton 及 Rosenthal 分别提出了一些看法(纪洁芳,2015,P.45),这些看法对于死亡教育而言非常切合实际,师资培训的课程及教学实习都列为评量重点,笔者亦常拿以上问题自我要求,分享如下:

☆**Leviton**

1. 自身修为及态度:

(1) 我愿意在带学生们参观教学前,就先前往参观地点,以便了解学生们可能会碰到什么样的情况。

(2) 当学生问我困难的问题时,我感觉为何? 我愿意分享我自己的看法吗?关于一些争论性大的主题,例如:安乐死、自杀、堕胎等,我能接受各式各样的意见吗？我能教这些问题的两面意见吗？

2. 专业知识：

我有足够的知识可以回答学生在"知识"层面的问题吗？我对现在"死亡"与"濒死"这一领域中正在进行的状况了解吗？假如我无法回答一些属于知识层面的问题,我知道去哪里找到答案吗？

3. 教学及沟通能力：

(1)我有时间预习、评鉴上课将使用的教材吗？它们是否贴切且有助达成学习目标？我愿意为那些不愿意参与特殊活动的学生们设计其他替代且适合的活动？

(2)在讨论死亡时,假如有学生变得非常愤怒,我的感受为何？我当如何做？若有学生直接对我或对这门课表示敌意,我觉得如何？

(3)学生说着他自己的自杀念头时,我觉得如何？觉得自己有责任吗？我有能力帮助哭诉不已的学生吗？我有能力和一位母亲正濒临死亡的学生交谈吗？

(4)我能不使用婉转的说词或是陈腔滥调的说法来对学生谈论死亡吗？

(5)我能倾听那人诉说而不尝试着去取悦那人吗？我的反应是带着同情还是适当地保持沉默？

(6)我能表达我关心在乎的事吗？我关心"我该说什么"更甚于"我该如何帮助他"吗？我明白有时候拍拍学生肩膀或手就是对他的帮助吗？

☆Rosenthal 要求教师在教学前应自我检查的能力：

1. 自身修为及态度：

(1)我愿意在带学生们参观教学前,就先前往参观地点,以便了解学生们可能会碰到什么样的情况。

(2)当学生问我困难的问题时,我感觉为何？我愿意分享我自己的看法吗？关于一些争论性大的主题,例如：安乐死、自杀、堕胎等,我能接受各式各样的意见吗？我能教这些问题的两面意见吗？

2. 专业知识：

我有足够的知识可以回答学生在"知识"层面的问题吗？我对现在"死亡"与"濒死"这一领域中正在进行的状况了解吗？假如我无法回答一些属于知识层面的问题,我知道去哪里找到答案吗？

3. 教学及沟通能力：

(1)我有时间预习、评鉴上课将使用的教材吗？它们是否贴切且有助达成学习目标? 我愿意为那些不愿意参与特殊活动的学生们设计其他替代且适合的活动?

（2）在讨论死亡时，假如有学生变得非常愤怒，我的感受为何? 我当如何做? 若有学生直接对我或对这门课表示敌意，我觉得如何?

（3）学生说着他自己的自杀念头时，我觉得如何? 觉得自己有责任吗? 我有能力帮助哭诉不已的学生吗? 我有能力和一位母亲正濒临死亡的学生交谈吗?

（4）我能不使用婉转的说词或是陈腔滥调的说法来对学生谈论死亡吗?

（5）我能倾听那人诉说而不尝试着去取悦那人吗? 我的反应是带着同情还是适当地保持沉默?

综上所述，归纳如下：

☆修习过"生死学"或"儿童生死教育"之课程，对死亡具备正确的知识及态度。

☆具备基本的倾听、谘商及沟通知能。

☆热爱生命及有悲天悯人胸怀。

☆如曾经有过"临终关怀"之经验更佳。

六、结语

"儿童死亡教育"在小学实施是必然的，或许有人会疑惑儿童幼小纯真的心灵，是否需要这么早承担这严肃的课题? 生死课题的教学是必然的，但不一定要教得很悲情，重要是能善用教学方法，令孩子在轻松愉快的气氛中学习。与其避而不谈死亡，让孩子受到伤害，不如引导孩子从正面的角度去了解死亡。

儿童死亡教育家庭教育之实施非常重要，父母亲才是儿童生死教育最得力的教师。应透过不同管道，鼓励及支持家长充实儿童生死教育之新知。值得称叹的是近两年来小学之家长会，中学、高中之家长联谊会均拨出时间为家长做"生命教育"之专题讲演，协助家长从另一角度来关怀儿童。

在死亡事件发生中，由于家长及教师的用心与妥善处理，令孩子在死亡事件中的伤害降到最低，也提升了其复原力，孩子从小到大还会碰到许多挫折及死亡事件，相信他会更坦然面对及更有智慧处理!

参考文献

纪洁芳(2015)。童言稚语儿童生命教育——生死告知的智慧。生命教育你我他,P. 45。台北：莲花基金会。

纪洁芳(2015)。丧亲儿童之悲伤调适——在树的源头浇水。生命教育你我他,P. 58。台北：莲花基金会。

纪洁芳主编(2015)。打开生命教育百宝箱,第四章　生命教育教学资源运用,P. 114—P. 145。台北：莲花基金会。

纪洁芳等(2018)。如何和孩子谈生论死——兼谈绘本与视听媒体的运用。第三届中国当代生死学研讨会论文集。

从儿童与青少年的生死观谈生死教育与自杀预防

张淑美(台湾高雄师范大学)

壹、前言：未知死，焉知生？

有关自杀模式的研究有很多,自杀的相关影响因素也甚为复杂(邱绍一、黄德祥,2001;郑凯译,1991; Lester, 1987; Jurich & Collins, 1996; Payne & Range, 1996a, 1996b; Shnidman, 1996)。也有许多研究或临床发现自杀和忧郁等精神疾病有关(易之新译,2000);然而,有研究发现企图自杀或已采取自杀行为者,并无忧郁的症状;而忧郁者也不一定会自杀(Payne & Range; 1996a;1996b)。因此,有学者提出其他理论或模式来了解自杀行为,认为儿童或青少年的自杀倾向和死亡的态度有关(Orbach, Feshbach, Carlson, Glaubman & Gross, 1983),或者和其存有不正确的死亡概念有关(Phillips, 1980)。本文拟从自杀倾向儿童与青少年的死亡概念与生死态度(简称"生死观")来讨论生死教育(死亡教育)①和自杀预防的关系。

贰、自杀倾向儿童与青少年的生死观

关于儿童与青少年对生死的认知与态度,在生死学研究上,称为"死亡概念"与"死亡态度"。儿童对死亡的理解与认知称为"死亡概念",是由许多次概念或成分

---

① 本文指称国外,尤其是美国的情况,直称"死亡教育";引进华人文化地区则称"生死教育",行文之便,有时两者交互使用。近几年生命教育广受重视与接受,张淑美(2001a, 2006a, 2006b)认为:生死教育也可称为"生死教育取向的生命教育"。

组成(张淑美,1989,1996,200b),张淑美自己的研究以及整理归纳过去许多研究发现一般要到十二岁以上才能真正完全了解死亡的生物性概念(1996)。至于对死亡态度,不管是正向或负向的态度,一般都是探讨青少年以上为研究对象,而对死亡的态度也相对涉及对生命的态度与看法。因此,本文用"生死观"并称之。以下,分就自杀倾向儿童的死亡概念与青少年的生死态度说明。

一、自杀倾向儿童的死亡概念

Orbach 及 Glaubum(1978)对 21 名 10—12 岁的以色列儿童的研究发现,有自杀倾向的儿童认为死亡的原因主要是"自杀、认为死后可以复活、死后有来生";而另外两组则能接受死亡的终止性及不可逆性,可见自杀倾向儿童有不正确的死亡概念。也有学者(Phillips, 1980; Rosenthal & Rosenthal, 1984)则发现有些自杀行为的儿童,把死亡当做是可逆的。有的是为了挽救家庭的养育方式,例如希望再重新出生一次,以博得父母对自己如同对初生弟妹的疼爱;或希望以死挽救父母的失和、家庭的破碎,他们认为死后可以重生,又是新的开始;也有的,是想要逃离一种无法忍受的生活情境,想要死了算了;有的认为自己该死,要惩罚自己,让自己死了可以再活过来。此外,影响儿童死亡概念的发展,和其生命经验与社会文化因素有关,例如电视、电影、报章杂志等大众传播媒体对儿童死亡概念的影响,会造成很大的个别差异(张淑美, 1989, 1996; Essa &Murray, 1994, Rosenthal & Rosenthal, 1984)。

二、自杀倾向青少年的生死态度

至于青少年则可能除了仍然有不成熟的死亡概念外,其死亡态度也可能会影响自杀意念与企图。Minear & Brush(1981)发现青少年大学生对死亡的态度感到越焦虑者越有自杀念头。Kthena(2019)基于"恐惧管理理论"探讨死亡焦虑与自杀倾向也发现有高度关联。早期一些研究则发现若对于死亡有美化或浪漫的憧憬,也可能因此容易会为情所困或崇拜的偶像自杀而自杀(Fremouw, Perczel & Ellis, 1990);也可能认为自己正当年少,认为年轻人是绝对不败(invincibility),而容易有自伤或过度剧烈的行动,如飙车、赛车等高刺激寻求的活动;或存有美化死亡的想象,而有心向往之的尝试(Curran, 1987)。

Kastenbaum 指出青少年的死亡心理,是一方面想脱离过去儿童时期什么都不是的感觉,又避免去思考遥远的未来的矛盾心理。因此有"我死,故我在"的想法,可能会向往死亡;也可能以"来日方长"或"未来会死","把握"现在"的逃避、否认的方式去纵情享乐或从事高危险的活动来体验目前存在的认同。所以意外、他杀与自杀这三个青少年死亡的三大原因,都可能和其错误的死亡概念有关(刘震钟、邓博仁译,1996)。

Orbach 等人(1983)提出的自杀倾向模式,认为儿童与青少年对生命与死亡的态度和其自杀倾向有关,分别是:(1)"生命吸引"(attraction to life,AL),指的是吾人认为生命是否愉悦的程度,可以是对生命的正面动力;(2)"死亡吸引"(attraction to death,AD):包括各种文化与宗教的对死亡的信念,可能是追求死亡的动机;(3)"生命排斥"(repulsion by life,RL),则包括心理的和身体的受苦经验,可以是反抗生存的动力;(4)"死亡排斥"(repulsion by death,RD),系指死亡所引起的恐惧与焦虑,代表着对抗死亡或自杀的意志。自杀倾向的儿童有高度的"生命排斥"与"死亡吸引"、有较低的"生命吸引"与"死亡排斥";另外,Payne 与 Range(1995,1996a;1996b)发现"生命排斥"与"死亡排斥"可以预测青年人的自杀,而高自杀倾向的年轻人有较低的"死亡排斥"与"生命吸引"。

虽然儿童或青少年自杀的影响因素甚多,上述研究指出有自杀倾向的儿童与青少年可能隐含着有不适当的死亡概念与态度,值得进一步了解。透过教育使其建立正确的死亡概念与积极的死亡态度,培养较健康正面的人生观,增加孩子对生命的吸引、降低其对生命的排斥,应是根本的防治自杀之途径。

叁、自杀预防理论与生死教育

一、吴金水"自杀行为的形成历程与各阶段的预防模式"

自杀研究专家吴金水(1990,第 346 页)曾介绍日本精神医学专家中村一夫的自杀倾向模式,认为同样的外在环境与同样的遗传本质下,自杀倾向或自杀意念愈多、愈强者,愈容易导致自杀行为;而愈小、愈弱者则较不易发生自杀;反之,如遗传本质、自杀倾向相似,则环境危机愈大者,其引发自杀之可能性也愈大。

吴金水(吴金水,1990)进一步分析中村一夫的说法认为:先有脆弱的内在因素,再加上不良之外在因素交相影响才逐渐形成"自杀倾向",这也是成长危机的产物,这个基因形成之后,只要环境上有重大挫折或不如意之事发生,当事者就容易引发自杀意念。可见自杀之防范,除了及时的危机介入外,就是要消除情境的危机并且早日发现自杀倾向而及早加以抒解。但是外在情境范围至为复杂,防不胜防,因此只得从个人内在自杀倾向之早期发现才是防范自杀的有效方法。第一线预防阶段,旨在克服成长性危机,要从内在因素与外在因素交互影响的层面着手,有必要实施"基本预防",亦即生的教育(吴金水,1990)。因此着重在第一线从教育工作着手,加强青少年的心理健康与建立积极正确的人生观,当是根本之道。兹将吴氏所提出的"自杀行为的形成历程与各阶段的预防模式"列出,如下图一所示:

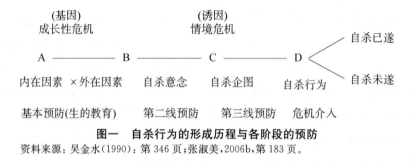

图一　自杀行为的形成历程与各阶段的预防
资料来源:吴金水(1990):第 346 页;张淑美,2006b,第 183 页。

二、Jurich 与 Collins"资源与要求跷跷板模式"

社会心理学者对自杀成因与预防的看法则着重在个人与社会环境的问题,包括家庭、学校与同侪(Henry et al.,1993,引自 Jurich & Collins,1996)。Hill 在1949 年曾提出著名的 ABC－X 说明自杀成因,X 指危机,例如自杀,是由压力事件(A)与家庭资源(B)所交互影响而成;后来 McCubbin 与 Patterson 在 1982 年则增加积压(pile-up)、因应策略、适应与反馈路径,如果家庭资源增加以及因应策略提升,则可以形成良好的适应;反之,如果压力增加而家庭资源与策略无法加强,则会造成不良的适应;Burr 等人在 1994 年又将之扩充为双重 ABC－X 理论(double ABC-X),成功地用于解释青少年的自杀成因与预防(Jurich & Collins,1996)。Jurich 与 Collins(1996)承袭上述理论,提出"资源与要求跷跷板模式"(teeter-totter),如下图二,是资源与要求达到平衡的状态。

Jurich 与 Collins(1996)归纳影响自杀的因素有五种:"生理的、个人的、家庭的、同侪的与社区的",位于跷跷板的中间,也就是支点;而跷跷板的两端,一为要求或压力、一为资源。如果上述五项因素给予个体是较多的要求与积压而非提供资

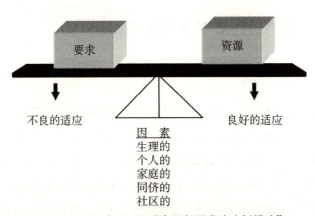

图二　Jurich 与 Collins"资源与要求跷跷板模式"
资料来源：Jurich & Collins(1996)，第 68 页；张淑美，2006b，第 184
页。

源时，个体或青少年会经历不良的适应，而易有自杀意念、企图、乃至自杀行为的产
生；反之，五种因素提供较多资源而非积压的要求或压力，并且提供因应策略，则促
使个体经历良好的适应，而有自我满意与对生命满意的经验。因此，假如教导青少
年良好的因应策略，不管是提升资源或者改变其对危机的知觉，都可以让青少年体
验良好适应并且有力量去抗拒自杀的尝试。

　　从上述两项自杀成因与预防之理论模式，也都在于强调最根本的自杀防治，是
在于平常加强内在的生的教育以及增加各种生存的资源开始，也就是平时的生活
中的教育。生死教育的实施，正是加强基本教育（生的教育），从建立正确生死观念
以及生命意义与价值观着手，以及提升生存的资源与因应策略，正是自杀预防的根
本之道（张淑美，1998，2007）！

肆、生死教育与自杀预防

　　在美国 1960 年代期间，有关死亡的研究兴起后，逐渐引起学者倡议学校应教
导死亡相关议题的了解与探讨，以建立学生培育正确的死亡认知与态度，进而增进
生命的质量与意义（张淑美，1989，1996，2006a，2006b）。以下从"生死（死亡）教育
的意义、目标"、以及"生死（死亡）教育的内容、实施"，来简要分析生死教育与自杀
预防的关系。

一、生死(死亡)教育的意义、目标与自杀预防

(一) 死亡教育的意义

死亡教育,简言之即是探讨各种与死亡相关主题的教育,或称为有关"死亡、濒死与丧恸的教育"(Corr, Nabe & Corr, 1997)。Morgan 认为"死亡教育不仅关系到死亡本身的问题,亦涉及吾人对我们及所生存的大自然及世界的感情。它必须和我们的价值观念、吾人和他人的关系以及吾人建构世界的方式结合。死亡教育可以加深我们和人际间关系的质量"(黄松元,1988)。可见死亡教育、生死教育的终极意义也是穷究生命的意义与价值,正是探讨生命的教育。

(二) 死亡教育的目标与功能

1. 死亡教育的目标

死亡教育的先驱 Leviton(1977)认为死亡教育的目标,在于提升吾人生存与濒死的型态与质量,以计划、准备达到 Weisman 于 1972 年所提出的"安适死"(appropriate death)。"安适死"包括四个层次:(1)知觉(awareness)、(2)接受(acceptance)、(3)恰当的时间(timely)、(4)安详的(propitious),Weisman 认为吾人必须活得有意义、死得有尊严、有价值,必须善生善死,而且要死得从容、安详死于所当死的时候,例如自杀者也许有其理由寻死,但并非恰当的时候。可见"安适死"在于强调死而无憾、死得有价值与尊严,而有生之年必须积极准备才能安终于时(张淑美,1996,第 22 页)。

Wass(1994)认为死亡教育有三个核心的目标,包括:(1)接受死亡相关的讯息;(2)发展与增进处理对死亡相关事件的能力与技能;(3)澄清与培养个人的生死价值观。可见,死亡教育的理念实乃含括个人相关的死亡问题的处理及其和他人、宇宙之关系与意义的省思,透过面对死亡的深度思考,当有助于澄清错误的死亡概念与态度,加深对生命意义的深层省思,建立正确的人生观(如 Deeken 所主张,见张淑美校阅、王珍妮译,2002),应当有助于自杀的预防。

2. 死亡教育的功能

Leviton(1977)认为死亡教育有如下三个不同层次与功能,也包含自杀预防与危机处理:

（1）初级预防（primary effect）：使学生能得知面对亲人丧亡时，可能出现的情绪反应为何，并且知道如何处理。

（2）介入处理（interventive effect）：使个人能较正确地面对自己的死亡，能学得如何介入协助自杀倾向者以及如何做为第一线的危机处理者。

（3）预后复健（postventive/rehabilitative effect）：帮助一个人从死亡的事件中，了解自己的情绪并学习相关的经验，能够重新检视自己和死者的感情、关系，而能正确处理自己的哀伤等。

美国的死亡教育引进台湾地区多年，直到 1990 年代才较为公开与盛行，但国情文化背景的关系，华人仍普遍较能接受生死教育的名词（钮则诚、赵可式、胡文郁，2001；张淑美，2001a，2006a，2006b）。邻近的日本也是称之为生死教育或"生与死的教育"，在日本推动生死教育逾二十五年的阿鲁丰斯·德肯（Alfons Deeken）则大力主张生与死的教育，可以说是"为死做准备的教育"、也是寻求生命中的爱与意义之教育；是终身要学习的教育、也堪称是生命教育（张淑美校阅、王珍妮译，2002）。本文中指称美国的情况，仍称为死亡教育；华人文化地区则称为生死教育，也是一种生死教育取向的生命教育（吴庶深、黄丽花，2001；张淑美，2001a），终极目标也是生命的教育。

二、生死（死亡）教育的内容、实施与自杀预防

（一）死亡教育的内容

从死亡教育的内容，也可看出其加强对生死的认知与生命的态度，也应该有助于自杀预防。综合各学者（黄松元，1988；张淑美，1996，2006a，2006b；Corr, Nabe & Corr, 1997；Eddy & Alles, 1983；Leviton, 1969）提出或整理的死亡教育的内容，予以分为如下的内容与主题，这些主题可随教育对象、时间、场所及目标之不同而选择之：

1. 死亡的本质与意义：
（1）哲学、文化、宗教对死亡及濒死的观点。
（2）死亡的医学、心理、社会及法律上的定义或意义。
（3）生命的过程及循环；老化的过程等。
（4）死亡的禁忌。

（5）死亡的跨文化比较：如平均寿命的跨国比较。

2. 对死亡及濒死的态度：

（1）儿童、青少年、成年人及老人对死亡与濒死的态度。

（2）儿童生死概念的发展。

（3）性别角色和死亡。

（4）了解及照顾濒死的亲友。

（5）濒死的过程与心理反应；死别丧恸与哀伤。

（6）为死亡预作准备。

（7）文学及艺术中的死亡描写。

（8）寡妇、鳏夫和孤儿的心理调适。

3. 对死亡及濒死的处理及调适：

（1）对儿童解释死亡。

（2）威胁生命重症的处理与照护，与重症亲友间的沟通与照护；对丧亲亲友的吊慰方式，"安宁照顾"的了解。

（3）器官的捐赠与移植。

（4）有关死亡的业务的了解：遗体的处理方式、殡仪馆的角色及功能、葬礼的仪式和选择、丧事的费用等。

（5）和死亡有关的法律问题，如遗嘱、继承权、健康保险等。

（6）生活型态和死亡型态的关系。

4. 特殊问题的探讨：

（1）自杀及自毁行为。

（2）死亡的伦理与权利：安乐死、堕胎、器官捐赠、死刑、战争、动物生存权…等伦理议题讨论。

（3）意外死亡：暴力行为；他杀死亡。

（4）艾滋病。

5. 死亡的超克以及生命意义与价值的思索。

6. 有关生死教育的实施与研究：如课程设计、教材教法研发与评鉴、教育应用与研究等。

至于中、小学阶段的死亡教育内容，Gibson，Robert & Buttery（1982）则认为有如下十项，较为恰当：

（1）自然的生命循环，植物及动物的生命循环。

(2) 人类的生命循环：出生、生长、老化及死亡。

(3) 生物的层面：死因、死亡的界定。

(4) 社会和文化的层面：丧葬的风俗及有关死亡的用语。

(5) 经济的和法律的层面：保险、遗嘱、葬礼安排事宜。

(6) 有关于哀伤、丧礼、守丧等层面。

(7) 儿童有文学、音乐及艺术中的死亡描写。

(8) 死亡的宗教观点。

(9) 道德和伦理的主题：自杀及安乐死(euthanasia)等。

(10)生死相关的个人价值。

生死乃一体两面，从死亡教育的内涵可见，谈死亦即论生，终究须触及生命终极意义的探索，是重要而积极的，亟需大众及各界多加了解与探讨。近年来Leviton 非常关注"惊恐的死亡"，亦即"人为的死亡"等问题的探讨与预防，他大声疾呼全人类应该透过死亡教育的实施，来避免这些可怕的、惊恐的人为死亡，诸如自杀、他杀与战争等上述第四项"特殊问题"(自杀、战争、意外死亡、他杀等等)的产生与争议，而能共谋人类的"好活与善生观"(张淑美，2006a，2006b；Leviton，1999)。再者，Gibson Gibson, Robert & Buttery(1982)对中小学生死教育的推展与实施内容之建议，也都是从生到死，从死亡到生命价值之探讨，极具参考价值。

（二）死亡教育的实施方法

死亡教育的实施方法，学者多主张教师首先应具备对死亡的正确态度与知识，并且有基本的沟通、谘商的知能(Leviton, 1977)，而且应掌握任何的可教时机。在实际实施上可采用如下的教学方法(张淑美，1996，2006a，2006b)：

1. 随机教学：掌握时机进行有关死亡事件与问题的讨论。

2. 亲身体验法：直接参观死亡相关场所及专业机构等。

3. 欣赏与讨论法：透过各种相关主题的影片、幻灯片、音乐、文学作品、报章杂志的欣赏与讨论，促使学生的思考与了解。

4. 模拟想象法：如角色扮演、说故事、价值澄清法、写作训练等。

5. 阅读、指导法：选定阅读有关的图书教材、故事或短诗等，然后公开讨论及分享心得等。

透过上述各种教学方法讨论各种死亡相关主题(不局限于自杀的主题)，以达到学生在**认知上**(是否具备足够而正确的知识)、**情意上**(情绪上是否能面对死亡的相关事件)、**行为上**(是否有处理死亡事件的能力与技能)与**价值上**(是否建立个人的生死价值)(Corr, Nabe & Corr, 1997)的死亡教育目标,当有助于学生正确地、健康地面对死亡相关的问题,促其建立有意义的生命价值观,应是自杀预防的根本之道(张淑美,1998,2006b,2007)。

伍、结语: 生死教育是"善生善终"的教育

死亡和性,都是生命历程中不可避免的,也是吾人生活经验的一部分,教育应该是全人的教育,有关生死的教育就应予教导(张淑美,1989,Crase,1989;Wass,1994)。透过对死亡的省察,使我们检视自己和他人、社会、乃至自然、宇宙的关系,并且思考如何生存得有意义、死得有尊严;可以建立学生正确的、健康的死亡概念与态度,减轻吾人对死亡的恐惧和焦虑,进而提高人类生命的质量与价值。不仅符合本文所介绍的两种自杀预防的理论模式,不管是加强生的基本教育或增加生存的资源,都在于促使吾人思考生命的意义与价值。生死教育不仅是根本的自杀防治,也更在于提升吾人的"好活与善生观",进而提高全人类生命的质量与价值(张淑美,2006a,2006b,2014;Leviton,1999)。

讨论自杀预防,应该思考如何教导学生与大众有关生死的教育,从建立正确的认知、态度、行为与价值着手,应该更能收治本之效(张淑美,1997;2001b;2007)。新近 Miller-Lewis, Tieman, Rawlings & Sanderson(2019)研究指出完成自杀和死亡与生命意义的看法有高度预测关联性,对生命意义越消极者越可能完成自杀行为,可见加强提升生命意义相关的教育之重要性。从本文的讨论,笔者也建议自杀预防工作可以和生死教育、生命教育结合,进而探讨生死教育或其他取向的生命教育对自杀防治的成效,共同为提升人类生命质量而努力!

参考文献

吴金水,自杀倾向的探讨与自杀倾向试用量表的编制经过。初等教育学报,1990 年,3,343 - 441。

吴庶深、黄丽花,生命教育概论——实用的教学方案,台北市:学富,2001 年。

易之新译,Kay Redfield Jamison 著,夜,骤然而降:了解自杀,台北市:天下文化,2000 年。

邱绍一、黄德祥,高中职学生自杀意念与生命价值之相关研究。载于彰化师范大学主办之《台湾地区高中职学校生死教育教学研讨会》论文集(第 129—154 页),彰化市,2001 年,11 月。

张淑美,儿童死亡概念发展之研究与其教育应用,高雄市:高雄师范学院教育研究所硕士论文

（未出版），1989 年。

张淑美，死亡学与死亡教育：中学生之死亡概念、死亡态度、死亡教育态度及其相关因素之研究，高雄市：复文，1996 年。

张淑美，从美国死亡教育的发展兼论我国实施死亡教育的准备方向，教育学刊，1998 年，14，275 - 294。

张淑美，中学生命教育手册——以生死教育为取向，台北市：心理，2001a。

张淑美，中学生的生命教育——从死亡概念与态度论中学阶段生死教育的实施，教育资料集刊，2001b，26，355 - 375。

张淑美，生死教育，载于林绮云等著，实用生死学（第二章），台中市：华格那出版社，2006a。

张淑美，"生命教育"研究、论述与实践——以生死教育为取向（二刷版），高雄：复文图书出版社，2006b。

张淑美，生命教育是自杀防治的根本之道，高雄市：全能出版社主编：亲情辅导信息，9 月号，首版，并转载于 10 月 28 日教育部生命教育学习网之生命教育"知识平台时事评论"，http://life. edu. tw/homepage/094/subpage_B/subpage_news/t-5-index93_2007. php，2007 年。

张淑美，点燃心灯——生死意义与生命教育，载于纪洁芳、张淑美主编，生死关怀与生命教育（二版）（第一章，第 1 - 1~1 - 33 页），台北：新页图书出版社，2014 年。

张淑美校阅、王珍妮译，Alfons Deeken 原著，生与死的教育，（二刷版），台北市：心理，2002 年。

钮则诚、赵可式、胡文郁，生死学，台北县：空中大学印行，2001 年。

黄松元，我国台湾地区中小学死亡教育课程之发展，卫生教育论文集刊，1988 年，2，136 - 149。

刘震钟、邓博仁译，R. Kastenbaum 著，死亡心理学，台北市：五南，1996 年。

郑凯译，自杀是一种流行病，台北市：方智，1986。

Crase, D. Development opportunities for teachers of death education. *The clearing house*, May, 1989. 387 - 390.

Corr, C. A. , Nabe, C. M. & Corr, D. M. （Eds.） *Death & dying：Life & living*（2nd ed.）. Brooks/Cole. Pub. Com. 1997.

Curran, D. K. *Adolescent sucidal behavior*. NY：Hemisphere Pub. Cop. 1987.

Eddy, J. M. & Alles, W. F. *Death education*. St Louis：The C. V. Mosby Com. 1983.

Fremouw, W. J. , Perczel, M. D. & Ellis, T. E. *Suicide risk：Assessment and response guidance*. NY：Pergamon Press. 1990.

Gibson, A. B. , Robert, P. C. & Buttery. T. J. *Death education：A concern for the living* (ERIC ED. 215 938). 1982.

Jurich, A. P. & Collins, O. P. Adolescents, suicide, and death. In C. A. Corr & D. E. Balk (Eds). *Handbook of adolescent death and bereavement* (pp. 65 - 84). New York, NY：Springer Pub. Com. 1996.

Kthena, K. *Suicide attitudes and terror management theory*. Doctoral Dissertation of University of Kentuck. https://orcid. org/0000-0002-1084-0738,2019.

Lester, D. *Suicide as a learned behavior*. Springfield, IL：Charles C Thomas Pub. 1987.

Levition, D. Education for death. *Journal of health, physical education and recreation*, 1969, 40,46 - 47.

Levition, D. The scope of death education. *Death Education*, 1977,1,41 - 56.

Liviton, D. Death education: Its status and potential. *Taiwan hospice care magazine*, 1999, 14, *November*, 3 – 19.

Minear, J. D. & Brush, L. R. *The Correlations of Attitudes toward Suicide with Death Anxiety, Religiosity, and Personal Closeness to Suicide.* https://doi. org/10. 2190/YP62-4U57-V8CJ-XYNH, 1981.

Miller-Lewis, L. , Tieman, J. , Rawlings, D. & Sanderson, C. *Correlates of perceived death competence: What role does meaning-in-life and quality-of-life play?* DOI: https:// doi. org/10. 1017/S1478951518000937, 2019.

Orbach, I. , Feshbach, S. , Carlson, G. , Glaubman, H. & Gross, Y. Attraction and repulsion by life and death in suicidal and in normal children. *Journal of consulting and clinical psychology*, 1983, 51(5), 661 – 670.

Payne, B. & Range, L. M. Family environment, depression, attitudes toward life and death and sucidality in young adults. *Death Studies*, 1996a, 20, 37 – 246.

Payne, B. & Range, L. M. Family environment, depression, attitudes toward life and death and sucidality in elementary-school children. *Death Studies*, 1996b, 20, 481 – 494.

Phillips, S. *The child's concepts of death. Unit for child studies.* (ERIC Document Reproduction Service ED 204036), 1908.

Rosenthal, P. A. & Rosenthal, S. Suicidal behavior by preschool children. *American Journal of Psychology*, 141, 520 – 525, 1984.

Shneidman, Z. S. *The suicidal mind.* New York, NY: Oxford University Press, 1996.

Wass, H. Visions in death education. In L. A. Despelder & A. L. Strickland (Eds.). *The path ahead* (pp. 327 – 334). CA: Mayfield Pub. Com. 1994.

中国转型期自杀行为及其非理性因素

吴　宁　宁甜甜(上海师范大学)

中国正在进行的社会转型是一个前景光明的同时又是一个充满痛苦、需要付出诸多代价的过程。转型期个人感到社会适应不良而产生恐慌、困惑、心理压力，易导致自杀。自杀已成为中国转型期的一个不容忽视的社会问题。探析中国转型期自杀行为及其非理性因素、提出预防和抑制自杀行为的对策，具有重要的理论意义与现实意义。

一、中国转型期的自杀行为

自杀行为是人自愿采取的毁弃、消解自身的行为，是故意的自我谋杀。人的自杀意念直接导致自杀行为。人的精神世界不仅包含了占支配与主导地位的理性因素，而且也包含了动机、欲望、意志、情绪、信仰等无规范性、无逻辑性的非理性因素。在自杀行为中，人必然会受到其主观精神，即理性因素与非理性因素的影响。据此，我们将自杀行为分为理性自杀与非理性自杀。理性自杀是指人在深思熟虑、权衡利益得失与轻重的前提下，理性地采取的自杀行为。人在实施理性自杀行为的过程中是自觉而清醒的，认为自己的行为是合理的和合乎道德规范的。如汤因比所描述的他的两个朋友的自杀行为就属此类：他们在真正考虑到当下的生存既不能为社会创造价值，又不能给自己带来尊严和幸福的情况下，决然地走上了自杀的不归路。非理性自杀是指人在实践自杀行为过程中，情感、欲望、意志等非理性因素占据着支配地位，是在情绪波动较大甚至完全由情绪冲动主宰下实行的自杀行为。当然，正如理性与非理性的界限是相对的一样，理性自杀与非理性自杀的分水岭亦是相对的，二者之间不是不可逾越的。在理性自杀中并不能排除非理性因素的作用,而在非理性自杀中同样包含着理性因素的影响。理性因素与非理性因素在自杀行为中是共存的。自杀的成因是多方面的,包括社会环境、家庭环境、个人因素。自杀既是个人现象,是个人性格的表现;又在原因、本质上是社会的,是社会变迁的结果。在现实社会层面上,我们将自杀行为及支配这一行为的精神活动诉诸于客观情境,并以此判断理性与非理性因素何者在这一行为中起着支配与主导作用:属理性因素支配下的自杀称之为理性自杀,而属非理性因素支配下的自杀称之为非理性自杀。

自从人类诞生以来,自杀就如影随形。尤其是人类进入 20 世纪,随着生产力的飞跃发展,物质财富的大量增加,人类自杀率逐渐上升。法国每年有近 5 万年轻人企图自杀,自杀已经成为导致 15 岁至 24 岁的青少年除交通事故死亡之外的第一大死亡原因。同样,老年人的自杀形势也比较严峻,据美国专家分析,老年人的自杀率实际上比全美国平均自杀率还高 50%。日本也面临着一场自杀危机:2001 年日本共有 3.1 万人自杀,日本死于自杀的人数是死于交通事故的 3 倍。2002 年日本自杀的人数再次超过 3 万,这意味着日本每 4250 人就有一个人走上了自杀之途。

自杀不仅仅是个人行为,而且是对社会转型的反应。剧变的外部环境与个体脆弱的内心素质交互作用,导致自杀率上升。中国的社会转型改变了人们的生活方式、经济生活急剧变化、升学就业激烈竞争、价值观嬗变、离婚率的增加、自杀物品的易得、居住条件的改善,这些都与高自杀率具有显著的相关性;国企改革和分配制度的改革,减员增效的力度加大,而社会保障不能与之同步配套,导致人们的心理压力加大,失落、受挫、无助、无力的消极心理气氛弥漫,人不得不徘徊或奋斗于希望与失望、幸福与痛苦之间,人充满着无限的欲望,但在艰难的现实中容易失望,失望的表现之一是自杀,人们欲望增长与欲望满足滞后之间的矛盾导致自杀的机会和可能性大大增加。越是在个人主义和物质条件不发达(灾荒、动乱、战争)的地方,自杀率越高。宗教、家庭的作用衰退,个人日益孤立化,既不受集体的约束,又不能从集体得到慰藉。埃米尔·迪尔凯姆所谓的失范性自杀是由于社会规范的一种感知上或真正意义上的瓦解所导致。失范性自杀是自杀者对社会规范和社会变化的一种错误感知而导致意志瓦解、精神崩溃行为。自杀者对某种社会习俗或规范有坚定的认同感,一旦失范,就会心理冲突、意志瓦解、精神崩溃。我国正处于转型期,社会发展的速度、广度、深度及难度都是前所未有的。这一方面带来了我国经济的飞速发展,另一方面也对我国传统的惯例、习俗、规则、律令带来了前所未有的冲击。旧的规范趋于瓦解,新的规范的建立与完善又需要一定的时间,从而形成了社会失范。同时,改革开放使西方先进技术进入我国的同时,也使西方价值观渗透进来,这在导致社会价值观多元化的同时,不可避免地出现了价值观的迷失,这在给所有社会成员展开一个新的画面的同时,也给社会成员一种手足无措、无所适从的危机感。在这种充满危机与压力的生存环境下,个体自杀数量不降反升。正如杜尔凯姆指出的:"任何打破平衡状态的动荡,即使它带来更多的利益,激起民众的活力,实际上都是使自杀率增加的一种因素。一旦社会秩序出现重大更迭,无论是骤降的好运还是意外的灾难,人们自我毁灭的倾向都会格外强烈。"[1]1992 年在南京召开"首届全国危机干预中心暨自杀研讨会"期间,有这样一组数据:全国死于自杀的人数每年高达 14—16 万![2] 我国每年有 28.7 万人死于自杀,是世界上自杀率最高的国家之一,总的自杀率为十万分之二十三,而国际平均自杀率为十万分之十,中国自杀率是国际平均数的 2.3 倍,自杀已成为中国全部人口第五位、15—34 岁人口第一位的死亡原因,已成为我国转型期的一个不容忽视的社会问题。在所有这些自杀行为之中,一部分属理性自杀行为,绝大多数都属非理性自杀。杨鸿台的《死亡社会学》中披露的一次社会调查实验统计资料同时也显示,非理性自杀行为所占的比例很明显地高于理性自杀行为。国外一位心理学家对 89 位女性、39 位男性,在其服用过量药物脱险之后,立即进行询问调查,开始时仅有不到一半的人表示他们仍想去死,而多数人则明确表示自杀未经过认真的思考,只是把最后的抉择留给了机遇和命运。因此,有必要对非理性因素与自杀行为的内在关联进行探析。

二、中国转型期自杀行为中的非理性因素

人的精神是理性与非理性的统一,非理性因素是自杀行为的精神诱因,是人的精神世界中内部结构混沌无序的精神现象,主要包括动机、意志、欲望、情绪、幻想和信仰等。一旦非理性因素冲破理性因素的约束,就有可能造成不必要的、没有意义的冲动性自杀行为。自杀行为的非理性因素主要如下:

首先,自杀动机。人的自杀动机各异,归纳起来主要有两类:一类是真正想

① 杜尔凯姆:《自杀论》,浙江人民出版社,1988 年版,第 205 页。
② 杨鸿台:《死亡社会学》,上海社会科学院出版社,1997 年版,第 172 页。

死,长期抑郁,产生反复的自杀意念,另一类并不是真的想死,只是想用自杀行为来影响、惩罚别人。自杀动机是在已存社会事实或将存社会事实的基础上萌发的。已存社会事实即指客观存在的当下社会情境,包括当下的经济、政治、文化环境,社会客观情境在很大程度上催生了自杀动机的萌发。在我国目前已存社会事实就是社会转型的快速期这一特殊情境。将存社会事实是指已存社会事实必然的趋向。事物的发展有其偶然性,但偶然性中潜含着内在的必然性。这种必然性在已存社会事实中作为一种趋势向这一情境中的个体展现出来,影响着个体的决策和行为。自杀行为是行为主体有意识地采取的一种结束自己生命的方式,即理性因素与非理性因素支配下的行为,而不管是理性因素还是非理性因素,都是客观情境,即已存社会事实或将存社会事实的反映。"意识一开始就是社会的产物,而且只要人们还存在着,它就仍然是这种产物。"①"人是具有社会属性的,人的非理性也具有社会属性。非理性总是体现着一定的社会存在,打上了一定社会生活的烙印,是社会生活的折射。人的非理性因素具有很强的社会性,而且最终要通过人的社会历史活动表现出来,以各种方式影响社会的发展。"②而正是在这种已存的或将存的社会事实中潜藏了未展开的导致自杀的非理性动机。在我国剧烈的转型变迁,使得社会群体、社会关系、社会观念在传统与现代方面的冲突比较突出,社会整合功能式微,尤其是社会转型中市场经济条件下对个体主体性的凸显,对个体自由价值的推崇,在一定意义上造成了现代人自杀率的上升。个体注重自身价值的彰显,个体追求自由地决定自身行为,包括自由地决定是否终止自身的生命权,这在某种程度上脱离了个体所属的社会关系、道德伦理的约束。在这种情境之下,个体难免会滋生自杀的动机,并付诸行动。

其次,自我意志。自杀是一种自我毁弃,也是一种自我表现。自杀者以为自己在自杀之后会获得人们的重视。叔本华认为,人的本质就是生命意志,强烈的个体生命意志要求得到其他个体的认同和遵从,要求在诸多个体之中保持自我中心。然而,当自我意志在逐渐展开的过程中得不到其他个体的认同时,就感到痛苦和抑郁,进而终结生命。表面看来,自杀行为是终结个体生命意志的行为,是对个体生命意志的否定,但其隐藏在这些表象之后的实质告诉我们,正是顽强的自我意志,导致了自杀行为。"自杀与意志的否定相去甚远,它实际上是对意志的极度肯

---

① 马克思、恩格斯:《马克思恩格斯选集》第1卷,人民出版社,1995年版,第81页。
② 吴宁:《社会历史中的非理性》,华中理工大学出版社,2000年版,第34页。

定。"①法国一位名厨的自杀为之做了恰当的注脚。法国著名厨师贝尔纳·卢瓦索在家中用猎枪结束了自己的生命,原因是他的餐馆被美食鉴赏杂志降低了等级分(从 19 分降到 17 分),另外关于美食杂志《米什兰》将取消他自 1991 年来一直享有3 颗星的最高等级的传言也给予了这位名厨很大的压力。当自我意志尤其是社会群体对其自我意志的认知度受到威胁的时候,这位名厨不惜以生命为代价,以肯定其自我意志。事实上,贝尔纳·卢瓦索的死是冲动的、非理性的自杀行为,如果他保存生命,仍然能够为社会创造价值从而体现其自我价值,他也有能力运用其智慧与不懈努力重新获得其应有的地位。然而,他选择了放弃生命。他的自杀行为充分体现了其自我意志的强度,自我意志对自杀行为产生了强化作用,自我意志在较强的个体身上通过自杀得到实现。

第三,未满足的欲望。佛教有"外五欲"与"内五欲"之说,其中"外五欲"即是指色、声、香、味、触,"内五欲"是指饥思食及渴思饮、贪图金钱、希求美色、爱好名望、贪图安逸。佛教教义是拒斥这些欲望的,主张内求诸己,修身静气。其实,禁欲是很难做到的,也是不合理的,人无欲望则失去了生存的动力。但纵欲也是一种不合理的行为。纵欲主义者主张任意放纵自己的欲望。欲望是无限的,其满足的程度具有有限性。一个欲望刚刚得到满足,另一个欲望马上就会产生,先在欲望的满足是继起欲望的始点,继起欲望的满足又是相对后在欲望诞生的基地。欲望没有一个终点,得不到一劳永逸的满足。尤在我国社会转型期间,机遇与挑战刺激着每一个社会个体对无尽欲望的奢求。杜尔凯姆指出:"社会生活的剧烈变化也自然而然地促使欲望迅速增长。"②迅速地增长的欲望燃烧着每个社会个体的头脑与神经,使他(她)的身心备受煎熬。当个体在这种痛苦之中忍无可忍之时,就会放弃生存,放弃一切尘世之缘,而走上轻生之途。这也是人之欲望的一个悖论:无限地渴求占有,千方百计地追逐价值,却因此而导致了刹那间所有价值(包括已有价值和欲求价值,甚至作为人之价值)的消解。自杀行为又是自杀者内心深处的攻击性、自我惩罚和快感欲的满足,它能满足自主的死、杀人和被杀三种欲望。

第四,被感染的情绪。抑郁、绝望的情绪是自杀的主要因素。杜尔凯姆认为:"企图自杀或完成自杀的人的情感模式是由于家庭关系而在孩提时代形成

---

① 叔本华:《爱与生的苦恼》,华龄出版社,2002 年版,第 44 页。
② 杜尔凯姆:《自杀论》,浙江人民出版社,1988 年版,第 212 页。

的。"①自杀是以死亡的方式剥夺情感寄托,自杀最常见的情感特征是绝望无助,有厌烦情绪。集体性自杀是最初没有自杀动机或自杀动机不强,在别人的情绪感染下产生从众的自杀行为。勒朋在其出版的《群众心理学》一书中认为,处于一定团体、集团之中的个体表现为有意识的人格已经消失,无意识的人格占据了主导地位,情绪的感染使个体趋向于某一行为并在一定的境域下导致了这一行为。在情绪的感染作用下,个体会被一时的冲动所主宰,卷入非理性的行为之中。自杀也具有这种情绪感染性。当个体处于一种自杀氛围之中,无意识的自杀情绪会冲破理性的藩篱。同一家族多起自杀事例是由于家长有潜在的自杀倾向,无意识的死亡情绪在同一家族成员中弥漫。20世纪最伟大的哲学家维特根斯坦虽然具有理智的头脑和逻辑分析的天赋,但其一生却时常受到自杀的困扰。这种自杀的阴影来自于家庭,他的四个哥哥中有三个自杀,这使得维特根斯坦在少年时期就不断想到过自杀,他甚至对自己不敢自杀而感到羞愧;成人之后的维特根斯坦也时常担心自己未完成著作之前会死去,尤其是在其临终前的几年,他总是担心自己是否会失去理智而自杀。以维特根斯坦的智慧,其理性思维能力是不容置疑的,他对于自杀的认识是深刻的,但自杀情绪感染力量之大,使我们的哲学大师时常陷入窘境。

第五,幻想和非理性的信仰。自杀而不被别人处死或被命运毁灭,有幻想在发挥作用,有一种全能的、自己掌握着自己的生死的幻想在起作用。非理性的信仰是对外在于己的对象盲目地崇拜和向往。"在宗教中,人的幻想、人的头脑和人的心灵的自主活动对个人发生作用不取决于他个人,就是说,是作为某种异己的活动,神灵的或魔鬼的活动发生作用。"②在非理性的信仰的作用下,个体完全失去了自己的理性,而任由外在的力量主宰自己的命运。如,美国"人民圣殿教"教徒的集体自杀。这些教徒完全受控制于教主琼斯,完全沉迷于人民圣殿教的"灵魂转世"及"乌托邦共同体"的幻想之中,当美国议会下院着手调查这一教派的时候,这些教徒鼓掌嚷道:"我们不怕死",并服用氰化钾集体自杀。还有如"大卫教"教徒的自杀、"天堂之门"教派成员的自杀、"恢复上帝十诫运动"成员的自杀……都是盲目的、在非理性信仰支配下的自杀行为。除邪教教徒因信仰而频繁自杀外,其他宗教如基督教、伊斯兰教教徒也有可能因其信仰而自杀。一个伊斯兰教徒可能因失去信仰的家园而自杀,一个基督徒可能因其信仰上帝光环之祛魅而了却生命。非理性的

---

① 杜尔凯姆:《自杀论》,浙江人民出版社,1988年版,第15页。
② 马克思、恩格斯:《马克思恩格斯选集》第1卷,人民出版社,1995年版,第81页。

信仰成为自杀的一个重要因素。

总之,非理性因素是自杀行为重要的精神诱因。非理性因素在特定情境下促使行为主体摆脱了外在社会规范即超我的限制,摆脱了理性自我的约束,而采取了一种冲动的死亡方式。以上仅仅是从诱发自杀行为的角度论述非理性因素的消极意义,但这并不意味着对非理性因素积极作用的否定。意志、信仰等非理性因素也能在特定的情境中遏制自杀行为的发生。如,基督徒、伊斯兰教信仰者只要坚信信仰之对象的神圣性,那么就有可能因盲目的崇拜而在痛苦或孤独中继续生存下去。

三、预防和抑制自杀行为的对策

自杀的原因是多样的,主要是人遇到挫折、失败、情感伤害、与他人发生冲突或自己出现过错、久病不愈、经济困顿、失去亲人等事件,精神负荷重,自我设计的目标不能实现;独生子女娇生惯养,耐挫能力差,中国长期的应试教育,忽视综合素质特别是心理素质的培养,使他们遇到逆境易万念俱灰,甚至在犯小错误时,也会出于逃避责罚而轻生自杀。自杀行为的发生有其特定的客观情境,既有理性因素的影响,也有非理性因素在其中发挥作用。人们普遍地认为,自杀行为是一种不道德的行为,自杀意味着生命的否定、理性的否定,也意味着人生全部价值的否定。因此,如何抑制自杀行为的发生就成了政治家、社会学家、人类学家、哲学家寻思的问题。因为绝大多数自杀者在自杀前有异常行为,所以重视异常行为、疏导试图自杀者的不良情绪、缓解自杀冲动、加强心理保健,自杀还是可以预防的。加强人生观的教育,树立生存的信心,发展经济,增加就业率,创造宽松的民主生活氛围,是预防自杀的根本。人生价值在于不断的战胜困难和挫折,不能因前途、荣誉、学业、家庭、婚恋的某方面的失意,就用生命去赌气。哲学沉思、在社会互动交往中张扬人的理性以及非理性诸因素的相互制约,是预防和抑制自杀行为的几点对策:

第一,以哲学的反思理性抑制自杀的非理性因素。在人的精神世界中,理性因素占有主导与支配地位,但理性并非万能,它有其自身不可避免的局限性,正如弗洛伊德所说,"疲倦的"自我时刻受到非理性的本我的诱惑。因此,必须加强个体理性的支配与主导能力,而哲学的沉思责无旁贷地承担了这一重任。哲学是时代精神的精华,是几千年人类理性思维的结晶,其中蕴涵了丰富的生存理性与价值理性。从哲学本体论的高度、从总体上反思人生,形成健康的、积极向上的生存意识,构建适合于客观条件的生存意义,保持生活的乐观态度,主体才能在社会环境尤其是自身所属环境的变化之中,拒斥自杀行为。哲学家维特根斯坦,虽然受困于自杀情绪的感染,但他并不甘心屈从非理性的强烈的诱导,他选择了哲学的沉思,选择了彻底的科学精神和严谨的逻辑思维,以自杀情绪为契机,不倦地思索生命与死亡之谜,总结出了可贵的结论:生命在逻辑上是可以获得永恒的,关键在于人对生命在时间和空间之外的存在状况如何看待。如果生命被认为是无时间性的,那么活着的人就永恒地活着,个体生命就是无止境的。维特根斯坦影响着未来哲学的反思,其肉体是有限的,但其精神生命却达致无限。这里,需要强调指出的是,虽然从古希腊苏格拉底认为哲学是"死亡的准备"、柏拉图将哲学称为"死亡的练习"到中世纪宗教神学宣扬的美好天堂,再到叔本华的"人类本质上难免痛苦"之悲观主义哲学,都不可避免地蕴含着现世生活的某种不完满性,诱导人自杀,但是,从古到今,几乎没有一种哲学是以自杀为最终归宿的,几乎没有一个哲学家是以促使生命个体的自杀为自己哲学研究的最终目的。相反,他们及其哲学思想正是为了本真的生活。哲学的反思能强化我们的理性思维能力,使超我与自我能够有效地引导本我,有效地抑制自杀行为的发生。

第二,建立良好的社会互动关系。人是天生的社会动物,只有在社会关系中,人才成其为人。生活本无意义,生活的意义是人与社会共同创造出来的。正是在合理的社会互动中,个体构建了其生命意义,并在与他人交往中不断完善、充实意义,为意义而度过个体的社会性一生。而且,每个个体都能够意识到自身生命的短暂性、易逝性,个体仅仅就个体而言,永远是时间与空间序列之中一个渺小的存在。但是,通过良好的社会互动,个体的有限生命在社会性关系中得以传承与继续,从而在一定意义上获得无限性,这就更加强化了个体现世存在的意义,从而更加珍惜生命,拒绝自杀行为。此外,良好的社会互动有利于情感的沟通,消解自杀情结,舒缓各种非理性因素施加于个体的沉重感、压抑感。我国的社会转型必然会伴随着价值观念冲突、社会失范、文化失序等负面效应。这些负面效应必然会引起个体对社会现实状况的不满、怀疑、否定、恐惧,从而不愿意与其他个体进行交流,沉默寡语、郁郁寡欢,形成一种自闭心理。当人因此离群索居时,压抑、孤独和绝望就会将其送上自杀的轨道。相反,良性的社会交往,却能给予个体足够的自信,建构起自己的自尊、自爱,从而溶入社会集体,远离自闭心理,减少自杀的可能性。社会要引导人珍惜生命、热爱生活,以健康的心理迎接挑战,建立防止自杀的咨询机构、热线电话和研究中心,不把自杀不适当地宣传为解决冲突、令冤枉自己委屈自己的人感和到后悔的途径,不渲染自杀情绪。

第三,优化非理性。不管是进入哲学沉思,还是加强社会互动,二者的核心都在于优化非理性。哲学沉思和合理的社会互动能强化理性的影响力,抑制非理性的冲动,从而有效地抑制非理性自杀。尽管黑格尔认为"世界上最有价值的东西,都是理性产生出来的"。① 但是,非理性作为人类精神活动的一个方面,有自身独特的内在本质规定和作用。我们不仅要从人的理性方面着手,而且要从非理性本身寻求抑制自杀的途径。每个人都有自杀潜势,即死本能,只是其强弱程度因人而异。增强爱欲可以抗衡死本能,培养生活的乐趣。我们应摆脱负面情绪,将自己的注意力从让人不安的事件转移到创造性的劳动或有意义的事业中去。非理性诸因素相互影响、相互作用,有可能达到相对自洽和平衡,不再成为自杀诱因并有助于避免自杀行为。如被感染的情绪和顽强的自我意志都是自杀的诱因。但是,如果受情绪感染的、有自杀倾向的人具有顽强的自我意志,以顽强的自我意志抵消受情绪感染的自杀倾向,那么这两种导致自杀的诱因就可能由于相互抵消与制约,而达到一种相对平衡状态,既弱化了强烈的情绪感染倾向,又弱化自我意志,预防了自杀。由此可见,非理性通过其内部诸要素相互调控与影响,能弱化其消极作用,有利于预防和抑制自杀行为。

---

① 黑格尔:《哲学史讲演录》第1卷,商务印书馆,1997年版,第39页。

2119名护理学生死亡教育认知和需求现状调查

缪群芳(杭州师范大学)

摘要　目的：调查不同学历层次护理学生对死亡教育认知和需求，通过现状分析为有针对性开展死亡教育提供依据。**方法**：整群抽取浙江省三所不同学历层次全日制护理专业院校，随机抽取2119名护生，采用自制的一般资料调查表、死亡教育认知及需求调查表进行横断面研究。**结果**：89%的护生认为需要或非常需要增加死亡教育；护生对死亡的认知途径较多来源于社会，来自学校教育相对缺失；护生希望开展多种形式的死亡教育，尤其以实践体验为主。**结论**：护生对死亡教育的需求较高，护理教育者应注重多途径、多维度渗透式死亡教育，并根据不同学历层次护生特点，有针对性开展死亡教育。

关键词　护理学生　死亡教育　认知　需求

调查数据显示约72%患者会在医疗机构死亡[1]。医院是个体与生死相关事件接触最直接的场所，是普通社会民众对死亡反思与感悟最多的场所之一，医务人员也是接触生命、死亡最高频率的职业人群。诸如脑死亡、安乐死、器官移植等现代医学技术的快速发展带来相关新的主题，医护人员越来越多面对新主题产生的专业要求；同时随着国家安宁疗护政策推进，对终末期患者的治疗护理成为医务人员的新挑战，掌握对于濒死患者安宁疗护知识、技能是确保临终照护顺利开展必不可少的部分[2]。医者仁心，医学是充满人文关怀的行业，医学模式从传统的生物医学模式转变为现代的生物-心理-社会医学模式，要求医护人员不仅需要注重对患者承担的救死扶伤义务，同时也需要关注患者的生命质量和临终死亡质量。

死亡教育作为安宁疗护和临终关怀的重要组成部分，是探讨死亡、濒死、失落与悲伤主题与现象的教育活动,是综合运用各个学科知识对人们进行的生与死的教育,旨在帮助人们拥有健康、科学的生死观,进而更加珍惜生命。医护人员作为服务人类全生命周期的专业人员,承担着特殊的责任和义务,其自身必须具有科学的死亡态度和死亡观,必须具备掌握调适、处理死亡相关事件的知识和技能。医护人员也因其特殊使命成为患者和家属死亡教育义不容辞的教育者、推广者、指导者,从而担当人类全生命周期的守护神。

护理专业学生(以下简称护生)是医务工作中的中坚力量,是未来护理行业发展的主力军。因其护理职业的特殊性,经常会接触重病或濒死患者,需要协助临终患者在生命最后阶段能坦然面对死亡,帮助家属面对哀伤和丧失。调查显示,72.63%的护生害怕面对患者死亡过程中的痛苦;49.47%护生对患者死亡感到不安。护生如果不能冷静客观地面对死亡情境,将会导致临床护理能力水平下降[3]。护士如果缺乏死亡教育培训,会存在缺乏正确死亡认知、恐惧、逃避等情况,不能给临终患者和家属予以相应的支持和干预,同时自身因无法挽救患者生命而产生自责、悔恨等负性情绪,无法面对和处理自身因面对死亡恐惧和死亡焦虑产生的痛苦和压力,这将在很大程度上影响护士从容、专业护理病患以及实施临终照护的质量。面对死亡具备科学、积极的认知和态度,将帮助护生树立正确的生死观,降低对死亡的恐惧程度,以平和的心态面对患者的死亡,提升护理服务内涵与修养,同时减少对自身的心理伤害,对降低护理人才流失率、稳定护理队伍具有重要意义[4]。

本调查聚焦于不同学历层次护生对死亡教育认知现状和需求现状,拟推动死亡教育将护理学生作为首授教育对象,拓宽死亡教育的理论体系和实践途径,为进一步开展护理专业的死亡教育提供支持。

1 对象与方法

研究团队于 2019 年 3—6 月,采取整体抽样法抽取浙江省三所不同学历层次一年级护生共 2119 名为研究对象,年龄(18.60±1.44)岁。其中,护理本科生 282名(13.31%),大专生 1070 名(50.49%),中专生 767 名(36.20%)。调查对象纳入标准:①全日制护理专业学生;②知情同意并自愿参与研究。(2)排除标准:①有精神障碍的护生。

本调查采用自行设计调查问卷。问卷内容包括生死知识的来源、开展死亡教育的形式以及对死亡教育需求等。

    征得相关伦理部门同意后,由两名经过统一培训的调查者现场发放问卷。使用统一指导语解释问卷调查的目的、内容及注意事项,发放问卷,并当场回收。共发放问卷 2200 份,最终收回有效问卷 2119 份,有效问卷回收率为 95.5%。使用 IBM SPSS Statistic 22.0 统计软件进行双人录入、整理数据并建立数据库。计数资料以例和百分率表示。

2 结果

2.1 护生生死相关知识调查结果

    2119 名护生中,89%的护生认为非常需要或者需要增加死亡教育内容;认为不需要增加死亡教育的护生群体中,大专生仅有 74 名(6.9%),中专生 132 名(17.2%),本科生 30 名(10.6%);其中护生希望以"增强实践体验"的形式开展死亡教育有 530 名(25%)、以"心理咨询"的形式开展有 509 名(24%)、以"专题讲座"的形式开展有 466 名(22%);对于死亡相关知识和看法来源途径,1038 名(49%)护生通过社会媒体,636 名(30%)护生通过学校途径,339 名(16%)护生通过家庭途径。结果见图 1,图 2,图 3。

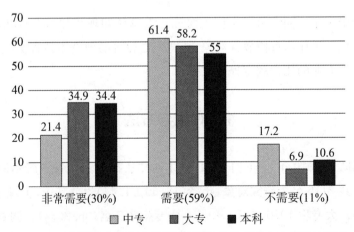

图 1　不同学历层次护生对是否需要增加死亡教育内容的认知构成

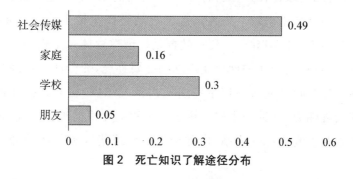

图 2　死亡知识了解途径分布

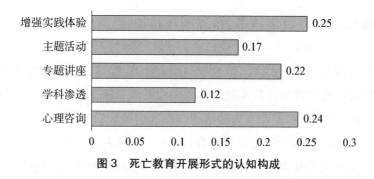

图 3　死亡教育开展形式的认知构成

3　讨论

3.1　死亡教育在护理专业需求高

　　我国在九年制义务教育中没有开展死亡教育课程。我国当前的医学教育模式仍沿袭传统生物医学模式指导下的人才培养体系,注重护理学基础知识和基本技能的培养。在绝大部分护理院校,死亡教育没有成为一门独立课程。相关内容是在护理伦理学、基础护理学、护理心理学中有所涉及,不仅课时非常有限,教学内容的深度和广度都不够。护生如果从未进入临床工作开始,就惧怕面对濒死和死亡的患者,在面对濒死病人的时候不能给予病人身、心、灵各方面最妥帖的护理和关照,不能协助病人安详而有尊严的死亡,必定影响其实际临床护理工作。本调查结果显示,多数护生对自身职业的一定了解,为了将来在实践过程中沉着冷静地面对和处理病人死亡等问题,89％的护生认为需要或非常需要增加死亡教育内容,表明死亡教育在护生群体中有较高的需求,亟待增加死亡教育内容,与曹丹阳等[5]调查结果一致。唐孟言等调查结果提示护生缺乏正向的死亡观,急需死亡教育给予正向引导[6]。死亡教育是护理教育体系中极需重视和亟待解决的问题,死亡教育是现代护理专业理念的必要补充,充分体现护理"以人为本"的专业精神。死亡教育通过向护生传递死亡相关知识,培养和提升护生对死亡事件应对和处置能力,帮助护生树立科学正确的生死价值观念[7],防止护士因暴露于死亡情景时引起内源性应激,由此产生负性情绪导致临床护理服务质量的降低[8]。

3.2　构建死亡教育教学体系,拓宽实践路径

死亡教育涉及哲学、教育学、社会学、伦理学、医学、护理学、教育学等多学科,其多学科特质给死亡教育在现实教育体系中的开展带来一定困难。虽然有识之士不断呼吁开展死亡教育,但在大陆的落地实施进展缓慢。本调查结果显示,护生死亡相关知识的首要来源途径是社会传媒(49%),表明主流媒体对死亡主题的宣传已逐渐得到在校大学生的关注。而从学校途径获得死亡相关知识仅占30%。学校是护生群体学习和生活的主要场所,但死亡教育存在缺位是不争事实。我国医学院校的死亡教育模式仍处于探索阶段,未能建立系统化的死亡教育体系,无法满足护生对死亡教育需求。皋文君等[9]将"对分课堂"新型教学模式融入到教学中,但是仅针对"护理学基础"中的临终关怀章节进行改革,未开设系统完整的死亡教育课程。目前,美国、英国、日本和韩国均构建了较为系统、全面地死亡教育课程以及标准化的培训模式[7]。英国的死亡教育强调渗透式死亡教育方式,明确医学生死亡教育的内容,强调将死亡教育内容融入医学人文教育中,尤其强调这一特殊教育活动中的教学方式和教学手段的设计。英国医务委员会(The General Medical Council, GMC)指出,新进医务人员在面对死亡时往往不知所措,因此在医学生培训过程中应大量涵盖死亡教育的内容[10]。英国医生联合会指出,要将死亡教育、临终关怀教育等纳入该国的医疗职业培训。因此,学校作为培养护生正确生命价值观的第一站,死亡教育的规划刻不容缓。死亡教育可以贯穿在护生职业教育中,并渗透于临床护理专业课中。有学者建议死亡教育达成认知层面、情感层面、行为层面、价值层面的多维度目标。其中认知层面上的目标:提供关于死亡的实践和经验的信息,提供实例和案例讨论;情感层面:让学生学会面对死亡、濒死和哀伤

的感情和情绪,接纳面对死亡的焦虑情绪,面对哀伤情绪;行为层面:能具体指导运用技术缓解哀伤情绪;价值层面:通过对死亡的必然终结来反思生命的意义和价值[11]。建议护理教育者借鉴国外死亡观理论和教学实践经验,提出本土化、适用性的用于临床实践的死亡教育课程。

调查结果显示,护生希望开展死亡教育的形式依次是增强实践体验(25%)、心理咨询(24%)、专题讲座(22%)、主题活动(17%)和学科渗透(12%)。死亡教育不仅需要扎实充分的理论研究,同样需要丰富的实践教学研究。适宜的教学方式是开展死亡教育良好实践的关键。死亡教育的课程内容需要始终围绕以护理学生为主体的原则,不仅仅局限于课堂讲授,而要打造多维度的死亡教育实践体系,渗透式融入到护生的社会调研、志愿活动、社会实践、临床实习中。鼓励护生阅读与生死主题相关的书籍、影片和视频资料,通过多种媒介生动感人地呈现和死亡相关的主题;引导护生开展死亡相关案例讨论、死亡情境讨论分析、死亡相关经历的情感体验或体会分享;组织护生积极参与有关安乐死、临终关怀、器官捐赠等志愿者活动,在殡仪馆、养老院、医院重症监护室等接触生命临终的场所,近距离体会死亡带来的一系列影响,感悟生命的珍贵。

3.3 根据护生特点,开展针对性的死亡教育

不同学历护生对死亡的认知水平和知识接受能力是有所差异的。死亡教育的内容设计需要考虑不同学历层次的需要,要考虑如何激发护生的学习兴趣,满足护生的成长和发展的需要,达到预期的目标;同时要考虑学习的内容和主题在护理教育中的可及性和适应性。为了更好实现我国护理教育体制不同层次的发展目标,死亡教育课程的教学计划应针对不同学历层次护生[2,12]。通过对不同学历层次护生对死亡教育需求的认知构成分析,中专护生的死亡教育需求相对较低,建议学校将死亡教育内容融入到专业课程教学中,注重最基础的死亡认知和相关应对技能操作的培训。专科护生对死亡教育需求最高,学校可以开设死亡教育的选修课程,增加综合性医院临床重症监护病房和急症病房见习和实习机会,帮助护生了解濒死患者的身心特点,注重培养护生的临终关怀意识和能力;本科护生对自身和未来职业的期待较高,有更高求知欲、分析能力和系统化能力,可以通过开设死亡教育的专业必修课程,对死亡进行系统化、专业化、多维化的教育,创新临终关怀实践活动,增加在肿瘤专科医院、临终关怀专科医院见习和实习经历,提高

本科护生的医学人文素质和独立思辨能力,激发和提升其对生命思考的主动性。不同学历层次护生的需求需要护理教育者采取有针对性地、不同侧重点的死亡教育。

　　死亡教育不仅探讨死亡的本质和各种死亡相关的主题和现象,也促使人们深思自己与他人、社会、自然乃至宇宙的关系,从而能够认识生命的终极意义与价值;面对死亡、超越死亡、省思生命,展现人性的光辉,活出生命的意义[13]。"只有正确了解什么是死,才能够更好的生"[14]。死亡教育作为在中国大陆亟待发展的学科,需要全社会共同关注,更需要医护教育者走在民众的前列,真正重视并切实推行。护理教育者通过对死亡教育的理论构建和实践推进,帮助护生科学对待生命和死亡,树立积极、正向、科学的生死价值观,满足护生自身成长和发展的需要,从而具备更好的职业素质服务社会。

参考文献

王艳晖,董凤齐.对护理专业学生进行死亡教育的研究现状[J].天津护理,2017,25(06):570 - 572.

国家卫生计生委.国家卫生计生委关于印发安宁疗护中心基本标准和管理规范(试行)的通知[EB/OL].(2017 - 02 - 09)[2017 - 06 - 20].http://www.nhfpc.gov.cn/yzygj/s3593/201702/2f50fdc62fa84cdd9d9a09d5162a661f.shtml.

费佩佩.95名大专实习护生的死亡态度调查研究分析[J].实用临床护理学电子杂志,2017(38).

唐鲁,李玉香,周玲君等.医护人员对死亡教育认知及其培训需求的研究[J].护理学杂志,2014,29(17):66 - 68.

曹丹阳,汪玉婷,于莉等.上海市某医学高校1488名本科生对死亡教育态度与需求现状调查[J].护理学报,2018,25(07):32 - 35.

唐孟言,李晓玲.本科护生死亡态度与生命意义感的相关性研究[J].中国卫生事业管理,2018,35(07):539 - 541+560.

罗羽,张慧兰.国内外死亡教育发展现状分析与展望[J].护理管理杂志,2018,18(03):175 - 179.

Gama G,Barbosa F,Vieira M..Personal determinants of nurses' burnout in end of life care[J].European Journal of Oncology Nursing,2014,18(5):527 - 533.

皋文君,于龙娟,崔静等.基于对分课堂和主动实践学习的护生死亡教育改革研究[J].护士进修杂志,2018,33(21):1980 - 1983.

Menyah E,Bohra P..Call for integrated approach to death education in UK medical schools[J].Med Teach,2016,38(6):633.

周士英.美国死亡教育研究综述[J].外国中小学教育,2008(4).

郭玉清,李丽霞.180名本科与大专实习护生对死亡的认知态度分析[J].护理学报,2014,21

（02）：72 - 74.

张淑美. 中学生教育手册——以生死教育为取向[M]. 台湾：心理出版社,2001：25.

胡宜安. 教授拟带学生去殡仪馆实地感知死亡[EB/OL]. https://news. sina. com. cn/c/2008-12-25/013016913628. shtml.

台湾大学生对于医疗善终之认知、态度与行为意向研究

——以医护与非医护相关科系大学生进行分析

王枝燦（南华大学）

摘要　目的：主旨在了解大学生对预立医疗指示的认知、态度与行为意向的现况，并针对医护及非相关系的大学生，比较三者的调查现况差异与分析彼此之间的关连。**方法**：采用问卷调查法，以台湾地区163所大专院校之大学生为研究对象，正式样本依立意配额抽样法，共发出1,200份问卷，回收之有效样本率为81.33％，回收之问卷以SPSS 18.0版，进行多元回归分析与罗吉斯回归分析等统计方法进行资料分析。**结果**：医护科系对预立医疗指示认知高于非医护科系大学生，且达显著性差异。且态度较非相关科系大学生正向，亦达统计显著。医护科系，对预立医疗指示签署动机也较为强烈。**结论**：研究发现认知与态度有助于预立医疗指示的签署。而大学生对安宁疗护信息来源普遍以学校居多，表示学校的强化倡导与教育相当重要，引导大学生思考并规划对自身未来年迈或患病时的医疗照护，将有助于能将自己对患病末期的照护意愿与想法能与亲近之家人讨论。提供更便利的签署方式将可提升国人的签署意愿。

关键字　生命教育　安宁疗护　善终　预立医疗指示

前　言

预立医疗指示（Advance Directives；ADs）系指个人在意识清楚且具有决策行为能力时，为自己未来可能失去行为能力时，预先规划个人所期望获得的末期医疗处置与照护，并将此意愿作一个预先的书面陈述、指示与说明文件[1]。台湾地区是亚洲第一个通过自然死法案的地区，但对于预立医疗指示并没有法条规范，只有在安宁缓和医疗条例中提到[2]。尽管台湾地区已经实施"安宁缓和医疗条例"，但无

效医疗的概念却未经严格的检验,病患往往在整个决策过程中被蒙在鼓里,致使DNR成为医疗团队与家属共谋下的"片面不施行心肺复苏术医嘱"[3],且有研究指出大多患者都是接近濒死才完成不施行心肺复苏术的签署,签署者多为家属,患者签署不实施心肺复苏术的时间已经太晚,但不施行心肺复苏术的决定却应是每一位病患的权利[4]。

在西方预立医疗指示研究成果上,发现在内科重症加护病房和一般心脏内科病房中,有31%的患者完成了预立医疗指示的签署[5]。在外科的病患上,Yang[6]等人在教学医院于1996年至2001年间进行分析,发现已完成预立医疗指示签署的患者在五年间,从3%增加至15%。在亚洲与本土研究方面,日本于2006年在全国进行调查,发现超过一半的护理之家(58.4%)曾使用过预立医疗指示[7]。在台湾相关研究上,南部某区域教学医院于2007年至2008年4月30日的327位癌症死亡患者中,其中有3.1%的患者未签署不施行心肺复苏术,96.9%的患者有签署心肺复苏术签署者有97.8%是由家属签署[4]。在卧床病患的研究上,Freer[8]等人,发现直接询问是否熟悉预立医疗指示时,86.2%的病人对于预立医疗指示的所规定之内容种类是不熟悉的,但有43.1%的病人表示已完成预立医疗指示。

大学之通识教育课程中生命教育课程已是普遍课程,甚至医护相关科系之学生,还要临床实习,比一般大学生提早体验了人的生、老、病、死,在养成教育中,也都会有安宁缓和医学或护理学课程训练。但却也有研究发现在临床的推广上,医护人员也缺乏自信去和病患谈论此类话题[9]。而大学在台湾已成为多数现今世代普遍之学历,而也是最适合推广此一议题的教育单位。因大学生医护与非医护生二者在大学时期所受训练养成接触安宁与生命教育课程知识有所差异,故本研究以医护与非医护生进行认知、态度与行为差异比较是否存在差异影响。

基于前述,研究者提出本研究之研究目的如下:

一、希望可以了解大学生对预立医疗指示的认知、态度与行为之现况。

二、期待将分析结果提供给教育单位做为生命教育的推展做为政策推广之建议。

台湾地区医疗指示大学生研究方面以李[10]针对北部大学生研究发现大学生预立遗嘱认知会受到学校教育、家庭环境及宗教信仰的影响,而安宁疗护知识对安宁疗护态度则有正向影响,亦发现大学生对于"医疗委任代理人"态度偏中立且较不自在。而张、王及陈等人[11]针对护理系与医管系学生对安宁疗护知识之比较研究,其结果发现护理系学生对安宁疗护知识高于医管系;而曾修过"长期照护"相关课程之医管系学生则高于未修课者,有医院实习经验之大学生高于没有实习经验者,二技学生高于四技学生,女生高于男生。

根据前述动机与目的,本研究提出以下研究问题如下:

一、医护及非医护相关科系大学生对于预立医疗指示的认知、态度与行为之间是否有显著性差异?

二、签署意愿与行为受何种因素影响?

研究对象与方法

一、资料搜集工具说明

本研究之问卷测量工具,共分为四个部份题组,含"预立医疗指示认知""预立医疗指示态度""预立医疗指示行为意向"与"个人基本资料",其编制的内涵建构从两个途径发展而来:先以文献探讨拟制初步问卷编制,接续邀请相关领域之五位专家学者进行内容表面效度检定,汇整专家之意见修正,接续进行问卷预试,在进行预试分析后,并再加以修改完成正式问卷。

二、相关变项操作与定义说明

(一)预立医疗指示认知

本研究施测时间之关系,卫生福利部门已对相关意愿书及同意书改版,但本研究资料搜集时间因素,仍定义之预立医疗指示系指由原卫生主管部门公告,台湾安宁缓和医疗条例在 2010 年 08 月 12 日便通过之三项在民众意识清楚时亲自签署之:"预立选择安宁缓和医疗意愿书""医疗委任代理人委任书""选择安宁缓和医疗意愿撤回声明书"之意愿书及健保 IC 卡预立安宁缓和医疗意愿注记其相关规定,进行本研究之分析。

锺[12]将认知的定义区分为狭义及广义两种,狭义的认知解释为认识或知道;而广义的认知则为所有形式的认识作用。本研究着重于对"预立医疗指示"的知识,使用、研究者自行编制,共计 26 题。旨在了解大学生对安宁疗护与预立医疗指示的知识,由于预立医疗指示是扩大到平时就能思考此问题,故此题组会扩大测验安宁疗护与预立医嘱的理念、医疗及政策三个方面知识来评量大学生对安宁疗护与预立医疗指示认知是否足够。采 3 点计分法,即对(1 分)、错(0 分)、不知道(0 分)采计,以对、错、不知道的方式作答,全对即得 26 分。

(二)医护与非医护相关科系

本研究所定义的医护相关科系大学生系指医疗第一线照护人员如护理系及医学系之学生,且包含技职体系之四技与二技之大学生,并排除夜间部及进修部或在职专班之学生。非医护相关科系大学生,是指医学系及护理系之外,其他科系之大学生,并包含技职体系四技与二技之大学生,排除夜间部、进修部与在职专班学生。

(三)预立医疗指示态度

本研究使用研究者自行编制之预立医疗指示态度量表,该量表共计 9 题。计算量表总分,本量表总分平均为 28.14 分,得分最低为 15 分,最高为 36 分,得分越高表示对于预立医疗指示态度则越正向,标准差为 4.73,Cronbach's α 为 0.881。

(四)预立医疗指示行为意向

指对"预立医疗指示"即"预立选择安宁缓和医疗意愿书""医疗委任代理人委任书""选择安宁缓和医疗意愿撤回声明书"之意愿书及健保 IC 卡安宁缓和医疗意愿注记是否已签署及未来签署之意愿。

(五)安宁经验

其包含自己是否曾经上过相关课程、自己或家人是否曾接受过维生医疗或末期医疗决策经验与安宁疗护或安宁缓和医疗健保 IC 卡注记经验以及获得安宁疗护信息的管道。

二、抽样方法与资料搜集说明

本研究以立意方式采取配额抽样法,抽取医护及非医护科系大学生各 400 人。共计发出 1,200 份问卷,回收 1,100 份问卷,经扣除遗漏值及无效问卷 124 份,回收之有效问卷共计 976 份,有效样本回收率为 81.33%。有 8.8% 为医学系学生,而 36.2% 为护理系之大学生;而非医护科系大学生则占 55%。

结　果

一、安宁疗护相关经验

　　结果中曾修过生死相关课程之大学生占 38.6%,曾修过安宁疗护相关课程者 32.2%;曾听过安宁疗护占 78.8%,而曾听过安宁疗护之大学生中对安宁疗护内容清楚者则占 39.7%;在预立医疗指示方面,曾听过预立医疗指示者占 47.7%,而对于预立医疗指示内容清楚之大学生占 33.0%。

　　其次,此次受访者中,表示曾思考过"若自己罹患之疾病已进展至末期,想接受什么医疗照护"占 59.2%,而曾思考过"若自己罹患之疾病已进展至末期,想接受什么医疗照护"者,已和家人、朋友或其他人讨论过此话题者占 26.3%,还未讨论者占 73.7%;未思考过"若自己罹患之疾病已进展至末期,想接受什么医疗照护"此类议题之大学生则占 40.8%,而前述中有 65.3% 之大学生认为自己还太年轻,不到思考此类议题的阶段,而 26.1% 则认为不需要去思考此类问题,剩余未思考此类议题之 8.5% 大学生则认为没想过这类议题。

　　亲友死亡经验部分,有 42.1% 之大学生在两年内有亲友死亡之经验,关系以祖孙居多,在两年内没有亲友死亡经验之大学生则有 57.9%;在是否有癌末亲友之经验的调查中,本研究中有癌末亲友之大学生占 24.7%,而在有此经验之大学生中,其亲友有签署不实施心肺复苏术同意书之大学生占 14.9%,有签署预立安宁缓和医疗意愿书之大学生占 14.9%,有入住安宁病房者占 18.3%,有接受"安宁共同照护"者占 14.9%。

　　获得安宁疗护信息管道方面(此题为复选),最高的信息来源是从学校获得,占 61.1%,其次是从网络获得安宁相关信息,占 32.8%,而第三则是从电视上获得,占 30.1%,也有 20.1% 之大学生由书报杂志中获得安宁信息,从亲人获得则占 13.1%,而海报、宣传单则占 11.7%,广播占 3.9%,另外,也有 3.9% 之大学生从医院、学术研讨会或学术期刊获得安宁信息。

二、背景变项对预立医疗指示态度、认知与行为意向分析

　　不同科系之大学生对于预立医疗指示认知与态度皆具有显著差异(F =

296.21，p<0.001；F=69.96，p<0.001)，进一步进行事后检验分析,结果发现医学系和护理系在预立医疗指示认知上皆高于非医护科系。

表一　科系对预立疗指示认知、态度 One-Way ANOVA 分析(N=976)

变量	Mean(S.D.)	F	Post-Hoc
预立医疗指示认知			
医学系(g1)	22.80(2.20)		
护理系(g2)	22.24(2.51)	96.21	g1>g3***； g2>g3***
非医护科系(g3)	17.90(3.14)		
预立医疗指示态度			
医学系(g1)	29.99(3.97)		
护理系(g2)	29.99(4.11)	69.96	g1>g3***； g2>g3***
非医护科系(g3)	26.62(4.69)		

＊表 p<0.05，＊＊表 p<0.01，＊＊＊表 p<0.001

无论是安宁疗护认知、预立医疗指示认知、预立医疗指示及安宁疗护总和认知上,医护科系均优于非医护科系大学生(t=25.46，p<0.001)。在对于预立医疗指示之态度调查上,医护科系也较非相关科系大学生正向(t=11.92，p<0.001)。

表二　领域变项之预立医疗指示认知、态度 t 检定(N=976)

变量	Mean(S.D.)	t
预立医疗指示认知		
医护科系	22.39(2.40)	25.46***
非医护科系	17.88(3.14)	
预立医疗指示态度		
医护科系	30.02(4.08)	11.92***
非医护科系	26.62(4.68)	

＊表 p<0.05，＊＊表 p<0.01，＊＊＊表 p<0.001

对于预立医疗指示的"认知""态度"与"行为意向",三者彼此为正相关,当对预立医疗指示的认知越高,预立医疗指示的态度也会越正向,而对于签署预立医疗指示(选择预立安宁缓和医疗意愿书、医疗委任代理人委任书)的行为意向动机也会越强烈。

表四　预立医疗指示认知、态度、行为意向皮尔森相关表（N＝976）

	A	B	C	D	E	F
预立医疗指示认知（A）	1					
预立医疗指示态度（B）	0.48**	1				
选择预立安宁缓和医疗意愿书签署意愿（C）	0.26**	0.26**	1			
是否已签署选择预立安宁缓和医疗意愿书（D）	−0.01	−0.03	0.24**	1		
医疗委任代理人委任书签署意愿（E）	0.27**	0.25**	0.76**	0.19**	1	
是否已签署医疗委任代理人委任书（F）	−0.010	0.008	0.108**	0.424**	0.128**	1

* $p < 0.05$　** $p < 0.001$

从多元回归分析结果来看，医护科系、女性、目前身体状况良好、听过安宁疗护、听过预立医疗指示、曾思考过若自己疾病进展至末期时，希望接受什么医疗照护对预立医疗指示认知较优于没思考过之大学生，且对于预立医疗指示态度较为正向，此研究结果与李[13]及李[10]之研究结果相符。

表四　背景变项对预立医疗指示认知、态度回归分析摘要表（N＝976）

	预立医疗指示认知				预立医疗指示态度			
	模型1		模型2		模型1		模型2	
	β	t	β	t	β	t	β	t
是否为医护科系（非医护科系为参照）	0.62	24.75***	0.40	12.77***	0.36	11.92***	0.17	4.43***
性别男（女为参照）			−0.05	−2.21*			−0.09	−2.79**
对安宁疗护内容是否清楚（否为参照组）			0.04	1.20			0.05	1.15
是否修过安宁疗护相关课程（否为参照组）			0.02	0.44			−0.03	−0.71
是否听过预立医疗指示（以否为参照组）			0.11	3.83***			0.11	2.95**

续　表

	预立医疗指示认知				预立医疗指示态度			
	模型1		模型2		模型1		模型2	
	β	t	β	t	β	t	β	t
对预立医疗指示内容是否清楚(否为参照组)			0.02	0.79			0.05	1.28
是否思考过若自己疾病进展至末期时,希望接受什么医疗照护(否为参照组)			0.11	4.58***			0.11	3.63***
F	612.72***		74.32***		142.03***		21.64***	
R^2	0.39		0.48		0.13		0.21	

＊表 $p<0.05$，＊＊表 $p<0.01$，＊＊＊表 $p<0.001$
注：宗教信仰、是否修生死相关课程、是否听过安宁疗护、医院志工经验、目前身体状况等变项亦纳入模型中加以控制。

三、对行为意向之预测分析

以"预立医疗指示认知"与"预立医疗指示态度"为自变项,而"是否有意愿签署选择预立安宁缓和医疗意愿书"为依变项,进行罗吉斯回归分析,分析如表五模型1,结果为当认知得分越高时,在胜算比上签署选择预立安宁缓和医疗意愿书之意愿机率会越高（B＝0.106，Odds＝1.112，$p<0.001$）。而当态度越正向时,签署选择预立安宁缓和医疗意愿书之意愿机率会越高（B＝0.082，Odds＝1.085，$p<0.001$）。

表五模型2纳入"是否为医护科系"做预测时,显示当知道受试者领域变项是否为医护科系之大学生后,在胜算比上签署选择预立安宁缓和医疗意愿书之意愿机率会越高（B＝0.744，Odds＝2.104，$p<0.001$）,而对"预立医疗指示认知"则无显著性差异,表示加入领域变项后,预立医疗指示认知并不影响签署选择预立安宁缓和医疗意愿书之意愿。

表五模型3,当纳入以背景变项与领域变项作为预测变项后,发现当加入不同背景变项后,大学生对预立医疗指示态度越正向、听过预立医疗指示、曾思考过若自己疾病进展至末期时,希望接受什么医疗照护,其签署选择预立安宁缓和医疗意愿书之意愿机率会越高。

表五　选择预立安宁缓和意愿书签署意愿预测罗吉斯回归摘要表(N=976)

预立安宁缓和医愿书签署意愿								
	模型 1			模型 2			模型 3		
	B	Odds	wald	B	Odds	wald	B	Odds	wald
预立医疗指示认知	0.11	1.112	24.61***	0.03	1.05	20.47	0.005	1.01	0.04
预立医疗指示态度	0.08	1.09	23.52***	0.02	1.08	3.36***	0.07	1.07	13.98***
领域变项(以非医护科系为参照)				0.744	2.10	18.56***	0.36	1.43	3.08
性别(以女为参照)							0.07	1.07	0.17
对安宁疗护内容是否清楚是(以否为参照组)							0.10	1.11	0.22
是否修过安宁疗护相关课程(以否为参照组)							0.28	1.32	1.50
是否听过预立医疗指示(以否为参照组)							0.60	1.82	12.34***
是否清楚预立医疗指示内容(以否为参照组)							0.19	1.21	0.50
思考自身患病后的医疗照顾经验(以否为参照组)							0.42	1.52	7.94**

＊表 $p<0.05$,＊＊表 $p<0.01$,＊＊＊表 $p<0.001$

注:宗教信仰、是否修生死相关课程、是否听过安宁疗护、医院志工经验、目前身体状况等变项亦纳入模型中加以控制。

是否签署预立安宁缓和医疗意愿书之预测程度,表六模型 1 发现,"预立医疗指示认知"、"预立医疗指示态度"未能有效预测,显示大学生对预立医疗指示认知与态度并不能有效预测是否已签署选择预立安宁缓和医疗意愿书。但在纳入领域变项后,则发现认知对于行为意向呈显著影响,显示是否为医护背景将影响其认知,进而影响到是否签署行为。

表六　是否签署选择预立安宁缓和医疗意愿书签署预测罗吉斯回归摘要表(N＝976)

	是否已签署预立安宁缓和医疗意愿书								
	模型 1			模型 2			模型 3		
	B	Odds	wald	B	Odds	wald	B	Odds	wald
预立医疗指示认知	0.01	0.97	0.05	−0.09	0.91	3.89*	−0.12	0.89	5.75*
预立医疗指示态度	−0.03	1.01	0.87	−0.04	0.96	1.51	−0.04	0.960	1.76
领域变项(非医护科系为参照)				1.27	3.55	14.48***	1.10	3.00	8.29**
性别(女为参照)							0.146	1.16	0.24
对安宁疗护内容是否清楚(否为参照组)							0.47	1.59	1.60
是否修过安宁疗护相关课程(否为参照组)							−0.29	0.75	0.58
是否听过预立医疗指示(否为参照组)							−0.59	0.56	2.99
是否清楚预立医疗指示内容(否为参照组)							0.48	1.61	1.45
思考自身患病后的医疗照顾经验(否为参照组)							−0.05	0.96	0.03

＊表 $p<0.05$，＊＊表 $p<0.01$，＊＊＊表 $p<0.001$

注：宗教信仰、是否修生死相关课程、是否听过安宁疗护、医院志工经验、目前身体状况等变项亦纳入模型中加以控制。

　　总结，医护科系学生对预立医疗指示认知高于非医护科系，与张、王及陈等人[11]研究结果相同。医护科系对预立医疗指示态度较非相关科系大学生正向，对预立医疗指示签署动机也较为强烈。当预立医疗指示认知越高时，态度就会越正向，签署预立安宁缓和医疗意愿书动机也会越强烈，此研究结果与李(2009)、林[14]及谢[5]之研究结果相符。

讨　论

　　由于本研究发现,大学生在签署预立安宁缓和医疗意愿书及医疗委任代理人委任书上仍有将近半数没有签署意愿,原因亦有半数认为对其内容不清楚,建议应加强针对内容的倡导与教育,并且给予正确之认知。对于有签署之意愿,但却没完成签署,其原因可能是因为签署的过程太过复杂,期盼相关政府单位可以提供更便利之签署管道,或在大专院校或社区办理讲座时,提供签署服务,使人签署率能提升。

预立医疗指示观念的推广应落实于每位民众。针对医护科系方面,建议在养成教育上,可增加相关内容在人文关怀或医疗伦理课程,引发医护科系学生自身思考,也可将安宁病房实习规划成常规实习,以利将来医护科系大学生成为正式医护人员时做推广;然而医护科系大学生毕竟占所有大学生之少数,本研究建议非医护相关学校能在推广生死教育的同时,加重这一部分,以弥补非相关科系大学生无法接触更多安宁疗护信息的匮乏。

研究限制

由于本研究受限于时间、财力及人力的关系,并非使用随机抽样之抽样方法故研究结果无法推论至全体大学生。希望未来能以随机分配之抽样方法,进行全国性调查,以期更能呈现现况;另外,未来研究亦可纳入质性访谈,以了解大学生没签署之原因及其阻力及助力为何做更深入的讨论。

参考文献

胡文郁、杨嘉玲,生命末期病情告知与预立照护计划。护理杂志,2009 年,56(1),23 - 28。

顾乃平、李从业,预立指示及伦理考虑。护理杂志,2002 年,49(6),18 - 25。

张惠雯、刘立凡,守护自我生命主权。台湾老年学论坛,2010 年,8,1 - 9。

吴赞美、薛尔荣、锺春樱、刘慧玲、温怡然、锺裕燕,癌症死亡病患不施行心肺复苏术与是否签署之相关因素分析。安宁疗护杂志,2009 年,14(3),243 - 253。

Rein A. J., Harshman D. L., Frick T., Phillips J. M., Lewis S. & Nolan M. T. Advance Directive Decision Making Among Medical Inpatients, Journal of Professional Nursing, 1996, 12(1),39 - 46.

Yang A. D., David J. B., Sam G. P., Elizabeth A., James E. W., ... Peter A. Advance directive use among patients undergoing high-risk operations, The American Journal of Surgery, 2004, 188,98 - 101.

Yayoi Takezako, Shizukiyo Ishikawa, Eiji Kajii. Advance Directives in Japanese Nursing Homes, Journal of Pain and Symptom Management, 2013,45(1),63 - 70.

谢伶瑜,医护人员预立医嘱相关知识与因素之探讨。长庚护理,2010 年,22(2),153 - 163。

Freer J. P., Eubanks M., Parker B., Hershey C. O.. Advance Directives:Ambulatory Patients' Knowledge and Perspectives, The American Journal of Medicine 2006,119,9 - 13.

李佩倩,大学生对安宁疗护的知识与态度研究,私立南华大学：生死学研究所,未出版硕士论文,
　　2009 年。

张美幸、王佳雯、陈玟伶、叶惠美与叶德丰,大学生对安宁疗护之是探讨——以某科技大学之护
　　理系与医管系学生为例,医护科技学刊,2007 年,9(2),103 - 113。

锺圣校,认知心理学,台北：心理出版社,1999 年。

李其烜,大学生对预立意愿书的认知与态度之研究——以北部地区为例,南华大学：生死学研究
　　所,未出版硕士论文,2004 年。

林慧美,住院病人对医疗预立指示知识、态度与行为意向之研究,台湾大学,护理学系研究所,未
　　出版之硕士论文,2009 年。

集体创伤处置与重建的反思与生命教育

——从1999年921大地震至2009年88风灾的教训与提醒谈起

孔令信(铭传大学)

摘要 天灾巨变突如其来,在最短时间造成惨重死伤、毁家灭村,这样的集体创伤对受灾民众来说真的是不可承受之重,台湾从1999年的921大地震之后,在重建之路上硬件工程可以快速完成,但是在身心创伤的复健却是漫漫长路,十年后2009年的88风灾再度碰上了小林村灭村的悲剧,集体创伤再度冲撞每个受灾的民众,集体创伤在救死扶伤的过程应该注意黄金72小时的实时救援,以降低更大的死伤率。

接着灾后复原,无论是重建灾区或迁村,在政府与民间通力合作是可以快速复原,可是对于受灾民众来说,重回故园己人是全非,他/她也受创,能否继续再参与家园重建,进而愿意待下来创造新的生活? 这里面的变量是复杂与多因的,换言之,在心理创痛之际人生意义的大哉问,若是没有得到答案,相信对于受灾民众来说,人生会是步履维艰,很难敢勇敢接受明天。

本文整理921与88的集体创伤经验,做为反思与对话的开始,希望能借着这些对话,更深入探讨集体创伤的处置、复原与再造工程,做为日后巨变时的参考。

关键词 集体创伤 921大地震 88风灾 小林村 重建工程 精神复健 生命教育

零、问题意识

在天灾巨变中,人在哪里? 畜养的动物与播种的植物在哪里? 有多少人与生物可以幸免? 答案当然是:微乎其微。人在大自然中是多么渺小啊! 九二一大地震时的家毁人亡的惨状,短短的时间内地动山摇有多少家庭破碎;南亚大海啸时,那波涛汹涌的海浪毫不留情地就袭向都市陆地,没有几分钟就淹没了山河大地,刚刚才看到的人群,一下子就被卷入浪中,接着就不见了,永远地消失。这个就是集体的伤痛,幸免于难的人有人永远失去至爱的亲友,有人则失去了一切……骤然地"失去"一切,是集体创伤中最大的冲击。

集体创伤,不是我们所想要的,但是它却同时出现在我们周遭的小区、同文同种的族群中,在同一个灾难中,大家都同时受到伤害,同时感受到伤害所带来更多的痛苦。生命在面对这样的巨变,有人会说这是老天爷(或上帝、天主、神佛等)对我们的磨练,接受这个挑战,我们要重建家园;也有人质疑:我们又没做错什么,为何要受到这样惨痛的对待?……无论如何,大家都会想要问:为什么是我们?

生命的历程中,碰上这个问题时,该如何来看得与处理呢?集体是由个人所组合而成的,每个人看待生命与死亡已经有着各自不同的想法与价值,如今在同时面对生死巨变之中,人们该如何看待这个:为什么是我们?这个大问题呢?显然我们需要的不只是还原这些集体创伤过程与汇整处理、复建与复原的SOP,同时更需要的还是相关的生命教育来供社会大众参考。

壹、九二一大地震的集体创伤的启发

1.0　回顾九二一大地震

20 年前(1999)的 921 凌晨 1 时 47 分 15.9 秒台湾集集发生了芮氏规模 7.3 大地震,造成 2,453 人死亡,47 人失踪,11,305 人受伤,51,711 间房屋全倒,53,768 间房屋半倒的惨祸。地震前正收到台北荣总大德病房(安宁病房)通知岳父病危将往生,内人闻讯立刻赶往病房,为父亲助念处理善后事宜,正好碰上地震,她在 22 层楼上整栋大楼是前后左右摇摇晃晃,几乎都要晕了似的。我在家里陪着女儿和儿子,他们都被巨震惊醒,一直问发生了什么事?好不容易才安抚下他们紧张的情绪,多年来的职业训练还是拨了电话回报社,资深副总编辑还未回家,他紧急做了换版的动作。放下电话后有种不祥之感,第二天收视新闻才发现,不得了死伤惨重,特别是在中部地区,接下来数日我们都在忙着处理岳父的后事,新闻一直在报导地震救灾的黄金 72 小时抢救行动,过了之后生还的可能性就愈来愈渺茫,残垣瓦砾之下还有多少罹难者,谁也不和道,只有祈祷,希望更多人能够平安脱险。

慈济在第一时间由证严法师要求她的信众,赶紧到各地的 ATM 去领钱,她深知灾后一定有很多惊魂未定的受灾民众需要获得安顿与支持,没有钱就根本无法走下一步,先领钱,接着再进一步去购买相关的日用品,特别是蜡烛、毛毯和矿泉水等,接着慈济运用大爱屋的设计,建构房舍来安置家毁人伤的幸存民众,避免在户外受冻。慈济这样的救灾经验,日后在国际上发生巨震等重大伤亡事件时,都发挥了求死扶伤的功能。

半导体大厂台积电在地震第一时间,所有高管全部赶回公司或工厂,立即检视灾损情况回报给总部,张忠谋和高管们立即决策做应变处理,张忠谋亲自写信给所有客户,请求延迟出货,灾后复建与恢复工厂运作随即进行。可以说都是在第一时间就做了灾损控管,接着就是尽速恢复生产,台积电的应变机制,在日后台湾2014年7月31日深夜23点55分高雄气爆事件中,结合了网络与共笔,在第一时间中实时地将资源与病床数目提供给抢救人员,在最短时间送医或安置受灾民众,将死伤将至最低。

1.1　921 集体创伤的检视

不可否认的是九二一是场浩劫,也是一场集体创伤,20 年来对集体创伤的处理与复健,有很多地方还需要努力,有些经验则值得建立起一套 SOP(Standard Operating Procedures,标准作业程序)来帮助更多在天灾人祸中受到创伤的民众,这可以说是生命教育重要的一环。这个集体创伤的处理与生命教育模式可从下面三个角度:(1)灾难看似突如其来,却是其来有自;(2)灾难是集体的创伤,要教生死两安;(3)灾难并非绝望死亡,爱能萌发希望,分别说明如下:

1.2　灾难看似突如其来,却是其来有自

921 的巨震,有人说是 1998 年台湾流行的口蹄疫,无端地扑杀了不少牛只造成了业障,如今地牛大翻身,死亡人数正与扑杀牛只数量一模一样。这种"业报"说,站在宗教立场上当然是可以成立,而且还可提醒世人赶紧行善以修来生,或者为亡者回向,好早日脱离苦海。具有非常强烈的教训意味,这一点是无可厚非的。只是,当我们发现稚幼无辜的孩子一下子往生;挖出来一双手,大家以为还有人在地下,还有一丝希望赶忙抢救,结果却是一对夫妻,临死也不分开紧紧地拥抱在一起,共赴黄泉;还有太多太多类似的故事说也说不完,他/她们的往生,绝非一个业

报就可以简化。

中部地区也非造罪最多的地方,没有必要领受这样残酷的折腾。我们确信地震虽然突如其来,可是会造成这样大的伤亡损失,人为的因素也不能忽略。山坡地的滥垦滥伐,地下水的大量抽取,土地的流失,一件一件地在我们日常生活中发生着,累积起来。正逢地球是一个活的行星,她有着自己的活动能量与规律,能量过多造成的渲泄与火山爆发等同样牵动着地球表面所有的相关生态。而地震正是地球活动的规律之一,我们人为的破坏只是加速这个规律的发生与规模,同时更是促成死伤惨重的重大帮凶。所以,在归因于业报或其他宗教原因之前,别忘了先检查我们是否对这块土地有所亏欠,特别是那些偷工减料的包商们,太多同胞的牺牲原本是可以避免的,却因为相信这些不顾别人死活的商人而让自己含恨离世。

至于战争所带来的集体灾难,那更是人为所造成的痛苦,日本的原爆事件,同样也是战争招来的结果。是野心的政客军阀带给全体民众的伤害。为此在宗教还没有进入灾区或受灾民众心内之前,我们确信灾难,不论是天灾或人祸,我们人类多多少少都得负起一些责任。有了这样的理解,接下来我们在看921这个台湾百年来的大地震时,就该警醒:对我们所生活与发展的这块土地,不容再轻易滥用与破坏。合理与适度的经营才是让台湾永续发展的最重要原则。(日后2009年的八八风灾所带来的教训,再一次地提醒我们对于土地的经营,不能再以自己或经济利益来做考虑而已,全面性的思考势在必行了! 要做深度地评估来使用与开发国土,善用台湾的水土与自然资源,以永续经营的理念来处理未来相关的问题。)

1.3 灾难是集体的创伤,要教生死两安

921所付出的代价是死亡2453人(相验死亡人数有2422人),47人失踪,总计3,568.3亿新台币(11.2亿美元)损失。(参考"行政院研考会"编纂,2000)这是有形的伤害,至于无形的痛苦与不安,还有复建之路的艰辛,那就不是三言两语就能说得清楚了!

首先,我们就应该弄清楚一个很重要的名称,那就是受难的同胞们,我们称他/她为"难民"或"灾民"都是一种侮辱。他/她们在生死的搏斗中奋勇挣扎,我们应该以"勇士""生命勇士"来看待而非用"灾民"来对待他/她们。可惜不少媒体记者为了报导方便在用字上还是用了"灾民",结果让这些惊魂甫定的同胞们在地震之后好像就矮人半截似的。让人最深刻的一件事就是灾后一群采茶团成员冒险上山人

采茶。结果走在山区时车子翻覆,造成重大死伤。不少人就批评这些人不知死活,有人称他/她们是只想赚钱却连命都赔上!得不偿失。不少人都是以负面的看法来谈这件车祸。很少人从另一个角度来看,那就是这些上山采茶的工人,一方面是答应人家要上山采茶,地震已延误了时日不好再食言。其次是与其靠人救济为何不自己站起来去求新的开始?因此,在责难他/她们之前,别忘了想想他/她们像勇士一样地不怕冒险上山去履约帮你采茶,这是自力更生,从受创的废墟中重新再起的动力来源,不该被轻易地侮蔑。

其次,受灾地区的同胞与我们是一体同源,他/她们受难就是我们受难,这一点是大家共同的痛苦记忆,共同的创伤。应该如慈济一样地全心全力投入救灾行列,绝不能我没事就看别人受难为笑话。慈济在证严法师"做了就对"的领导下率先进入灾区里,从热食的供应到济助金的送达与大体的翻身助念工作,有计划有组织与有效率地推动着,有些慈济人自己也是受害者,却奋不顾家地先安顿别人,等到有空喘一口气时再来安顿自家。完全做到"无缘大慈,同体大悲"。证严法师在做了第一阶段的安顿工作之间立刻想到受难同胞居住的问题,寒冬将至,不能让大家在寒风中瑟缩过日,有人性而非难民营的临时屋就这样在有效率的情况下一一地完成供民众安展避寒。等到官方重建工作做到这里时,慈济已开始为学校复建与受灾地区同胞的心理复健工作投注更多更大的心力。这里根本没有把受难同胞分等级,全部视同自己的亲人一样,希望大家都能早日安顿重生。证严法师说得很清楚:"台湾有爱,但是比例还不够,不够深也不够广。几十年来,台湾造福的人多,但消福的人更多,冷漠的心是很可怕的,这是一种心念的业力。慈济不是三头六臂,不过就是有爱,有方法而已。"有爱有方法使得慈济充分发挥他/她们的爱心而让受难的民众享受到最快与最直接的温馨。不过,证严法师也很明白,千万不能造成社会上"以后有灾难,都让慈济去好"的心态,因为这种心态就是和慈济疏离与加速社会冷漠,不是我们乐于见到的。灾难是大家的事:"台湾的地碎了,这是'众生共业',我们要好好思考,我们的爱要大,福才会大。"(证严法师,联合报 1999/9/29,五版)

再来,受灾地区在发生地震时真的宛如人间炼狱,死者往生惨状令人久久难忘,军中弟兄在帮忙搬运尸体的工作中,不少人受到创伤而不自觉,结果引发出不少怪力乱神的说法,有人在身心上一直久久难复。由此可见当时的惨况。往生者的处理是有时效性,但是家人亲友的身心却非有一定的期限就能马上复原。哀伤辅导是否能实时落实,影响到生者的生活质量。由于灾难是集体的创伤,同样地集体的哀伤辅导也成为灾区复建的一个重要项目。问题是碍于人力与技术,所以当一般人还来不及接受哀伤辅导前,已有不少民众抢先接受了民间信仰的"收惊"仪式,还有人不断地接受"效劳生"的收魂仪式,想要早一点恢复正常。只是是不是真的能达到效果,这是属于心灵状态也无法用量化的东西来评量。

另一个有趣的现象也发生在中部,每年三月的妈祖八天七夜的出巡在 921 过后的第一个三月举行时,很多信众请回家中的"祭祀妈祖"糕饼竟比以往还要多,不少人买了妈祖的祝福来送给亲朋好友,希望大家日日平安。同样地也是希望借重妈祖的神力来化解这场浩劫所带来的伤疼。民众之所以如此做,很明显地是因为正常的哀伤辅导并没有办法普及到每个角落,而传统民间信仰早就有一套相关的祈福禳灾机制,官方做不完或做不来的地方,民间就自动自发用了乡这套机制来自我疗伤止痛。效果如何呢? 宗教信仰本身就有着说不清楚的"神秘",在台北东星大楼中幸运地在 130 多个小时身陷地下而被救出的孙启峰、启光昆仲,传他们的母亲深信"三太子"(中坛元帅,俗称哪咤),因为三太子警告所以她没有回家而逃过一劫,而当她向神明问道两个孩子下落时,得到的讯息是没事,结果两兄弟果然平安获救。如此一来"三太子"救人的神话也随之传出。愈往后面愈需要奇迹时,神明或宗教信仰往往就会扮演着重要影响角色! 这种安顿对不少信徒来说是很好的也是他/她们所需要的。

最后,是往生者的安顿,集体的伤痛带给大家集体的悲哀,往生者在一念之间就失去了生命,他/她们有太多的理想与心愿想要达成,可是这些可能性一下子都断绝了! 任谁都会觉得可惜,只是在遗体入土为安之际,他/她们真的是离开了人间吗? 真的是一点都没有留下来吗? 死亡真的能带走一切吗? 我们在生的人难道就意眼睁睁地看着自己的亲人如此无辜地走了呢? 我们要帮他/她们留一点东西,或者该这样说吧: 让往生的亲友继续活下去,"爱就是让我们的亲友不要死去。"法国存在主义哲学家马塞尔(G. Marcel)就曾说过这句名言,他认为死去的是身体,我们要让亲友因着爱继续"临在"(presence),我们不是在遗物中思物思情,而是让亲友一直在,在我们的生活与生命当中,就像生前一样和我们一起鼓励我们安慰我们,和我们一起前进。这就是用爱让亲友不要死去。

1.4 灾难并非绝望死亡,爱能萌发希望

生死对立原本即是人间最大的苦痛,生离死别是人所无法避免的大限。人的

有限性在死亡面前好像万般无奈。海德格以"人是向死的存有"来做存有层次的解构,九二一大地震发生之后,所有人对于生命的"无常"体验特别深,而集体的众生共业,那种突如其来的感觉宛如被放置于集中营之内,所有人的命运彷佛都是"被宰制",这种地震后症候群,在生理心理都造成了许多不安与不舒服,有人会想到用收惊来安顿身心,有人则需要医生开药才能安下心来。但是如此一来反而受到了药物的制约。在博朗克从集中营的生活里,平凡苦闷而不见希望的日子中,他体会到爱是可以让我们不再计较现在这场苦难,同时更不用再为我们爱的人忧心难过,因为我们对对方的爱,带着以往甜美的回忆,使我们的爱再重生,我们体会到爱与意义,让我们的存在不再只是受制的也不再是毫无价值了。而九二一地震的那时候起,所有人都在相同的大限之中,有人不幸死亡、受伤,有人有幸逃过一劫。每个人都经历着震惊与伤痛,只是深浅的问题。这个集体共同的痛苦记忆,我们可以选择忘记,也可以选择永难忘怀,也可选择随时间而消逝。可能比在集中营的人们更自由,但是地震的深痛提醒,对不同的人来说还是永远的痛,还是需要克服与调整。

只是如何来调整与克服呢?有人忧心灾区自杀率会高涨,所以全力投入辅导工作,希望能降低自杀率。这样想是对的,可是对于受难的民众心理特别是他/她们的存在价值的反应却少了注意。让我们来检查"自杀",自杀下一种主权的宣示,但却是用自己的生存、生命来换取,代价不可谓不高。而在存在/不存在之间,决定取舍的理由绝对不是我们在媒体上所看到的那么简约,也就是说自杀是一个复杂的问题,自杀受到社会影响,而反过来自杀也影响到社会,这样的互动中,社会的价值观与传统文化的看法都会让自杀者到压力,而自杀者一但解决了自己造成社会的惊讶与痛苦,又会使社会对自杀用更严更不近情理的方式来理解,所以对自杀这样一个社会问题来说,我们始终有着难以突破与掌握的地方。加上家人友朋始终觉得自杀不是件光荣的事避而不谈,结果更无法帮助我们厘清自杀的真面目。还有自杀会引发感染,所以很容易产生连锁与仿效效应,让人谈也不是不谈更不是。

了解了探讨自杀的困境,让我们再面对灾区的自杀问题,灾区的民众在受到强震的惊吓,心中早已杯弓蛇影,再有任何风吹草动都会让他/她惊吓害怕。这样的日子长久下来当然不舒服。再加上灾区的复建工作有不少地方并非如预期的那般顺利,所以失业待业情况只有增加没有减少,这对受灾民众来说更是一股无形的压力,虽有政府的济助金慰问品,只是这都是短期的,长久之计在那里?生活却是每天都要过,孩子要长大,老人要扶养,这些都需要钱来支付,没有进帐如何敢花钱呢?当这一步步的分析继续下去时,我们马上可以警觉到愈来愈多的问题一直都在翻搅,看未来似乎希望愈来愈少,如此一来再多再用力的辅导,对他/她来说还不如一顿饭或一处栖身之所让他/她觉得踏实。再请看在阴阳两地的相思,一场地震有人家毁人亡,只留他/她孤苦在世,没有家人的相互扶持更享受不到家里的爱,想到了黄泉的亲人,自杀不就成为最直接和往生亲友相聚最好方法吗? 从这个角度来看,自杀率在灾区本来就是会高涨的,不必刻意去掩饰,但也不能坐视不管。

自杀既是一个存在/不存在的问题,就是一个存有(being)的问题,万物都存在,每个万物的存在都应有它自己的理由与意义。如今灾难的降临,取消了我们所爱人的性命,造成天人两隔。生存下去的意义可以说随着亲人的死亡早已远去。换句话说没有希望也就没有活下去的理由。傅伟勋谈黑泽明的电影《活下去》中主角渡边的故事正是提供给我们最好的借镜,人是可以等死,让自己的价值一无是处,也可以朝拒绝绝望的路去走,而这条反过来要走的路,就是无条件的爱,就是我要活下去的最大动力。不要让我们的亲友就这样凭空地消失在人间。所以,我们要让他/她们尚未完成的遗志与遗愿一一地实现,让他/她们和我们一起重生,因为我们爱他/她们,所以我们像马塞尔一样,不要让我们的爱人死去。让我们的活下去有着更深刻与更丰富的希望与更有活力,能够激起这种动力,就能克服死亡更能创造意义,自杀更不用再提了! 只是在我们的辅导与心灵复健工作中能否激发这种希望与爱呢? 九二一是全台湾最痛苦的记忆之一,更是我们体验生命与爱最好的契机,问题是你我愿意从废墟中去找出这股生机呢? 愿不愿意激起大家共同的生机呢?

贰、八八风灾的集体创伤与生命教育

2.0　回顾八八风灾的集体创伤

莫拉克台风在2009/8/7登陆台湾,不少人都觉得大雨来得正是时候,可以纾解正在低水位的各大水库,水荒可以化解。没想到8/8雨量不断地暴增,气象局不断地上修降雨量,有些地方一年的雨量,在这一天就全部都下完了。北部不少人在风雨平静之后高高兴与地欢度父亲节,但是没有想到在南部,连续狂下的大雨,不但强力冲刷各地山区,形成滚滚土石流,一瞬间水土石头掩至,一个小小的村庄就毁于一旦,道路不少地方被淘空或被坍方压垮,全线柔肠寸断寸步难行,联外的桥梁更是被激流冲垮,成了断桥或危桥,有些地方的水一时渲泄不了形成了大大小小的堰塞湖,随时都有可能溃堤,让下游造成另一波的灾难……88水灾"突如其来",雨水加风再加大自然的反扑,让南台湾,特别是高雄县、屏东县、台东县、嘉义县及台南县等地山区纷遭重创,宛如一场921百年巨震一般,一下子天崩地裂,一下子世界就沧海桑田,满目疮痍。

2.1 小林村灭村惨况

a. 还原灭村现场:综合"交通部"公路总局第三工程处小林监工站长蔡鸿麒的观察,与转述幸运逃离遭土石流淹没家园的小林村民的话:

8月7日甲仙、小林都下雨,但是道路畅通,人员进出都没问题。

8日雨势加大,开车的雨刷转速调到最快速,也只能勉强看到一点路径而继续前进。

8日晚上6点多,包围小林村两侧的山开始出现土石滑落的现象,村里面的人通报村民小心,或考虑撤。但居民们都在吃晚餐,想吃过晚饭后再走,但不多久,土石就从窗口冲入,想逃都来不及了!

不久,山就崩了,两侧的山一起滑动,土石流就如同大雨般宣泄而下,窗户、门口都被滚滚滑下的土石淹灭了,人根本来不及逃,有人就被土石硬生斩断,道路被冲垮了,河道也改变了,蔡鸿麒说,原来的路都变成土石及泥巴,楠梓仙溪形成堰塞湖,犹如一座水库。

8日的大雨持续狂下,雨量持续累积已超过十个多小时。

9日上午8点,楠梓仙溪的堰塞湖终于溃堤!挟带土石流的超大水,一路冲到15至16公里外的甲仙,冲毁了甲仙的著名地标牵手吊桥,甲仙乡的民房也遭土石流重创。牵手桥在94年敏督利台风的大雨中,受灾轻微,蔡鸿麒说,由此可见,这次莫拉克挟带土石流,加上堰塞湖丰沛水量,冲刷力惊人!

蔡鸿麒表示,小林村因位于楠梓仙溪的左侧,而楠梓仙溪右侧又有一座山,小林村被山所包围,两座山一起崩落,小林村犹如被土石包围的鸡蛋,脆弱难勘一击,而更往山里、十公里外的那玛夏,因没有被山环抱,居民比较有逃离的时间,受灾状况相对轻微。(以上参考黄如萍/台北报导,2009/08/18中国时报A5/88水灾灾区直击)

小林村人游永福则在事后撰文谈到:"2009年8月7日凌晨起,莫拉克中度台风带来的大雨连续下了两天,九日早上风势强度略减,正庆幸整个甲仙都没有重大灾情传出，甚至还可以在计算机上浏览新闻，忽然间屏幕暗了下来，台风天停电很正常，并不以为意。

同日早上，习惯一大早起来运动且善于观察的曹老师，在四德大桥附近巡视自家果园有否受到洪流冲击，只见汹涌的南仔仙溪溪水忽然减了半，"不妙！上游有堰塞湖形成。"对着刚好也出来勘查灾情的和安村李村长，曹老师嚷了嚷。经历丰富且心中已有八成把握的曹老师，特地赶赴乡公所旁的救难协会，要协会人员通知溪旁住户疏散并注意安全。

约过了一个小时，亦即八点左右，吃过早餐又回到桥头查看溪水状况的曹老师，果然亲眼见到了堰塞湖溃决之后一路奔腾而来的汹涌洪流。洪流是由小而大又由大而小，持续约 40 分钟，在高峰期，下陷之后又上冲的高度约有三层楼高——这么壮观又危险的景象，老师说："这一生还是第一次看到。"听到"第一次"的说词，我马上响应老师说不要再有第二次了！

由于堰塞湖溃决的洪流力道的确惊人，所以桥梁、护岸、管路与缆线，比积木甚至鸡蛋还脆弱，一瞬间即毁损；南仔仙溪与油矿溪之间高滩地上已有百余年历史的糖（廍）与糖厂遗迹，也回归大小卵石堆栈的溪床原貌。只能眼睁睁看著名噪一时的"小林"聚落，在东西两侧土石崩落之夹攻与这一波洪流的无情冲击中率先消失。"（游永福，2009/08/30 中国时报 05/人间新舞台）

对比一下村民与官方的说法："8 月 9 日清晨多数小林村民都在睡梦中，忽然之间土石流爆发，整个显肚山边坡崩落，全村剩下一户民宅未被掩埋，死亡人数至今难以估算。"据死里逃生的村民表示，其实 7 日村内就已淹水，8 日开始水里掺杂土石，但一直没接获撤离通知，小林村竟在毫无警讯的状态下惨遭灭村。

高县灾害应变中心，8 月 7 日接获"农委会"水土保持局通知，小林村编号 A014、A015 野溪，由土石流潜势溪流黄色警戒转成红色警戒，陆续打了七、八次手机转知甲仙乡公所及小林村长刘仁和；8 日晚间 11 时 30 分，最后与刘仁和手机通讯；农业处正调阅通联纪录。

"水保局的警报内容，绝对没要求小林村民撤离！"甲仙乡长刘建芳表示，7 日开始陆续接获水保局传来的简讯，发布全台四百多条土石流潜势溪流红色警戒，但详情要自行打电话或上网查询，并未要求小林村疏散或撤离。

水保局传真至乡公所的土石流警戒区预报，也仅注明红色警戒区域"得视实际情况强制撤离"，未明确指示撤离。刘建芳 8 日上午致电刘仁和，回报除第 18 邻处的小竹溪有水灌出之外，并无其他异状，无须进行疏散。

隔天清晨5时03分,刘建芳最后一次收到水保局传来的土石流潜势溪流警示简讯,不料,大约6时10分至15分之间,小林村就被土石流淹没了。(林宏聪、郑纬武/高县报导,2009/08/19,《中国时报》A4/88水灾救灾检讨)

2.2 重回灭村现场搜救

8月15日,一个星期后,民俗中的"头七",亲友们从平地回到小林村,发现小林村9邻到18邻遭到莫拉克台风带来的洪水土石流灭村,已知有超过四百人被埋在现场,不少家属在灾后赶回小林村时,看到昔日美丽的溪谷家园被土石淹没,惊吓得痛哭失声而说不出话来。

8月19日下午军队持续用小圆锹挖掘罹难者遗体,现场指挥官严德发中将表示发现一具较完整孩童与只剩上半身、长发的遗体。令搜救人员惊讶的是,小手竟然与牙齿在一起,分析土石流发生时,妈妈可能抱着小儿子逃命,却被倾流而下的巨大土石流掩灭。消息传出,村人不胜唏嘘。目前在当地发现30几处地面渗出血水。整个搜寻过程陆陆续续发现遗体。

20日再挖出两具尸体与一个脚掌,同时寻获一只黑色手提包,内有村民姚龙义家的所有权状、保险单、奖状、金饰及照片等。据统计,小林村小林小区有491人失踪,大多被埋数10公尺深的土里,几乎大多数罹难者都不见尸骨。仅在小林村原址对面,楠梓仙溪西岸楠丰桥附近,发现部分遗体和血水。

经一个多星期开挖后,仅寻获两具较完整的大体及两只断腿、零星尸块。

虽然现场弥漫着尸臭味,还有30多处浮现血水,但挖掘后没有重大进展;有的尸臭味甚至来自5、6公尺高的大石头下,即使动用机具也难移动,让搜救人员不得不放弃。

2.3 原地重建或迁村

在惨遭灭村后,幸存及无家可归的三百多名小林村民,被安置在甲仙乡龙凤寺,为落实重建目标,8月21日村民们决议成立自治会,由各邻各户推出代表选出干部,方便消息联络与管理。未来小林村民重建规划由筹备中"小林平埔文化重建委员会"来负责,村民内部消息发布与生活管理交由自治会负责,公推前小林小区理事长林建忠担任自治会长。

由于高雄县政府安置甲仙乡小林村灾民的处所变换不定,引起灾民不满,以离家园太远为由,拒绝迁入燕巢乡荣民之家,坚持要在甲仙乡五里埔盖临时组合屋与永久屋。县长杨秋兴最后尊重灾民的意愿,要求小林村自治会确实统计需要搭建多少组合屋,将立即联络红十字会搭建。

游永福在"我是小林人"文末提到:"我的小林忘年之交周坤文老先生,在小林南方的五里埔台地恰巧拥有土地,遗眷也有奉献之意,原因一:'为了小林。'二:'为了小林。'三:'为了小林。'听了令人感动!也让平埔文化的延续,露出了一线曙光。"(游永福,2009/08/30《中国时报》05/人间新舞台)看得出来,小林村村人对自己生长的家乡认同感非常强烈,绝对不是只为了生计,背后还有他/她们的文化与传统在支持与呼唤着他/她们。这一点政府应该深入了解、体会与尊重,才有可能让这场灭村之后的复建工程更顺利与尊严地完成。

最后,在马英九的承诺下,小林村在 2011 年 12 月 24 日重建完成,日光小林小区落成进住,小林村的幸存居民再度回到他们出生与成长的家乡,然而再怎样新,传统与熟悉的家园已不复见,只是生命还是得继续向前!

2.4　小结

整个八八风灾受创有 55 个乡村,小林村应该是最惨的一个村落。当然要究责起来,有不少地方是天灾使然,可是人为也一定会有相关的责任要谈。不过,对这么一个突如其来的集体创痛,失去自己的家园财产已经是一个非常大的难过,更重要的还是与自己至爱的亲友们一下子的生离死别,这样的硬生生的拆散与撕裂,这些痛苦绝不是三言两语可以说清楚的,而对幸存的村人来说,这样大的伤痛如何来平复?这个议题和家园重建有着密切不可分的关系。因此,在重建工程中,千万不能只注意到光是安顿受灾民众的生活起居与居住场而已。早一点让他/她们重回家乡,回去为他/她们的往生的家人做最慎重的安顿之后,让他/她们在安全无虞的情况,重新在小林村的土地上,重新再建立自己的家园,并将这段灭村的历史,转化成为重建的动力,帮助他/她们早日恢复身心灵上的安顿,让小林村再度重生。

还有在 88 风灾时,我们同样见到学童不愿意被人称呼为"灾民",因此在进行心理复健的过程中,特别要注意到以一般的人来和对方互动,没有什么特别。其次,军队官兵在抢进受灾地区救人挖掘遗体时,同样地碰上了身心受伤的情况,这一点在做辅导时也要特别注意。最值得注意的还是此次大水冲击受创的地区都是少数民族,他们各有各自的生活与文化,因此在进行辅导时,特别需要注意的还是文化与种族的差异性问题,必须因人制宜,不宜以偏概全。而学童、学生在他/她成长过程中,突如其来的灾变,他/她们所受到的冲击是很难用言语就得到平复的,他/她们和大人无法畅谈自己的感觉,所以行为上的表现有些会比较闭锁与怪异,这些都值得更多的关心进来,让孩子或学生感受到他/她们还是受到人们的重视与关爱。有了这些基本的体会之后,再来进行心理更进一步地复健工作;至于执行重建与复健工作人员也应了解自己的身心情况,若感觉不对一定要即早撤出来,以免自己卷入情绪的漩涡内,引发后面不必要的伤害。

叁、从 921 到 88 的反思与实践

3.0 集体创伤的异同与经验传承

921 的经验是否可以转换到 88 水灾呢? 88 风灾也是在大家都觉得没有什么时候,突然爆发,一时之间天地变色,接下来就是一连串的人间炼狱般地折磨。然而,人,就是不会因此而绝望……人的意义在这么大的巨灾之后反而更坚定与更有希望和爱。

3.1 遭遇集体创伤,重新检视人与环境的关系

921 告诉我们,大自然曾给我们很多机会,可是我们并不珍惜,结果大自然反扑了! 用它自己的力量来向我们抗议。如今我们还要再继续糟蹋这美丽之岛吗?生命,在这块土地上生生不息才是我们最想看到的,可是我们却把自己弄绝了,一点意义与价值都没有的生命和行尸走肉有何不同呢? 88 风灾再次告诉我们,台湾的自然资源真的可贵有限,没有善加利用或者反过来滥用,大自然的反扑马上就来,而且来得让人措手不及,无从防范。眼睁睁地看着美丽家园被吞噬,亲友被埋入恶水土石流,却一点办法都没有。再不好好珍惜,我们在这块土地上的未来生活将会失去多少颜色!

3.2 痛定思痛,学习去爱与开创有意义的人生

921 告诉我们伤痛是人所必须要学习的开始,学习是为了要开创更有意义与价值的生命,用这样的生命来还给在不幸中先人一个愿景与希望。在 88 风灾中,屏东三地门大社村,村长白春香在县府下令撤村中,白春香立刻安排老、幼及病患,先上救难直升机,两三天的撤离行动中,她亲自送每一批村民上机,让二百三十八人全部撤离。最后一批村民上机前,不忘邀她同行,她却拒绝上机,她说:"不知何时才能再回来?我要记住回家的路!",村民一个都没少之后,她才一步步地走出来。

921 地震之后,心理复健工作中,最重要的起点与态度就是:请站在灾民的角度来思考。不是用台北观点或县府观点,而是在地人真正的观点,和他/她们一起共同思考、沟通、协调与解决各种大大小小问题。站在第一线,和他/她们同甘共苦。和他/她们一起奋战恶水。

白春香村长最后离开大社村,她边走边哭,走到设在三地门乡体育馆的收容所时,村民迎上前抱头痛哭,她立刻收拾起泪水,安慰大家说:"只要活着,我们就能重新再来!"对了!这位勇敢的女村长说出了灾民最重要的心声:"只要活着,就有希望。"有了希望,将来总有再回到村子里再重建家园的时候!

3.3 爱,是超克死亡最佳动力

爱,爱得太多条件,爱得太肤浅,使得我们太计较也太疏离自己和别人,因此,当你说爱的时候是有条件还是愿意廓然大公,想到是全体呢? 921 让我们重温无私的爱,重温手牵手心连心的那种唐山渡海来台开垦的务实精神,这种精神与爱都流在你我的血液当中,就让我们把这份热情传承下去吧! 意义治疗大师傅朗克点出"意义",生死学者傅伟勋点出了"用爱去超克死亡",法国哲学家马塞尔"爱他/她,让亲人不要死去",我们呢? 该用真诚的爱再一次地好好地爱这块土地与这里的人们吧!

而在四川震灾重灾区北川县城,被压在倒塌房屋下的三岁小女孩宋欣宜,在已死亡父母身体翼护下,与死神抗争四十多小时后,终于获救。当救难人员在崩垮房屋下发现两名遇难的大人,和被他们护在身下、仍眨着大眼睛的小女生⋯⋯这样的

感人故事,不断地被报导出来,父母对孩子的爱,乡亲的慨然救援甚至牺牲……这种种的表现不都说明了:爱超克了死亡的阴影,不是在台湾如此,在大陆不也一样吗?88 风灾小林村上游的堰塞湖在急雨劲风之中溃堤,那么大的爆发力挟着水石泥块,一下子淹没了整个村庄,四十个居民手牵着手,扶老携幼一步步地走出泥泞,他/她们活下来,可是他/她们的亲友,就在泥泞之下生死未卜。马上要回家园去找寻还来不及出来的亲友,同样的这就是爱,是超克死亡最佳的动力。

3.4 善用教育现场 做生命教育对话

88 风灾之后,在和一群研究生的聚会上讨论生死学问题之后,我突然问他们一个问题:学教育的,在碰上八八风灾带给那么多人亲友离散,音讯断绝,生死不明。这样的集体创伤,我们可以做什么呢?

2009/8/12 小蔡的回应:八八风灾带给那么多的亲友离散,看到每个画面我都哭了,爸妈问我房间怎么那么多卫生纸,我跟他们说,没办法,眼泪不自觉就这样留下来了。看着自己辛苦建立且居住大半辈子的房子,就这么被河水冲走,想着自己的族人及亲人仍下落不明,至今生死未卜,内心仍抱着一丝的希望,渴望救难队员能早日找到他们,期盼一家能再度相聚,但……

莫拉克台风所挟带的惊人雨量,一下就下了一年份的雨,下得又快又急,让人完全无法预防,连想逃的机会都没有,辛苦建立的家就这么被冲散了,所带来的伤痛是何等的巨大!在这情况,我们能做什么?这时候,不光是官方的协助与帮忙,全民都应该动起来!自己的同胞正在受苦受难,有钱的就应该出钱,没钱的则应该出力,就算心有余而力不足的,也要每天为他们祈祷,祈祷他们早日从水深火热的日子解脱出来。真的很希望每个失踪的人都能平安被寻获,政府也不要在那将责任归属推来推去,当下最重要的是要去思考该如何重建该地?如何维护生态?如何做好水土保持?如何抚平人民的伤口?这也是全民都该去思考的问题;就我个人而言,我一直在思考我能做什么,现阶段也许只能为他们祈祷,但日后如有需志工的前往,我定会义不容辞的前去帮忙,哪怕是多远的深山,我都会去!

2009/8/12 孔老师回应小蔡:很好,你有心当志工,你需要什么样的准备呢?你该如何投入?如何发挥你所学的东西呢?如何能帮到最需要帮的人与地方呢?推而广之:你学过社工,如何将一群人,特别是社工人员结合在一起,为这些水灾小区进行相关服务呢？你学过教育，学童在这次水灾之中，有人失去亲人，有人失去兄弟姊妹，有人失去长辈，如何来帮助这些失亲的孩子，让他/她们得到更亲切与适当的协助，来度过他/她们在人生中的这个难关呢？小蔡帮我传给班上所有同学，请大家也一起来思考与检查，八八水灾带给我们的挑战，我们学教育的人可以为这些受灾地区的兄弟姊妹做些什么事？让大家一起来想想办法吧！谢谢你！辛苦了！

2009/8/12 哲宇的回应：放完台风假后，8/10 上中学辅导课的第一天早自习，我进班去问了这些刚上中学的七年级小朋友台风假作了些什么？家中有无受到影响？小朋友们很天真的回答我在家好无聊……但是不用到学校上课很高兴……等等之类的话。我接着问他们除了关心是否上课之外有没有看其他的相关风灾报导？小孩们说出了南部淹大水很多人无家可归，等等。我告诉了他们我所见到的：我看到了金帅饭店倒塌及许多影片纪录着许多人花一辈子所建立出来的心血都在一次土石流中被淹没，看着许多人面对滚滚黄流放声大哭及错愕，不禁感到一阵鼻酸。许多校园不见了，面对着即将开学的九月份即将到来，许多和他们同年纪的小朋友现在并不是在烦恼有没有学校可以就读，而是在烦恼他们能否再见上自己的父母亲一面，讲到了这，我观察到大多数的学生都收起了笑容，严肃的去思考这些问题。接下来我问他们在自己的生活中有哪些东西是自己以为理所当然却不知道去珍惜的，他们纷纷回答出和亲人相处的时间，等等。

我请他们设身处地的想想：如果今天换成他们是受灾户，他们最需要的帮忙是什么？急救物资？救援？还是灾后重建工作？大多的学生都回答了最刻不容缓的就是得到家人平安的消息，虽然其他的也很重要。学校刚好也在这时候利用了广播系统，宣布学校有捐款的管道，希望学生发挥人饥己饥人溺己溺的精神去帮助灾民。听到了这边我也立即作了决定我来抛砖引玉，把我今日上课的一日所得捐出来，也希望孩子们不要回家跟父母拿钱，把自己平日省下的零用钱捐出来，十元不嫌少百元不嫌多。身为教育人员我虽然无法像志工立即南下帮忙，但是我可以让学生们更深一层的感动。

2009/8/13 孔老师回应哲宇：你用了"设身处地"的提醒，正是一种同理心的体证，让孩子们去想去感受，万一自己也是受难民众中的一人时，那时候该怎么办？对了！任何求灾行动，还有后续的重建工程，千头万绪，可是最根本要放在心上的还是一个站在灾民的角度来思考问题与解决问题，让所有的资源都朝灾区去，可是如何有效运用，让灾民能够真正受益，不再遑遑不可终日，不再惊惶失措。站住这第一步,接下来就是重新走第二步,一步步地去完成,那时候的重建工程,就会让所有的灾民都会想要参与,都想要投入,这时候就是民气可用之时,那么善加运用,会使整个灾区的气氛不但不会忧伤,反而更坚强更有希望。你能充分运用这种"设身处地"的方式来提学生,让他/她们了解并且如何去看待这些受难的同胞。捐出他/她们的零用钱来赈灾,good idea,十元不嫌少百元不嫌多,让孩子学会帮助别人,这不正是一次最好的生命教育吗?

其实还有好多法与反应,根本还没有出来,需要我们用一点心力来"对话"出来。本文的写作也只是起了一个头,希望能够透对对话,再深入地去和受灾地区的民众和孩子们进行对话,一起来面对这场世纪恶水,重新找回生命的意义与价值,并从生命的死亡荫谷走出。

3.5 小结

上面在教育现场所做的对话,是自我反省也是提醒研究生可以做类似的这样的对话,让更多孩子认识生命、集体创伤与复建与创伤哀伤辅导等相关议题,这些原本就是要在实践上来做检证的。这些也都是从 921 到 88 带来最大的启发与提醒。

在一次和花莲玉里医院年轻医护人员的读书会中,听他们分享在八八风灾进驻台东灾区进行心理咨商与辅导工作时,不进去还不知道有多惨,一旦进去了那种情景,还有受灾民众的神情,让人非常不舍,不过,这些有热情的医生、心理师在沿途放下之后,有人想要干脆就留在当地,可以帮更多人的忙。可是领队坚持当天进去,当天一定要一起回来,起初大家都不知道为何领队要如此坚持,后来询问他时,他回答:我们是去帮忙的,在灾区一切都还在恢复中,所以一切状况都无法立刻恢复原状,请问在如此惨痛的理环境下,医护人员能不受到影响? 所以我们宁可让大家当天进当天出,回到自己熟悉的环境好好休息,明天再战。因此,尽管舟车劳累,但是医护人员的土气与战力可以维持在平常的水平,对受灾民众来说的帮助更大。类似这些进入灾区的行程安排,很明显地是需要专业与经验上的协助,有更多类似的对话,还有领域上的对话,结合不同领域的求灾与复建人员,对于灾后复原(包括身心与居所等相关事宜)会有更大的帮助。

肆、20 年来集体创伤的辅导、复原与教育

4.0　921 集体创伤的重建之路

黄荣村教授他是前 921 重建会执行长,现任中国医药大学讲座教授。最近写了《921 震后 20 年纪事》重新检视了台湾在 921 之后在集体伤后一路走来的问题与经验。

1. 第一时间的抢救受伤者行动:黄教授表示,"在此次经验中,发现愈近震央死亡愈多,老年人与小孩死亡率高于年轻人,30％罹难者来自头部伤害,相验后认定之死因,泰半为自宅窒息与外伤性休克、内出血死亡,显示多数系在睡眠中遭塌陷压死"。因此在对于巨震的灾后抢救中,"对紧急医疗之需求颠峰在震后 12 小时,持续三天之久"。建议要善用这个黄金 72 小时,"宜速以直升机载送有经验的急救医疗人员到现场处理,但对严重外伤(ISS≥16)需要全身扫描后进行手术之患者,则仍以外送为宜"。(黄荣村,2019/09/21)

2. 后续医疗部分与复原行动:灾区的紧急医疗处所在半年内即撤离,民间诊所逐渐恢复与接手,偏远地区则靠巡回医疗协助处理。受灾地区民众在就学、就养与就医部分较无争议,符合国际水平,唯有就业,"虽有以工代赈、永续就业方案,但职业训练与重大工程应有 1/3 灾民参与就业的措施不容易执行"。(黄荣村,2019/09/21)事实上灾区复建工程虽有官方与民间力量协助,不过由于死伤惨重,在人力上还是需要大量的外地劳工来帮忙,至于本地居民,有些人怕触景生情、有些人则是家人多半丧亡,仅剩少数,再回来帮忙重建的意愿不高,⋯⋯这些都会影响到就业辅导与重建工程。

3. 精神卫生复健部分:黄荣村表示,"精神卫生部分较差,自杀与 PTSD 的因应较为困难,需从社会经济观点建立高关怀口卡,持续密切注意,家户动态数据在震后也需花时间调查"。(黄荣村,2019/09/21)这里也点出了集体创伤的复健工程其实比复建工程还要来得重要。所需要的人力与经费往往比硬件建设部分还要高昂。

4.1 精神重建工程的难处

对于精神心理上的复健和精神力量的重建,黄荣村认为比前面的还要来得困难,他整理了集体创伤后的心理反应:

a. 灾后常见的心理反应,主要有两种:一为沮丧(depression),一为焦虑(anxiety)。"沮丧是对已发生事件如亲友死亡、无家可归的情绪反应,总体记忆力变差且经常想到负面事件。""焦虑则是对可能发生之威胁,如失业、后续余震、亲人再度遭遇危险、交通意外等项,经常高估其发生之可能性,常有担心、不确定情绪。"(黄荣村,2019/09/21)921之后最受关注的,就是沮丧与焦虑中的自杀及 PTSD 两项。

b. 自杀率上升:921灾区在地震初期十个月内,月平均自杀率从每月十万人1.1 人自杀升为 1.567 人,平均增加 42.3%,十个月后回归基线(Yang et al.,2005),自杀率很快回趋稳定。巨变之后 6—12 月中是自杀的高峰,因此最要投入辅导的时机就在灾后一年内,愈早启重,愈能帮助有沮丧或焦虑的受灾民众。(参考黄荣村,2019/09/21)

c. PTSD(创伤后压力异常症候群):关于 PTSD 的数据,黄荣村引用了陈淑惠、吴英璋、与洪福建(Chen,Wu & Hung,2004)就埔里资料所做之推估,发现"完全型 PTSD"(full PTSD)在三年内从 9% 降为 3%。原先的 9% 尚称合理,但三年下降幅度比国际数据低很多,该数据可能与 921 灾后环境中,可供回想的线索日益减少、社会经济条件改善、社会支持多、农村社会家庭与邻里关系紧密、农村住民较为坚毅(resilient)等项因素有关。(参考黄荣村,2019/09/21)

d. 综合影响:黄荣村特别提醒,自杀或 PTSD 等相关心理症候并非单一独立现象,"因为它们都可能与来自灾难之后,社会经济条件变得困窘、社会支持网络不足、亲人死亡与灾难经验太过鲜明等项因素有关,所以在协助缓解这些症状时,尽量要把它们纳入重建的一环,同时弄好社会经济与小区网络的支撑条件,以达到缓解症状的目的"。(黄荣村,2019/09/21)

4.2 心理复健网络的设立

"卫生署"于 2000 年 3 月设立心理复健网络,在南投及台中县市建立灾区自杀防治通报系统,921时就近派员协助辅导,"921重建会藉此协助推动高关怀计划,建置高危险户卡与高危险群口卡,另并结合重建区中小学推动生命教育计划,先从东势试办,台大、政大、中原心理系便是其中的主力团队,晓明女中在课程与教材上亦有重要贡献"。(黄荣村,2019/09/21)黄荣村指出,"要讲成效,921灾区应是最特殊的,因为受教学生大部分对生命已有真正感觉,教起来容易有反应。"(黄荣村,2019/09/21)愈是对于生命受到创伤愈容易体会深刻,921的生命教育在灾区更容易反映出效果。

台湾的生命教育课程也在2000年起纳入正常教育体系与课程内,可以说921的集体创伤带动了生命教育的共体落实。

4.3　社会关怀与正向响应

在社会关怀的投入部分,黄荣村特别提醒,"从外地来关心并蹲点的人,若能调整心态不让灾民觉得你是在急着给恩惠,则无私与有耐心的爱及关怀,往往会在无意中成为小孩的角色标杆(role model),这些灾区小孩也因此学到了应对进退有礼有节落落大方"。(黄荣村,2019/09/21)就像不宜用"灾民"来形容或框架受灾的民众,尊重与正向回应,这是体验也是学习而来的。

爱心与专业人士如儿福联盟做了很多实际的事情,他/她们帮忙孤儿(134位失依儿童)找安顿之处,具体协助老年与弱势者,包括送餐在内。之后各地设立的生活重建服务中心共38处,专人有111人之多,以专业社工人员及民间人士为主,贡献良多。(黄荣村,2019/09/21)

重建期间经常看到证严上人到灾区关怀各项慈济的进度,她勉励灾民"一时受苦并非一世落难",当有人说"我们没钱,政府比较有钱"时,上人的这句名言就讲出来了,而且说"我们总是要有个开始",有做就有用,快做就是省钱,自己也要下场,而且今天就开始。当慈济帮忙整理学校时,有些灾民只在一旁看,请他们帮忙,他们却说"差不多做好了啊",上人很有智能的说"你们的做好了,别人的还没好",灾民脸一红,也就做起来了。对于有请教的访客,证严法师一再以"一时受苦不是一世落难"相勉,后来陈水扁在来年(2001)元旦予以引述,并将"灾区"宣示更名为"重建区"。(黄荣村,2019/09/21)

4.4 小结

苦难与希望是共同演进的，黄荣村特别用"点滴工程"来回顾这二十年来走过的集体创伤重建之路，他说："从苦难中挣扎着站起来的生命，日后回想起来虽常有恍如一梦的感觉，但大部分都确实已走在人生的坦途上，对过去帮助走过这一段的人与过程，常怀感激之心。这种'点滴工程'在真正面对时，往往像在交织的黑暗之中找不到出路，但是只要心中抱持希望，一步一步捱着往前走，总会在最后看到一丝亮光，然后雨过天晴。"

从 1999 年到 2019 年，台湾经历过的不只是地震、水灾、风灾，这些集体创伤都造成惨痛的死伤，除了人的问题还有家园是否就地重建？还是异地重建或者迁村？这些都是在安顿受灾民众，不过很重要的还是精神重建，重建是要恢复受到创伤，再从创伤中站起来，重新出发，其中的意义就是生命的再造，整个过程中也就是一种意义治疗。

伍、讨论代替结语——集体创伤与意义治疗

5.0 意义治疗对生命教育的启示

生死学者傅伟勋曾得到意义治疗大师傅朗克（Viktor E. Frankl）的启发颇深，他观察自己得癌开刀的历程，在面对自己生与死之际，他体会到：在生与死之间爱才是最丰富的生命律动，也才是克服死亡恐惧的最大原动力。而生命要有意义，除了由我们自己去决定自己的意义与价值外，更重要的是意义本就是由我自己去开创与转化的，这种转换根本就是爱的一种感动与感染。傅伟勋在《黑泽明电影巨作〈活下去〉的生命启示》就帮我们点出了这一点最真实与最重要的意义来。"《活下去》的主角是，自知患有绝症（胃癌）的东京市政府市民科科长渡边勘治，故事的主题是渡边死前几个月之间，对于生命的自我探索以及通过积极的善行（促成一个全新的儿童公园）自我肯定、人生肯定。"傅氏也提醒我们从这部电影中我们得到的"死亡学"教训是："生命的存在与肯定就是充分的意义，我们的生命存在的一天，就是我们必须充分生活下去的一天，直到我们告别人间为止；我们只有通过积极正面的人生态度与行为表现，才能体认我们对于生命真实的自我肯定，才能完成我们

人生的自我责任。"(傅伟勋,1993：.75)傅朗克的意义治疗学基本精神完全在此展开。从这里来看,在面对个人的死亡中,在死亡还没有来临之前"充分生活每一天"这种积极地对自己生命的自我肯定,才能完成我们在世生活的责任。

然而在面对集体死亡的创痛呢？一场大地震,一场大海啸,还有一场恶水,瞬间夺走了我们所有的一切,那么大的失去,让生命还有继续活下去的意义吗？还是这的确是非常非常痛苦的事,可是就像傅朗克和他的在集中营等待被屠杀的难友们一样,他们不想让自己的生命就被并这样地简化,他们在身心饱受折磨痛楚之际,默默地享受着超越肉体生命的爱,这使得他们在死神面前可以有着尊严的笑容,更重要的是他们因着爱而跨越了死亡的荫谷。

正如傅朗克所说："生命的意义是会改变的,但永远不失其为意义。"他以为我们可以透过三种不同的途径来发现这个意义：

(1) 借着创造、工作。

(2) 借着体认价值。

(3) 借着受苦。

921 大地震之后,88 风灾之后的集体创痛治疗,很重要的就是要帮助失去亲友的人们,让他/她们在创作、工作或者体认价值上,开始寻找更多肯定更多的与往生亲友的价值,并从当时受苦的经历中,还原自己的感觉,找到自己的出口,帮助自己肯定自己,使得这场恶水不再淹没自己的知觉,不再迫害自己,那时候就是重生的开始。

5.1   讨论代替结语

88 水灾不同于 921 大地震,它的伤害是大雨与洪水一下子冲毁道路埋掉村庄,造成了许多孤岛型村落,而一时间之间全部失联,无法得到实时的援助,等到援助进来时,民众已经受到非常深的"孤寂"感,孩子面对这些惨况,根本是毫无"招架"能力的,在灾区的恐惧,虽经救援而转到新安置地,所有的不熟悉都让他/她们好奇又陌生,更不知道该如何处理了！每个年龄层遇到集体创都会有不同的反应,那么如人可来关心与协助他/她们,显然还需要更多的对话与关注,20 年来台湾学到不少,可是在未来还是会有许多集体伤害事件,如何用更多的同理心与 SOP 来救死扶伤,进而实时适时地让生死两安？ 这个考验其实才刚开始啊！

陆、参考数据

媒体

1. 黄如萍(2009/08/18),《中国时报》A5/88 水灾灾区直击。
2. 游永福(2009/08/30),《中国时报》05/人间新舞台。
3. 林宏聪、郑纬武(2009/08/19),《中国时报》A4/88 水灾救灾检讨。
4. 周美惠(2009/8/30),《联合报》。
5. 陈至中(2009/8/30),《中国时报》A4/88 灾后重建特别报导。
6. 张立勋、吕素丽(2009/08/29),《中国时报》A8/88 灾后重建特别报导。
7. 黄天如(2009/08/30),《中国时报》16/健康照过来。
8. 黄荣村(2019/09/21),风传媒,黄荣村专文:游走在灾区的集体焦虑与生命的火光 https://www. storm. mg/article/1735135? fbclid ＝ IwAR1aQ_zs1UXteYA7ekTdF356xs_my8mPikkhCLYzb2c6qN-n5GwclYH8-MA
9. 吴敏菁(2009/08/20),《中国时报》A6/88 水灾安置重建。
10. 林志成(2009/08/24),《中国时报》A4/88 水灾创伤疗愈。
11. 证严法师(1999/9/29),《联合报》,五版。

参考文献

"行政院研考会"编纂,《台湾生命力的再生:九二一大地震纪实》,台中:晨星,2000 年。

汪士淳、刘在武、梁玉芬合著,《第一时间——慈济、军队、台北市府、台积电 921 应变实录》,台北:天下文化,2000 年。

赵可式·沈锦惠合译本,弗兰克著,《活出意义来——从集中营说到存在主义》,台中:光启,1983 年。

刘黎儿,《超越地震——地动天摇三部曲》,台北:时报文化,1999 年。

傅伟勋,《死亡的尊严与生命的尊严——从临终精神医学到现代生死学》,台北:正中,1993 年。

图画书（绘本）中死亡情境的启示

——悲伤温暖不恐惧……更好的活着

黄欣雯 （上海故事妈妈工作室）

前 言

在死亡面前一切事物都变得微不足道,因为是不可逆转的永久终止,又因为要承受的太多而能言语的又太少……这让人对死亡不由得的担忧害怕;面对生,我们还能有选择,面对死,却只能任其摆布;对成人来说都不是一件容易的事何况是孩童,所幸图画书的诞生帮助了我们和孩童谈死不再隐言避讳,可以从各样的视角来了解死亡,帮助孩童理解、面对、度过,然后能更好的活着;从事校园故事妈妈工作二十余年,生命无常的变故自然是有的,感谢生命教育的生死教育和图画书帮助了我和无数的家长孩童度过难题,这里和大家分享几本图画书,透过图画书里的故事来帮助孩童理解生命中的死亡相关课题。

图画书一：一片叶子落下来/利奥.帕斯卡尔利亚(美)

大自然生态是有其规律的,生命也有其规律,透过一片叶子的成长规律来理解生命规律,明白生命是有开始也有结束的循环,透过叶子们的对话让我们去了解明白生命的生与死。

"我们都会死吗?""是的,任何东西都会死,无论是大是小是强是弱",原来,不论是谁都会死。"时候到了就死了""那是什么时候?""没人知道会在哪一天"。原来,我们都不知道什么时候会死。"我好怕死,不知道下面有什么""面对不知道的东西会害怕,这很自然","春天变夏天,夏天变冬天你并不害怕,这些都是自然的变化,为什么要害怕死亡的季节呢?"原来,死是一件很自然的事,不用害怕。"我们死了会到哪儿去呢?""没有人知道,这是个大秘密","我们会回来吗? 原来,没有人知道死后会去哪里,会不会再回来?""如果我们都是要掉落死亡,那为什么还要来这里呢?""为了大家一起快乐的时光啊!,为了太阳和月亮、树荫、老人和小孩,秋天的色彩……还不够吗?"原来,这是活着的目的,多么的美好。"他不知道自己干枯无用的身体会和雪水一起让树更强壮,这是明年春天新叶的生机",原来,冬天有生命的结束,春天又有新生命的开始。"生命永远都在,我们都是生命的一部分","他知道自己曾经是大树生命的一部分,感到骄傲","看起来是一模一样但是没有二片叶子是真的一样的",原来,我们都是独一无二的存在。"让人感到舒服这是存在的理由","服务与奉献是存在的目的",原来,我们是要这么活着的。简单亲切却寓意深长的图画书竟能把生命的难题如此简明清晰地给孩子阐明,生与死都是自然的无需担忧挂虑,对死亡有健康的认知才能不被恐惧所限制,能够勇敢的实现自我。

图画书二:我永远爱你/汉斯·威尔罕(美)

　　一直陪伴于生活中的伙伴,无论曾经留下多少的美好记忆,终究还是有分离的时候;一只一同长大的宠物狗随着时间老去该怎么办呢? 许多孩子都有眷养宠物,自然会面临宠物老死的情境,这本图画书帮助孩童去面对和走过忧伤……

　　"这是阿雅的故事,我们一起长大,哥哥和妹妹也爱阿雅但她是我的狗",她和我的关系不一样哦!"有时候阿雅调皮捣蛋家人会生气责骂,但还是爱她的",家人们一起生活难免有摩擦矛盾即使如此还是充满爱的。"时间过得很快,我越长越高,阿雅越来越圆",时间会改变我们,不论我们是否明白或乐意与否都逐步走向别离和终点。"她越来越爱睡觉不爱散步","没办法爬楼梯了","阿雅只是老了,医生也帮不上忙",告诉我们年老会出现的情况,需要我们的体谅和帮忙。"每晚抱她上楼和我一起睡""让她睡在软软的枕头上","临睡前我都对她说:我永远爱你,我知道她会懂的",原来,可以这么做,让她知道我有多爱她。"一天醒来,发现阿雅夜里死掉了","我们把她埋在院子里,大家抱在一起哭",明白了对于遗体安排的尊重和好好告别的重要。"哥哥和妹妹都爱阿雅,但是他们都没有告诉过她","我也很伤心,但想到每晚都对她说:我永远爱你,心里就好过一些",因为已经表达了心中的情感,因此少了缺憾。"邻居要送一只小狗给我,虽然阿雅不会在意,但我还是说:不要了",心中的情感不用担心会被替代的,因为活着时好好的爱过,所以知道不会在意。"将来也许我还会有一只猫或小狗、一条金鱼,不论他是什么,每晚我都会对他说:我永远爱你",心中的爱和情感要及时表达留下美好,这是在经历阿雅的离开后体会到和学习到的事。

一个简短的故事有些许淡淡的哀愁却又充满了温暖,在生命的最终心中肯定还有些来不及完成的缺憾,而生活中的情感需要及时表达让我们能够活在当下减少缺憾留下美好,因为我们永远无法预期明天!故事中不只是口语的表达还有关爱的行动,带阿雅就医、每晚抱她上楼睡在软软的枕头上;说了该说的做了能做的,所以虽然也很伤心但是心里就好过一些。

我个人非常喜欢这本图画书,在我的儿子二岁时便开始对他讲,因为当时他的爷爷已经快九十岁了,想为他的心里做好预备,没想到有了意外的收获,孩子每晚在睡前给我一个亲吻并对我说:"我永远爱你",原本想让孩子理解不害怕死亡的,却意外的让孩子学会怎么活!因此也让我更加深刻的意识到,原来,了解死亡是为了可以更明白生命的生,让我们可以更加的珍惜一切。

图画书三:可以哭,但不要太伤心/内田麟太郎(日)

亲人的离去,心中的忧伤往往难以抚平,常常会伴随着生气、怀疑、不相信、自责、想念、悲伤、寂寞……一本以离逝者的心情口吻对在世亲人的诉说:可以哭,但不要太伤心~足以慰藉抚平心中的伤痛。

"要是你知道我已经走了,大概会像个爱哭鬼一样一直哭吧!""不过,爷爷就喜欢你这个爱哭鬼,因为爱哭鬼懂得体谅别人的悲伤",所以我们可以放心不害羞尽情的哭吧。"我们总是彼此陪伴,一起听鸟叫捉红蜻蜓,微笑的对爷爷露出白白的牙齿,这样的我已经离开了",虽然我已离开,曾经共同拥有的美好记忆不会消失。"你可以哭,这确实是难过悲伤的事,但不要太伤心,因为我喜欢的是脸上带着笑容的你,奔跑的你",原来,爷爷想要看到的是健康愉快的我。"时间会让人慢慢遗忘,生命就是这么贴心的运转",原来,我不需在意能不能记得。"虽然这样,但在某一瞬间的某个角落会忽然想起",即使过了很久很久偶尔还会想起,也不要紧的。"一天天、一年年过去,你会长大成人结婚生子,然后有了孙子,那个孙子会捉红蜻蜓,对你微笑露出白白的牙齿,终于明白,从爷爷传给你再由你传下去一代一代",生命是世代传承的,有一天你也会明白,有和我一样的心情。"死去的人都希望活着的人过得幸福快乐,别无所求",再次的表达希望我们幸福快乐,不因他的离开而影响。"所以你可以哭，但不要太伤心，毕竟我已经永远离开了"，"更何况，我最爱的，还是那个笑容满面的你……"，是啊！虽然悲伤，还是要擦干眼泪，展望未来迎向美好，这是爷爷所期望的。

孩童对亲人离去的悲伤无法理解自然也无法言喻，心中隐约的刺痛着，有时候难过得想哭却流不出来泪水来，成人往往也自顾不暇，不明白也不懂得如何去抚慰自己和慰藉孩童的心，这本爷爷给孙子爱的留言里，给予了孙子无限的勇气和希望，也抚慰了无数因亲人离世而忧伤的心灵。

结　语

死亡是人生必经的课题，对孩童来说更是生命不可承受之重，随着学者专家的研究和社会大众的呼吁，我们越来越关注孩童成长中的心理发展需要，图画书因应而生，让我们的孩童在和死亡相遇中不再懵懂害怕担忧，

帮助孩童了解死亡，接纳自己的情感和情绪，因为明白生命有其终点进而懂得珍惜当下，能够积极思考我要怎么活？我要成为什么样的人？相信图画书的正向引导足以带领孩童能够更好的活出坚实的自己。

推荐书单：《獾的礼物》，《爷爷变成了幽灵》，《爷爷有没有穿西装》，《精彩过一生》，《毛弟再见了》，《再见班班》，《小鲁的池塘》，《外公》，《鸭子遇见死神》

浅析植物大战僵尸游戏中的生死教育因素

张全雷(河北省廊坊师范学院教育学院)

摘要 植物大战僵尸游戏使游戏者在轻松中思考死亡;植物大战僵尸游戏是生与死的生动写照;植物大战僵尸游戏反映了美国生死学及生死教育的发达和广泛影响。

关键词 植物大战僵尸 游戏 生死教育

《植物大战僵尸》是由美国 PopCap Games 公司(宝开游戏公司)开发的一款益智策略类防御战游戏。在游戏中,玩家通过武装多种植物切换不同的功能,和入侵的僵尸展开了一场场生死攻防战。不同的僵尸敌人,多场景的玩法构成多种不同的游戏模式,黑夜、浓雾、泳池之类的障碍增加了游戏挑战性[①]。自 2009 年发售以来,风靡全球,受到了世界各地人们尤其是青少年的喜爱。

小游戏有时蕴含大道理,植物大战僵尸游戏中蕴含着丰富的生死教育因素,是推行和开展生死教育的有效载体之一。

一、植物大战僵尸游戏的死亡提醒功能

"未知生,焉知死"[②]。由于我国传统文化的影响,人们往往比较避讳死亡话题,所谓:谈死色变。如果没有经历过自身的死亡威胁或者亲朋好友的死亡事件,

---

① 百度百科:植物大战僵尸
https://baike. baidu. com/item/%E6%A4%8D%E7%89%A9%E5%A4%A7%E6%88%98%E5%83%B5%E5%B0%B8/84892? fr=aladdin

② 孔丘. 论语・先进. 中华书局,2006 年 9 月版。

死亡对常人来说似乎是遥远的事情。不过,"死亡不是游离于人生之外的东西,而是内在于人生之中的东西"①。死亡不会因为你回避和不谈论它,不思考它,就离你而去。相反,它如影随形地隐匿于每个人的内心深处。只是"人是有惰性的,只有在他面临死亡的情势之下,他才可能有效地破除自己的惰性,以其高度紧张的身心活动踏上自我认识的思想之旅。"②如果没有面临死亡的情形,也没有深度经历过死亡事件,"他承认一株樱花树的有限性,承认一只小狗的有限性,承认与他无干的人的生命的有限性,甚至也承认他的亲朋好友的生命的有限性,就是不肯承认自己生命的有限性,"③人们尤其是健康的年轻人不肯轻易承认个我生命的短暂,但并非不恐惧死亡。实际上,死亡恐惧一直如影随形地跟随着人们,只不过在日常生活中,人们对死亡的恐惧往往以改头换面的形式流露出来。比如疑病心理,疑神疑鬼的想法等,追根究底都是死亡恐惧、死亡焦虑的表现。死亡的凝重让人们不愿意严肃地讨论和思考死亡问题。所以需要更灵活多样,更丰富多样的形式对人们尤其是青少年开展死亡教育。

采取游戏的形式对人们开展死亡教育是有效措施之一。植物大战僵尸游戏就蕴含了丰富的生死教育因素,植物大战僵尸游戏将死亡问题转化成游戏的形式呈现在人们尤其是青少年面前,死亡以各种僵尸的形式来到世人面前,让死亡变得不再严肃,不再刻板,不再苍白,反而十分好玩。使人们在玩乐中,轻松愉快中,逐渐直面死亡,进而逐步对死亡脱敏,降低对死亡的焦虑感和恐惧感。整个植物大战僵尸游戏就是生命生与死的写照,通过玩游戏,和僵尸对决,就会激发游戏者无意中的死亡意识,会使有些人在轻松愉快中逐步思考死亡问题,使他们反思生命的有限和脆弱,进而逐步具有了个体生命的端点意识。如果有老师或家长利用游戏施之以正确的引导,将会使游戏者从游戏中学习到正确的生活态度,不虚度光阴,不浪费生命,以乐观洒脱、活在当下的态度去追求生活的意义,进而思考生命的意义和价值。

二、植物与僵尸的互攻与互防是生与死的生动比喻和写照

游戏如同人生,植物大战僵尸游戏是植物与僵尸的战争,这是我们人类生与死主题的生动写照。植物是生的象征,僵尸是死的象征。生、死在这里转化成多样化

---

① 段德智. 西方死亡哲学. 北京大学出版社,2006 年版.
② 段德智. 西方死亡哲学. 北京大学出版社,2006 年版.
③ 段德智. 西方死亡哲学. 北京大学出版社,2006 年版.

的好玩事物,生动形象地呈现在人们面前,把生与死的较量游戏化、形象化。各种植物与各种僵尸间你攻我防,我进你退,兵来将挡,水来土掩。生与死也在这里相克相生,此消彼长。

游戏中各元素分析:

向阳生长并不断产生阳光的向日葵:生活需要阳光,生命需要阳光,成长需要阳光,我们需要正向的心态,多接受阳光,保持向阳的心态,你就会强大和有力量。当僵尸(疾病)来袭的时候,阳光(良好的心态、饱满的精神)尤其重要,它可以带来武器(免疫力),增强你的抵抗力。

植物(向日葵、豌豆射手等):生的力量;僵尸:死的象征。植物与僵尸的战斗是生与死的此消彼长。

植物的不停摇动:生命在于运动,运动变化产生力量。

坚果墙(延缓僵尸的前进):阻碍延缓死亡的防御工事,锻炼一个健康的身体,培育强大的精神,抵御疾病和衰老的侵袭,就是树起人生的坚果墙。

坟墓:是死亡的标志、符号,钻出的僵尸意味着突降的死亡,只要我们认真经营种植、培育植物(人生),提升我们的精神生命和社会生命,活出生命的意义和价值,不让人生留下遗憾,突然到访的僵尸(死亡)并不可怕。

后花园:犹如家庭,它是你事业前进的动力和源泉,经营好后花园,你就获得了走向事业人生成功的后勤保障。

暗夜战:黑夜总会过去,我们要在坚强、隐忍、战斗中期待光明。

挑灯夜战:常开指路明灯,穿透那迷雾,看清前进的方向,就能战胜黑暗,迎来黎明的曙光。

植物团队:团结的力量非常强大,各司其职,团结协作,共同抗敌,自可击退敌人,战胜困难。

……

三、生命在于运动

植物大战僵尸游戏中的所有植物都是在摆动中迎战的,反映了一种动态的力量。所谓生命在于运动,运动、摆动让植物们拥有了力量。这警示人们,在面临死亡威胁的时候,不能坐以待毙,要有阳光的心态,要有向死而生的精神,以积极乐观的心态直面死亡。不但如此,人们还要行动起来,让生活充实起来,过快乐、充实、有意义的生活。帮助那些需要帮助的人,帮助弱势群体,以博爱的精神助人,就会达到自助,最终就能忘记疾病,进而忘记死亡的恐惧,疾病和死亡的焦虑自会离你远去。广西柳州铁道公安处杨顺德警官在身患喉咽癌并被诊断为后期的情况下,住院化疗几个月后,就回到工作岗位,开始从事中小学问题学生的帮教工作,并从中找到了生活的意义和生命的价值,每天十多个小时忘我地投入到热线咨询、法制讲座、心理健康教育等工作中去,投入到为解决青少年问题而进行的学习中去,最终他战胜了癌症。十几年过去了,杨顺德警官现在依然活跃在中小学生和青少年的帮教工作中,他也因工作出色获得了公安部颁发的"全国公安系统二级英模"荣誉称号。

四、"食脑"是脑死亡在游戏中的反映

僵尸的食脑,吃掉你的脑子,就表明你已经被打败,这反映了脑死亡文化的深入影响。近年以来,随着医学的发展和人们观念的更新,世界各国越来越以脑死亡作为判断人类死亡的标准。脑死亡通常指包括脑干在内的全脑功能丧失的不可逆转的状态。随着医学科技的发展,病人的心跳、呼吸、血压等生命体征都可以通过一系列药物和先进设备加以逆转或长期维持。但是如果脑干发生结构性损伤破坏,无论采取何种医疗手段最终会发展为心脏死亡。因此,与心脏死亡相比,脑死亡显得更为科学,标准更可靠。

五、植物大战僵尸游戏反映了美国死亡教育的发达

死亡教育最早发端于美国的生命教育中,是美国实施生命教育的重要途径,美国也是勇于直面死亡的国家,死亡与死亡教育的主题已经渗透到文学、电影、电视、绘画、音乐等社会各领域。譬如:植物大战僵尸游戏中的舞王僵尸就是杰克逊形象的化身,而 PopCap Games 公司也因此差点惹上了一场官司。不过,游戏借用杰克逊形象,本意可能是想借杰克逊形象教育世人,虽然杰克逊已远离我们而去,可他的精神不死,化作僵尸来警醒、激励活着的人们要珍惜人生的有限时光。

总之,利用游戏开展生死教育,青少年往往比较容易接受,它是开展生死教育的有效形式和载体之一。

注:本文英文版最早发表于 2015 international conference on social science, education management and sports education

基于对教师生命关怀的维度开展高校师德建设研究

崔红丽（广东女子职业技术学院）

摘要 高校教师师德建设直接决定着高等教育的质量，然而近年来高校教师师德存在滑坡的现象，出现了一些比较突出的问题。教师师德水平与自身生命健康状况有着密切的关系。从生命关怀的角度剖析教师师德存在问题的原因，通过教师、学校、社会的共同努力，才能从根本上真正解决问题，促进师德建设。

关键词 生命教育 高职思想政治理论课 实效性

"百年大计，教育为本"，中国迈入新时代，面临着激烈的国际竞争，急需各种德才兼备的高素质人才，自然对高等教育事业提出了迫切的要求。而师德建设又是高等教育事业的重中之重，直接决定教育的质量。加强高校师德建设，对提高高校教师整体素质，促进高校可持续发展具有重要的意义。一直以来，高校教师在社会上都倍受尊崇。然而随着高校的扩建扩招，一些教师对自身要求不高不严，导致在师德上出现了一些问题，有些甚至触犯了法律，社会舆论反响强烈，社会影响恶劣。针对高校师德滑坡的现象，本文将从教师生命成长的角度，认真分析查找原因，围绕对教师生命的关怀，研究分析解决的途径。

一、高校教师师德存在的主要问题

1. "不正"——违背伦理法律，造成社会公愤。一些教师忘记了自己的身份，在与异性学生接触交往时，行为不端，言语不当，出现性骚扰甚至性侵害的行为，给学生的身心发展造成莫大的伤害和影响；一些教师急功近利，为了评职称或者追求科研成果，买卖论文，抄袭论文，随意粘贴复制，不顾学术道德，严重影响了教师严谨钻研的形象;一些教师利用手中的权力,为了个人私利,贪污受贿挪用公款,违法乱纪,败坏校园风气师德沦丧。尽管这些现象只是少数,但是负面影响很大,严重影响高校教师的整体形象。

2."不精"——知识更新慢,不能与时俱进。有些教师知足常乐不求上进,在教学科研上不想花时间钻研和改进,导致知识积累有限,教学内容陈旧过时,不能及时追踪更新最前沿的学科知识和成果,无法带给学生知识的启迪和宽广的学术视野。高校教师的专业知识储备直接决定着师生之间的相互信任度以及课堂与课下教学过程的开展。也就是说,假如没有真才实学作为教学能力保障,教师的职业荣誉便无从谈起。高校教师必须以积极的心态投入到教学中,乐于施教又勤勉好学,才能得到学生的尊重与拥戴。

3."不新"——教学理念落后,教学方法陈旧。新时代重视学生创造性的培养,高校教师应该做好创新的表率。有些高校教师仅仅将自己定位为一个"教书匠",只是为了一份工作和谋生而教书,在面临新时代的挑战和教育教学的实践困境时,只会抱怨外部环境的变化和学生的素质,不能潜心于教学研究和教学探索,沿袭旧的教学理念,使用老套的教学方法,对教学改革敷衍了事。教学手段落后于时代的发展,教学模式缺少创新,也不注意对学生创造力的培养,无法激发学生学习的兴趣。

4."不严"——教学态度不认真,不能严于律己。"师者所以教天下以道,成天下以德者也。但必一言一动,无处不可以为人模范,方足以言师。"[①]教师"传道受业解惑"不光是通过教学过程进行,教师本人的一举一动、一言一行,教师的行为处事、工作态度也都在潜移默化地影响着学生。一些教师对自己的工作缺少敬畏感,没有充分意识到教师本身的榜样示范作用,平时上课迟到早退,上课时接打手机翻阅微信、QQ,教学过程随意性大,对学生不遵守课堂纪律的现象也视而不见,布置、批改作业、改卷都敷衍了事。

5."不爱"——只教不育,师生零沟通。大学生受应试教育的影响,一直以来除了读书考试,其他方面能力都比较欠缺,特别是在与人交往、人生规划、生活能力等方面急需有人指导。但是大学教师除了上课之外较少与学生接触,加上要应付各种教学检查、科研写作、课程建设、教学改革、授课比赛等,也根本无暇顾及学生。很多教师为减少麻烦,也不会给学生留下手机、邮箱等联系方式。这就导致教师对学生的教育只局限在课堂时间,很多大班授课的教师更是面对着学生却几乎不认识,对学生的指导只能是泛泛而谈,缺少针对性。课下则是零沟通,无法给予及时有效的帮助。

6. "不红"——生活态度消极，负能量满满。有些教师长期处在各种工作生活重负之下，但缺少倾诉减压的场所和途径，结果导致他们长期心理压力过大。加上有些教师又不善于与人相处，考虑问题比较极端偏激，导致整个人负能量满满。而生活态度消极负面的教师，很容易将自身的不良情绪和歪曲的价值取向传递给学生，让学生深受其害。"如果一个教师的灵魂不健全或者萎靡不振，那么，期望他能全身心地关注学生灵魂的成长是不太可能的，那些不能在课堂中真实地展现他们自己的灵魂的教师和那些对学生缺乏移情能力的教师，将不可能对学生的需要做出恰当的回应。"② 只有道德高尚阳光积极的教师才能培养出品质一流的学生。

二、基于教师生命关怀的维度剖析高校教师师德存在问题的原因

高尚的师德来自于教师健康充盈的生命、完整健全的人格、积极的人生态度和伟大的人生追求。教师生命如果不能在健康宽松和谐的环境下生存发展，教师的师德也不可能尽如人意。所以要加强高校师德建设，有必要认真剖析教师生命到底出现了什么问题：

1. 教师生命不能承受之重。很多人以为高校教师工作轻松，不用天天上班，能有什么压力呢？其实不然，高校教师的收入是跟所承担的教学工作量、科研工作量和课题项目、社会工作等挂钩的，而自身的学历和职称又直接影响实际的收入。所以教师往往要不断利用业余时间提升学历、撰写论文申报课题以便晋升职称。再加上近年各学校都忙于应付各种检查、评估、建设、升级等，使得教师承担的工作任务越来越重，严重挤压了教师的备课时间和休息时间。然而在网络时代，信息渠道多元，知识更新速度飞快，教学难度大大增强，教师要上好课必须花费更多的时间和精力，教师要想赢得学生的喜爱和取得良好的教学效果势必要付出更多的劳动。除了工作压力，许多教师还面临着购房、抚育子女、健康养老等现实困难。这就使得很多教师往往疲于奔命，还是很难挤出更多的时间备课、搞教学研究、钻研专业、关心学生。然而社会、学生、领导对教师却持有高期盼高要求，这更加重了教师的心理压力，使得教师生命一直处在重重压力和持续紧张之中。

2. 教师生命价值没有得到充分认可。在整个社会越来越趋于功利化的背景下，学校更加重视各种硬件的投入和科研课题论文等评比硬指标的达成，对师德的重视难免流于表面形式，无论是物质上还是精神上的奖励惩罚力度都不够，教师的

生命价值仅仅被局限在教学、科研工作带来的工资收入上，而教师在师德修养上付出的大量时间和精力却无从体现，自然不能有效激发高校教师提高自身师德修养的积极性和主动性。社会对教师的道德期许虽然很高，但教师实际收入远远不及公务员，社会地位实际上并不高，教师在旅游就医等社会服务上也没有任何特殊待遇。在金钱价值观的比较衡量下，再加上媒体网络对少数教师负面新闻的大肆夸张和宣传，一些学生和家长对教师也缺乏尊重，"尊师重教"的氛围越来越淡。社会如果对教师一味强调牺牲和奉献，仅仅依靠教师的自觉和自愿去提升师德水平，实际上是忽视了教师生命首先作为一个真实的人的存在，自然很难实现。

3. 教师生命缺少自由发展的广阔空间。教师工作是具有创造力的工作，教师生命需要相对的自由。无论是教学备课还是教研科研，都需要保证一定的时间和空间。但是现在学校社会的各种杂事繁多，填写各种数据表格、申报各种情况资料，报销教研科研经费也是手续异常繁琐，这些都占用了教师大量宝贵的时间和精力；教育教学作是需要经常创新和视野开阔的工作，教学工作的开展者——教师更需要新鲜的知识和技能滋养生命。然而教师因为承担着较多的教学工作，不愿意破坏正常的教学秩序，不得不放弃很多参加学术会议、开展学术交流和技能培训的机会，失去了持续开拓视野，提升知识储备的途径；由于每个老师擅长和喜欢的领域不同，有些教师精于教学，有些教师长于写作，教师工作本应根据每个教师的不同特点给予不同安排，这样才能发挥每个教师的最大价值。但是现在很多学校统得过死、要求过细，教学科研都是一个标准，教师很少有选择的自由，生命自然缺少自由发展的空间。

4. 教师生命缺少排解压力的途径。大量研究表明，只有生命充盈、身心健康的教师，才能保持积极乐观的社会心态，才能增强对现行社会制度与文化的认同感，表现出更加积极有效的教育教学行为，显著提高立德树人的有效性。然而现在高校竞争激烈，对教师的要求也越来越高，为了更好地完成工作，很多教师要牺牲休息时间、压榨假期来备课搞科研，缺少休闲娱乐放松的时间，致使负面情绪长期积压，身心健康水平不容乐观。然而高校教师自身生命遇到的困惑和压力却无从排解，学校、家庭和社会都缺少对教师身心健康的特殊关照，因为他们在学生面前是强者，要帮助学生答疑解惑排解压力；在学校是主要劳动力，要完成学校和领导安排的各种工作；在家里又是顶梁柱，要解决生活中遇到的各种问题。这就导致教师生命弹性不够，缺少舒缓和排解的有效渠道，不利于生命健康发展。

三、围绕生命关怀开展高校师德建设的途径

通过对教师生命存在问题的分析,可以发现,开展高校师德建设,离开对教师生命的关注和关怀,就无法从根本上解决高校师德建设上存在的诸多问题。而要解决教师生命存在的问题,必须依靠教师、学校、社会三方共同发力。

1. 教师要努力培养对职业的热爱,增强对自身生命的认同感和幸福感。

首先,高校教师只有真心敬仰和热爱自己的职业,把教书育人作为自己不懈追求的事业,才能主动克服各种困难,才能不计较暂时的和眼前的得失,自觉严格要求自己,激发出改革创新的精神,不断超越自我,提升教学水平和科研水平,主动关心和帮助学生成长,在敬业爱生中获得成就感和幸福感,从而在自我人生价值实现的同时不断提升师德水平;其次,教师要善于调节职业生活和个人生活。"教师只有充分享有自身发展的选择权,免受职业生活在时空上对个人生活的挤压与侵占,才能体验到生命的完满和充盈,才能从职业生活外的领域得到生命的自由,获得超越'职业人'的新生命。"③教师要善于排解自身的压力,学会休息和放松,让自己适当享有闲暇,多体验外面的不同世界,这样才能更好地丰富和充盈自己的生命,更加积极主动地修身养性。

2. 学校要关注教师生命健康发展的需求,营造宽松有爱、积极向上的氛围。

首先,学校要为教师生命成长营造良好的氛围,为教师的专业发展搭建顺畅的上升平台,要努力看到教师在工作中付出的一切有形的和无形的劳动,并通过各种物质的和精神的形式给予肯定和认可。只有建立了科学合理的奖励机制才能充分激发教师的事业心和拼搏精神,才有利于教师更加严格地要求自己和提升师德水平;其次,学校要充分发挥学生在高校师德建设上的重要作用,教育和引导学生正确地评价教师。良好的师生关系,充满爱的师生沟通可以让教师生命获得滋养,从而更好地健康发展。学校要保持沟通渠道畅通,欢迎学生对提高师德水平出谋划策,帮助教师了解学生喜欢和认可的教师行为和形象;再次,学校要尽可能地为教师的生命成长提供各种有效的服务。学校可以通过工会、党支部、领导接待日等途径了解教师遇到的各种实际困难,努力帮助他们解决或者出谋划策。设立健身房、瑜伽室等场所并定期开展各种健身活动。设立教师心理咨询室和中医理疗室等,帮助教师释放情绪,舒缓身体,减轻压力。

3. 社会要大力提倡尊师重教,切实提高教师生命存在的价值和意义。

首先,社会要为教师生命提供更好的生存发展环境。国家应加大对高等教育的财政投入,切实提高高校教师的工资待遇,同时在社会服务、医疗卫生、住房保障、健康养老等方面优先照顾和保障教师的实际利益,就像习近平总书记所说的要"让广大教师在岗位上有幸福感、事业上有成就感、社会上有荣誉感"[④],让教师职业真正成为人人羡慕的职业,让教师减少生存压力,能够安居乐业,从而激发教师对自己生命价值的认可,主动自觉地加强师德修养。其次,社会要大力宣扬和倡导尊师重教的风气,让教师体会到自身生命存在的价值和意义。现代社会最急需的是人才,只有重视教育重视教育者,才能培养出更多急需的合格人才。一方面要逐渐提高高校教师的准入门槛,以便选拔更优秀更高尚的人充实到教师队伍中来,切实提高高校教师在社会舆论中的口碑和形象;另一方面,各种媒体和相关组织要高度重视教育宣传,多方收集和报道具有高尚师德的先进教师典型,大力宣传和介绍新时代的优秀教师事迹,让全社会都形成"尊师重教"的氛围和习惯,在提升教师生命存在的价值和意义的同时也激励和督促教师不断提高自身的师德水平。

参考文献

沈璇. 建构教师责任伦理制度当议[C]. 改革开放 30 年与价值哲学发展学术研讨会. 2008:296.

John P. Miller. Education and the Soul [M]. State University of New York Press, Albany, 2000:8~9.

易连云 邹太龙. 教师生命教育的缺场与重构. 当代教育科学[J],2015(2).

陈宝生.让教师成为让人羡慕的职业——深入学习贯彻习近平总书记在八一学校看望慰问师生时的重要讲话精神[N].人民日报,2016-12-08.

 附录

附录一： 第四届中国当代生死学研讨会在上海师范大学召开

雷爱民（北京物资学院）

2019年10月26日上午，第四届中国当代生死学研讨会在上海师范大学拉开帷幕，本次研讨会以"生死学学科构建与生命文化教育师资培养"为主题。会议邀请了海峡两岸知名生死学、殡葬学、生命文化教育、生死教育学、医学、哲学、伦理学等知名学者共同研究与探讨了当代中国的国情下"生死学的学科建构与生命文化教育师资培育"的主题。在会议期间，同时还举办了第一期中国当代"生死教育"师资培训班，邀请参会的知名生死教育专家为学员授课，尝试为需要开展生死教育的医护人员、大学教师等一线工作者提供智力支持。本次研讨会是由上海师范大学哲学与政法学院主办和承办，大会得到了上海市殡葬服务中心、上海殡葬文化研究所、北京物资学院马克思主义学院等单位的大力支持。

26日上午8：30，会议开幕式在上海师范大学西部会议中心1号报告厅举行。上海师范大学哲学与政法学院哲学系主任张自慧教授主持开幕式，主持人介绍了学界代表中国当代哲学家、北京大学哲学系教授胡军先生，生死学家、台湾辅仁大学教授钮则诚先生，生死学家、广州大学教授胡宜安先生等学界代表，来自上海市民政局殡葬管理处处长黄一飞，中国殡葬协会顾问朱金龙、中国殡葬协会秘书长孙树仁，上海市殡葬服务中心党委书记奚土英、副主任（主持工作）余忠明等业界参会代表。上海师范大学哲学与政法学院院长蒋传光教授委托张自慧教授代致贺辞，来自北京大学哲学系的中国当代哲学家胡军教授向第四届大会的顺利召开表示祝贺并致辞，知名学者、上海师范大学哲学与政法学院的陈泽环教授随后致辞，祝贺大会在沪举行。开幕式结束后，会议进入主题报告环节，北京物资学院教师雷爱民博士主持了主题报告环节，围绕生死学与生命文化教育主题，著名生死学家、台湾辅仁大学教授钮则诚先生发表了题为《元生死学：回顾、前瞻与构建》的演讲，中国当代著名马克思主义理论研究专家、华中科技大学教授欧阳康先生发表题为《立足于生与死两极困惑的生命自觉与生命教育》的演讲,著名生死学家、台北健康护理大学教授林绮云女士发表了题为《生死学的领域、学科教学内容与方法》的演讲,台湾南华大学生死学系主任廖俊裕教授发表题为《华人生死教育的现状、困境与师资培养——以台湾南华大学生死学系为个案》的演讲,中国当代著名殡葬学专家、北京社会管理职业学院教授孙树仁先生发表题为《殡葬视角的生命文化》的演讲,上海市殡葬服务中心副主任余忠明先生发表题为《开展生命文化教育的上海经验——以上海市殡葬服务中心为例》的主题演讲。会议主题报告从生死学的理论建构、教学教法、生死教育的具体案例、生命文化教育的成功实践等角度报告了生死学与生死教育的最新研究成果。

26日下午到27日上午,研讨会继续举行,按照会议主题与论文提交情况,大会分别设置了"中国当代生死学""中国当代生命文化教育实践""中国当代生死文化研究""中国当代生死教育"四个分论坛。围绕四个不同主题,专家学者们就论文内容或演讲主题进行了深入阐述,与会学者就相关疑问与演讲学者进行了积极互动和交流。与会议同期举行的生死教育师资培训班上,大会主办方结合生死教育的一般规律以及报名学员的实际情况与个人愿望,设计了封闭式小班授课课程,为一线医护人员、生死教育工作者、心理咨询师等提供最迫切的生死学支持与实践教育经验。

大会期间,为推进中国当代生死学研究与生死教育工作,与会的生死学与生死教育专业委员会部分委员共同探讨了如何推动中国当代的生死学学科建设以及生死教育工作等议题,其中,根据与出版界以及参会学者的深入交流,专业委员会委员们认为着手推进中国大陆生死学与生死教育各类图书出版工作是目前阶段的重要议题。其中,北京大学出版社、上海三联书店、暨南大学出版社的出版工作者以及相关学者和业界代表等共同参与探讨了生死学与生死教育著作的合作与出版问题。

27日上午研讨会结束后,大会举行了闭幕以及开班结业仪式,上海师范大学哲学与政法学院张永超副教授主持闭幕式并总结了会议情况,研讨会顺利结束。本次大会是继清华大学会议、广州大学会议、中国人民解放军总医院会议之后的第四届中国当代生死学研讨会。本次研讨会围绕中国当代生死学学科建构以及生死教育师资培养主题展示了众多专家学者的精彩意见和具体建议,师资研修班的开班标志着中国当代生死教育工作专业化的道路顺利开启,上海乃至全国殡葬界、教育界、医学界的跨界互动、公益机构等交流合作象征着中国当代生死问题研究开始走出相互隔绝、孤立无援的境地,大会取得了圆满成功。

附录二: 第一届（北京）生死学会议综述

刘君莉（上海师范大学）

2016 年 11 月 12 日,"第一届中国当代死亡问题研讨会暨'华人死亡研究所筹建倡议会议'"在清华大学人文学院召开。本次研讨会由清华大学哲学系博士后雷爱民博士和郑州大学哲学系副教授张永超博士发起,有来自内地、台湾、澳门三十多位专家学者、教师学生、医护人员应邀参会并演讲。本次会议是中国大陆第一届以"死亡"为主题,围绕生死学、死亡哲学、生死教育等相关议题展开的专题研讨会,旨在直面当代中国对于死亡问题研究不足、死亡教育严重滞后、安宁疗护相对缺乏等问题,以期呼吁学界、教育界、医护界、政府决策层重新审视个体死亡问题,珍惜、尊重、关爱和善待个体生命。

一、"死亡"问题学理探究的多重维度

（一）关于"死亡"问题的学界研究现状

"探究死"是为了"珍惜生"。来自中央党校的靳凤林教授以详实的材料梳理了中国死亡哲学四十年来的现状与走向,他指出就中国大陆来讲,对于死亡问题的自觉探究肇始于上世纪七十年代末,由于市场经济的发展与现代科技因素的广泛影响使人生迷茫、意义迷失、死亡本质等现象逐渐严重并备受重视,由此引发了学界从马克思主义哲学、中国哲学、西方哲学不同的视角探讨死亡哲学问题,与此同时关于死亡哲学的应用研究也逐渐提上日程,台湾学者关于以"生死学"融合"死亡学"与"生命教育"对于华人死亡问题之探究以及实务都做出了突出贡献。来自台湾辅仁大学的钮则诚教授就台湾生死学的缘起、现代生死学的意义及其系统化建

设等做了系统阐述,他认为应通过概念的正本清源、推陈出新,尝试以生死学为平台,将通识教育衔接上生命教育,由此衍生"大智教化"理论,希望突破学校教育的制式框架,走向反身而诚的自我教化途径。其目的系推己及人以爱智慧彰显向死而生、由死观生、轻死重生的古今中外大智大慧,从而助人安身立命、了生脱死。

（二）关于"死亡"问题研究的多重维度

"死亡"是一个共同的事实,但是对"死亡"的看法则多种多样。来自郑州大学哲学系的张永超副教授提出,生理性身体"死亡"是一个无法改变的人类事实,但是对于"死亡"的看法则可以不断改变而且需要自觉的理性培育与重建。学界对"死亡"问题的研究也呈现了此种"多重维度",主要体现在五个方面:第一、以探究"死亡本质""濒死体验"的死亡学(源自西方);第二、以探究"死亡的终极性、形而上学"的死亡哲学(大陆以段德智教授为代表);第三、以探究"医学生物科技引发的生死伦理问题"的生命伦理学(以邱仁宗教授为代表);第四、以探究"死亡以及生和爱"的生死学(华人学者傅伟勋开创落实于台湾学界);第五、以发掘生死智慧并落实到生命教育的生死观探究(以郑晓江教授为代表)。由此可以看到,承续欧美的"死亡学"以及"死亡哲学"的探讨,在华人学界对"死亡"问题探究的共同指向最后都以"生命"为旨归,落实到珍惜生命、生命教育以及安宁疗护和临终服务。

（三）关于"死亡"问题研究的跨学科特征

分科治学是现代学界的传统,然而死亡问题是跨学科的。来自北京大学哲学系的胡军教授提到,首先、尽管我们在分科治学传统下做学问,但是生死问题是每个人都要必然面对的事实与困惑,每个人都在生死之门内。其次、哲学的古典定义是爱智慧,但是人没有神的"智慧",人只有自己的生死,这意味着任何人需要自觉或不自觉的通过探究智慧、接近智慧来面对自己的生死问题。再次、一些经历生离死别、残酷战争经验的人会更加珍惜生,但是作为人我们没必要都等到经历了这样的残忍体验再来珍惜生命、关怀他者;人的理性特质正在于可以回顾、可以反省、可以预期、可以建构;人的生死不同于动植物的生死就在于人可以自觉的、理性的建构自我的生死世界而不仅仅依据本能活着。另外、死亡问题让我们重新思考"生",生命有不同的维度,比如生理性生命、理性生命、精神性生命,在哪个层面谈"死亡"这是需要澄清的。通过本次研讨会来自觉的、理性的探讨生死问题正是一种学界由梳理文献回到学问生命这一源头活水的体现,这是学界的责任担当意识以及使命感的呈现；尽管生死问题极其复杂，但是，学界愿意与公众一道共同面对、共同化解。

　　来自华中师范大学的杨足仪教授和魏向东研究生在论文中提出，宗教与死亡有着深刻的关联。从人类的认识形式及其进程而言，宗教从原始宗教发展到世界性宗教，形成了大而全的体系，天、地、人无所不包，力图穷尽一切自然现象和生命现象，并做出终极解释，体现了对宇宙、人生的深切和终极的关怀。对有生命大限的人类而言，宗教信仰给遭受死亡焦虑折磨、渴望永生的人和人类以心灵的慰藉、信仰的支撑和终极家园的寄托，是一种虽说是虚幻却是温馨的慰藉。可以说，宗教是人类通过自己的智慧和信念找到的能让自己焦躁不安的心得以平静的武器，是人类与死亡言和的高级形式。

二、"死亡"问题的当代性及其复杂性

(一)"死亡"问题的当代性

　　"死亡"这一事实与人类共始终，但是在不同的时代又有不同的呈现特质。来自清华大学哲学系的卢风教授在开幕式主题演讲中表示：第一、我们要看到当代人在技术时代的繁忙、焦虑以及引发的生死困顿；第二、我们要面对中国大陆唯物论以及无神论的教育影响；第三、在面对生死困顿而无法通过宗教信仰寻求慰藉的情形下，发掘传统儒家"生死有命富贵在天""生吾顺事没吾宁也"这一"生顺死安"的生死智慧意义重大，现代社会以来的科技影响、社会节奏是很难改变的，但是通过自觉的探究生死、发掘生死智慧，力图实现"有智慧有境界的现代人"是可能的。在此层面上讲，首届中国当代死亡问题研讨会召开具有开创性意义，对于凝聚学界、教育界、医学界来共同关注生死问题，将学界关于生死问题之探究落实到生死教育与生死疗护上来意义重大。郑州大学哲学系张永超副教授提到我们应在现代性反思的意义上来看待当代人的死亡问题，来自浙江传媒学院的何仁富教授也提到由于现代科技和现代生活方式的变化，"死亡"已经不再成为一种生命的"自然"事件，而变成一种"技术"事件或者"医疗"事故，死亡的生命属性被剥夺而成为一种"非生命化"的物理事件。因此"死亡"问题在当代蕴含复杂的生物科技医学因素。

(二)"死亡焦虑"的复杂性

　　"死亡"问题的当代性引发现代人"死亡焦虑"的复杂性。来自清华大学哲学的

博士后研究员雷爱民博士指出,当前中国大陆民众的死亡焦虑呈现集体回避性、瞬时爆发性、死亡焦虑缓冲机制的脆弱性,以及人们死亡焦虑负荷政治、经济等社会问题的主要特点。死亡问题的禁忌性与死亡焦虑的集体性回避一体相连,人们对死亡问题的回避造成了多数民众死亡焦虑的挤压与变形,当人们的死亡焦虑遇到严重的"死亡提醒"时就在瞬间爆发出来。由于死亡焦虑缓冲机制的脆弱以及中国大陆当前社会政治、经济问题的影响,人们的死亡焦虑呈现出一种野蛮的恣意蔓延性特点。而来自澳门镜湖护理学院的朱明霞教授则通过实证调查方式指出死亡焦虑作为一种与死亡直接关联的负面心理状态,过度就会对身心健康有极大的危害,对不同群体产生不同的影响。通过采用横断面描述性调查设计在澳门中学对2687名初中生及高中生进行自填问卷调查以及在澳门社团对215名长者进行由访问员一对一填写问卷调查,结果发现,第一、参与问卷调查的中学生有42.5%面对死亡的焦虑的程度超过临界值,高中生的焦虑程度高于初中生,女生焦虑程度高于男生(p<0.001);第二、澳门长者的死亡焦虑程度为4.77±3.75,属于低焦虑水平,自觉健康状况较好的长者其死亡焦虑分数(3.95,p=0.004)明显低于自觉健康状况为差的长者(5.90,p=0.004);第三、澳门青少年和长者最担心均是害怕痛苦的死去(77.5%、65.1%)。由此我们看到,澳门有四成的中学生面对死亡存在焦虑,尤在对疾病带来的压力与痛苦、死亡认知方面较为明显;而长者相对平和,基本能够正视死亡,但担心临终及身后事之安排。提示社会、学校及家庭需要加强对青少年的生死教育,同时需要社会关注长者的临终愿望。

(三)"死亡"复杂性引发的生死困顿

"死亡"问题的复杂性引发的令人迷惑的生死困顿。来自浙江传媒学院的何仁富教授指出由于科学技术的发展和价值观的功利主义化,现代人深陷存在性危机而不能自拔。在"生"的层面,是生活与生命之间的紧张,表现为生存条件的改善与存在意义的缺失并存;在"死"的层面,是技术与死亡之间的紧张,表现为人们对于技术之于死亡的阶段性胜利的陶醉和对于死亡之不可战胜的惊惧。现代人的死已经失去了其神圣性。从根本意义上讲,死亡是生命的反面。人的生命是身心灵三位一体的。正是这种人类生命的系统复杂性决定了人的死亡的丰富内涵。人的本质就是它的精神性与社会性存在,因此,死亡还有其体现人的更本质方面的内涵,这才是死亡神圣性的体现。而现代人的死亡,由于它违背了人的生命本质,从而也就失去了它的神圣性。现实生活中引起人们焦虑万分的死亡,仅仅是肉体的毁灭,它成了人们逃避与关注的焦点。技术死亡也正是由此成了当代支配着一切的死亡概念。在此意义上提出"死亡权"是合理的，"死亡权"作为现代医疗科技逼迫出来的一种权利，本质上也是一种"天赋人权"。这种"天赋""人权"表明，人的生命是一种"向死而生"的过程，我们不仅需要清清楚楚地"生"，也需要明明白白地"死"。这就需要我们在还可以"自主"的时候为死亡做好准备，以避免自己"无意识地"丧失掉自己对"死亡权"的自主性。

三、由"探究死"到"珍惜生"

(一) 安宁疗护、丧亲抚慰与殡葬服务

对于"死亡"学理的探究最终是为了更好的关爱生命。中国首家临终关怀医院松堂关怀医院创始人李松堂院长从生命哲学角度讲述了中国当代临终关怀医院创办的意义。来自北京社会管理职业学院的孙树人教授从殡葬专业人才培养角度出发认为殡葬专业应该与文化及生命教育结合，提出生命终点要止于至善。而来自北京社会管理职业学院的王治军博士论述了中国当代丧葬中存在的问题，并认为以孔子与孟子为代表的中国传统儒家的生死观及其礼仪建构对当代中国的丧葬事业具有启示意义。对比孔子与孟子在生死态度、生死价值和生死超越等方面的异同，我们发现，孔子侧重于从个体层面关注人之生死，而孟子则从更为广阔的社会背景来关注群体生命的死亡威胁，谋求保障生命权利所需的政治经济环境；孟子继承孔子用高尚的道德人格超越死亡的观点，强调通过创造社会历史功业实现人生不朽。来自天津医科大学的孟宪武教授则提出需要在对善待病人、关怀临终者、丧亲抚慰中来落实学界对"死亡"问题的探讨。

(二) 死亡教育课程与实践

死亡经验不可期待，死亡教育势在必行。来自广州大学的胡宜安教授从他在高校开设生死学教育课程的经验提出了自杀的三联征与预防策略建构思想，并认为生死教育对中国当代大学生极其重要。来自山东大学医学院的王云岭教授从他在医学院开设死亡文化与死亡教育课程角度认为死亡教育融入国民教育体系势在必行，并提出了中国当代死亡教育的发展路径与可能模式。来自清华大学的舒洁从中国传统的中元节与墨西哥的亡灵节进行溯源和比较研究，并认为中国当代的

生死教育可借助现代媒体等以轻松的方式展开,这样有助于人们化解对死亡的恐惧。来自江西财经大学的朱清华教授从临终角度考察了孔子的生死态度及其伦理思想,她认为孔子万物本于天的思想决定了孔子对生命的一种尊重和理解;孔子天命不可违的思想决定了孔子死生有命的生死观;而孔子尽人事以待天命和孔子人性向善的思想决定了孔子在生活态度中的积极奋进,在死亡态度上的"非命"和重死哀死达到生死两安的伦理思想,这对于死亡教育课程设计与实践是一种丰富的思想资源。

结语:生死之门:有死的事实让我们重新回到生命门口

受忌讳死亡的传统文化等因素影响,中国大陆关于死亡问题的研究比较薄弱,死亡教育相当缺乏。但是,生死事大,并不因为民俗忌讳,我们就可以回避生死问题;对每个人来说从终极意义上讲,生死具有必然性而且不可替代。因此,与其选择性回避,临到面对时惶恐不安、手足无措;不如自觉的探究生死学理,发掘生死智慧,与此同时能更好的珍惜个体、尊重他者、善待逝者、关怀丧亲者。因为有死,面对理解死亡能让我们更好的发掘"生命"和"仁爱"的意义。因为死亡,我们需要重新回到"生命"的起点,通过探究"死亡"来重新回归到对"生命"的探讨,比如说何为"生"? 除了可以死朽的生理性身体之外,是否还有永在不朽的"精神性生命"? 如何理解整全的"人生"? 从这个意义上讲,不理解"生"也就无法理解"死",生死之门只有一个,生死问题是相关的,抛开另一个都无法认识对方。在这个层面讲,我们看到"未知生焉知死"的深刻意义,探究死亡最终是为了更好的回归"生命"。

在此意义上讲,华人学界关于生死问题的探讨还任重道远,与会学者关于"华人死亡研究所筹建倡议"问题建言建策,认为这对于"生死学理探讨""生死教育实践""安宁殡葬服务""生死公益讲座推广"之展开意义重大,对于学理研究与实务层面的交互合作影响深远。来自澳门、台湾以及大陆的两岸与会学者纷纷表示学界、教育界、医护界、殡葬服务界应当共同努力化解当代华人的"死亡困顿、痛苦",通过自觉的探究生死学理,发掘生死智慧以此来更好的珍惜个体、尊重他者、善待逝者、关怀丧亲者。为"有境界的生 有尊严的死"这一"生顺死安"而努力以期实现当代华人新的"安身立命"。

——原载《医学与哲学》,2017 年第 3A 期,P96—97

附录三： 第二届（广州）生死学会议综述

雷爱民（北京物资学院）

2017 年 12 月 8 日—10 日，"第二届中国当代生死学研讨会：跨学科视野中的生死学"在广州大学召开。本次会议由北京物资学院教师雷爱民博士、郑州大学张永超副教授最初商定发起，广州大学胡宜安教授、北京大学王一方教授做召集人，由广州大学政治与公民教育学院承办。会议围绕"生死学"与"生死教育"主题，以跨学科视域为对话平台，我们期待借助会议和相关活动，逐步推进当代中国生死学研究与生死教育学科化、规范化，在理论和实践两方面为中国当代社会的生死教育、国人的生死安顿提供系统的学理支持。

本次生死学研讨会吸引了不同学科领域的专家学者参会，与会学者们围绕生死问题、从不同学科出发进行探讨，对生死学的学科建设、生死教育的开展等问题进行了深入探讨和交流，总的来说，本次研讨会涉及的内容主要有以下四个方面：

一、生死问题与生死学建构

"生死学"概念自旅美华人学者傅伟勋先生在上世纪末提出以后，经过几十年的发展，生死学在台湾地区得到了广泛传播和普遍认可，生死学已然成为台湾民众关注生死问题的重要视角。尽管如此，生死学作为一个学科的主体地位仍然处在建构当中，生死学研究的内容与关注的范围仍然存在不同看法。围绕生死问题，尤其是死亡问题，生死学的建构可以说仍未完成。研讨会上，台湾南华大学生死学系陈开宇教授从华人地区第一个生死学研究机构——台湾南华大学生死学研究所二十年的生死学研究和办学经验，介绍了现代生死学的兴起和发展历程，回顾了台湾生死学发展中的一些重大事件，并对华人地区的生死学发展作了乐观判断。台湾辅仁大学的钮则诚教授从生死学建构的多重维度出发，侧重从生死学的哲学基础探讨了生死学的建构进路，尝试为生死学的后现代解构和重构做哲学的梳理，进而彰显生死学的核心价值"关爱"，以期逐步建构一套"向死而生、由死观生、轻死重生"的生死哲理，助人"安身立命、了生脱死"。广州大学胡宜安教授提出建构生死学，是要建构与传导生死之学，营建一块知识地盘以存放死亡；胡宜安教授从"何谓生死学、为什么要有生死学、如何建构生死学"三个问题讨论了生死学建构的主要理由、基本路径与可能方式；他认为生死学就是要探讨生死间的本质、必然联系及其发展规律，生死学建构是为了应对人类所面临的生与死的矛盾，生死学需要吸取哲学、医学、生理学、教育学、社会学等学科成果，强化学科间的整合。郑州大学哲学系张永超副教授从当代人面对的"生死问题"出发考察了华人生死学重建的可能，基于对现代生物科技背景下的生死问题突显、现代性的"主体死亡"问题、后现代的人生意义迷失等问题，提出基于生死伦理、实在主体、中国传统儒道生死智慧三个方面来回应和重建华人生死学。

二、生死研究的多学科视域

本次生死学研讨会上，来自医学、哲学、文学、伦理学、语言学、教育学等不同学科的学者围绕生死话题展开对话。其中，北京大学的高一虹教授、黄芳老师从语言学角度考察了死亡问题的话语研究与类型探索问题，尝试建立一个关于"死亡话语"的粗略谱系，认为目前死亡话语研究中，安宁疗护、艾滋病、自杀、数字化悼念等主题十分热门。广东财经大学的黄喻副教授从哲学角度，探讨了"本己"与"他性"的问题，考察了列维纳斯对海德格尔死亡理论的批判，认为"死亡"最终由海德格尔的"所有不可能的可能性"转变为列维纳斯强调的"所有可能的不可能性"，死亡不再是此在为自身存在"负责"的方式，而是为"他者"担负责任的伦理要求。在关于死亡的概念的探讨中，南京农业大学的刘战雄老师从信息哲学的角度探讨了死亡的标准问题，认为现代死亡标准之争是由现代新技术引发的，它与人的本质紧密相关；人之本质决定人的死亡标准问题，从信息哲学角度看，人的本质是信息人，大脑是人类处理信息的核心器官，随着科技的发展，死亡的标准随之改变，脑死亡作为死亡标准是合理的。广州大学的石若坤老师则认为脑死亡的标准与执行有问题，缺乏人文维度，她认为生命不仅仅是可以精确实证的认知性存在，同是，它还有其不可实证的神秘和神圣之处，因此，脑死亡标准要丰富其生命内涵，只有建立跨越技术的人文维度才具有合法性与有效性。基于不同的生死观念，人们对死亡和临终的看法是不一样的，在临终问题上，北京大学哲学系胡军教授认为临终关怀很重要，它必须考虑临终者的习惯、喜好等问题，这样才能做好临终关怀。台湾南华大学的龙武维教授认为：临终是每个人从生到死必经的最后过程，是生命无可逃避的本质，临终现象的独特差异，将产生困境中的伦理议题，而伦理必须建构在人与人之间的互动架构之中，临终陪伴的过程是学习如何共同面对死亡的共处心，而不是对临终者同情心的释放。中国人民解放军第四五四医院的周宁医生从临床实践维度讨论了临终患者的医疗和灵性照顾问题，认为与临终者及其家属的有效沟通是一件困难而又十分必要的工作。湖南省肿瘤医院的谌永毅教授从"生命的价值与尊严"角度讨论了晚期肿瘤患者的灵性关怀和护理问题，认为灵性对于个体生命来说十分重要，灵性是文化的一种表现形式和载体，它可以是非宗教性的，它对于人的临终关怀意义重大。

三、生死教育与生死教学实践探讨

生死学是直接面向个体人生的学问，生死教育是生死学的实践探索。在生死教育的过程中，如何设计生死教育课程、开展有效的生死教育得到了本次研讨会学者的充分关注。其中，华中师范大学的梅萍教授从生命教育的视角出发，指出人的发展是生命意义不断丰富的过程，教育活动的终极目标就是要激发人的生命活力，帮助受教育者创造和发现生命意义。浙江传媒学院的何仁富教授从生命教育的视域考察了"生死学取向的生命教育与生命教育视域中的生死学"，揭示了生命教育与生死学的紧密关系，一方面认为生死学的建构对于生命教育意义重大，另一方面也指出了生命教育的理论与实践对生死学的建构可以提供有力支持。山东大学王云岭副教授从死亡教育角度指出：生死学建构对于中国民众的生死教育非常重要，生死学是中国生死教育的重要资源和依托之一，也是西方死亡教育本土化的探索和有益尝试。江西科技学院的兰霞萍老师从死亡教育的特殊性与实践路径讨论了死亡教育的特点、教学模式及死亡教育的意义等。在具体的课程教学中，北京师范大学的陆晓娅老师从"影像中的生死课"，探讨了生死教育的影像教学、多学科与多重对话的教学实践。北京大学孟玲老师借助北京市个别高校的生死教育课程，考察了受教育大学生的内部心声变化，探索了生死课程对学生主观和行为改变的作用。北京大学的魏继红副教授从文学与医学融合的视角，介绍了针对北京大学医学生开展的生死观教学模式,引导学生了解生死、感悟生死、反思生死,从而使医学生学会设身处地地体验患者的处境,体恤患者、与患者共情,培养医学生的生死观、塑造其尊重生命、敬畏生命的人文素养。澳门镜湖护理学院的朱明霞教授及其团队研究发现:生死教育课程对护理专业的学生在临床见习、实习乃至毕业后的临床工作岗位都具有重要意义,护生在临床实习过程中,如果未能做好面对死亡的准备,极有可能出现严重的负面心理情绪,无法完成专业要求的相关工作,因此,在护理专业开展死亡教育重要且必要。

四、生死安顿与传统思想文化

　　生死安顿是生死学和生死教育关照和帮助个体生命的直接体现,人从出生到死亡,从临终到死后,生死安顿既是对生命变化过程中的个体的安顿,又是对相连个体及其社会关系的安抚和安顿,人作为文化性的存在,生死安顿与人类文化是紧密相关的。台湾仁德科技大学的尉迟淦教授探讨了中国传统礼俗的生死安顿与当代挑战问题,认为传统对于亲人的死亡主要采取礼俗的处理方式,其目的在于善尽孝道,在社会变迁之下,为了让社会、家族与个人都能获得稳定发展,传统礼俗对于善尽孝道的要求不只是形式的要求,更是实质的要求,属于超越时代的人性需求的永恒层面,传统礼俗可以在当今社会的发展中转型出一种中国特色的生死安顿体系。华中科技大学的韦革教授讨论了中国传统文化的创造性转化与发展在临终关怀事业中的作用,认为移植国外的临终关怀与中国文化耦合度存在较大缺口,这是中国当代临终关怀理论难以被认同和临终关怀制度无法被有效实践的根源,我们只有创造性地转化当今中国的医疗观、传统的死亡观和孝道观,才能破解临终关怀事业面临的困局。浙江传媒学院的马九福副教授探讨了中国传统丧葬仪式的变化及其问题,指出当代的丧葬仪式时间缩短、程序简化,然而,往生者亲友内心的哀伤则需要更长时间、更多陪伴才能释放,而哀伤可以在仪式中呈现和释放,我们只有针对性地疏导,才能让往生者亲人的情感得到安顿和释怀。江西财经大学的朱清华老师从跨文化视域比较了儒家和基督教的生死超越方式,认为中国传统文化的主流思想主要通过三不朽、慎终追远、祭天地鬼神三个方面对个人的精神文化生命、家庭生命、人际性的社会生命实现超越,而西方以基督教为主导的文化则主要通过圣灵、上帝的临在和教会来实现不同生命的超越,儒家和基督教的生死超越思想存在着根本的世俗性与神圣性的差别,但是二者的差异中也存在共通性,即二者都离不开生命主体内在自我力量的努力。澳门培正中学的钟春晖博士以子产为例,考察了中国古代春秋时期的"魂魄"理论,认为从殷商到西周,贵族阶层的生死观受到宗族意识的强烈影响,然而,春秋时代随着宗族意识和人本意识的此消彼长,宗族一体的意识渐次消沉,个体的生死关注日益受到重视,透过对郑国大夫子产的"魂魄"理论分析发现,群体与个体的意识消长对于当时贵族的生死观发展有着深刻影响。

本次会议有来自广州大学、北京大学、北京物资学院、郑州大学等两岸四地上百位专家学者参加了会议。本次会议属于中国大陆首次以"生死学"为名的大型学术会议,会议围绕生死学与生死教育展开跨学科对话与交流,会议对于达成共识、凝聚力量、推动中国大陆民众的生死终极安顿与国民生死教育发出了强有力的呼声。

附录四： 第三届（北京）生死学会议综述

张永超（上海师范大学哲学与法政学院教授）

    2018年11月23—24日，第三届中国当代生死学研讨会在中国人民解放军总医院（301医院）胜利召开。本次"生死学"研讨会以"国民生死教育与死亡尊严"为主题，一方面深入研讨生死学理并进一步推广生死教育，另一方面旨在探讨"死亡尊严"理念及其践行路径。本次研讨会内容丰富，分设预备会议、主题演讲、卫星会议、医疗专场、人文专场、论文专场、悲伤工作坊等专题，有来自台湾、澳门、马来西亚及大陆的知名生死学者共襄盛会，有来自学界、教育界、医疗界、殡葬业界等社会各界人士近200人参会。

    开幕式由301医院内科室主任张东教授主持，解放军总医院顾卓云教授、北京大学胡军教授、国内生死预嘱推广者罗点点女士做了精彩的开幕发言。在主题演讲部分，北京大学王一方教授以欲望为视角做了"生死教育中的物欲与爱欲"的演讲；来自广州大学的胡宜安教授结合其近二十年来的生死课程教学经验做了"学校生死教育的现状与发展趋势"的演讲；来自301医院疼痛科的路桂军教授以其临床医生的角色基于丰富的疼痛治疗阅历做了"医生眼中的死亡尊严"的演讲；来自台湾的三位知名生死学专家以不同视角做了主题演讲，孔令信教授根据台湾近三十年来的生死学研究积累介绍了傅伟勋教授所开创的"生死学"及其台湾学界对"自杀""安乐死"等问题的思考；尉迟淦教授则结合台湾的生死学实践，尝试从传统文化思想资源中发掘"善终"的理念及其践行路径；林绮云教授根据其多年的悲伤辅导、生死教育经验讨论了生死学与生死教育的内在关联及其可行性路径。

    卫星会议由路桂军教授主持，分别由王伟兰做了"生死镇痛"的介绍和杨敏做了"临终镇静"的介绍。医疗分会场由盛立军、周宁等主持，由宁晓红、周翾、邓潆、顾晋等从医疗视角讨论了"临终关怀""儿童生死教育""医护人员生死观""病人知情沟通"等主题,并进一步做了专家互动。人文分会场由北京物资学院的雷爱民博士、姜荣环等主持,由来自台湾的纪洁芳教授、澳门的朱明霞教授及山东大学的王云岭教授、浙江传媒学院的何仁富教授等围绕"生死教育与通识教育""孩子生死观""澳门生死教育""生死智慧与境界"等议题展开。论文研讨专场由上海师范大学哲学与法政学院的张永超副教授主持,分属"生死学理""生死教育""生死治疗""生死陪伴"四个专题,由来自台湾的钮则诚教授、王枝灿教授以及北京大学的高一虹教授、魏继红教授、知名心理咨询师唐婧博士等参与盛会,另有医护人员刘佳、王丽丽等根据自己对临终患者的亲身陪伴经历予以经验分享。这些议题研讨与分享一方面回应了 2016 年在清华举办的第一届研讨会"探究死 珍惜生"的主题,另一方面也是对去年广州大学举办第二届研讨会"跨学科视阈中的生死学"主题的进一步实现和拓展。

本次研讨会还特设了林绮云教授的"哀伤辅导工作坊",林绮云教授有着丰富的生死教育及哀伤辅导经验,这是林教授在中国大陆第一次做工作坊,工作坊由邓牧红主持。第三届研讨会闭幕式由 301 医院路桂军教授予以总结和展望,他说安乐死问题、临终关怀问题、生死教育问题、老龄化问题、死亡尊严等问题慢慢引起更多人的关注和思考,这是中国国力壮大、公民素养提升的自觉表现,人们慢慢由生活温饱而生活质量及生死尊重,这是一种进步的见证。但是,生死问题的未来之路还很长,愿我们共同努力,通过不同领域的合作,共同致力于中国十多亿人的生死教育与生死尊严之服务与实践。大会圆满闭幕。

附录五： 2020网络清明论坛会议综述

兰霞萍(豫章师范学院小学教育学院副教授)

2020年初,新冠肺炎疫情肆虐,众多同胞被夺去了宝贵生命。时值清明时,疫情依然严峻。在这个特别的节日、特殊的时期里,如何对逝去的先祖、亲人与同胞表达我们的思念与哀悼之情,如何去抚慰哀伤、寄托哀思,这是新疫情下的清明节遇到的迫切需要解决的问题。由北京市癌症防治学会生死学与生死教育专业委员会主办、清华大学附属北京长庚医院疼痛科承办,北京物资学院教师雷爱民博士、清华大学附属北京长庚医院疼痛科路桂军主任、上海师范大学副教授张永超博士策划的"爱之祭奠:疫情清明,何以寄哀思2020网络清明论坛"公益活动在4月4日举行。清明论坛特邀请相关领域的专家学者与从业人员,围绕清明祭祀、哀伤抚慰、哀思寄托等主题进行共同探讨,通过腾讯会议及参与直播的方式,来自高校、医院、心理咨询、殡葬机构及抗疫一线工作人员等100多人参加论坛,以下是第一届网络清明论坛(2020年网络清明论坛)的简要综述。

一、祭祀清明:祭祀礼仪与善终追求的本质

缅怀先人,祭祀祖先是清明节的主要活动。著名生死学专家、广州大学胡宜安教授的演讲题目是《新疫情:创新祭祀新契机》,他首先指出祭祀活动本身是源于人的灵魂不死,保持在世之人与先人灵魂的沟通是祭祀活动的精神实质。也就是说,清明祭祀的本质就是要在我们与逝者之间建构起一种精神联系。于是,设计一系列礼仪与仪轨联结我们与逝者,寄托哀思,实现精神通达与心灵感通对于祭祀先祖就尤为关键。广东财经大学黄瑜副教授的演讲题目是《生死两安:传统"祭祖"的伦理意义》,她认为传统祭祖是中国人重要的宗教仪式,突显的是对生生之德的敬畏,

对血亲之恩的感念,对礼仪教化的重视,亦即"敬始""慎终"和"追远",从"类之本、敬之心、孝之道、礼之用、生之意"五个方面对祭祖意义进行分析,很好地诠释了通过祭祀仪式实现我们与先祖精神感通、生命感通的本质。从功能上讲葬礼与祭礼具有相同的意义,但几乎所有民族文化都有丧葬礼仪的习俗,不同的社会文化其祭礼与葬礼差异甚大,中山大学程瑜教授的演讲题目是《跨文化视角下的死亡与葬礼》,在跨文化视角下他比较了不同文化的死亡观,指出葬礼不仅表明人生命的终结,也代表社会身份与社会责任的终结,他分析了不同民族文化的丧葬习俗,进而指出仪式与文化抚慰更能给丧亲者温暖和安慰,生死观教育与临终关怀需要考虑到患者所处的社会文化环境和生活经验。上海师范大学哲学系高瑞杰博士后的演讲题目是《敬天祭祖的三重意涵》,他从清明节与敬天祭祖的关联切题,系统分析了敬天祭祖的生之本与类之本、严父配天、求福非礼的三重意涵,详细阐释孝敬父祖与敬慕天地本质上具有一致性,都是人们对生命本质的共同追求,在价值导向上具有一致性。他认为天地是人之存在的根源,对父母祖先的孝敬之情最终可上溯于敬天,并指出敬天祭祖皆为报本返始,是生者对生命的敬畏与感恩,其立足点在于报馈而非求福。他强调重新唤醒敬天祭祖之礼,对于维护天地自然秩序与伦理秩序,充盈本心的德性境界,实现生死安顿至关重要。

死亡是生命的结束,而善终是我们每个人对生命结束时的渴望与期待,也是中国传统文化中"五福"之一,现代社会背景和新冠疫情强势影响下应该怎样实现善终,清华大学附属北京长庚医院的路桂军主任《疫情下的哀伤抚慰与善终》中指出了个体生命尽头存在的困境,即逝者的恐惧、生者的焦虑、观者的疑虑,并分析了新冠疫情侵袭下生死问题与个体状态,为解决上述生命困境,路桂军主任首先界定传统文化善终追求的内涵,即好死、德行圆满和身体完整,指出医学并非是应对丧亲之痛最好的途径,文化才是,善终文化具有抚慰哀伤和实现善终的功能,但我们的善终文化必须要与时俱进,必须要适应现代人们需要,以使得逝者安详,实现善终;使生者安宁,实现善别;使观者安顺,实现善生。

二、疫情清明:哀伤抚慰与心理干预的途径

新冠疫情使得众多同胞失去生命,很多人都成为悲痛的丧亲者,这给人们的心理与精神造成巨大的创伤。那些直接参与战"疫"、在一线工作的医护人员,他们每天都要跟死亡打交道,死亡恐惧与死亡焦虑如影随形,有的甚至已经麻木,如何对

此类人群进行哀伤抚慰与心理危机干预是本次清明论坛主要探讨的重要问题。武汉大学人民医院疼痛科医生贾一帆主任的演讲题目是《新冠肺炎危重症病区的心理危机干预》,他指出新型冠状病毒感染的肺炎是重大公共卫生事件,也是灾难性事件,心理危机干预应重点关注医护群体及相关工作人员、志愿者、患者、患者家属及其朋友、疫区人民等群体,将受新冠肺炎疫情影响的这些群体按轻重远近程度分为四级,预先评估目标人群心理健康状况,制定分类干预计划,及时识别区分高危人群、普通人群,对高危人群开展心理危机干预,对普通人群开展心理健康教育,根据群体级别制定出差异化的心理干预诊疗方案。国家二级心理咨询师罗世香的演讲题目是《哀伤心理支持:爱是永恒的主题》,她认为爱是哀伤心理支持的永恒主题,而哀伤是丧亲者的正常反应,心理和身体方面都会存在不同的表现。疫情下丧亲者的哀伤需要被理解,需要充分表达情绪与情感,完成与逝者的分离,需要适应丧亲后的生活,并与逝者保持持续的联结。南方医科大学叙事医学专家杨晓霖教授的演讲题目是《疫情下的生命叙事与哀思寄托》,她从疫情下的生命故事切入,认为个体生命的消逝和死亡与人类的存续紧密相关,要想救赎个体生命,必须要对人类与个体本身进行反思,并指出哀伤抚慰与哀思寄托必须使个体认识到死亡并非结束,个体需要从根本上接受衰老与死亡。最后她指出清明节疫情下的哀思寄托、缅怀先烈、慎终追远的途径有三种,分别为阅读生命与死亡故事、分享家族先人的故事、为逝去的亲人写封信。上海师范大学副教授张永超博士的演讲题目是《爱之祭:清明时节的哀与爱》,他指出在清明节默哀是为了追思沟通、敬畏生命和爱的践行,而践行爱需要沟通和表达爱,2020年疫情下清明节对逝者的哀恸、丧亲者的哀伤、生者的哀愁如何承载,何处安放? 他强调要对逝者进行"送别",尽一切可能"留住"逝者;逝者、丧亲者要生死相依,幽谷共渡;要表达和沟通对逝者的爱,以爱祭哀,通过对生者表达爱以致敬逝者。

三、别样清明:云祭扫与祭祀创新的新契机

代祭扫与云祭扫是2020年疫情下别样清明节的主流,将有可能改变传统的现场祭扫,成为未来悼念先祖、寄托哀思的重要方式。对这种新型祭扫方式,有人认为别样清明一样情,也有人对这种新祭扫方式存有疑虑。广州大学胡宜安教授认为祭祀创新是当前疫情防控之需要,一部祭祀习俗发展史,也是中华文化自我更新的一个有机组成部分,中华文化之所以历久弥新,根本原因在于其自身的变革。因

此,到了新时代,我们更有责任通过对祭祀传统的变革来推动中华文化的自我发展,也正是这样才能够增强民族文化自信。基于此,胡宜安教授从时代特征、现代技术和绿色环保三个方面对创新祭祀的基本特征进行了分析,进而指出未来祭祀创新和祭扫方式的变革必需融入生命绵延的本质内涵,只有这样才能推动中华文化适应现代社会发展,祭扫变革和祭祀创新才能符合人们不同需要。福寿园国际集团总裁助理赵宇的演讲题目是《清明云祭扫云公益:给生命两端同等的关爱》,他介绍了福寿云的创新设计理念及其相关概况,足不出户可以通过 VR 全景看墓园,并通过多个案例详细说明了云祭扫与代祭扫的创新服务,使丧亲者哀伤得以抚慰,哀思得以寄托,他还从困境长者、临终关怀和生前契约等关注社区居民的疫后心理重建,希望从"生命关怀、温暖心灵"理念出发,促成社区工作者、居民、志愿组织等联结,提升社区互助支持网络韧性云公益。雷爱民博士提出代祭扫在中国传统祭祀中会受到严厉批判,祭之如在是祭扫的基本要求,非其鬼而祭谄也是传统祭祀的忌讳,并向赵宇先生请教如何处理云祭祀与代祭扫与传统祭祀之间的情感与形式方面的冲突。赵宇首先从认知理念上解释了祭祀方式的冲突,他认为云祭祀与代祭扫能否成为现代祭祀文化的选择还有待检验,新祭扫方式要成为社会大众的主流选择主要在于它能否满足哀思寄托、哀悼亲人的需要,云祭扫与代祭扫也将从祭祀的根本诚心与爱心出发不断创新祭祀服务,满足哀悼的个性化需求。

此外,西南政法大学邬蕾老师认为国家不朽与公民宗教存在紧密关联,他指出近代国家因公民的忠诚而生,因公民的背叛而生,必须用公民牺牲的逻辑来探讨国家不朽,公民在自爱与整体求生中形成牺牲精神与超越死亡的精神,这即是建立国家不朽的原则。但此种牺牲精神与超越死亡的精神必须有强有力的公民宗教支撑,这里的宗教仅仅是社会性的情感,每个公民都应该有一个宗教,只有公民宗教的建立与形成才能促成国家之不朽。

根据清明论坛议程安排,上午 10 点整与会人员对在此次新冠肺炎灾疫中失去生命的同胞进行 3 分钟的集体哀悼,以寄托生命哀思。11 位专家分享结束后,与会人员对专家分享的相关问题进行交流与探讨,各位专家进行了回应与解释。参与讨论的澳门镜湖护理学院朱明霞教授认同临终护理"身、心、社、灵"结合的合理性,指出"身痛无人替我、心痛无人知我、社痛无人理我、灵痛无人懂我"是临终与善终追求的困境与问题。北京大学魏继红副教授对叙事医学与医学人文教育中医医关系、医患关系、医生与自我的关系、医生与社会关系进行了精彩总结和评述。浙江传媒学院何仁富教授回应了当代人如何理解逝者与人的心灵的问题,尤其是无鬼而祭的疑虑,从形而上学的角度解释了心灵感通的存在及其重要意义,并呼吁大家关注新儒家唐君毅先生对于祭祀、善终与天地人我感通的思想。

附录六: 生死学与生死教育著作翻译和出版计划

雷爱民（北京物资学院）

一、项目简介

鉴于当前国人对生死问题关注越来越强烈,同时,相较发达国家和地区,我国国民生死教育体系缺乏、公众对生死问题不甚了解,因此,"生死学与生死教育专业委员会"成立之际,将以专业委员会的名义启动生死学与生死教育著作和翻译出版计划,项目名称为《生死学与生死教育系列丛书》。丛书邀请国内著名医学人文学者王一方教授担任总编,邀请两岸四地知名学者参与项目,统筹出版包括国外死亡学、死亡教育重要文献,简体重版台湾优秀的生死学专著,撰写适合内地读者的生死学通识读物以及专业教材等。三方面著作初步分成三个子项目:国外生死学译著,内地生死学与生死教育分层、分专题原创著作,台湾生死学专著再版。目前,专委会已集中领域内专家学者数十位,预计在未来若干年内,有步骤、有计划地推动出版重要的生死学与生死教育学术著作和通识读物 30—60 本。

二、项目执行步骤

1. 启动阶段:基于学术界同仁共识,邀请对新兴学科"生死学",以及推进国民生死教育有兴趣、有意愿、持续支持的出版社,见证"生死学与生死教育专业委员会"成立(北京大学,2019 年 9 月 5 号),启动丛书招商、招标计划。

2. 协商阶段:2019 年 9 月 5 日—2019 年 10 月 25 日,根据有出版意向的专家学者与对特定子项目、具体著作感兴趣的出版社,经专业委员会协调,达成初步出版意向。

3. 落实阶段:2019 年 10 月 25－27 日,第四届中国当代生死学研讨会在上海师范大学举行,届时专门设置出版商谈环节,让学术界同仁与出版界同道,面对面商谈,进一步商讨和选择彼此合适的生死学系列丛书子项目和著作,希望最终促成出版合作。

三、项目分类与出版统计

子项目名称	国外生死学译著	台湾生死学专著重版	国内生死学与生死教育原创著作	招标意见和签名(出版社或资助方)
预邀总编	王云岭		胡宜安	
预计出版数目	10－20 本	10－20 本	10－20 本	
侧重内容	西方死亡学、死亡教育学术著作、通识读物	生死学、生死教育教材,研究专著	医学类生死教育教材、生死学通识读物,生死学教程,死亡问题专题著作	
优选作者	死亡学家,如库布勒罗斯等	台湾著名生死学专家,如钮则诚、林绮云等	国内知名生死学与生死教育专家胡宜安、王云岭等	
适合人群	研究人员、普通大众	研究人员、普通大众	研究人员、普通大众,尤其是医学生、在校大学生等	
出版时间预计	与出版社商议,在未来 5－10 年,不断推出丛书系列著作			
出版支持	申请翻译类、出版类国家课题、或者与业界形成横向课题招标、出版社支持、个人赞助等			

子项目名称	国外生死学译著	台湾生死学专著重版	国内生死学与生死教育原创著作	招标意见和签名（出版社或资助方）
预邀学术顾问（生死学与生死教育专业委员会委员）	王一方教授（北京大学）胡军教授（北京大学）高一虹教授（北京大学）魏继红教授（北京大学）路桂军教授（清华大学）胡宜安教授（广州大学）尉迟淦教授（台湾仁德科技大学）孔令信教授（台湾辅仁大学）纪洁芳教授（台湾南华大学）释开慧教授（台湾南华大学）廖俊裕教授（台湾南华大学）林绮云教授（台北护理健康大学）张淑美教授（台湾高雄师范大学）朱明霞教授（澳门镜湖护理学院）王琛发教授（马来西亚道理书院）安仲友教授（北京大学人民医院）张东教授（中国人民解放军总医院）刘谦教授（中国人民大学）靳凤林教授（中共中央党校）王晓葵教授（南方科技大学）陆晓娅（北京师范大学"影像中的生死学"授课教师）王云岭教授（山东大学）何仁富教授（浙江传媒学院）杨足仪教授（华中师范大学）梅萍教授（华中师范大学）黄瑜教授（广东财经大学）王治军教授（北京社会管理职业学院）王夫子教授（长沙民政学院）孙树仁教授（北京社会管理职业学院）张永超教授（上海师范大学哲学与法政学院）雷爱民博士（北京物资学院）.			

图书在版编目(CIP)数据

中国当代生死学研究.第一辑/胡宜安,雷爱民,张永超主编.—上海:上海三联书店,2021.10
ISBN 978 - 7 - 5426 - 7144 - 8

Ⅰ.①中… Ⅱ.①胡…②雷…③张… Ⅲ.①生命哲学－研究－中国－现代②死亡哲学－研究－中国－现代 Ⅳ.①B083②B086

中国版本图书馆 CIP 数据核字(2020)第 151056 号

中国当代生死学研究(第一辑)

主　编／胡宜安　雷爱民　张永超

责任编辑／殷亚平
装帧设计／一本好书
监　制／姚　军
责任校对／张大伟

出版发行／上海三联书店
　　　　　(200030)中国上海市漕溪北路 331 号 A 座 6 楼
邮购电话／021 - 22895540
印　　刷／上海惠敦印务科技有限公司

版　次／2021 年 10 月第 1 版
印　次／2021 年 10 月第 1 次印刷
开　本／710mm×1000mm　1/16
字　数／350 千字
印　张／20.75
书　号／ISBN 978 - 7 - 5426 - 7144 - 8/B · 694
定　价／88.00 元

敬启读者,如发现本书有印装质量问题,请与印刷厂联系 021 - 63779028